XINSHIDAI
SIFA WEIMIN
HAOBANGYANG

新时代
司法为民好榜样

司法部法治宣传中心／编

主　　编／李子顺
副 主 编／谢向红　于呐洋　魏小军
执行主编／陶永新

法律出版社
LAW PRESS·CHINA

编 委 会

目　录

立法为民好榜样

监狱人民警察好榜样

社区矫正好榜样

戒毒人民警察好榜样

行政复议好榜样

行政执法监督好榜样

普法为民好榜样

调解为民好榜样

基层法律服务好榜样

公证为民好榜样

法援为民好榜样

司法鉴定好榜样

仲裁为民好榜样

律师服务为民好榜样

法考为民好榜样

立法为民好榜样

小智治事，中智治人，大智立法。没有好的法律、法规、规章和其他规范性文件，再好的司法、执法制度也不能发挥应有作用。坚持“问政于民、问需于民、问计于民”，力保立法民主化、科学化。群众有所需、立法有所应。他们是“提高保障、服务民生”的立法工作者。

以民为本　立法为民

王鸿剑

1965 年 10 月出生，中共党员，现任北京市司法局立法二处处长、一级调研员、党支部书记。2019 年 1 月被北京市司法局授予北京市立法为民好榜样称号。

立法是依法治国的前提。习近平总书记指出，人民群众对立法的期盼，已经不是有没有，而是好不好、管用不管用、能不能解决实际问题。王鸿剑同志在立法工作中，认真学习和深刻领会习近平总书记关于立法工作的重要论述，不断增强新时代行政立法工作的使命感责任感，准确把握地方立法规律，加强重点领域立法，发挥立法的引领和推动作用，坚持立法为民，创新方式方法，不断满足人民群众对地方立法的期盼和要求。先后主持审查北京市综合经济和“三农”领域的地方立法 48 项，其中地方性法规 19 项、政府规章 29 项。

坚持立法为民，以人民为中心

切实把实现好、维护好、发展好最广大人民的根本利益作为立法工作的出发点和落脚点。立法从注重“立权”转变为重视“立责”，从注重维护“公权”转变为规范“公权”、保障私权、尊重人权。在《北京市安全生产条例》《北京市农业机械安全监督管理规定》等6项安全生产领域的立法过程中，坚持安全第一、生命至上原则，细化并明确区政府、乡镇街道、政府部门的职责，建立安全生产风险分级管控和事故隐患排查治理双重预防工作机制，有效地预防和减少了生产安全事故，保障了人民群众生命和财产安全。在《北京市公共信用信息管理规定》的立法过程中，积极回应社会发展需求，不仅提出了个人信息保护的立法理念，还增加了“禁止归集个人的宗教信仰、基因、指纹、血型、疾病和病史等信息”的具体规定，使立法具有鲜明的时代特色，充分体现了“以人民为中心”的理念，弘扬了中华民族的优秀传统文化。

坚持立法为民，急群众之所急

以满足人民群众的期盼和要求为地方立法工作的指南，着力从制度上推动解决人民群众最关心、最直接、最现实的利益问题。民以食为天。近年来，食品安全问题受到广大百姓的普遍关注。为建立健全最严格的、覆盖全过程的食品安全监管制度，在《北京市食品安全条例》《北京市小规模食品生产经营管理规定》立法过程中，突出预防为主、风险防范，完善食品安全风险监测、评估和安全标准等基础性制度，强化对违法生产经营、监管失职渎职等行为的法律

责任追究，建立包括有奖举报、信息发布、责任保险等在内的食品安全社会共治体系。社会保障是民生的安全网，与人民幸福安康息息相关。在《北京市基本养老保险规定》《北京市基本医疗保险规定》《北京市失业保险规定》等5项社会保险制度的立法过程中，建立完善参保范围、保险基金统筹、强化征缴等机制，努力提高参保人员的待遇标准，让他们真正享受到看得见、摸得着的实惠。

坚持立法为民，问法于民

立法工作始终尊重人民的主体地位，坚持从民意中汲取立法的动力和营养，不断扩大人民群众有序参与立法的途径。在《北京市旅游条例》立法过程中，针对“一日游”市场秩序问题，王鸿剑同志专门设计调查问卷，在主要景区、宾馆饭店、机场车站、商业街区等，对外地来京游客进行访问。共回收有效样本1034个，收到针对“一日游”的意见和建议1000多条。虽然有效样本相对较少，但看到的都是最真实的情况，听到的都是最真实的意见。结合游客的意见和建议，对治理“非法一日游”提出了“疏”“堵”“执法”三个方面的制度措施，真正把立法过程变为反映民意、体察民情、集中民智的具体实践。同时，重视网络民意的表达，征集的立法项目、立法项目草案全部在政府网站公开，直接听取社会各界的意见，广泛凝聚社会共识，使立法工作更加充分体现广大人民群众的意愿。

立善法良法　为人民立有用之法

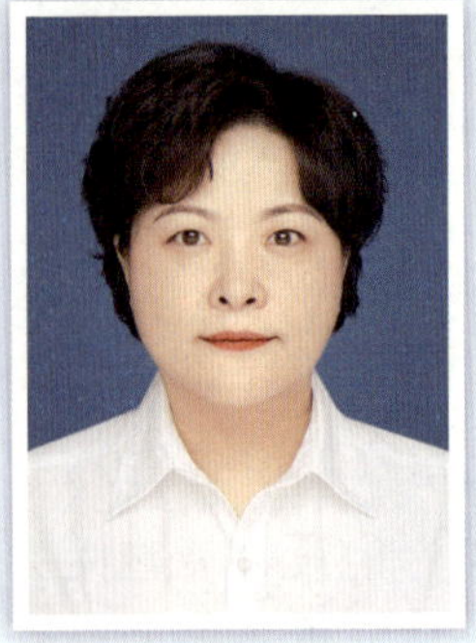

赵春雪

1970年8月出生，现任天津市司法局立法三处处长、一级调研员。从事政府法治工作23年，公职律师，担任天津市人民政府专职政府法律顾问。2019年6月被天津市司法局评为天津市司法行政系统优秀共产党员。2019年11月作为天津市“不忘初心、牢记使命、担当作为先进典型”，被天津卫视《天津新闻》以及《天津日报》《今晚报》报道。

发展要高质量，立法也要高质量。高质量立法是筑牢治理体系的坚硬基石。立法如何聚焦现实问题，回应人民所急所盼所需？如何体察社会脉动，从而更加科学、务实、可行？赵春雪一直在为“立善法良法，立人民有用之法”努力奔波着。

《天津市不动产登记条例》《天津市生态环境保护条例》《天津市地名管理条例》等10余件地方性法规、《天津市既有建筑玻璃幕墙使用维护管理办法》《天津市城市照明管理规定》《天津市绿色建筑管理规定》等7件政府规章的起草、法律审核，几十件地方性法规、政府规章的清理、400余件政府行政规范性文件的合法性审核，为数十件市政府重大决策提供法律意见——这就是赵春雪带领天津市司法局立法三处5年来的工作成果。“肩负使命，就要有所作为。”加班加点忙工作，不辞辛劳甘奉献，赵春雪用行动诠释责任与担当。

坚持问题导向，立务实管用之法

“立法绝不是拍脑门想出来的。要走出去，深入群众、深入基层调研，抓住亟须解决的问题，才能确保制定出台的法规管用、可行。”基层业主委员会组织涣散、监督业主委员会履职难、业主决策达成一致难、物业服务企业不规范……是很多社区普遍存在的管理难题。如何才能为百姓创造更加舒

心的生活环境，打通社会治理“最后一公里”？在修改《天津市物业管理条例》的过程中，赵春雪和他的同事们会同物业主管部门，实地调研遍访各类住宅小区，广泛倾听居民意见建议，并与区政府有关部门、街道办事处、社区居委会、物业服务企业、业主委员会的有关负责同志和居民代表进行深入座谈，将“加强社区党组织对业主委员会和物业服务企业领导”等相关条款写入《天津市物业管理条例》，为依法解决物业难题、构建美丽和谐的社区物业环境提供了制度保障。

推进生态文明建设，立绿色发展之法

开发建设速度快、城市盲目扩张、土地利用粗放是很多城市快速发展过程中遇到的突出问题。为拓展绿色空间，天津市第十一次党代会作出重大决策部署，在滨海新区与中心城区中间地带严格规划管控，形成绿色森林屏障，实现“两城夹绿”。为落实天津市委重大决策，赵春雪带队与该市人大专业委、市规划局相关同志组成联合起草组，加班加点，倒排工期，仅耗时2个月就完成了《天津市关于加强滨海新区与中心城区中间地带规划管控建设绿色生态屏障的决定》的立法工作，以地方性法规的形式将“双城”中间地带实施三级规划管控以及绿色生态屏障建设等工作成果固定下来，为优化天津城市空间格局、促进“双城”集聚发展提供了制度依托。

坚持“以人民为中心”，立民生保障之法

如今的天津，高层建筑比比皆是，玻璃幕墙广泛使用。在了解到幕墙玻璃自爆或者脱落造成多地出现伤人事件后，赵春雪带领工作团队赶赴北京、上海、广州、香港特别行政区等城市借鉴立法和管理经验，广泛听取社会各方面建议，起草了《天津市既有建筑玻璃幕墙使用维护管理办法》。该办法明确了玻璃幕墙的安全维护责任主体，确定了行政主管部门及相关部门的监管职责，确立了建筑玻璃幕墙使用维护说明书制度，细化了业主的安全使用维护责任，同时对玻璃幕墙发生爆裂、脱落等紧急情形时应采取的应急处置措施作出了明确规定。

以民为本、立法为民。赵春雪坚守自己的工作准则，以拳拳之心种好自己的“责任田”，用一片赤诚之心精心浇灌着立法这份事业。

十年一剑砥砺行

王耀莉

1984 年 4 月出生，现任河北省廊坊市城市管理综合行政执法局直属一大队副大队长。2011~2019 年连续 9 年被评为局先进个人、优秀共产党员，2012 年、2014 年被廊坊市政府评为信用信息工作先进个人，2017 年、2018 年被廊坊市委组织部评为优秀公务员并给予嘉奖，2019 年被河北省共青团授予“冀青之星”。

青春逐梦不言悔

王耀莉从儿时起便在内心深深埋下了法律梦。2010 年，廊坊市城市管理综合行政执法局法制科在河北省公务员四级联考中公开招考一个职位，当时报名的就有 216 人。经过几番角逐，她凭借扎实的法律功底一路闯关斩将，脱颖而出。入职后，她既欣喜又忐忑，欣喜的是终于实现了自己的法律职业梦，忐忑的是她每天要面对执法人员各种法律咨询。城市管理会涉及 100 多项执法权，160 多种法律法规。一旦解释不准，就会给执法带来偏差。怎么办？只有一个字——“学”。每天查阅资料、向前辈请教成了她的重中之重。正是凭着这种责任感、使命感，在这个岗位她一干就是 10 年，积累了大量的法律知识，夯实了深厚的法律功底，成为大家眼里的“城管法律专家”。如今，她年均在全市系统内授课 80 课时、接受业务咨询上千次、审核案卷 3000 余件……2018 年 5 月，她撰写的《廊坊市静态交通调研报告》在河北省法制办、法学研究会组织的论文评比中获得一等奖，为交通秩序的规范提出了可行性的意见和建议。

立法为民解民忧

随着京津冀一体化和人民对城市管理要求的不断提高，城市管理中店外摆放、无序停车等许多棘手问题亟待规范，而解决这一问题最有效的方式，就是出台有针对性的地方性法规。2016 年廊坊市获得立法权后，王耀莉立即向市政府、市人大提出申请，并很快获得了立项批准。她众望所归，成为这部法律首稿草拟的担纲人。该项立法对行政执法局来说是第一次，对于廊坊市人大来说也是第一次。

她和同事们边摸索、边学习、边实践、边完善，先后赴广州、厦门等地考察学习，整理 30 多部法律法规，夜以继日的查阅资料、专家论证、修改完善……为了做到开门立法，她深入街道、菜市场等基层开展立法调研，坚持问题导向，找准矛盾，客观对待和妥善处理各种利益关系和争议，维护社会公平和群众切身利益。例如，针对无证游商问题，没有简单地取缔了之，而是坚持疏堵结合，通过建立临时市场解决百姓生计问题。

立法过程是漫长的，也是烦琐的。历时两年，《廊坊市市容和环境卫生条例》在经过反复研究、论证，前后 19 次易稿，终于于 2018 年 9 月 20 日作为廊坊市首部地方性法规正式诞生。同年，她参与起草的《廊坊市户外广告设置管理办法》也经市政府第33次常务会议审议通过。

谁说女子不如男

在同事的眼里，王耀莉干起工作来雷厉风行，朗声大气，有着一份舍我其谁的担当和冲劲，丝毫没有小女子的扭捏。有一次，廊坊市政府需要一份紧急材料第二日一早使用，晚上9点多才通知她，她二话没说就去单位加班。整整一个通宵她没有合眼，于第二天一早保质保量地完成任务。为攻克城市顽疾，解决事关人民群众切身利益的公共交通问题，缓解“停车难、行车难”，2018年廊坊市开展了“交通秩序集中整治行动”，王耀莉被调往交通秩序整治办公室。从整治行动方案的起草开始，她连续20多天奋战在工作岗位上。为了方便工作，她带着孩子住在单位，次日一早送往学校，同时还要照顾身患尿毒症的丈夫。面对压力，这个刚强爽朗的女汉子也会留下愧疚的泪水。但她依然充满乐观主义，常戏称自己是“打不死的王小强，累不瘦的王小胖”。

不忘初心，牢记使命。王耀莉时刻铭记立法工作是崇高的事业，铭记立法工作光荣与艰巨的使命，铭记党和人民赋予法律人的重托。

俯首甘为司法人　昂头愿当护航者

赵宏研

1976 年 2 月出生，法学学士，公职律师。1998 年加入中国共产党，现任辽宁省丹东市司法局立法科科长。2008 年被丹东市振安区人民政府授予三等功，2016 年被丹东市委、市政府授予“丹东市劳动模范”，2020 年被丹东市委、市政府授予三等功。赵宏研同志依托中国最大的边境城市，在立法层面对促进边境地区经济发展、保障百姓利益、优化营商环境、维护社会稳定等方面发挥了积极作用。

牢记使命，心系边城特色立法

丹东位于辽宁省东南部的鸭绿江畔，与朝鲜隔江相望，由于地处中朝边境，文件的制定和政策的出台往往会牵动世界“神经”，引起国际国内社会的关注。2018 年 3 月，受中朝关系回暖影响，丹东房价涨幅跃居全国之首。丹东市政府迅速落实国家“房子是用来住的，不是用来炒的”定位，及时出台遏制投机炒房的文件。丹东市司法局对规范性文件出台前的合法性审查至关重要。时间紧任务重，赵宏研同志发挥多年立法审查的经验和特长，充分考虑地方特色，融入立法为民理念。迅速对限购主体、贷款首付比例、两次交易时限等问题提出关键性的审查意见，保证及时出台了《关于坚决遏制投机炒房维护房地产市场秩序有关工作的通知》。最大限度地满足了本地居民住房刚性需求，稳定了市场预期，也防止了可能产生的政治风险、社会稳定等问题的发生。数据显示文件出台后一年内外地炒房团的炒房资金下降了30%。这样的事例在丹东的立法实践中还有很多，经赵宏研同志审核的各类文件累计上千件，清理的文件总数近5000件，审核的规章、规范性文件备案通过率达到100%。赵宏研同志用一名立法人的大局意识和责任担当，为边境地区的平安和谐、经济发展贡献一己之力。

履职尽责，心系法治政府建设

多年的基层工作经验让赵宏研同志深知，拓展法治宣传的深度和广度，有利于深入推进依法行政，加快法治政府建设。基层工作人员的法律素质在一定程度上直接影响良法能否得到善治。作为一名司法行政人，赵宏研同志义不容辞地承担起法治培训任务，到基层调研工作人员亟须掌握的法律知识，将法律基础知识、立法文件制定及运用法治思维和法治方式依法办事等内容融入课程。培训内容得到大家的一致好评，好多参加培训人员课后都主动联系赵宏研同志，分享学习体会，请教工作中遇到的难题，并邀请她给本单位做专题法制培训。赵宏研同志的培训现普及全市上百个部门，延伸到边境地区乡镇和边防系统的基层工作人员当中，累计培训3万余人。经过她的努力，收到了很好的培训效果，在很大程度上提高

了丹东地区领导干部和工作人员的法律意识和法律素养，为边境地区立法文件的有效实施，各项工作在法治轨道上进行做出了应有的贡献，为用法治保障国家治理体系和治理能力的现代化尽职尽责。

敬业奉献，心系工作舍小家

赵宏研同志时刻在深化为民服务意识中砥砺前行，无怨无悔。赵宏研的母亲结肠癌手术期间，丹东市一涉外企业因土地问题向市政府提出政策质疑，需要司法局依法及时提出解决方案。赵宏研同志狠心将刚推出手术室，还未苏醒的母亲交给姐姐照顾，哭着赶回单位一头扎进工作中。涉外企业对方案非常认可，称赞丹东的营商环境好。但在她心中却永远留下了对母亲的愧疚，这份愧疚成了她心中永远的痛。2019 年 3 月，赵宏研同志因文件合法性审查业务专长，被市委市政府抽调到丹东港集团债务风险处置工作领导小组办公室，负责企业重整法律工作。由于重整时间法定，法律事务千头万绪，无太多经验可循，作为唯一的女同志，她与其他男同事一样通宵处置重整事务，深夜十一二点摸黑回家更是常事；因身体透支，导致了心脏超负荷，每天都随身备着速效救心丸，难受了吃完药继续扑在工作上，一刻都不耽误。尤其让她自责的是，女儿刚上初三，一日三餐得不到保障，吃外卖吃到流鼻血。孩子学习有压力找不到妈妈述说，变得很焦虑，成绩也受到严重影响。这让赵宏研同志非常歉疚，但她还是践行司法行政人的初心，克服困难坚守在工作岗位上，推动重整工作取得实质性进展。

赵宏研同志是一名普通的司法行政人，在平凡的工作岗位上，做着平凡的工作。但是她脚踏实地、甘于奉献的精神，却使她在平凡的岗位上绽放出不平凡的光芒。她的工作叫得响、立得住，在地方立法中谋划民生幸福、渗透民生情怀，打造每一个“尊民爱民”“便民利民”的立法成果。她是司法行政系统的杰出楷模，她把人生的理想，锁定在敬业的目标上；她把工作的追求，定位在强烈的责任中。她愿以更加昂扬的奋斗姿态继续抒写“立法为民”的新篇章，愿用一生的热情为司法行政事业燃烧！

法润心田　躬耕不辍

张　翠

1982 年出生，2001 年加入中国共产党，2008 年获得政治学理论硕士学位。2008 年参加工作，现任黑龙江省司法厅立法二处副处长，相继获得“优秀党员”“巾帼英雄”“司法为民好榜样”“法治政府建设先进个人”等荣誉称号，记个人三等功嘉奖一次。

立法是对权利、义务等利益关系再分配、再调整、再平衡的制度设计，不同于法律援助服务立竿见影的“显绩”，立法做的是“护根本、惠长远”的“潜绩”。对待这样一项庄重而严肃的光荣使命，张翠甘之如饴、如履薄冰、默默奉献，坚守“立法为民”的初心和宗旨，坚持原则、据理力争、一丝不苟、久久为功，以孕育“立法生命”的代入感和“问诊把脉”的着力感，打造了一个又一个“尊民爱民”“便民利民”的立法成果。

强化理论武装，为“立法为民”培育“净土”

立法是政治性很强的业务工作。张翠将筑牢理论根基和丰富立法知识储备作为日常工作重要组成部分，时刻关注《立法法》等国家层面关于立法工作的法治建设、理论研究和政策要求，通过阅读报刊、文献，观看新闻、报道，探讨交流等方式“日学日记”“吃透上情”，为严把“依法立法关”打牢基础。其次，立法也是业务性很强的政治工作，近年来，张翠投入大量时间和精力学习和补充动物防疫、水土保持、节约用水、生活饮用水卫生等领域的业务知识，既“瞻前”地摸清相关专业领域的“前世今生”，又“顾后”的预判相关专业领域的“来世”。同时，通过对外省经验和成果的“左顾右盼”，充分学习和借鉴，切实增强立法的时效性、实用性。

强化宗旨意识，为“立法为民”找准“方位”

张翠始终坚持将“为民服务”贯穿立法工作始终，坚持原则、不偏不倚。首先，依法立法，创造合法为民制度。近年来，围绕动物防疫、水土保持、节约用水、生态环境、城乡建设、农业农村、自然资源等领域的“立改废备”工作中，审查修改与上位法规定不一致的地方性法规、黑龙江省政府规章近 50 部、200 余条。其次，科学立法，贴近民生实际。针对突出矛盾、重点问题，深入调查研究，稳妥研究措施和办法。对行政机关行政作为可以解决的问题，严禁转嫁给公民、企业和组织，增加其义务、减损其权利。在立法审查工作中，删除相关内容近 50 条；在研究《黑龙江省节约用水条例》等立法工作中，明确将面向相对人的服务事项由省级下放至“市县”级，实现了“便民的属地化管理”。最后，民主立法，开辟为民发声渠道。每一部立法草案，都广泛、公开征求意见，征求人大代表、政协委员、相关行业组织等意见，走访相对人、召开座谈会。在推进“黑龙江省生活饮用水卫生监督管理条例”立法工作中，张翠参加立法调研组，深入企业、村屯了解情况，听取意见、建议。同时，利用个人节假日时间，持续关注饮用水卫生安全新闻报道，了解相关问题处理进展，并与饮用水企业等相关行业工作人员交流探讨，多次深入民生现场，倾听建议和需求。

强化责任担当，为“立法为民”提升“质量效果”

张翠把每一部立法的价值和落脚点都放在“为民”二字上，作为立法项目承办人，在制度设计的可行性、可操作性、实用性上下足功夫，认真钻研、细致研磨、反复推敲。在审查过程中也是殚精竭虑、“五加二、白加黑”，经常周末都在与立法项目的互动中度过，并发动身边的力量，与家人、朋友交流想法、探讨办法，将不断汲取和获取的信息、建议源源不断地汇入立法规范中。近年来，每一部立法涉猎内容的研究量和修改量都近10万字，为立法更管用、实用、接地气投入百分百精力。

对这样一份意义非凡的工作，张翠一如既往地深沉热爱、默默付出，但行好事、莫问前程，以昂扬的奋斗姿态继续抒写“为民服务”的立法篇章。

他用“匠心”倾注每一项立法

朱梓明

1976年4月出生，华东政法学院毕业，硕士学位，公职律师，现任上海市市场监督管理局食品安全协调处处长。参与《上海市产品质量条例》《上海市检验检测条例》等多部地方性法规、规章的起草工作，推动所在单位荣获“上海市首届十大依法行政示范项目”等荣誉称号。参与编著《上海市产品质量条例释义》《上海市检验检测条例释义》《质量大视野》等书籍，发表文章20多篇。

聚焦国家战略，加强制度供给，让法治成为上海核心竞争力的重要标志。在上海，活跃着一批为此辛勤奋斗的地方立法工作者，朱梓明是其中一员。查阅文献、实地探访、座谈调研、团队讨论……立法起草工作总是繁忙而复杂，朱梓明甘之如饴。他不仅参与《上海市地方标准管理办法》等10多部上海地方性法规、规章的起草，还为《计量法》《技术规范制定程序规定》《产品质量监督抽查管理办法》等国家层面法规草案出谋划策。

为国家立法提供上海经验

2016年11月11日，我国第一部全面规范检验检测行为的地方性法规《上海市检验检测条例》（以下简称《条例》）获市人大常委会全票通过。

这部关系上海科创中心建设、规范“传递信任行业”的地方性法规的出台，成为当年检验检测行业内的一则重磅消息。“这背后凝聚着众人的智慧和汗水。”朱梓明回忆往昔，不住感慨。“食品添加剂是否超标？室内空气是否合格？游泳池水是否干净？……”这些疑问要通过检验检测才能判定。“随着经济社会的高速发展，检验检测被广泛用于产品质量、食品安全、建设工程、环境保护、科技服务和医疗卫生等领域，却没有一部专门法规来规范，相关规定零散、滞后或者欠缺。”朱梓明说，“上海是国内检验检测市场最发达、最集中的地区之一，科创中心建设也对检验检测提出更多的需求。制度供给严重不足，立法势在必行。”

2016 年 3 月，《条例》正式立项，朱梓明成为项目组核心成员。历时 9 个月，《条例》获得通过，而这通常是需要 2~3 年才能完成的工作。《条例》在第二次审议时没有修改意见且获得全票通过，这在上海未曾有过先例。国家市场监管总局认可与检验检测监管司司长许新建认为，《条例》的实施将为国家立法提供上海经验，“读《上海市检验检测条例》，强烈感到在有限的权限内具有超前性”。

用匠心为百姓立良法

曾经，消费者将产品送到检验机构申请检验，往往会“吃闭门羹”，从而维权困难。怎么办？朱梓明始终将百姓权益放在心中，《条例》的出台彻底改变了这一“境”——《条例》规定：“事业单位性质的检验检测机构对消费者有着‘普遍服务义务’，消费者个人送检受到法律保护。”《条例》实施3个月时，日本核辐射食品被曝光，很多消费者依据该规定成功送检。类似的创新还有“重大信息报告制度”。《条例》要求检验检测机构发现“可能存在严重危害环境或者公共安全情形的”，应当立即向监管部门报告。这无形中为公众利益提高了安全系数。“看到所设计的制度落地，发挥着正能量，是工作最有成就感的地方。”朱梓明笑着说。用匠心为百姓立良法是他的初心。

持之以恒追求制度之美

“立法起草的主要任务是制度设计，必须持之以恒追求制度之美。”朱梓明坚信制度之美必须思路清晰、理念先进。因此，在起草《上海市产品质量条例》时，他大胆运用市场之手，改变以往政府主导的制度设计理念。他深知制度之美源自敢于挑战和创新，制度设计必须大胆设想的同时精细极致，严谨求证。他更明白制度之美必须简洁、管用和高效。因此，在《上海市食品安全条例》制定中，他提议在食品相关产品的显著位置标注“食品用”字样，被立法机关采纳。运用简单的信息披露方式破解了食品相关产品界定难、识别难、监管难和维权难的问题，是立法技巧和智慧的体现。类似的案例不胜枚举。

2019年年初，朱梓明转岗从事食品安全监管工作。在他的工作交接清单中写着：修改《上海市标准化条例》关系上海高质量发展和科创中心建设，草案近期要报至市司法局；联合起草《缺陷产品召回管理办法》是长三角一体化中地方立法模式的创新，建议大胆尝试；与上海“四大品牌”建设密切相关的《上海市上海品牌认证管理办法》，需要再度加速……朱梓明相信，他的同事们会拿起接力棒加速前进。

“良法善治”的铺路石

顾　建

1973年出生，江苏南通人，现任江苏省无锡市司法局立法一处处长。2008~2012年被评为无锡市信访工作先进个人，2014~2016年连续3年被无锡安监局评为无锡市安全生产先进个人，2019年被江苏省司法厅推选为“新时代江苏司法为民好榜样”，被全国妇联评为“全国维护妇女儿童权益先进个人”。

高质量发展离不开高质量立法，高质量立法是筑牢社会治理的坚硬基石。顾建在立法岗位上工作15年来，秉持“立法为民”理念，体察社会脉动，聚焦人民群众所盼所需，一直为“立善法良法，立惠民利民之法”努力奔波，成为“良法善治”的铺路石。

积极回应立法需求

“立法为民首先要让公民尽可能参与立法。”如何在立法中更好地反映民情、汇聚民意、集中民智，顾建从2005年刚从事立法工作至今一直在不断尝试和实践，“要从征集立法项目开始，将听取公众意见贯穿于立法计划确定、起草、审核、清理、立法后评估等全过程”“在立法项目的选择上，传统渠道主要是由各市县政府相关部门各自呈报，有时也会在政府网站上搜集到少量的社情民意”。顾建觉得仅凭这些远远不够，为了拓宽基层群众参与立法的渠道，他通过今日头条、无锡发布、无锡微博及微信等新媒体向社会公众广泛征集；并经常邀请人大人代联工委、政协提案委、政法委、信访局、媒体代表进行座谈，“立法的根本目的是解决问题，而这些团体是最直接反映群众问题的地方”。征求《无锡市既有住宅增设电梯暂行办法》意见时，通过向群众发放纸质调查问卷了解民意，在起草过程中多次邀请群众代表参与座谈协商，解决了申报增设电梯住户同意比率、申请流程等焦点问题。《无锡市文明行为促进条例》制定时，通过各类媒介开展重点治理的不文明行为投票评议，网上网下5万多人直接参与讨论，回收调查问卷6000多份，先后征集800多条意见建议，立法宣传受众面达百万人次。

近几年，通过该途径开展立法探索的《无锡市工程运输安全管理办法》《无锡市既有住宅增设电梯暂行办法》等广受社会各界好评。

统筹谋划，健全民生保障体系

多年来的政府立法工作实践中，顾建始终坚持以人民为中心的发展思想，重视民生领域的加强立法制度供给。参与起草《无锡市公共交通条例》《无锡市残疾人保护条例》《无锡市物业管理条例》等10余件法规规章，参与审核《无锡市房屋安全管理条例》《无锡市企业工资集体协商条例》《无锡市刑事被害人特困救助条例》《无锡市义务教育均衡发展条例》等近60件法规规章规范性

文件——这是在顾建带领下谋划民生幸福，渗透民生情怀的立法工作成果。据顾建介绍，无锡市每年列入立法计划的项目有10多个，每部法规、规章的制定周期基本1年左右，长的会经过两三年，因此经常会出现这样的情况：“周一参加无锡市旅游局座谈，周二上午听烟草局提交立法项目的报告，周二下午研究《无锡市居民住宅二次供水管理办法》的细则。”顾建对每一部法规、规章从立项、起草、征求意见、审核修改、报批等各个环节都高度重视，对每一句话、每一个字、每一个标点都反复推敲，力求精准，出台一部法规改稿起码几十次。

通过多年实践，顾建摸索形成“破解部门利益，探索第三方起草；确保质量，提前介入指导；汇聚民智，广泛征求意见；结合项目内容，合理选择论证形式，确保立法维护群众权益”等一套行之有效的工作机制。

立足效果，向人民群众问成效

《无锡市工程运输安全管理办法》正式实施已3年多了。顾建拿到一份来自交警队的报告时，数据显示：近3年来，无锡市工程运输安全事故数量下降了50%。《无锡日报》称该办法进一步规范了运输市场，加强了对建筑渣土（拆迁垃圾）从源头到运输，再到处置场所的全过程监管，形成运输处置过程的管理闭环。顾建介绍，对于已经发布实施的法规、规章、规范性文件，除了按照规定进行立法后评估、定期清理，还会对实施部门进行执法检查。目前，无锡市还正在试行“实施效果回头看”机制，在颁布实施1周年后，对其实施效果进行评估，提高立法质量。

“肩负立法使命，就要主动作为。”这是顾建坚守的工作准则。近年来，他加班加点，不辞辛劳，以拳拳之心保障民生、维护民生、改善民生，用赤诚之心浇灌着他钟爱的立法事业。

爱岗敬业　敢于斗争的立法人

金厚桥

1962 年 11 月出生，现任浙江省宁波市司法局立法二处处长。2014 年 12 月因主持起草和审查《宁波市国有土地上房屋征收与补偿办法》成绩突出，被市政府评为国有土地上房屋征收和安置建设工作先进个人。2015 年 1 月在宁波市创建全国文明城市“四连冠”工作中成绩突出，被宁波市委、市政府评为创建工作先进个人。因综合表现优秀，多次被所在机关评为年度优秀公务员。

爱岗敬业是中共党员的本职

“我从小接受的教育，就是干一行爱一行钻一行，不论在部队工作还是在政府机关工作，爱岗敬业这个党员的本职不能变。”金厚桥说。他有近 40 年的党龄和 20 余年的部队服役生涯，受过 3 个军队高等院校多个专业、多个层次的学习培训，在舰艇机电专业、防化业务、战术教学、军事训练等多个领域任职，练就了较强的理论研究、组织筹划、文字表达等基本功，养成了爱岗敬业、勤学苦练的优良作风，多次立功受嘉。1992 年因参加军事业务比武竞赛获得优异成绩，被总参军训部评为全军优秀参谋业务尖子。

2004 年 9 月转业到宁波市政府法制办公室从事政府法制工作后，他第一时间报考法律专业在职学习班，利用大量休息时间系统学习行政法律知识，努力提高法律素养，适应法制工作环境，快速实现由军事业务到法制业务的转型。在从事政府法制工作的16年里，他历任政府法制监督副处长、秘书处处长、立法一处和立法二处处长等职务，成为政府法制业务的行家里手。由他起草或者组织起草的法规、规章草案40余件，清理、评估和修改或修订的规章草案90余件。

倾听民意是制定良法的根基

“制定每一件法规、规章既要研究立法项目的客观规律，又要广泛听取民意、听懂民意，到群众中去搞立法调研是制定良法的根本基础。”金厚桥说。磨刀不误砍柴工。他是这么说的，也是这么做的。从事立法工作以来，凡他经手的立法调研项目，他都要提前一至二年开展立法调查研究，访机关、下基层、走企业、进社区面对面了解群众对立法项目相关法律法规知晓度、执行度以及群众对立法内容的意见建议，了解各级行政机关依法履职的实际，查找立法需要解决的突出问题。他经办的立法草案全部通过政府和部门网站向社会发布征求意见公告，公开收集社会公众的意见和建议。每个立法项目审查中召集的征求意见座谈会一般不少于6次。每年度他用于立法调研的时间多达200天以上。为了修订好《宁波市住宅小区物业管理条例》，他用了近4年时间参加所在小区业主委员会工作，亲自感受社区居委会、业主、物业服务企业、业主委员会在物业管理中的痛点、难点，全面了解住宅小区依法管理物业的真实情况，还义务为附近社区居民讲授物业管理法规政策20多场次。

为了有序推动公众参与立法工作，他2009年组织研发了浙江省首个《地方立法草案意见征集系统》；2010年牵头组建了宁波市政府首届行政立法专家库；2014年组建了首期基层立法联系点和立法志愿者队伍，编制了《宁波市地方立法草案起草工作指引》；2015年建立了政府立法民主协商机制；2016年建立了政府规章草案公众意见处理情况集中反馈和政府规章解读发布制度。这些创新举措已成为宁波市扩大公众参与地方立法的长效机制，为提高立法质量起到了积极的作用。

敢于斗争是立法人员的使命

“立法过程是权力与责任、权利与义务的博弈过程，立法人员必须敢于与违背立法为民理念的错误思想作斗争，方不辱使命。”金厚桥说。2015年年初，某部门建议制定《宁波市海洋生态环境和资源损害索赔办法》，要求规范公民在损害海洋环境和资源中的赔偿缴费义务。他认为，损害赔偿已有法律规定，解决政府及部门在海洋生态环境保护中的治理修复责任是当务之急。为此，他3次上门与该部门领导和领导班子集体进行当面协调沟通，反复强调政府及主管部门的责任和担当，经过累计10多个小时的辩论，说服该部门领导调整了立法思路，并改名为《宁波市海洋生态环境治理修复若干规定》。2016年6月经市政府常务会议审议通过的《宁波市海洋生态环境治理修复若干规定》成为全国首个以政府主导海洋生态环境治理修复工作的政府规章。

“有斗争，就会得罪人，但只要是有益于人民的，必须坚持到底，不辱使命。”金厚桥说。在审查《宁波市城市绿化条例》（草案送审稿）时，他建议取消义务植树费、易地绿化费等不合时宜的义务性规定的建议，得到了市人大常委会的支持。在制定《宁波市生活垃圾分类管理条例》时，他建议以地方政府在生活垃圾分类处置的实际能力作为法规规定居民源头分类投放方式的标尺，较好地防止了源头分类投放、末端混合处置的垃圾分类管理中的形式主义。在审查《宁波市国有土地上房屋征收与补偿办法》时，他建议将原授权区县（市）制定的国有土地上房屋征收中给予被征收人的房屋征收补助、奖励项目和标准，统一纳入政府规章进行规范，较好地缓解了相邻行政区域间同行条件下因房屋征收补助、奖励标准差异过大引发的社会矛盾，受到被征收人的普遍欢迎。

法立在哪里　他给出了答案

黄显鸿

中共党员，1968 年 9 月出生，现任安徽省司法厅立法一处二级调研员，兼任安徽省法学会立法学研究会副总干事。2011 年被安徽省人民政府授予“全省节能工作先进个人”称号。2013 年荣立个人三等功一次。

在浩如烟海的资料中，他推敲着理性的立法；在长途跋涉的调研中，他探寻着人性的立法。他就是黄显鸿，在 29 年地方立法工作中，起草、审查安徽省地方性法规 39 部、政府规章 28 部。他以精雕细琢的匠心，固守那份对立法工作的执着，诠释着那份不变的立法为民情怀。

法，立在不停的脚步上

“立法想出精品，关起门来闷头苦干绝对不行。深入实际才是科学途径。”这是从事立法工作 29 年的黄显鸿得出的切身体会。升金湖是亚洲重要湿地，是珍稀候鸟的越冬地和栖息地，素有“中国鹤湖”之称。近年来，渔民大密度围网养殖，湿地功能不断退化，立法保护湿地迫在眉睫。安徽省委、省人大、省政府决定出台一部全省性的湿地保护条例，这个任务又落在了黄显鸿的肩上。2013 年 12 月的一天，黄显鸿与专家组一行，赶赴升金湖实地考察。江南仲冬的清晨，细碎的冬雨时下时停，路面湿滑。在行驶到保护区附近的村庄，车子不小心溜进了沟里，黄显鸿的头被撞破了，管委会的同志闻讯赶来，询问是否需要去医院处理伤口。但黄显鸿等人只是稍稍平复了受惊吓的心情，就留下司机处理事故，与其他人员前往实地察看，召开座谈会。《安徽省湿地保护条例》于 2016 年 1 月 1 日起顺利施行，经当地政府依法整治，拆除围网 1200 多亩，退耕还湿千余亩，种植水生物 6000 多亩，升金湖“渔鹤之争”的问题在法规的推动下得到解决。如今的升金湖，湿地功能修复了，鸟回来了，“中国鹤湖”名不虚传了。

这些年，在农村，在社区，无处没有黄显鸿奔忙的身影。对每一件立法，他都和同事们一次次下社区、下乡镇，座谈会开了一场又一场，访谈上百人，笔记几大本。面对一部部法规规章的实施，他常说的一句话就是：法是立在不停的脚步上的。

法，立在百姓的心坎上

面对怎样立法的命题，黄显鸿展现了一名立法工匠的“执拗”。他认为，立法要从民意中汲取动力，让法立在老百姓的心坎上。“为了拓宽公民有序参与立法途径，现面向全省公开征集省政府立法项目建议……”每年岁末，这样一份“邀请函”总是不期而至。鲜为人知的是，这项举措的首倡者正是黄显鸿。在黄显鸿的建议下，2005 年下半年，安徽省政府在全省范围内公开征集年度立法项目。目前，这项创意已经坚持 14 年，成为安徽立法的制度化举措。2019 年，面对重组后的司法行政部门如何提高行政立法质量和效率，他起草了立法咨询员管理办法、行政立法工作规程、委托第三方参与行政立法工作规定、设区的市规章质量评估指标体系等，推进行政立法工作制度化、规范化建设。

这些年，黄显鸿不断创新公众参与立法途径，让更多的人民群众参与到立法中来。与安徽省主要媒体合作，广泛征求工资支付立法意见；邀请该省民主党派监督，召开道路交通安全立法听证会；组织该省人大代表、政协委员召开座谈会，听取全民健身立法意见。治理拖欠农民工工资、燃油助力车禁行、多层住宅加装电梯、公共文化服务保障等一批惠民安民的法规制度出台，在江淮大地上开花结果。

法，立在自己的追求中

“立法工作无小事，看似具体烦琐，影响却是全局性、根本性的。”面对繁重的立法工作任务，黄显鸿总是脚踏实地当好立法工匠，精雕细琢，力求把每一部法规规章打造成符合党的主张和广大人民利益的精品。他办理的融资担保管理、保障性住房建设等办法，国家相关部委都选择到安徽调研，算得上是一个名副其实的“产量高、品质优”的立法者。黄显鸿深知，要做好神圣的立法工作，必须提升能力。他一直坚持“边工作、边学习、边总结”，先后参加法制史、经济法等专业研究生学历教育；开展立法研究，发表文章30多篇；开设微信公众号“地方立法札记”，与同行分享立法心得体会；编撰、出版法规规章释义10多部，担起普法和宣传的责任；帮助设区的市开展立法工作，受聘担任立法顾问，参与40多部立法项目的咨询论证。

如今，黄显鸿已年过五十，但他始终牢记立法为民宗旨，始终坚持精益求精的工匠精神，勤恳奔跑。这些年虽然黄显鸿的工作岗位不断在变，但始终不变的是他对立法工作的赤诚之爱和追梦之心。

不忘初心　立法为民

闵　辉

1969年10月出生，现任江西省司法厅立法一处处长。曾获2006年江西省直机关“人民好公仆”荣誉称号，多次评为江西省政府法制办公室、江西省司法厅优秀公务员、优秀共产党员。

闵辉是共产党员，在立法岗位上，闵辉始终牢记共产党人的初心和使命，政治坚定、业务精通、一心为民、无私奉献，通过立法为民的实际行动为推进全面法治建设、提升人民群众获得感幸福感作出了自己的贡献。

践行立法为民理念　开拓创新成效显著

闵辉在立法工作实践中始终贯彻立法为民理念，将立法视野聚焦于人民群众关心的热点难点问题，坚持问题导向，从人民群众的期盼中探寻法治诉求，并着力通过立法创新化解矛盾纠纷，发挥了地方立法解决人民实际问题、涵养社会法治氛围的独特功能。2014年，闵辉参与组织起草并在全国率先以地方性法规形式出台了《江西省医疗纠纷预防与处理条例》，该条例在总结各地医疗纠纷调处成功经验的基础上，建立了预防为主，人民调解、保险赔付、应急处置等一系列有效的医疗纠纷预防与处理机制，及时将大批医患矛盾化解在萌芽状态，解决在基层一线，构建了和谐医患关系，有效地维护了医疗机构正常诊疗秩序。《江西省医疗纠纷预防与处理条例》实施后，全省医疗纠纷同比大幅下降，医疗纠纷人民调解成功率超过90%，连续多年无重大暴力袭医伤医事件和“医闹”发生，创造了医疗纠纷调解的江西经验，多次在全国会议上作经验交流，并获评为2014年度全国“推进医改、服务百姓健康”十大新举措。2016年，闵辉参与组织起草了《江西省学校学生人身伤害事故预防与处理条例》，解决了因学生人身伤害事故造成的家校纠纷、促进了平安校园建设，为全国各地各校运用法治思维和法治方式化解涉校纠纷提供了江西方案。

切实维护人民利益　发展成果人民共享

闵辉在立法工作实践中始终以人民利益为出发点和落脚点，着力研究解决人民群众普遍关心的问题，通过立法体现人民利益、反映人民愿望、维护人民权益、增进人民福祉，切实提高人民群众的幸福感和获得感。在参与制定《江西省实施〈老年人权益保障法〉办法》时，将全省65周岁以上老年人免费乘坐公共交通和进入景区、景点以及长寿补贴等惠民政策写入法规。在修订《江西人口与计划生育条例》时，与起草部门一起拟定了计划生育家庭奖励政策，并协调相关部门推动奖励政策出台。在制定《江西省女职工劳动保护特别规定》时，将上位法原则性规定细化落实，使规定具有可操作性，保障了女职工怀孕、生育、哺乳等时期的劳动保护和福利待遇。类似这样的立法项目不胜枚举，在闵辉的示范引领下，立法一处全处干部立法为民意识牢固树立，立法为民项目不断涌现，7年来，通过提出立法建议，共推动制定出台直接涉及民生保障和权益保护的立法项目23件，占立法项目总数的56%。

坚持不懈开门立法　集中民智反映民意

闵辉在立法工作实践中始终坚持民主立法、开门立法，走群众路线，拓宽人民群众参与立法的渠道，使立法更好地集中民智、反映民意、符合民心。他主持起草的《江西省地方性法规和省政府规章草案第三方评估办法》，是对社会普遍关注、部门间争议较大的重要立法事项和专业性、技术性强的立法草案，引入第三方评估。推动建立政府立法基层联系点制度，让更多的基层单位、基层管理人员、广大人民群众和利害关系人参与到行政立法工作中来。注重发挥新闻媒体的作用，在《江西省学校学生人身伤害事故预防与处理条例》立法过程中，配合新闻媒体对该条例审核修改进行全过程报道和广泛调查，相关专题节目、新闻报道和宣传片在中央人民广播电台、《江西日报》、江西电视台等主要传媒刊登和播放 40 余次，通过各种方式发放调查问卷 10,000 余份，取得了良好的宣传效果和较大的社会反响。他自己常说，作为立法工作者，不仅要注重立法，更要当好一名普法员，让人民群众参与立法，就是一次很好的普法过程。

建章立制心向党　肩担道义为民谋

蔡　余

中共党员，1964 年 3 月出生，1984 年 7 月参加工作，1991 年考入山东省青岛市法制局，主要从事政府立法工作，原任山东省青岛市司法局法规二处处长，2019 年 4 月至今任青岛市司法局行政复议处处长。

28 年来，蔡余用勤奋和敬业诠释着一位“立法人”的担当和信仰。《青岛市城市房屋拆迁安置条例》《关于我市社区助理反映情况的调研报告》《青岛市中小学校管理办法》等规章制度、立法调研报告无不蕴含着他的汗水和智慧，被家人称为“脑子总是在开会的人”。

从“理工男”到脑子总是在开会的“立法人”

1991 年，已是铁道部四方机车厂助理工程师的蔡余，以优秀的成绩考录到山东省青岛市政府法制局。一个理工男转身为法治工作者，源于在法学老师的谆谆教导下播种的法制工作梦想。时光如梭，老师的期望、组织的信任、个人的追求，成就了他在立法为民事业中建功立业的夙愿，成为山东省从事立法工作时间最长、出台项目最多、覆盖管理领域最广的行家里手之一。他主持起草地方性法规、政府规章草案100余部，完成了上百件上级法律性文件征求意见的办理工作，参与撰写了地方立法研究文章和调研报告50余篇，参与若干地方政府改革事项的法治保障任务。他将立法质量视若生命，“为求一字稳，耐得半宵寒”；练就了随时随地思考问题的习惯，被家人戏称为“脑子永远在开会的人”。

“一枝一叶”总关情

蔡余始终以为民服务之心面对群众，对涉及群众利益的事，都全心全力，不负众望。1994年，蔡余承担了青岛市出租汽车客运经营权制度改革方案和办法的起草工作。他利用下班时间和休息日调研访谈，自费搭乘出租车了解经营者的现状和诉求，完成了起草任务。青岛市委、市政府改革政策和制度出台后，得到了社会各界的广泛认同和支持，成为改革决策与立法决策相统一的示范案例。2005年，在研究修改青岛市房屋拆迁条例时，各方面对初始设定的补偿方案分歧严重，无法达成共识。面对分歧和大量数据、材料，他夜以继日地研读分析，实地调研，走访专家，提出了拆迁补偿应体现房屋本身价值、基本面积保障、改革开放红利分享三部分构成的制度创新建议并被上级采纳，圆满完成了立法任务。新条例实施后，因拆迁安置而引发的社会矛盾和纠纷大幅降低，旧城改造进程明显提升，青岛市民也分享到改革发展带来的实惠。2010年，组织上安排他处理社区助理反映的待遇长期不落实问题，在热情接待社区助理集体来访后，通过实地深入调查，细致

研究10余年来政策的变动执行情况，找出了问题的症结和解决途径，撰写了《关于青岛市社区助理反映情况的调研报告》呈报青岛市政府并被采纳，有力推动群众困难问题的解决。2013年，蔡余提出了“容缺受理、并联审批”工作设想，拟定改革方案，组织梳理投资项目审批流程，将社会类投资项目时限从170多天减缩至67天，青岛的审批制度改革做法走在了前列。

立法为民勇创新

时代在进步，社会在发展，立法必须跟上时代节拍。面对新问题，他勇于突破和创新。2016年，在《青岛市中小学校管理办法》制定过程中，蔡余根据科学构建现代学校管理体制机制要求，在规章草案中大胆提出教育惩戒等突破性制度设计。办法公布后，在全国引起较大反响。新华社、《光明日报》、《中国教育报》纷纷刊文点赞，推广青岛的立法经验，教育部有关部门在全国学校管理法律问题研讨会上肯定了青岛的立法创新。2019年，为在放管服改革中体现司法为民的使命担当，他主笔起草的《青岛市证明事项管理暂行办法》通过政府规章率先出台，促进了减证便民行动的依法推进和相关政策措施的落地、落实、落细。近年来，在环保督察、放管服改革、上合青岛峰会法治保障等重大事项法治保障过程中，不时出现他和同事忙碌的身影，创新完成了相关规范和保障政策文件的起草审查任务。

“雄关漫道真如铁，而今迈步从头越。”新时代的战鼓已经擂响，在立法为民的征程上，蔡余将牢记使命，不忘初心，只争朝夕，不负韶华，为新时代法治建设而拼搏奋斗。

立法回应群众愿　司法情暖百姓心

牛灵伟

1982年4月出生，中共党员，河南省洛阳市司法局法制审核科科长。长期从事政府立法工作，参与洛阳市政府系统法律顾问制度建立、编制洛阳市法治政府建设实施方案，对完善洛阳政府立法相关制度做出较大贡献。先后获得“洛阳市依法行政先进个人”荣誉称号（2008年、2013年）、“洛阳市大运河遗产保护先进个人”荣誉称号（2014年）等。

政府立法是个熬人的活。无论是来往奔波地调研查证、逐级反复地评议论证、彻夜不寐地字斟句酌，都能看到牛灵伟的身影。自大学毕业到司法部门从事立法岗位，他一干就是10余年。

主动作为顺民心

立法的根本目的是实现好、维护好、发展好最广大人民的根本利益，牛灵伟始终践行这一理念。2011年，针对洛阳市房屋维修资金交存标准过高问题，数千名网民在洛阳信息港呼吁解决。当时，新婚不久的他接到单位通知，安慰妻子后迅速投入工作岗位。他采取立法听证会的方式邀请网友代表参加，倾听民意，并在网络进行直播，依法审查并提请市政府审议出台了

《洛阳市房屋专项维修资金管理办法》，将原来房屋价格3%的维修资金交存标准调整为每平方米45~90元。以当时5000元均价的小高层为例，交存标准降低了近一半。

细致入微体民情

民生冷暖，关系万家忧乐，牵动着立法工作者的心。集中供热是真正改善人民生活质量的“暖心”工程。2018年前，为提高新开发地区入住率、弥补企业亏损，洛阳市临时性允许供热企业收取所谓的“过热费”，即不使用暖气的供热用户，按照正常标准的25%收取费用。同时，部分地区供热不达标也正常收费，让广大群众诟病。针对热力公司收取“过热费”、供暖温度不达标等问题，牛灵伟参与办理的《洛阳市集中供热条例》，取消了“过热费”规定，并根据温度不达标的具体情况分别设定减免条款。企业的既得利益永远是不好触动的“蛋糕”，为了使这些核心内容顺利通过，他据理力争并且采用核心条款第三方评估的做法，将群众意见准确提交审议机关。2018年冬天，《洛阳市集中供热条例》顺利施行，收取10余年的“过热费”成为历史。

开门立法合民意

民意不在办公室，立法为民就不能闭门造车。在立法项目审办过程中，牛灵伟坚持开门办立法，坚持实地调研，以使所有出台的立法规定都具有可操作性。洛浦公园是横贯洛阳市城区的生态景观带，既是展示城市形象的亮丽名片，也是许多市民在家门前赏绿、休闲、健身的好去处。在修订《洛阳市洛浦公园管理条例》时，牛灵伟先后10余次到公园实地查看，与休闲的住户、来往的游客交谈，了解存在的问题，有针对性地创设多个保护、服务方面的条款，让新条例更好地为市民呵护这块“城市绿肺”。

让来自社会各界的代表直接参与立法草案的论证，不仅是民主立法的要求，更是立法为民的直接体现，洛阳市在全省率先建立政府立法顾问制度，选聘来自律所、高校、企业等的各方代表、专家作为政府的立法顾问，通过此“拜师”之举让“民意”能够体现在政府立法的每一条每一款。

扶贫战线做新兵

这10年，因为工作，他曾连续7年未休年假、有过术后拆线当天即参加工作会议……工作很平凡，是对平凡工作的坚守换来大家的认可。2017年11月，他又主动请缨，到汝阳县十八盘乡斜纹村担任第一书记，俯首以继、躬耕前行。两年多来，斜纹村不仅实现顺利脱贫“摘帽”，还被评为洛阳市文明村、洛阳市乡村振兴示范村。通过自身业务知识推动“三治并进”，同时和老百姓的朝夕与共，更加汲取提升了为民的本领。

牛灵伟说：“司法为民，一定会始终坚持！”

孜孜不倦　诠释法律人的执着

杨建辉

中共党员，1969 年 12 月出生，湖南宁乡市人，1992 年 7 月于湖南师范大学政治系毕业获哲学学士学位；2004 年 1 月获湘潭大学法律专业硕士学位。1997 年 2 月到湖南省长沙市政府法制办工作，历任协调处处长、法规处处长、党组成员、副主任；2019 年 1 月任长沙市司法局党委委员、副局长；2019 年 9 月任长沙市司法局党委副书记、副局长。2019 年 12 月被司法部评选为“新时代司法为民好榜样”。

“法治天下，人心所向，是我们法治工作者为之孜孜以求、共同追求的梦想。”作为原长沙市政府法制办副主任，杨建辉常常这样说。20 多年以来，杨建辉对工作兢兢业业，充满激情；对待事业，严谨细致，追求完美；面对工作难题，总是冲在一线、攻坚克难，以自己的实际行动，成为法治政府建设的一名忠实的实践者、推动者。

克己奉公　他是同事眼中的“工作狂”

在原长沙市政府法制办工作的近 20 年来，杨建辉始终怀着对法治执着追求的信念，以强烈的事业心和责任感对待每一项工作，也因此，同事们常常称他是“工作狂”。由于法治政府建设工作涉及面广、专业性强，他把法学理论学习与工作实际相结合，特别是在立法过程中，针对每一部地方性法规和政府规章起草，他都亲力亲为，不仅多方面收集相关立法评估数据，将国内外立法经验整理成册，还深入基层听取群众意见，及时征求法律界专家的意见建议。为了起草这些制度的法律条文，经他参考、整理和分析材料的文字量达百万之多；收集、组织讨论、专题研究的各方面的意见，据不完全统计达 23,000 多条。在长沙市现行有效的规章中，由他牵头起草的规章数量占总量的一半以上。

在日常工作中，杨建辉总是把“清白做人、清白做事、清白做官”当作人生的信条，对事严、对人谦、对己俭，要求他人做到的自己首先做到。他坦言：“在工作岗位，就要善谋善为，尽好岗位赋予的责任，守好做人为官的底线。”

迎难而上　当法治政府建设的“铺路人”

法治政府建设，离不开科学管用的制度体系。面对制度建设滞后的困境，杨建辉总是迎难而上，任劳任怨，用实际行动践行和推动着法治事业。

根据全市依法行政工作现状和经济社会发展形势，杨建辉对照中央、省、市关于法治建设的最新精神，认真研究相关文件政策，深入调研走访，带领起草团队历时 6 个月制定了《关于进一步加快法治政府建设的决定》，成为全市法治政府建设的行动纲领。

与此同时，他积极探索社会管理法治化的新途径，首次推出《长沙市推进社会管理法治化实施纲要》，受到中央政法委、原省政府法制办的大力推介，并获第二届“中国法治政府提名奖”。

针对法治政府建设工作从中央到地方没有一部当家法的实际情况，杨建辉提出在长沙建立法制机构的“组织法”、法制工作的“教科书”和法制建设的“指路牌”，出台了全国首部规范法治政府建设工作的地方政府规章——《长沙市政府法制工作规定》，这也标志着法治政府“长沙标杆”的正式建立。

率先垂范　做善于创新的法治政府建设者

“常规工作创新干，创新工作常态干。”他常常这样高标准要求自己。在工作中，杨建辉带领业务骨干创新了地方立法的一系列经验做法：在全国范围内率先建立健全公众参与立法的“五个平台”，推进长沙市设立首批立法基层联系点，率先采取第三方参与立法后评估模式，引入专家起草立法建议稿模式……这一系列的成功经验开创了长沙立法工作的先河，在全省乃至全国产生重大影响。

针对如何确保重大行政决策依法依规、于法有据，他大胆尝试，探索出公众参与、专家论证和领导决定相结合的决策机制，自2010年以来，已成功举办22次重大行政决策听证会，其中《长沙市全民健身办法》《长沙市物业专项维修资金管理办法》听证会还进行了网络直播。

在推进规范性文件管理过程中，他通过建立审查工作责任制，推行多种审查等方式，逐步将政府抽象行政行为纳入法治化、程序化、规范化的运行轨道；积极推进“三统一”网络数据库建设，通过健全“跟踪编号”制度，提高了登记、编号工作的规范性和有序性；强化规范性文件数据库与检索系统建设，实现了现行市级规范性文件的电子文本在数据库中开放查询，等等。这一系列的创新举措使长沙法治建设走前了全省乃至全国前列。

法律的生命力在于实施，法律的权威也在于实施。对杨建辉来说，为法治政府建设事业发展贡献个人力量，是职业本分，也是他一生的追求。

有温度的立法

黄 煜

1963年7月出生，1980年参加工作，大专文化，中共党员，现任四川省成都市司法局立法一处处长。

25年的潜心专注，足以锻造某一领域的行家里手。但作为法治建设、城市治理的基础，25年笃志于地方立法工作的耕耘，不单是立法技术的纯熟，更重要的是立足城市发展、关注百姓民生，倾注心血，一件件一步步用情感价值铸就立法温度。黄煜同志用自己致力于成都市政府法制工作的25年青春，对“立法有温度，民生总关情”作了最好的注释。

心系民生，推动《成都市烟花爆竹燃放管理规定》出台

说到“立法的温度”，绕不开《成都市烟花爆竹燃放管理规定》，这部法规由“禁”转“限”，到“严禁”，再到2018年修订，这部立法见证了传统到现代的跃迁，反映了社会观念进步的法治进程。

2013年4月，抚琴小区以李大爷为代表的几位热心居民，带着一大摞资

料来到黄煜办公室，群众来访引发了黄煜的深思，燃放烟花是中国人代代相传的文化记忆。但其带来的环境及社会问题却不容否认，如何才能在传统与公益之间作出取舍？黄煜决定向上反映，争取早日启动立法修改工作，并据此充分进行立法必要性紧迫性分析。立法工作启动后，黄煜主动承担了其中的精细化工作，逐条论证，收集民意，夙兴夜寐成为他工作的常态。

春节燃放烟花，到底是喜庆习俗还是陋习，也吸引了专家学者的深入讨论。黄煜的笔记本清晰记载着人大代表、政协委员的意见，并对意见逐一研究，审慎回复，及时反映，并进一步反复论证研究。

2014 年 5 月 16 日，为了广泛征求和听取社会各界的意见和建议，黄煜精心策划组织召开立法听证会，并通过市政府门户网站进行了同步图文直播，吸引了高达 5000 余次人次的流量访问，切实地推动着科学立法、民主立法。

2014 年 11 月 26 日，成都市人大公布了《成都市烟花爆竹燃放管理规定》。黄煜抑制不住兴奋地拨通了李大爷电话，告诉他这个好消息，李大爷在电话那头乐呵呵地说：“我在报纸上都看到了，感谢你为这个立法修改作出的努力。”

破题攻坚，促进《成都市养老服务促进条例》修正

2019 年修正的《成都市养老服务促进条例》，承载了千万家庭“老有所养”的大同梦想，堪称“有温度的立法”之终极体现。从立法再到修法，黄煜始终对养老问题保持着高度地关注。

2015 年 2 月，黄煜收到了一封来自武侯区吴婆婆的信件，吴婆婆在信中反映自己年老多病但无人照顾，请求政府予以帮助。这封来件强烈地刺痛了

黄煜，在人口老龄化的大背景下，吴婆婆的问题并非个例，“老吾老以及人之老”，如何才能切实解决“养老难”问题？

2015 年 4 月黄煜多次组织到成都市及其周边多家养老服务机构进行实地走访与调研，力求还原真实，为立法做好铺垫。由黄煜组织起草了《成都市养老服务业促进条例》，经过反复征求意见，多方协调，论证修改等，最终促成了该条例的公布实施。心系民生，不求回报。这些只是黄煜 25 年青春的一个缩影。25 年间，黄煜完成了 107 件地方性法规、政府规章的组织起草。这一系列法规规章的出台，充分反映了人民意愿，着力解决了经济社会发展中的普遍性问题和深层次矛盾，促进了地方治理能力的全面提升和治理方式的法治转型，保障了人民群众的合法权益。先后推动了近 20 部在全国范围内具有创新性及示范性的地方性法规出台。

不忘初心，牢记使命。黄煜同志以精准立法、科学立法、民主立法为己任，通过法定立法程序，让百姓触摸法治建设的温度，出台一件件承载民生期盼、呼应民生关切的地方精品立法，不断向老百姓传递更多关怀和温暖。

不忘初心奋发有为
牢记使命立法为民

肖　芳

1966 年 8 月出生，现任贵州省黔西南州司法局党组成员、副局长。她长期在法院、检察院、法制办、司法局从事法治工作达 20 余年，深知制度是做好各项工作的保障。2015 年 7 月任州政府法制办主任以来，她一直从事立法工作，4 年多的时间共参与制定州政府规章 2 部、地方性法规和单行条例 6 部，牵头起草了《黔西南州自治条例》修订草案。在立法过程中从立法建议提出到考察调研、起草、合法性审查、人大审议均全程参与。2017 年她积极与中国政法大学洽谈，促成州政府与中国政法大学签订了合作框架协议，对州政府立法工作给予支持，推动黔西南州政府立法工作迈上新台阶。

黔西南州是贵州省脱贫攻坚的重点地区，截至 2017 年年底尚有贫困人口 24.21 万人，存在“一方水土养不起一方人”的情况。为彻底改变贫困落后面貌，“十三五”期间全州规划实施易地扶贫搬迁 30 多万人。为确保实现易地搬迁群众“搬得出、稳得住、快融入、能致富”，肖芳积极参与起草《黔西南州新市民权益保障条例》，条例草案对易地扶贫搬迁移民新市民权益进行了明确，对群众关心的从搬迁地到落户地的全过程有关事宜进行规范、界定。通过运用法制化的手段将群众权益固化，确保搬迁群众权益有保障、利益不受损，让群众彻底吃下一颗“定心丸”，为推动脱贫攻坚工作顺利推进发挥了积极作用。

绿水青山就是金山银山

以种草养羊为主的草地生态畜牧业是黔西南州调整农村产业结构、增加农民收入，助推全州脱贫攻坚的重要产业之一。2018年年末，全州肉牛存栏48.27万头、出栏16.92万头，肉羊存栏48.96万只、出栏36.91万只。在《黔西南州草地生态畜牧业发展条例》立法过程中，肖芳始终树立“绿水青山就是金山银山”的理念，坚持要立足黔西南州属于喀斯特山区的实际和特点，在法规起草中坚持将退耕还林还草、石漠化治理、保护生态环境、调整畜牧业有机结合的立法理念，努力实现经济和生态双重效应。2019年10月1日，《黔西南州草地生态畜牧业发展条例》正式施行，标志着黔西南州生态畜牧业迈向制度化发展轨道，将对确保草地生态畜牧业科学规划、依法监管、生态环保、助民致富发挥积极作用。

突出民族特色和文化传承

《黔西南州自治条例》修订是由肖芳直接牵头起草的2019年度州人大立法项目。为确保推动布依族历史文化得以传承和发展，她通过查阅相关资料，与布依族群众面对面座谈，邀请民族文化领域有关专家进行论证，在自治条例草案中将“三月三”布依族祭祀、祈雨的节日纳入地方法定节假日，着力打造提升将该民族节日作为旅游资源的品牌效应。

黔西南州是多个少数民族聚居的自治州，近年来传统民族医药资源严重丢失，现代管理措施使民族医药文化的发展受到制约，难以很好传承。她与政府主管部门积极沟通协调，并争取州人大的支持，在《黔西南州民族民间医药保护条例》起草过程中提出了应当重视本地“土医生”和保护传统诊疗方法的意见和建议，使立法更加具有针对性，更能反映民族和地方特色，为该州民族医药发展做出了积极贡献。

急用先立善作为

2015年，修订后的《立法法》赋予民族自治州政府制定规章的权力，贵州省人大常委会决定黔西南州自2016年起行使制定政府规章立法权。自州政府取得立法权以来，她十分重视发挥规章的作用，充分利用其制定高效、快捷的优势，加强对群众反映强烈、亟须加强管理领域的立法，服务全州经济社会发展大局。近年来，黔西南州正处在城镇化快速发展的时期，旅游自然资源、历史建筑等都遭到了一定程度地破坏，亟须加强立法保护。她积极作为，分别牵头、参与制定了《万峰林景区保护管理办法》《黔西南州历史建筑保护管理办法》两部规章，做到了加强生态环境和历史建筑保护于法有据。

“不积跬步，无以至千里；不积小流，无以成江海。”她认为，虽然地方立法工作很枯燥，立法权限较小，可以发挥的空间不大，但只要努力去做，法治建设就会因我们的努力而不断前行。

在平凡中践行使命

岳　丰

1977 年 10 月出生，中共党员，大学本科学历，2007 年 10 月转业至云南省人民政府法制办公室，现为云南省司法厅立法二处四级调研员。承办或参与了《云南省生物多样性保护条例》等 10 余件地方性法规和省政府规章的立法审查工作，起草了大量立法方面的制度文件。工作中，爱岗敬业、乐于奉献、勇于担当，在平凡的岗位上做出了不平凡的事迹。在年度考核中多次被评为优秀，2012 年被云南省人民政府法制办公室授予三等功 1 次、2019 年被云南省司法厅授予三等功 1 次。

践行群众路线，做人民利益的“维护者”

立法的本质是体现人民意志和利益的过程，岳丰牢固树立人民民主和宗旨观念，把实现好、维护好、发展好人民的根本利益作为出发点和落脚点，把为民、便民、利民的理念贯穿于立法工作的各个环节。在他承办的立法草案中，没有隐藏的许可审批，没有违规的证明材料，没有烦琐的程序规定，在促进公共服务优化，降低群众办事创业成本等方面发挥了立法的引领作用。同时，他还充分利用云南新闻广播等方式向广大群众解读新出台规章的立法本意，帮助群众遵守法规规章，了解救济渠道，提高了法规规章实施效果，维护了人民群众的权益。

遵循法制统一，做制度红线的“守卫者”

自承担立法工作以来，岳丰一直将立法制度设计是否符合相关上位法的精神，是否不当扩张了公权、限制了私权等事项作为立法审查的重中之重，并在此基础上谨慎分析立法空间，妥善处理原则性与灵活性的关系。以《云南省抚仙湖保护条例》为例，在修改过程中有的同志针对保护经费缺口日益增大的实际，建议适当放开使用太阳能、天然气等绿色能源机动船在抚仙湖的经营，他经过认真研究和实地调研后认为，全面禁止机动船艇行驶是多年来抚仙湖保护Ⅰ类水质的重要制度支撑，对使用绿色能源机动船艇解禁是对管理方式的重大调整，湖面旅游等行业将会随之发展，虽然短期可能取得一定的经济效益，但随着开发的逐步扩大，有可能使艰辛取得的保护成效付之东流。在反复研究后，和相关部门达成了不予放开的一致意见，守住了制度红线。

辩证分析思考，做难点问题的“解决者”

岳丰始终认为，衡量一部法规质量高低，关键不在于篇幅长短、条文多寡、文字繁简，而在于是否解决了实际问题。他在立法工作中善于把握重点，敢于在矛盾焦点上“下刀”，变难点为亮点。岳丰承办的《云南省生物多样性保护条例》在依据和资料少，部门分歧意见尖锐，时间和标准要求高的情况下，牢牢抓住云南生物多样性资源位居全国之首，各级领导、政府部门和广大群众热切期盼通过地方立法撑起生物多样性的“保护伞”这个基本共识，会同云南省人大有关委员会和政府相关部门的同志围绕定义概念、立法依据、管理手段等难点问题逐一分析解决，促进了这部全国首个保护生物多样性的地方性法规的顺利出台，为维护和建设我国重要的生物多样性宝库和西南生态安全屏障，推动云南努力成为我国生态文明建设“排头兵”做出了贡献。

发扬工匠精神，做精细立法的“打磨者”

作为立法工作者，在立法方向和核心制度按程序确定后，草案条款设计是否符合技术规范，文字表述是否无歧义，相关说明释义是否准确清晰等容易忽略的“精细”问题同样对法规规章的执行有着重要影响。但这些细致的工作往往伴随领导关注之外的烦琐、重复和寂寞，在工作中他牢固树立担当、敬业和究问精神，勤学善思，注重积累，不断拓展知识领域，改善知识结构，更是肯下“抓小”的苦功夫，相关标注和分析达到条文本身文字量的数十倍。真正做到了吃准立法精神，遵循立法规律，讲究立法技术，将“细枝末节”做到了极致，强化了草案的规范性，提高了立法质量，促进了法规规章实施。

不负韶华勇担当　为民立法树榜样

蔡　军

1971 年 10 月出生，法律硕士，中共党员，曾先后在陕西省人民政府法制办公室综合协调处、社会立法处工作，现任省司法厅立法三处副处长。他工作勤勉敬业，长期从事政府法律研究、行政立法等工作，有较高的法律素养和法学理论功底，较强的政治素质、业务水平和综合协调能力，较强的事业心、责任心和原则性。曾受邀担任陕西省人大常委会监察司法委员会、陕西省政协、中国地震局立法咨询专家成员，陕西省妇儿工委妇女儿童优先保护法律专家组成员，省学前教育课题项目立法专家组成员，省预防青少年违法犯罪专项组、省预防青少年和打击电信诈骗违法犯罪专项组联络员。多次被评为优秀共产党员、优秀公务员、先进工作者。2018 年被省总工会表彰为优秀工会之友；2019 年被司法部评选为“全国法治政府建设工作先进个人”。

始终坚持党对立法工作的领导，具有坚定的政治立场和理想信念

蔡军始终坚持的信念就是党对行政立法工作的领导是行政立法工作遵循的最大规矩。在推进行政立法工作中，他始终要求把党的领导体现在立法工作的全过程，要求每一部立法做到“三个确保”，即确保每一部立法保证党的理论路线方针政策贯彻实施；确保每一部立法反映党和国家事业发展要求，

体现社会主义核心价值观；确保每一部立法的政治立场、政治方向、政治原则、政治道路上同党中央保持高度一致。在推动制定《陕西省宗教事务条例》中，他立足于从党和国家事业发展全局的高度，为做好新形势下的宗教工作提供了制度保障。

始终立足省情，充分发挥行政立法在经济社会发展和生态文明保护中的引领规范保障作用

在草案审查工作中，蔡军始终注重理论和实践相结合，听取意见，严谨审慎、综合分析，比较全面地了解和把握工作的重点，善于协调工作中的难点，他坚持把调查研究作为必经环节，坚持每一个立法项目深入开展立法调研，充分征求和听取各方面的意见建议，提高立法的针对性、及时性和可操作性。在《陕西省城市管理综合执法条例》草案修改过程中，深入城乡调研20余次，数十易其稿，该立法比较充分地总结了地方城市管理经验，既符合城市管理实际，又符合国家关于推进城市管理综合执法体制的精神，创出了地方立法特色；为了使行政立法更接地气，他尤其注重群众来信来访，注重公众意见建议的采纳吸收，在制定《陕西省食品加工小作坊小餐饮小摊贩管理条例》时，经常一个人深入农贸市场走访调研，倾听管理对象的意见建议，专门走访并邀请一位写信提出建议已年逾70岁的老人参加立法座谈会，被老百姓誉为立法为民的知心人。

始终坚持以提高立法质量为关键，努力推进“良法善治”

在立法实践工作中，能始终坚持把立法质量作为立法工作的生命线，严把立法技术规范的贯彻执行，要求各单位树立质量意识，精品意识，确保立法的各个环节高质量运转，确保依法立法，立法有据，促进行政立法工作标准化、规范化，从源头上坚决防止“部门利益法治化”。为了推动解决孩子“上学难”这一社会高度关注的热点、难点和堵点问题，负责制定了《陕西省中小学校幼儿园规划建设办法》，该办法直面解决陕西省城乡教育发展不平衡、教育资源配置不均衡，中小学校幼儿园规划建设滞后等突出问题，加大中小学校幼儿园布局优化建设力度，保证适龄少年儿童就近方便入学（园），这一立法在全国创出了立法经验，得到了社会各界的高度关注和肯定；在推动制定《陕西省地震预警管理办法》中，他在遵循法制统一的原则下，立足省情，对地震预警系统的建设、预警信息的发布等进行了规范，该部立法走在了全国前列，受到了中国地震局的充分肯定，其本人作为咨询专家多次受邀赴中国地震局以及向其他省市介绍相关立法经验。这些立法有力地促进了陕西省经济社会发展，在推进依法行政，建设法治政府中发挥了重要的引导、规范和保障作用。

多年来，蔡军同志先后参与了10余部国家立法的征求意见工作，负责或主导完成了30余部地方性法规和省政府规章的制定审查工作，为推进陕西行政立法质量提升做出了积极贡献。

立足备案审查　推进法治建设

吴春雷

1968年5月出生于江苏省宜兴市，中共党员，大学本科学历。2007年起历任青海省海北州政府法制办副主任、主任，从事政府法制工作11年；2018年被评为青海省司法行政工作先进个人、被海北州人大常委会聘请为立法专家咨询组专家；2019年3月任海北州政务服务监督管理局党组书记、局长。

规范性文件是行政机关依法履行职能的有效载体，其备案审查工作是维护社会主义法制统一的重要手段，也是从源头上规范行政执法行为的必要措施，对于推进法治建设具有重要作用。2007年，吴春雷同志以州政府副秘书长身份兼任青海省海北州政府法制办公室主任，正值海北州政府法制办公室被国务院法制办确定为全国规范性文件备案审查试点单位。上任伊始，他就以饱满的热情投入工作中，从门外汉到业务骨干，以落实《青海省规范性文件备案办法》为切入点，以点带线、以线带面，千方百计采取措施，全力推进规范性文件备案审查工作，取得了显著成效。

从门外汉到业务骨干

2007年吴春雷被任命为海北州政府法制办公室主任。当时，他压力很大，因为他在政府法制工作上是个地地道道的门外汉。这个小个子男人有着很大的勇气，到任伊始就全力以赴投入到工作中，立足《青海省规范性文件备案办法》，认真学习规范性文件的鉴别、合法性审查和备案的相关知识，虚心向同行请教。在不到1年的时间里，熟练掌握了规范性文件从鉴别、合法性审查到备案的有关知识和技能，成为规范性文件备案审查方面的业务骨干。与此同时，他深入实际调查研究，发现规范性文件备案审查方面存在一些共性问题，一方面，大部分单位主要领导对规范性文件工作不够重视，抱有得过且过的应付思想；另一方面，具体从事规范性文件工作的同志业务水平和能力有限，难以有效开展工作。基层负责规范性文件工作的同志流动性较大，具体从事规范性文件工作的同志往往多为新手，自身的业务水平和能力有限，导致规范性文件鉴别难、合法性审查难，以至于出现漏报、迟报和不报的现象。对此，他反复学习、请教、研究，很快就抓住了问题的主要症结。

善于抓住主要领导这个关键

吴春雷发现，主要领导的重视，是工作推进和落实的关键。规范性文件备案审查也不例外。在实际工作中，许多地方和部门往往把规范性文件工作当作一项软指标，说起来重要、做起来次要、忙起来不要的现象普遍存在。对此，他利用当时州政府副秘书长的职务便利，多次向州政府主管领导和主要领导汇报规范性文件工作，引起了州政府主要领导的高度重视，得到了主要领导的大力支持。2008年，州政府成立了由常务副州长任组长、各地各部门的“一把手”为成员的海北州规范性文件备案审查工作领导机构，明确了备案审查的职责任务，并将责任落实到人。州政府常务会议还明确规定，各县政府常务副县长、各部门一把手为规范性文件备案审查工作第一责任人。此举为全面开展规范性文件备案审查奠定了强有力的组织保证。

善于抓住制度建设这个核心

实际工作中，他发现仅有领导重视还不够，还必须抓住制度建设这个核心。他依据《青海省规范性文件备案办法》，从政府常务会学法着手，强化宣传教育，在对现有制度融会贯通的基础上，很快探索建立了符合地方实际的规范性文件前置审查机制，出台了《海北州政府规范性文件时效管理办法》，建立了规范性文件每年清理一次的清理制度，落实了规范性文件公布制度，完善了规范性文件备案审查工作目标考核制度。通过这一系列制度的建立、完善和落实，十分有效地推进了全州规范性文件备案审查工作。

善于抓住队伍建设这个根本

吴春雷同志深知，人是干好一切工作最根本的因素。没有一支高素质、高能力的备案审查队伍，想做好规范性文件备案审查工作是不可能的。对此，他从业务培训入手，通过加大培训密度、扩大培训范围、强化培训内容、变化培训方式等手段，千方百计提高各地各部门规范性文件备案审查人员的业务水平和能力。通过2年时间3000人次的培训，很快打造了一支素质高、义务精、能力强的专业人员队伍，为全面提高规范性文件备案审查质量提供了根本支撑。

永葆本色谱芳华

包晓荣

1972 年 4 月出生，现任宁夏回族自治区司法厅立法一局副局长。因工作成效突出，2011 年 2 月被自治区人民政府授予“全区人防先进个人”；2016 年 3 月被自治区妇联授予“自治区维护妇女儿童权益先进个人”；2018 年 2 月被自治区依法治区领导小组授予“自治区百名法治模范”；2019 年 3 月被自治区妇联授予“自治区维护妇女儿童权益先进个人”。

脚踏实地的“立法者”

立法过程是一个利益博弈的过程，作为立法草案承办人，立法导向至关重要。包晓荣常说：“立法者要脚踏实地，真正沉下去，倾听百姓声音，汲取大众智慧。”在修订《宁夏回族自治区道路交通安全条例》时，面对城乡同命不同价的问题，她不回避矛盾，直指问题核心：“随着城乡一体化进程加速，越来越多的农民涌入城市，消除城乡差距、实行统一的赔偿标准是大势所趋。”在她的努力下，将“本自治区行政区域内发生道路交通事故造成人身伤亡的，残疾赔偿金、死亡赔偿金按照自治区城镇居民上年度人均可支配收入标准计算”的内容写入法规。在起草《宁夏回族自治区实施〈国有土地上房屋征收与补偿条例〉办法》时，针对老百姓普遍反映的老房子公摊小实际居住面积大、征收后置换的房屋公摊大实际居住面积小不划算的问题，她多方调研，与房屋征收部门反复沟通，确定了“被征收人房屋建筑面积少于50平方米的按50平方米安置，不再结算差价；超过50平方米不足60平方米的按成本价购买……”的内容，切实减轻了被征收人的负担，当然也有人质疑她多管闲事，她却说，“如果立法不能反映百姓诉求，回应百姓呼声，立法有何意义？”

仰望星空的“追梦人”

如果说，实施性立法需要智慧，那么创制性立法就是摆在所有立法者面前的一道突出难题。在起草《宁夏回族自治区食品生产加工小作坊和食品摊贩管理办法》时，包晓荣回忆曾经的艰辛说：“头发都快掉光了！”小作坊、小摊贩怎么管？管得严，会限制经济发展市场活力；管得松，食品安全如何保障？发愁没有用，她用最笨的一招，天天跑管理部门，跑管理对象，跑服务的老百姓，一遍遍询问，一遍遍查资料……功夫不负苦心人，该办法出台后引起兄弟省区高度关注，纷纷前来学习借鉴。她负责的《宁夏回族自治区环境教育条例》，原国家环保部周生贤部长对此作出高度评价：“宁夏《条例》填补了我国环境教育专门立法的空白，是探索中国环保新道路的重要成果，意义重大，值得肯定和推广。”

孜孜不倦的“工作狂”

多年来，包晓荣一直在法治战线上身兼数职，兼任自治区总工会女工委委员、公职律师、期刊编辑、行政执法培训授课教师等多项工作。超负荷工作透支了她的健康。修改《宁夏回族自治区人口计生条例》时，面对尽快要与国家改革政策对接的要求，她毫不犹豫接过重担，5个不眠之夜，连续40小时不休息，在国家出台全面二孩政策40天后，《宁夏回族自治区人口计生条例》修改完成。在起草《宁夏回族自治区女职工劳动保护办法》时，她一头栽倒在岗位上，医院确诊为脑膜瘤和神经鞘瘤。2016年9月，包晓荣到上海华山医院进行了生死攸关的脑部手术。1年后，身体尚未完全康复的她，重新回到了工作岗位。有同事劝她：“好好休息，等彻底养好了病再来。”她说：“那怎么好意思，大家都忙，我闲了，别人就更累。”寥寥数语，却透出了她对事业无尽的热爱和责任。

立法为民　永远在路上

马明晶

1972 年 6 月出生，回族，中共党员，大学本科，现任新疆维吾尔自治区司法厅立法二处处长。自 1995 年起在新疆维吾尔自治区人民政府法制办工作，其中：1995 年至 2005 年主要从事行政复议案件审理工作；2005 年 3 月至今，从事政府立法工作。1999 年、2002 年、2015 年分别被评为自治区人民政府办公厅先进工作者、优秀共产党员；2000 年至 2011 年，7 次被评为自治区人民政府法制办先进工作者。

审理行政复议案件数百件，参与起草、审查、修改地方法规、政府规章 60 部，审核把关规范性文件 200 余件，撰写法学理论文章 20 余篇……在 20 多年的职业生涯中，马明晶立足新疆地方立法主业，用执着与坚守，通过一次又一次生动的立法实践，对科学立法、民主立法、依法立法作出了完美诠释，也用一串串的数据，实现着自己的人生价值和追求目标。

丰富的行政复议工作经验，为做好立法工作奠定了基础

“立法以典民则祥，离法而治则不祥。” 10 年的行政复议工作经验，让马明晶更善于思考。 在审理案件过程中她发现行政机关在执法过程中一般均适用国家法律、行政法规，而对地方性法规及政府规章适用甚少。 如如何在

法的制定上更好地解决社会焦点问题？如何在立法体例的设计上更好地处理好权利和义务的关系？如何在法的结构上更好地安排章节条款？如何在文字表达上更加准确严密等。带着这些思考，2005 年，她由一名适用法律具体办案人员转为一名政府立法工作人员。角色的转换，并没有使她对新的工作感到陌生，相反，为更快地适应并做好政府立法工作，奠定了良好的基础。

开门立法，啃下重要立法“硬骨头”

立法为民，增强福祉，是地方立法的永恒主题。在审修《新疆维吾尔自治区物业管理条例》过程中，由于物业管理工作关系到千家万户安居乐业，因此，在办理过程中更加注重“开门立法”，广采民智，广纳民意。为确保该条例站得稳、行得通、真管用，她先后组织召开了 20 余次立法座谈会、论证会、听证会，听取业主、物业服务企业、行政管理部门及社区管委会等多方面的意见，了解真实情况。针对小区停车位的分配和使用，维修资金的启动，业主代表会议、物业管理区域划分等焦点难点问题，她与各方利益相关者反复沟通，认真推敲，嘴说破了，道理也讲通了，“矛盾焦点问题”最终被设计成保护人民群众利益的诸多条款。

她参与起草、审查、修改的环境保护条例、人口与计划生育条例等 60 多部地方性法规和政府规章，都是多次沟通协调，数十次修改，上百次校对，上千页资料整合的结果，从草案结构体例、到立法利益平衡，从法律语言学，到立法技术规范，一条条看似简单的条款，貌似直白的表述，背后无一不经字斟句酌，反复研究、仔细推敲，在她与同事的努力下，最终啃下一块块重要立法“硬骨头”。

严把关口，给“问题规范性文件”亮红灯

“扎实的文字功底和精湛的业务能力”是领导和同事们对她的评价。2005 年至 2018 年，她对涉及产权保护、对外开放、军民融合、乡村振兴战略、旅游文化产业发展的 200 余份规范性文件，从合法性、合理性、可操作

性等法律角度审核把关、提出修改意见。她说，针对规范性文件中的每一处结构、每一个字词甚至标点符号，都是经过精心考虑的。正是这种严谨的工作态度，一批与法律法规不一致的“问题规范性文件”得到了纠正。她说：“只要是行使国家宪法法律赋予的职权，一定要在法治框架内、在宪法法律授权的范围内来行使，既不能突破法律的界限，也不能随意设定一些义务，随意减损公民的权利，特别是不能为了管理上的便利而任性地制发文件，不能乱立规矩。”

撰写法治理论研究文章，为法治政府建设提供新思路新举措

立法是高精尖的工作，从事立法工作必须要善于思考，善于钻研，将理论和实践结合起来。工作之余，她撰写了大量的理论文章。如论文《公民财产权的保护——行政补偿制度之研究》被新疆法学会采用，编入《市场经济法制与依法行政研究》一书中。《以总目标为统领，深入推进依法治疆夯实稳疆兴疆的法治基石》《科学发展观与新疆地方经济立法研究》《自然保护区法制建设》《公众参与是推进民主科学立法的重要途径》等20余篇文章，均被新疆法学会、《新疆日报》《新疆社科论坛》《新疆政府法制》采用。她常说，作为一名新疆地方立法事业的参与者、实践者和推动者，她感到非常荣幸和自豪。“忠诚、使命、奉献”是她永恒的信念；“奋进、责任、担当”是她不懈的追求。

坚持以人民为中心
抓好政府规章立法

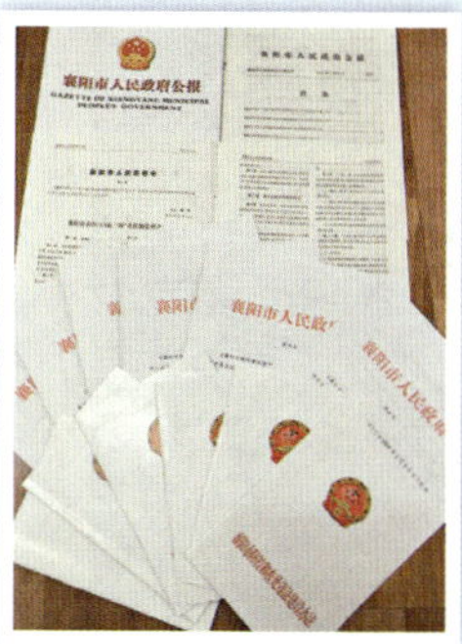

湖北省襄阳市司法局立法科，原系襄阳市人民政府法制办公室立法科，2019年机构改革，原襄阳市司法局与原襄阳市人民政府法制办公室重组为新的襄阳市司法局，原襄阳市人民政府法制办公室立法科更名为襄阳市司法局立法科。

作为政府规章承办机构，襄阳市司法局立法专班由原襄阳市人民政府法制办公室主任李红斌（现为襄阳市司法局党组书记）、原襄阳市人民政府法制办公室副主任范黎（现为襄阳市司法局党组成员、副局长）、原襄阳市人民政府法制办公室立法科科长王涛（现为襄阳市司法局党组成员、副局长）、原襄阳市人民政府法制办公室立法科干部孙楚飞（现为襄阳市司法局立法科四级主任科员）组成。

自2016年1月1日襄阳市获得地方立法权以来，襄阳市司法局立法科始终践行以人民为中心的宗旨，坚持立法问民需、听民意、解民忧，政府规章立法工作得到了广大市民群众的普遍认可和广泛赞扬。

坚持立法问民需，强化“接地气”“连民心”

老百姓需要什么法，就立什么法。这是襄阳市司法局立法科的工作理念。立法如何呼应和满足人民群众的期盼和要求，如何从制度设计上推动解决人民群众最关心、最直接、最现实的利益问题，是襄阳市司法局立法科工作人员在每一部政府规章立法中一直审慎考虑的问题。

城市管线与人民群众工作、生活息息相关，被视为城市的“生命线”。据初步统计，襄阳城区仅 34 条主干道就有 176 公里纵横交错的架空线路，依附于城市主要管路的地下管线长达 8000 多公里。然而，当前管线建设和管理中存在诸多问题：管线建设无序化严重，缺乏统一规划和协调；杂乱无章的架空线路影响城市形象，存在安全隐患；重复开挖道路敷设地下管线，“马路拉链”严重影响道路质量和交通秩序；管线档案资料的收集管理缺乏有效法律手段，资料不完整、不准确。这些现实问题严重影响市民正常生产、经营和生活。广大市民对此深恶痛绝。很多人大代表、政协委员都呼吁对管线立法。应群众呼声，《襄阳市城市管线管理办法》在立法专班人员共同努力下，历时一年半，经多轮修改完善和精心打磨而成。从此，襄阳城市“生命线”在建设、管理上有法可依，步入法治化轨道。

坚持立法听民意，强化“开门立法”

2016 年年初，襄阳市刚获得立法权，市政府第一部规章到底立什么，各方都给予重点关注。经前期征集意见，考虑到市民群众忧虑市容环境差，严重影响城市形象，也不利全市争创全国文明城市，襄阳市第一部政府规章确定为《襄阳市“门前三包”责任制管理办法》。襄阳市司法局立法专班一方面上网登报全面公开征求意见，另一方面召集论证会，听取专家意见建议。在立法座谈会上，有市民代表提出，“门前三包”的提法，带有明显的时代烙印，虽在城市发展中发挥了巨大作用，但存在明显的法律缺陷，表现在：没有明确具体的法定依据；政府责任与“门前三包”责任人责任划分不清；增加了责任人法定之外的义务。随着经济社会发展和法治理念的深化，再向社会主体赋予管理义务已不合时宜。经审慎考虑，立法专班最终决定采纳市民代表意见，将盛行的“门前三包”调整为“门前三保”。一字之改，解决了责任不清，增加社会主体法定义务之外义务的问题，实现了职能归位，呼应了群众关注。一字之改，成就了这部规章的特色和亮点。

坚持立法解民忧，强化“为民服务”

襄阳市司法局立法科一直都在践行“为民服务”的立法工作理念，及时回应群众期待，有效解决群众生活、工作中的难题，让人民群众切实体会到立法给他们带来的福祉，赢得群众的支持。近些年来，商品住房价格上涨过快，而可供出租的住房供应不足等原因，一些城市“夹心层”、新就业的大中专毕业生、外来务工人员等住房困难家庭无力通过市场租赁或购买住房的问题日渐突出。如何切实保障老百姓“住”的问题，如何实现“住得起”并“住得好”，是襄阳市司法局立法专班在立法制度设计中的一大核心和关键。襄阳市司法局立法科急群众之所急，及时审修并提请市政府出台《襄阳市市区公共租赁住房管理办法》《襄阳市租赁住房管理办法》，通过多种举措加大公共租赁住房和普通租赁住房的供应力度，满足群众的租住需求，切实解决老百姓“住得起”的问题；出台《襄阳市防控和查处违法建设办法》，建立违法建设防控和查处工作的长效机制，从严防控和查处违法建设、维护城市规划秩序，切实解决老百姓“住得好”的问题。

3年多来，襄阳市司法局立法科共审修制定政府规章8部。每部规章都是围绕广大市民群众广泛关注的热点、焦点和难点，都是涉及民生民本的问题，真正体现了“急人民之所急，想人民之所想”。

监狱人民警察好榜样

一座围城，四角天空，他们远离繁华，耐得住寂寞，守得了清贫，顶得住压力。高墙外他们是家里的顶梁柱，高墙内他们是迷失心灵的摆渡人……

苦过，累过，但从没后悔过。面对危险，无所畏惧，他们是生命安全底线的守护者。长年累月，枕戈待旦，他们默默守候在高墙电网间。

从悲观到乐观，从绝望到希望，只有帮助浪子解开心结，燃起重生的希望，才能换回社会的安宁与和谐。他们以温暖的胸怀，撒下真爱的种子；他们用耐心和爱心为迷途的囚子点亮心灯，他们就是监狱人民警察。

监狱刑罚执行的“铁闸”

任　全

1980 年 11 月出生，满族，现任北京市监狱管理局清河分局教育改造处一级主任科员，北京市监狱局局级专家型民警，入选北京市政法系统“十百千”人才库。获得三等功两次、嘉奖奖励四次，两次被北京市监狱管理局评为局级优秀共产党员，2018 年被授予“首都监狱卫士”荣誉称号。2010 年被北京市司法局评为北京市司法行政系统公正廉洁执法优秀个人，2017 年被评为先进个人，2019 年被推选为北京市司法行政系统“新时代司法为民好榜样”。

监狱是国家刑罚执行机关，刑事执行活动关乎司法公正的“最后一公里”。北京市监狱管理局清河分局教育改造处一级主任科员任全，曾从事刑罚执行工作，承担着全分局罪犯的减刑、假释、暂予监外执行、法律援助等工作。在这个肩挑重担的岗位上，他以经办 25,000 余件减刑、假释案件和 50 余件保外就医案件始终保持“零错案”“零违纪”“零投诉”的完美成绩，当之无愧地成为监狱刑罚执行的“铁闸”。

法律法规信手拈来　他是刑罚执行的“百科全书”

刑罚执行是监狱各项工作中法律专业性极强的一个领域，从《刑法》《刑事诉讼法》《监狱法》，到最高人民法院的司法解释，再到北京市减刑假释规定，法律规定多而严谨，依法办事的标准极高。在同事们的眼中，任全就如同一部刑罚执行的“百科全书”，对工作中涉及的法规条文信手拈来。答疑解惑时，他不用翻书，张口便能引用条文，甚至能具体到第几条第几款。近些年来，我国刑事法律政策不断调整完善，每一项变化都对监狱工作产生重要影响。只要有相关的法律法规修订，任全就广泛搜集资料，研究它们在刑罚执行方面的运用。他先后参与起草了三版《北京市减刑假释规定》等30余项规章制度，有效推进分局刑罚执行工作规范化、标准化；他制定的分局刑罚执行工作流程图，让基层民警有了操作指引；他将工作技巧总结成顺口溜，将严谨生硬的法条变得朗朗上口。因为在刑罚执行方面的诸多建树，33岁时任全就被评为监狱级专家型民警，还入选北京市政法系统“十百千”人才库。

严格执法识破假证明　他是刑罚执行的“铁闸”

减刑假释是一种激励罪犯改造的刑罚制度，罪犯积极改造，确有悔改表现，要靠一个个证据形成完整链条去证明。而任全的工作就是要严把关口，确保每一个案子的证据都符合法律对实体和程序的规定。在足球比赛中，滴水不漏的后防被誉为“铁闸”，喜欢足球的任全说，他就要成为监狱刑罚执行的“铁闸”。2018年5月，任全接到了一所监狱关于减刑证明材料的咨询。罪犯李某被处罚金3万元，一直没有缴纳。根据法律规定，对于财产性判项，如果罪犯有能力履行而不履行，应当从严适用减刑，甚至不予减

刑。家属在接见时提交了一张李某享受农村低保的证明及当地民政机关一名工作人员的联系方式，想以此证明李某没有履行能力。监狱发现这张证明的落款不是民政局的行政公章，与现行规定不符。那位民政工作人员则在电话中表示，该单位对此类证明只能加盖部门专用章，没有问题。监狱拿不准，向任全咨询。证明不符合规定，电话核实也无法作为确证，在任全这儿肯定通不过。他建议监狱从当地政府官网了解民政局机构、人事信息，多方进行调查；必要时派员外调取证，确保证据材料无瑕疵。监狱方面最终查明李某根本没有享受低保，那张证明是假的。任全了解情况后，建议监狱深入调查李某是否指使造假，一经查实严肃处理。最终，监狱查实了李某指使亲属造假的证据，随后依照规定对李某进行了处分。任全这道“铁闸”，守住了法律的威严，可挡了别人的回家路，他就不怕受到打击报复吗？任全说：“我当初就是怀揣公平正义的信仰学的法律，怕，就不会穿这身警服。只要穿上了，就要对得起自己的职责和良心。”

坚持“三不”原则　他拉起公正廉洁的警戒线

监狱减刑、假释、保外就医工作的社会关注度极高，每一个小案子都是事关司法公正的大事。廉洁执法、防止腐败，一方面要靠监狱完善制度规范，另一方面要靠民警个人严格自律。一次，一名年逾古稀的老太太来咨询，执意认为监狱没给减刑就是对他儿子的迫害。任全把相关规定掰开揉碎跟老人耐心解释了两小时，老人最后认可了，打消了疑虑。在交谈中，老人几次要任全的手机号码，说要感谢他，任全都婉言谢绝了。“绝不与罪犯亲友私下来往、绝不涉足不健康娱乐场所、绝不沾染不良嗜好”是任全的“三不”原则。他深知，严于律己是公正执法的基础。无论面对拉拢靠近还是威胁恐吓，他始终严守底线。

“俯仰无愧天地，褒贬自有春秋”，15 年前，任全怀揣着这样的信条成为一名监狱警察，15 年来，他先后获市司法行政系统先进个人、市司法行政系统公正廉洁执法优秀个人、“首都监狱卫士”等荣誉称号，用无愧于心的成绩擦亮了头顶的警徽。

逆流竞渡　坚守一线

陈　凯

1977 年 7 月出生，中共党员，现任天津市河西监狱二监区党支部书记、监区长，一级警长。2015 年 6 月陈凯同志被市委政法委授予“2013~2014 年度人民满意的政法干警”荣誉称号；2017 年 6 月被天津市司法局党委评选为“2017 年度天津市司法行政系统优秀共产党员”；2019 年 2 月被天津市司法局评选为“天津市新时代司法为民好榜样”；2019 年 5 月被市委政法委授予“天津政法系统新时代新作为模范人物”荣誉称号；2019 年 6 月被天津市监狱局党委评选为“天津市监狱系统优秀共产党员”。

立足政治建警，激发队伍活力

陈凯同志时刻牢记党的宗旨，注重加强个人修养和党性锻炼，认真学习贯彻习近平新时代中国特色社会主义思想，坚定政治立场，提高政治站位，履行政治责任。他模范遵守各项规章制度，头脑清醒、立场坚定、旗帜鲜明，用行动诠释着一名共产党员的担当。作为监区领头人，陈凯同志坚持“抓班子、带队伍、促工作、保安全”的工作主线，充分发挥了党员领导干部的先锋模范作用。他十分注重队伍管理，坚持政治建警，丰富组织生活，积极营造担当作为的工作氛围。他经常性开展警示教育，加强纪律作风建设，做到警钟长鸣。他发挥以老带新的“传帮带”作用，着力培养青年警察扎根基层、坚守一线的奉献精神。他积极拓展工作思路，主持编写《监区罪犯管理制度汇编》，成为监区警察的“百宝书”，有效提升了监区警察的执法能力和履职水平。

立足本职本岗，践行改造宗旨

天津市河西监狱是一所高等级戒备监狱，二监区作为“主打”监区，承担着200多名高危罪犯的关押和教育改造任务。针对监区押犯呈现的文化程度低、收押刑期长、涉黑涉暴多的“沙尘暴”新特点，陈凯同志明确安全首位意识，以落实“五大改造”为抓手，打好罪犯教育管理“组合拳”，确保了监区监管改造秩序持续稳定。他突出政治改造的统领地位，在延伸政治改造触角上下功夫，定期开展“监区长讲堂”，不断增强罪犯认罪服法意识。他牢固确立监管改造的基础地位，在强化罪犯行为养成上下功夫。开展全员危险评估，出重拳、杀歪风，严格规范文明管理。深入开展扫黑除恶专项斗争，打好“第二战场”攻坚战，强力打击牢头狱霸，积极组织狱内坦检，发挥了有效的震慑作用。他充分发挥教育改造治本作用，在提升罪犯思想认识上下功夫。提倡建立“监区长信箱”和“心语驿站”，一把钥匙开一把锁。打好老年犯的“感情牌”、孤僻犯的“主动牌”、迷茫犯的“引导牌”、绝望犯的“激励牌”、顽固犯的“高压牌”、危险犯的“并举牌”。组织对难改、抗改罪犯进行家访，携手家

属共同做好罪犯的管理。他积极拓展文化改造教化功能，在重塑罪犯价值观念上下功夫，大力弘扬中国传统文化，传播极富特色的“家文化”理念。2019年6月，经过多方协调，几经周转，为罪犯马某找到失联6年的家属。亲情帮教会上，认为独子早已过世的母亲，与马某相拥而泣。此次“起死回生”得到了社会的广泛关注，使罪犯在恪守监规制度的同时，更感受到“家”的温度。他切实推动劳动改造功能回归，在强化矫正罪犯恶习上下功夫，引导罪犯在劳动中找到自身的价值，教育罪犯改掉懒、散、不劳而获的思想和恶习，形成“劳动光荣，懒惰可耻”的价值观，将罪犯培养成具有正确劳动观念、良好劳动习惯、过硬劳动技能的劳动者。

立足敬业奉献，彰显忠诚坚守

19年监管一线工作的锤炼，让陈凯同志深切体会到了监狱人民警察的职业艰辛，也使他养成了敢于吃苦、乐于奉献、坚毅从容、担当作为的品质和作风。他的妻子也是一名监狱人民警察，双方父母均体弱多病，需要照顾，“双警”家庭的困难，可想而知。2019年5月，妻子在外执行任务，家中独子面临中考，他依然坚守工作岗位，未向组织提及任何困难。他常说：“自己家中事情再大，在工作职责面前也是小事。”因为他深知自己身上这身“藏蓝”代表着什么。在他心中，监狱人民警察不仅是一个职业，更是他值得一生为之努力奋斗的事业，他已把自己的青春、智慧、全部的心血植于这片“热土”之中。

陈凯同志没有惊天动地的英雄业绩，但他有说不完受人称颂的点点滴滴。一如既往、锲而不舍是他的精神追求，牢记使命、甘于奉献是他的工作准则。陈凯同志用自己的辛勤和汗水，充分诠释了新时代监狱人民警察的坚守与担当。

大墙内的“希望之光”

赵　莹

1979年12月出生，回族，中共党员，现任天津市女子监狱三监区党支部书记、监区长。2008年12月获得司法部颁发的司法行政系统奥运安保工作先进个人；2015年6月被中共天津市司法局委员会评为天津市司法行政系统优秀共产党员；2016年12月获得人社部、司法部授予的全国司法行政系统先进工作者；2017年当选天津市第十七届人大代表；2019年6月被中共天津市委政法委评为“天津政法系统新时代新作为模范人物”；2011年9月荣立个人三等功1次。其所在的监区2013年12月被共青团天津市委员会评为2013年度青年文明号；2015年2月被天津市委组织部、天津市人社局、天津市公务员局评为天津市人民满意公务员示范单位。

有一种光叫阳光

2017年“六一”儿童节前夕，在天津市女子监狱接见室，一位年过七旬的老太太带着年仅3岁的孙子，前来探望儿媳——三监区涉毒罪犯高某。当高某隔着玻璃看到两年未见的儿子，激动的泪水夺眶而出……因犯罪给家庭带来了极大的伤害，高某的婆婆一直拒绝带孩子来看她，高某渴望见到孩子，情绪几度失控。赵莹了解了高某的情况，为了帮助高某安心改造，不知打了多少电话、联系了多少了解情况的人员，最后制定了针对高某的改造方案，最终成功缓解了高某的家庭矛盾，让高某见到了日思夜想的儿子。泣不成声的高某抱住赵莹说：谢谢您，带给了我阳光。温情故事的背后是一颗溢满阳光的心。面对缺少关爱、亲情破裂的服刑人员，她带领监区警察积极做好家属的思想工作，通过沟通疏导帮助支离破碎的家庭重拾希望；面对夫妻入狱、孩子年幼的服刑人员，赵莹和监区警察多次到其家中走访，帮助解决实际困难，促使服刑人员安心改造；面对内心封闭、焦虑抑郁的服刑人员，赵莹从小处着手洞悉其内心世界，帮助她们化解不良情绪，积极融入集体，提升了服刑人员改造的积极性。

有一种光叫曙光

赵莹所在的三监区是一个特殊的监区，她精心打造的“好好艺术团”已成为教育改造罪犯的亮点工程。服刑人员在监狱警察的带领下，重塑艺术理念，狠抓演出质量，创作出了一系列积极向上、发人深思的文艺节目。在2017年召开的亚太教育矫正管理者会议上，“好好艺术团”登上了国际舞台，向世界友人展现了监狱教育改造罪犯的丰硕成果。坚持守正创新，成立了“启·航”文化中心，致力于打造特色监区文化。开设“警官讲堂”，为服刑人员介绍津沽文化、诗词赏析、汉学知识、服装礼仪；成立兴趣小组，让服刑人员接触中国文化艺术之美，点亮了心中的曙光。

有一种光叫正义之光

赵莹带领监区警察严格落实各项工作制度，坚守安全底线，践行改造宗旨，深入排查隐患，及时发现苗头倾向问题，切实前移管教关口，依法依规严格罪犯奖励、减假暂等执法环节。自担任监区长以来，监区从未出现任何执法失误、执法违纪问题。坚持阳光执法，依法公开服刑人员的权利、义务，考核、处遇、行政奖惩，减刑、假释的条件、程序和结果，以及监狱收押、管理、教育、执法等方面的制度规定，赢得了罪犯家属对监狱工作的理解、信任和支持。

有一种光叫时光

在三监区的工作，有队伍攻坚克难的英姿飒爽、有患病干警坚守岗位跨年执勤的辛劳时刻、有狂风暴雨中抢救物资的团结画面……而这些画面中都有一个人——赵莹。作为监区一把手，她始终坚持以政治建设为主，激发队伍活力。通过形式多样的支部组织生活，增强向心力，营造干事创业的工作氛围；时刻提醒教育，消除警察思想上的懈怠和麻痹思想，做到警钟长鸣，筑牢思想防线；扎实指导青年警察钻研业务，培养业务骨干和中坚力量；帮助解决警察工作生活中的困难，增强凝聚力。在她的带领下监区工作成绩斐然，各项工作名列前茅。

诸多成绩的背后，是无悔的付出与牺牲。每每提到家人时，赵莹的眼中总是闪现愧疚的泪光。公公从病危到去世，父亲患病住院，赵莹每日奔波在医院、家庭与单位之间，却几乎没有请过一天假，也从未放下手中的工作。本应陪伴儿子的时间也经常被工作挤占。有一次，儿子恳求妈妈：“你去幼儿园接我的时候，换上警察的制服好吗？”为了满足孩子的恳求，那天下午，赵莹特意换上了警服，提前赶到了儿子所在的幼儿园，当儿子和所有的小朋友都蜂拥过来围在身边抢着跟她握手的时候，儿子自豪的神情融化了赵莹坚强的心，一切辛苦的付出都是值得的，更加坚定了她为监狱事业奋斗终身的决心！

从警 16 年，她不忘初心，牢记使命，把青春、激情、智慧、心血挥洒在监狱这个平凡的工作岗位上，为确保监狱持续安全稳定十几年如一日，默默坚守，无怨无悔，用实际行动践行了一名共产党员对监狱事业的初心和忠诚。

忠诚 担当 奉献

范来艺

1965 年 8 月出生，中共党员，1983 年被分配到山西省忻州监狱参加工作，现任忻州监狱狱政科科长，一级警督。范来艺同志从事监狱工作 30 多年来，时刻牢记党的宗旨，忠实履行工作职责，具有强烈的事业心和责任感，强化了狱政管理的管理和服务职能，提升了狱政管理工作水平，在平凡的工作岗位上做出了不平凡的业绩。先后荣获忻州市直工委优秀共产党员、山西省监狱管理局个人三等功、安全生产先进个人、讲党性重品行做表率先进个人、政治工作先进个人，2015 年被山西省司法厅与山西省人力资源和社会保障厅评为全省司法行政系统先进工作者。2018 年被山西省委政法委员会、山西省人力资源和社会保障厅荣记个人二等功一次。

立足本职，制度建设重实践

狱政科作为监管改造的重要管理科室，担负着监管改造秩序、罪犯日常考核、接见管理、违纪处罚和禁闭犯管理、警械设施管理、出入监狱大门人员、车辆及物品管理等繁杂工作，任务极其艰巨，但不管任务有多重、工作有多累，范来艺都全力以赴，从不讲任何条件，埋头做好本职工作。为了全面掌握罪犯管理的实际情况，全面推进监狱创建“模范小组”工作，认真落实各项监管改造工作制度，他坚持深入监区一线，每周工作时间都在 80 小时以上，及时了解掌握了罪犯动态，先后 4 次主持修订《忻州监狱模范小组考评办法》、主持完善《忻州监狱监管安全隐患排查工作规程实施细则》《忻州监狱罪犯日常考核办法》、参与编写《山西省忻州监狱管教工作制度汇编》等规章制度，进一步细化监区民警职责，强化民警责任的落实；加强罪犯活动现场管控措施的落实，提高全体民警直接管理的自觉性；罪犯的守纪意识明显增强，监内违规违纪明显减少，忻州监狱“模范小组”创建率由原来的 30% 提高到 80% 以上，罪犯违纪率降低到 1.5% 以下，确保了监狱的长期安全稳定。

钻研业务，扎实工作敢创新

在日常管理过程中，根据实际情况适时开展专项整治活动，先后开展了“民警规范化管理”专项整顿活动，规范监狱大门管理和民警值班执勤专项活动，“强化落实服刑人员行为规范”专项活动，落实罪犯互监组制度整顿月活动，监管安全隐患排查整治活动等，通过系列活动，使民警的执法更加规范，管教制度得到了落实，罪犯的守纪意识明显增强。在罪犯日常考核管理过程中，范来艺同志经常与具体负责此项任务的同志们说：“罪犯的考核工作是一项严肃的执法工作，是罪犯减刑的重要依据，只有实现公平公正，才能真正调动罪犯的改造积极性，让罪犯看到前途、看到希望，相信政府，自觉遵守监规纪律，监狱

的安全稳定才有保障。” 他认真履行狱政管理职能，严把考核公正防线，每年翻阅考核资料 1 万余份，对罪犯的每一项奖励和处罚进行核实，工作多年来未发生差错，树立了监狱人民警察公正执法的良好形象。

为人正直，坚持原则作表率

在范来艺看来，越是关系到民警的利益和罪犯改造的事情，越是要谨慎对待，越是要讲究原则和标准，只有把握做事的原则才能让群众信服、让领导放心。以公正执法、规范管理、公平考核为抓手，严格监管制度落实，注重隐患排查整改，狠抓“模范小组”创建，不断规范监管基础工作，着力完善监管安全长效机制，强化了狱政管理的管理和服务职能，提升了狱政管理工作水平，在平凡的工作岗位上做出了不平凡的业绩。范来艺经常与民警谈话交心，并给予现场指导。2017 年以来，忻州监狱创建“模范小组”由十几个发展到现在的八九十个，每一个小组的创建范来艺都亲自过问，坚持用事实说话，用他的话说，每一个“模范小组”必须经得起实践的检验。

近年来，范来艺同志认真学习，刻苦钻研，虚心请教，短时间内就成为监管方面的行家里手；他作风泼辣，大胆管理，勇于担当，使监管改造秩序焕然一新并持续保持安全稳定；他执法公正，率先垂范，尽职履责，为全监民警起到了良好的榜样示范作用，为忻州监狱近年来的监管安全稳定做出了应有贡献，赢得了各级领导和民警职工的广泛赞誉。

警徽下的坚守

李春峰

中共党员，大学本科学历，现任吉林省长春兴业监狱一监区和十二监区联合党支部书记、一监区监区长。1995年被吉林省边防总队授予个人三等功；2007年、2008年荣获优秀公务员称号；2010年、2015年、2016年、2018年、2019年被吉林省监狱局授予个人三等功；2013年荣获吉林省监狱局嘉奖；2018年被评为全国司法行政系统先进个人；2019年荣获优秀党务工作者称号。

在吉林省长春兴业监狱一提起一监区监区长李春峰，民警都争相竖起大拇指，交口称赞他是监区的好领导、民警的贴心人、大家的好榜样。

践行誓言，忠诚履职

参加工作以来，李春峰始终以一名共产党员的标准、革命军人的品格、人民警察的天职，忠诚践行着自己的诺言，多年来，他无论干什么，都时刻牢记当初的誓言，凭借雷厉风行的作风、创新谋事的智慧、务实成事的魄力，一步一个脚印地由一名普通民警走上监区领导岗位。2015年，李春峰被组织任命到一监区任监区长。上任伊始，针对服刑人员数量多、监管改造环境复杂、部分民警人心波动、各种矛盾突出等问题，他勇敢面对，敢于担当。在监区建设中，李春峰注重打造示范党支部，用党建工作凝聚人心，成为全省监狱系统标杆党支部。他从抓班子带队伍做起，始终坚持高举团结大旗，带领班子成员精诚合作，努力营造和谐舒畅、群策群力、务实干事的工作氛围，当好班子成员政治上志同道合的同志、思想上肝胆相照的知己、工作上密切配合的同事、生活上相互关心的挚友。

科学管理，确保安全

他始终把监管安全稳定放在首位，把落实民警工作规范和服刑人员行为规范作为着力点，坚持上班到岗必须问到位、要害部位必须查到位、重点人员必须谈到位、发现问题必须改到位、下班离岗必须巡到位、安全意识必须提到位、民警有事必须访到位的“七必到位工作法”，规范了民警工作行为，也温暖了民警的心。在他的以身作则带动影响下，大家的心终于聚在了一起，人心齐泰山移。仅半年时间，一监区又重新走在了全监前列，被省司法厅记集体二等功，当年被评为优秀监区，并记集体三等功，他用自己的品格和行动实现了对大家的承诺：一监区标杆旗帜又回来了。在他的带领下，一监区监管安全连续5年实现“零事故、零自杀、零脱逃”的突出成绩。

建设队伍，关心民警

他关心培养青年民警健康成长，任职期间有4名民警走上监狱中层干部岗位，有6名民警调入机关工作，为监狱输送了人才、能人；关心体贴民警工作生活，民警家中有事，不管多忙，他总是到场，帮着忙这忙那。为方便值班民警洗漱，克服种种困难，在监区安装热水器，设立简易洗漱间，还为了使全体民警在工作闲暇身体得到锻炼，在监区添置了健身器材，极大地改善了干警工作和生活，倾情打造人人争先、人人团结的幸福监区；关心救助已故民警石红岩家庭，连续4年逢年过节他都自己花钱买些慰问品，送去温暖，给他们生活增添活力和动力，他们专门到监狱送来锦旗，表达谢意。在他的带领下，一监区连续4个年度在全省监狱系统绩效考核中被评为优秀监区，连续4年记集体三等功，1次记集体二等功；监区民警有16人次记个人三等功，36人次获得优秀公务员。

细致耐心，转化罪犯

一监区有1名曾经8次服刑的人员荆某，被监区列为重点管理对象，荆某性格内向，抗改风险高。李春峰了解情况后，通过耐心帮教，并为他购买实用技能书籍，帮助规划他的新生路。荆某释放后，不仅没有再犯罪，反而通过在狱内的学习，掌握了一技之长，新生的日子过得日渐红火。李春峰关心疏导心理障碍服刑人员，在他的不懈努力下，1名患有自闭症失语的服刑人员终于开口说话，艰难地说出的第一句话就是“谢谢”。

“榜样是看得见的哲理”，为了那份忠诚誓言，李春峰决心用一生去坚守、去践诺！

“80 后”的救火队长

张国鑫

1980 年 9 月出生，中共党员，黑龙江司法警官职业学院毕业，2002 年 9 月参加工作，现任黑龙江省呼兰监狱狱政科科长。先后荣获黑龙江省政法系统优秀党员干警、局级青年岗位能手、省直监狱系统优秀共产党员荣誉称号、省直监狱系统劳动模范荣誉称号、省十佳监狱人民警察、龙江最美法律服务人称号、全国监狱工作先进个人，荣立个人二等功 1 次、个人三等功 3 次，荣获优秀公务员 7 次、优秀共产党员 5 次、优秀监狱人民警察 3 次。

望闻问切　对症下药　真心帮助转化服刑人员

监狱人民警察不仅要确保一方平安，更重要的是教育和改造。八监区服刑人员周某，入监以来一直申诉，拒绝劳动，不要分，不减刑，对抗民警管理。张国鑫到八监区工作以后，主动承包周某。通过细心观察和多次谈话，他发现周某熟悉法律条文并且生性多疑。张国鑫不但耐心倾听周某倾诉自己的案情，帮助他查找相关法律书籍，还引导他通过正常途径申诉，同时向监狱领导和驻检部门反映周某的情况。渐渐地周某的心态平和了下来，主动参加生产劳动，并通过正常途径上报申诉材料。

十三监区死缓限减服刑人员陈某，入监以来一直沉默寡言。通过查阅卷宗、谈话，张国鑫了解到陈某的家境十分困难，入监以后，7 岁的儿子由 70 多岁的父母抚养，一年的收入不足 1000 元。张国鑫一方面联系青冈蓝天爱心机构对陈某家庭进行点对点爱心援助，为陈家翻建了住房，帮助 7 岁的儿子如愿成为一名小学生；另一方面，请示监狱领导为陈某联系一份手工活，利用收工后和休息时间挣钱贴补家用，每月能在民警的帮助下给母亲汇去 1000 余元。沟通联系促成社会爱心人士刘笑眉女士每月捐助其儿子 500 元学费和生活费。在母亲节帮教活动上，陈某眼含热泪，紧紧地握着张国鑫的手，说不出话来。

拼命三郎　爱岗敬业　爱心义诊全员参保普惠人间

在八监区担任监区长时，为了彻底清剿违纪品，张国鑫钻案板、下机台、爬天棚，彻底清查。有问题的服刑人员主动上缴或销毁了私藏的违禁品，彻底净化了监管环境。安全生产重于泰山。尤其是习艺车间因历史遗留问题存放有 11 年之久的 5 台 10 吨重、占据 50 平方米空间的废弃刺绣机器，其安全隐患、藏匿违禁品的危险程度可想而知。他多次向监狱领导汇报此事，并请相关部门到现场进行实地勘察。厂家负责人的户籍已经从伊春迁到山东烟台，而且没有留下联系方式。经领导同意后，他亲赴烟台，跑遍了当地社区、街道、派出所，当他风尘仆仆地将搬迁协议拿到厂家负责人的面前时，对方睁大了眼睛。

爱心义诊，普惠人间。张国鑫请哈尔滨市医院与十三监区进行足球比赛、体育交流的同时，还能为服刑人员看病治病。张国鑫联系多家医院的医生组成医联体足球队，定期邀请医联体的医生们走进高墙，为监区罪犯义诊，会诊。他担任监区长的6年里服刑人员新农合参保款自己缴纳的部分都是他毅然向厂家争取的，不需要服刑人员上交一分一毫。

机智果敢　当机立断　监管改造成绩树碑立传

做一名优秀的监狱人民警察，除了默默坚守、敬业奉献还要具有临危不惧、当机立断的果敢。2017年7月，卢某要求与张国鑫谈话。进入办公室后，卢某拿出事先准备好的刀片按在脖子上，扬言自己来之前已经吃了药，必须见监狱长，还开始干呕。此刻办公室里只有他们两个人，张国鑫当机立断，大喝一声："你吓我呢？！这种事我见得多了，现在给你两条路，一是马上把刀片放下，去医院！二就是你现在就割！"卢某被张国鑫的气势怔住了。

这时，外面的民警闻声赶来，张国鑫担心民警不了解现场情况贸然去抢刀片而受伤，从容地对民警说："给他找药布包扎一下脖子，再领他去医院洗胃。"事后，卢某主动交出刀片，并承认没有服用药物。张国鑫认为，事出有因，不能盲目处理服刑人员的过激行为。他与卢某进行了一次长谈，并为卢某解决了合理诉求。一场有惊无险的监管事件因张国鑫的果敢沉着化险为夷。

从警18年，任监区长7年，张国鑫用青春书写了忠诚无悔，用坚守诠释着使命担当。而他还将继续在年复一年、俯身为泥的监管改造一线书写传奇、奉献一生。当生命跟时代的崇高责任联系在一起，生命的价值熠熠生辉。那些奔跑的身影，那些专注的眼神，那些沸腾的热血，那些闪烁的灵魂，以青春作桨、让梦想为帆，不畏艰难、砥砺前行，为民族奋进而努力，谱写无愧于时代、无愧于历史的华彩乐章。

16 年灵魂摆渡，他让艾滋病罪犯看到生命的价值

胡水清

1962 年 5 月出生，1980 年参加工作，现任上海市新收犯监狱三级高级警长。2012 年被评为"上海市第四届平安英雄"，2013 年荣获上海市"五一劳动奖章"，2014 年被评为"上海市先进工作者""上海市职工职业道德先进个人"，2015 年获评"上海市政法系统十佳个人"、荣立"二等功"，2016 年获评"上海市监狱管理局十佳感动人物"，2018 年被评为"上海市司法系统最美警察"。

"老艾，今年春节打算做什么？""带艾滋病罪犯排练节目，一起过年！"从 2005 年至今，整整 16 个春节，被同事戏称为"老艾"的胡水清都是与艾滋病罪犯一起度过的。

临危受命，击败心魔

2005 年，上海市新收犯监狱决定筹建艾滋病罪犯专管监区。艾滋病人怎么管理？会不会有感染的风险？他们的治疗怎么办？一系列的问题摆在眼前，42 岁的胡水清临危受命。"说不害怕那是不可能的。"这位壮实的汉子说，一度不

敢向家人介绍自己的新岗位，有时做噩梦还会梦见自己被艾滋病人围堵追咬，惊醒后面对妻子关切的目光，他谎称是梦见被蛇咬了。直到整整 5 年后，他才向妻子“坦白”。可是，工作上胡水清一点都没含糊。“他们不仅是罪犯，也是病人。”为了挽救这些罪犯，救治他们的灵魂和生命，他放弃了许多休息日，跑图书馆查资料记笔记，一次次找罪犯谈话，观察分析罪犯在生活中出现的各种生理和心理变化，然后上医院找专家请教，长期的研究和探索使他积累了对艾滋病的深入了解，为打开工作新局面创造了条件，成为监狱内治疗艾滋病的专家。

天之骄子，灵魂摆渡

赵理（化名，下同）是一位留学“海归”，长期在世界 500 强企业工作，却因为工作压力过大染上毒瘾，进而走上“以贩养吸”的不归路。入狱当天，胡水清告知他被检测出患上艾滋病的残酷事实。“很多罪犯在入狱时并不知道感染了艾滋病，获情后绝大多数会精神崩溃，对未来产生绝望。”胡水清说。果然，得知真相的赵理一度情绪失控：“不可能，这绝对不可能！”赵理情绪一下子崩溃了，嘴里不断地喃喃自语：“我要死了……”胡水清耐心安抚：“只要你调整好心态，艾滋病不是没有救。”胡水清特地为赵理安排心理师帮助疏导情绪，联系专家为他制定和讲解治疗方案。赵理情绪逐渐稳定后，胡水清还根据赵理的特长，安排他担任外籍罪犯英语翻译和中文教学。在胡水清不断

地鼓励下，赵理逐渐重拾信心，决定走好接下来的人生路。

人性监管，防艾有招

“感染上艾滋病的犯人心中的痛苦是常人难以想象的，管理时一个小动作或一句话他们都会很敏感，爆发难以预料的严重后果。” 日常接触时，胡水清坚持不穿防护服、不戴口罩，还主动走进他们生活中，面对面交流。“艾滋病病毒在空气中不传播，但容易引发并发症，并导致周围的人受到其他疾病的感染，比如皮肤病、性病、肺结核等。” 胡水清说，他之所以选择不戴防护用具，是希望能拉近与艾滋病罪犯之间的距离。16 年来，胡水清管理过的艾滋病罪犯实现了“零死亡”“零事故”“零传播”。本着对工作的担当，胡水清和他的团队，自 2006 年至 2013 年连续 8 年开展对艾滋病课题的探索。在收、管、教、训、评、矫形成了制度化、规范化，课题的研究获得了上海市总工会、上海市妇女联合会、上海市共青团、上海市质量协会一等奖。2012 年课题“提高艾滋病患者免疫率”获司法部一等奖。2014 年胡水清工作室团队被上海市总工会授予特色班组、2018 年工作室被上海市授予胡水清艾滋病劳模创新工作室。

艺术矫治，搭建心桥

艾滋病服刑人员王某因犯杀人罪，被判死刑，缓期二年执行。王某身患尖锐湿疣，犯罪前曾四处求医遭拒，因患有艾滋病，花光了所有积蓄，未见治疗效果，曾数次自杀。被朋友救下后，他脾气越来越暴躁，最后因与朋友争吵将朋友杀死。入狱后他也一直寻找机会自杀。监狱领导经反复研究，治疗任务又一次落在胡水清身上。王某的治疗难度很高，胡水清与医务所医生分析研究制定详细治疗方案，力争将可能出现的风险降到最低。经过近半年的精心治疗，王某身体开始好转，情绪也逐渐稳定。胡水清说服他参加了自己组建的各种艺术小组，王某逐渐成为文艺活跃分子，在艺术中找回了自我，他说：“家人嫌弃我，朋友唾弃我，但胡警官没有放弃我。他为我做了那么多，我必须好好活！”

最美医心者

吕小莉

1981 年 11 月出生，现任江苏省南京女子监狱九监区党支部书记，监区长。2015 年荣获江苏省总工会“巾帼标兵”（省总工会），江苏省监狱系统“十二五”期间先进个人（省监狱管理局）；2017 年荣获江苏省监狱系统监区规范化建设先进个人（省监狱管理局）；2018 年被省监狱管理局评为江苏监狱最美女警（记个人三等功）；2019 年被江苏省委政法委评为“新中国成立 70 周年江苏省安保维稳工作先进个人”。

2018 年 10 月 2 日，身患滋养细胞肿瘤晚期的女犯陈某走完了人生最后一程。安排好陈某后事，和家属道别时，陈某家属弯腰向南京女子监狱九监区监区长吕小莉，连续 5 次鞠躬，用最质朴的方式表达对民警们自带温度执法的最大褒奖。

温度执法　让犯属 5 次躬身致谢

在陈某生病的 1 年多时间内，吕小莉把更多的关心和爱倾注在这个年轻病犯身上，为她策划了病床上的生日，鼓励她与病魔作斗争；考虑到陈某家庭的实际困难，特意向监狱申请为陈某开辟了绿色通道，让陈某家属来监进行病情告知时能与其会见；陈某病危时，吕小莉充当起“特殊陪护员”，亲自帮陈某擦拭身体，与家属进行病情沟通，夜间还赶去监区支援警力，整整3天未曾休息。

面对病犯管理难题，吕小莉自带温度执法，让病犯在生命弥留之际真心悔过，让病犯家属对民警文明执法鞠躬致谢，让参与整个事件处理的社会医务工作者对监狱民警阳光执法心生敬意，让监狱民警鲜为人知的默默付出赢得更多社会人士的充分理解和尊重。

巧妙心智　排除女犯心雷

从警15年来，吕小莉一直扎根基层监区工作。天天和罪犯打交道，吕小莉练就一身本领，任何难管罪犯只要她一接手，一轮个别教育谈话下来，她都能把准症结，很快解除罪犯思想疙瘩。刚下队新犯单某，因和他犯在监房发生别扭，随手抡起凳子，满屋子追着准备算账。吕小莉深知，这起违纪事件的发生，看似是琐事引发的，但实际上也暴露出女犯情绪易激惹、遇事走极端的改造顽疾未得到有效解决。当前押犯构成日趋复杂，民警只有成为“排雷专家”，化解女犯郁结于心的“心结”，才能确保监管安全。吕小莉在做好单某批评教育、考核处理的同时，针对其顽固不化、敏感脆弱、文化程度低的特点，制定了详细的教育改造方案，对该犯动之以情、晓之以理，让单某认识错误所在，并在监区全体服刑人员面前自我检讨。结合监区女犯改造共性问题，吕小莉

在监区创新建立矛盾调解机制、监区长约谈机制、新犯入监三级谈话机制。为从根源上解决女犯法律意识淡薄的问题，吕小莉建起由监区法学专业民警组成的普法宣讲队，开设普法小课堂，通过一个个小案例，标出女犯们行为的界限，明晰法律后果，大大提升女犯守法意识。为丰富女犯改造生活，优化改造环境，营造积极向上的改造氛围，吕小莉想办法邀请著名工艺剪纸大师进监帮教，开设女红兴趣班课程，让女犯尝试静下心来，在一笔一画镂刻中，知晓美丑善恶。在吕小莉的倾心培育下，九监区剪纸女红文化成为监狱监区文化建设一大亮点，中央电视台法治频道记者专程来监拍摄纪录片《救赎》，真实再现九监区女犯在民警引导下学习剪纸，回归社会后自食其力的改造案例，在中央电视台12套王牌栏目《天网》上多次播放，引发社会热烈关注。

责任担当　书写初心答卷

“没事，我来。”不管是罪犯的事，还是民警的事，吕小莉总是冲锋在前。谁家里有事，谁的小组不平稳，总能听到她的声音，“我来吧”。一心扑在工作上的吕小莉，2018年家里两位老人接连被查出身患癌症，但她从来不向人诉说生活的难处，默默地和同为监狱基层民警的丈夫轮流担负起照顾身患大病的老人和年幼孩子的重任。因工作突出，2019年12月，吕小莉被评选为新时代司法为民好榜样之监狱人民警察好榜样。同年12月27日，吕小莉受邀进京参加新时代司法为民好榜样揭晓仪式，并参加天安门升旗仪式观礼活动。在鲜艳的五星红旗面前，吕小莉再次重温入警誓言，“牢记宗旨、不辱使命，永做党和人民的忠诚卫士”。

2020年年初的疫情防控阻击战中，吕小莉第一时间集结队伍，第一批交上请战书，第一个喊响“让我上，我先上，跟我上”冲锋口号，自1月27日起隔离备勤转监内执勤，吕小莉带领5名“90后”年轻民警、1名轮训民警，坚守在监狱抗疫最前线，落实最严防疫要求。吕小莉用“疫情不退，民警不撤”的坚定信念，用超越女性生理、心理极限的“硬核”值守行动，书写一名监狱民警的初心和使命。

最是“小事”显担当

宋　飞

1985 年 5 月出生，中共党员，陕西周至人，2008 年 6 月毕业于中国计量大学通信工程专业，2008 年 8 月 28 日通过公务员招录考试到浙江省十里丰监狱工作，现任浙江省十里丰监狱八监区政工行政股股长、二级警长。2019 年 4 月被浙江省司法厅记个人二等功 1 次，2019 年 5 月被共青团浙江省委评为“向善向上好青年”，2019 年 9 月被浙江省委组织部、省委宣传部、省人力资源和社会保障厅评为“人民满意的公务员”，曾获个人嘉奖 4 次。

路遇货车着火，他 5 次往返火场用尽 8 只灭火器

2019 年 1 月 5 日下午，正值农历小寒，天空飘着蒙蒙细雨，气温很低。刚加完班的他从单位驱车返回龙游湖镇家里。17 时 10 分左右，在行驶至龙兰路马报桥村附近时，突然发现有一辆大货车正冒着一米多高的火苗行驶在前方。他鸣笛示意，但货车司机浑然不知。他赶紧加速超车到货车前，反复示意货车驾驶员靠边停车，最终拦下了货车。此时，车上的火苗越发凶猛，四处乱窜。面对熊熊烈火和滚滚浓烟，他当机立断，迅速跑进加油站，一边借用手推式灭火器，另一边请求加油站员工打“119”报火警。7 分钟生死时速，5 次毅然逆行，8 只灭火器，一个人直面对抗一场火灾。火势虽

然得到有效控制，但是回到家后，由于救火过程中吸入了大量有毒浓烟和灭火器干粉，他开始剧烈咳嗽，并伴有肺部强烈阵痛。家属紧急送进医院时，他已处于呼吸性衰竭状态。经过医院的全力抢救才转危为安，在医院住院5天后，他就回到了工作岗位上。

宋飞救火的英勇事迹引发了央视新闻等众多媒体的广泛关注报道，网友纷纷热议点赞。短时间内，仅“央视新闻”微博阅读量达237万次，转发198次，评论157条，点赞1799个。面对社会的广泛赞誉，宋飞反复说道：“我只是做了一件微不足道的小事，尽到了一名人民警察的职责。”

群众突发疾病，他用5分钟救回一条命

2019年11月19日7时20分，宋飞驾车去单位上班，途经龙游县杨家大桥东侧桥头时，发现一辆白色越野车撞在了道路中间的绿化带路灯杆上，司机浑身都是呕吐物，嘴里不断在流口水，从驾驶座位上摔了下来。宋飞见状，用手擦去司机脸上的呕吐物，扶起他坚持拍背，直到5分钟后，“120”急救车赶到现场，并协助医护人员将伤者抬上救护车送往医院救治。后经检查，司机因高血压引起脑溢血，导致失去知觉才酿成这起交通事故。当晚司机经过开颅手术，转危为安。医生说：“司机头部受伤这么严重，躺在地上，容易造成呕吐物堵住气管而窒息死亡。宋飞给他拍背的5分钟，对伤者来说是救命的。”

宋飞的救人事迹，通过中国新闻网、浙江新闻、浙江公共新闻频道、《衢州日报》等媒体报道，被大家所知晓，同事

们再一次为他点赞，纷纷表示要向他学习。

尽心尽责担当，他让上千名罪犯浪子回头

2018 年监狱按照统一部署，接收了一批外省死缓、无期徒刑的长刑期罪犯。当时担任分监区长的宋飞，主动请缨，包干分监区最难管的罪犯。他想方设法，斗智斗勇，多措并举，一心扑在工作上，经常加班加点，有的放矢地开展形势教育、政策攻心、个别谈话、心理疏导，有时为了促进罪犯安心改造，他不远万里到罪犯家里上门家访，得到了罪犯及其家属的理解与支持，挽救了 10 多个濒临破碎的家庭，尤其是在押犯结构发生重大变化、犯情特别复杂的情况下，他所在分监区未发生一起罪犯重大违规违纪。参加监狱工作十几年来，他教育转化了上千名服刑人员，其中包括 30 多名顽危犯，让他们浪子回头。

工作中担当负责，生活中见义勇为，宋飞身上折射出新时代监狱人民警察践行社会主义核心价值观、人民警察为人民的崇高品质和“忠、勇、严、实、新”的浙江司法行政职业精神，向社会传递了监狱警察正能量，展现出新时期监狱人民警察为人民的别样风采。

凝心予爱　挽箭归弦

张晴霞

1972 年 8 月出生，中共党员，1993 年 7 月参加工作，现任安徽省未成年犯管教所十二监区党支部书记、政治教导员。2015 年被安徽省监狱管理局评为第二届安徽监狱十大"身边的感动"人物；2016 年被安徽省司法厅评为"2015 安徽司法行政十大年度榜样人物"；2017 年被安徽省总工会授予安徽省"五一劳动奖章"和安徽省"五一巾帼标兵"称号；2019 年 12 月被司法部评选为"新时代司法为民好榜样"。

"张教在，我们就有主心骨。"熟悉张晴霞的人都会发现她随身带着一本笔记本，本子上记录着监区每天要完成的工作。从减刑假释的"细节"管理到服刑人员的"用心"教育，从"三课"学习到专项比赛的开展……一桩桩、一件件，无不体现着她对工作的热情和认真，如今，她的工作笔记本已经摞满了厚厚的两层。

张晴霞工作标准高、要求严，但对待同事却又有着满满温情——同事身体不好，她来顶上；同事有急事处理，她来补上；家在外地的同事节假日回去探亲，她来值班……她总是说"监区就是一个温暖的大家庭，大家不仅是同事，更是姐妹，是一家人"。而同事们见到她说得最多的一句话就是"张教，每次见到您，我们都特别开心，有踏实感"。

在张晴霞担任十二监区党支部书记的 3 年时间里，该监区连续 12 个季度均以全所第一名的考核成绩被评为一级标准化监区，实现 “大满贯” ，并先后被授予集体三等功、全省监狱文化建设先进监区、省司法厅先进基层党组织、集体二等功、省直机关巾帼文明岗等各项荣誉称号。

艺术，给了服刑人员新生的希望。 2018 年 1 月，当服刑人员崔某拿到社会舞蹈等级证书时，激动地说：“我能拿到这本证书，首先要感谢张教，是她让我不再迷茫、恐惧和孤独。” 原来，张晴霞为了帮助崔某打开心结，特别推荐崔某参加了艺术团。 “张教当时一直鼓励我，还为我买来缓解练功疼痛的红花油，她说 ‘只要你不放弃、肯努力，一定能成为大墙内的成功舞者’ 。” 最终，在张教的鼓励和指导下，经过 1 年多的努力，崔某渐渐地掌握了一定的舞蹈技能，并作为省新岸艺术团一名特殊的舞蹈演员，参加全省监狱的法治巡演。

崔某现在已经离开了监狱这所特殊的学校，她凭借在艺术团学习的舞蹈

基础和获得的证书，成功应聘上了幼儿舞蹈教师。 在看到崔某寄来卡片的那一刻，张晴霞说：“对每份平凡幸福的珍视，对他人命运影响的责任心，这些都会让我将这每一日的几十米往返，走得更用心。”

我能喊您一声 “妈妈” 吗？淮南籍女孩余某刚到未管所服刑时，还是 16

岁的花季少女。因为她和父母失去了联系，张晴霞一方面像对待自己的孩子一样呵护关心她，另一方面多方打听，积极帮助她寻找家人。最终，在联系上余某的母亲之后，女孩逐渐向张晴霞打开了心扉。在余某刑满释放前的最后一个母亲节，她递给张晴霞一张自制的贺卡，上面写着："母亲节快乐！能让我叫您妈妈吗？您就是我的妈妈！"落款是"您的孩子"。张晴霞的眼睛湿润了，她觉得自己是世界上最幸福、快乐的人！

回想20多年的基层工作，这样温馨的瞬间发生过多次，那种柔软与温情，让张晴霞觉得，一切工作上付出的苦，都是值得的。

家人啊，我有愧于你们！"妈妈，您今年春节又值班吗，您就不能回来陪我和爸爸过个年吗？""妈妈您已经连续隔离备勤一个多月了，什么时候能回家呀？我和奶奶都好想您。""去吧，家里有我，忙完工作后记得打个电话，报个平安……"孩子略带责怪，丈夫理解而又深情的话语使张晴霞心酸、自责。

在万家团圆的除夕之夜，她把新年的祝福都带给了高墙内特殊的"孩子"，却不能陪伴家人；当新冠疫情肆虐来袭时，她毅然决然选择逆行，用实际行动履行责任担当。作为一名监狱民警，她为了一名服刑人员苦苦寻找他的亲人家属，却抽不出时间回家为即将高考的孩子做一顿可口的饭菜；她一年花费成百上千个小时聆听服刑人员的倾诉，却在和自己的爱人还没来得及聊聊家常时就沉沉睡去……她亏欠亲人的太多太多，但在从事管教工作的20多年中，张晴霞取得的一个个成绩和荣誉，让她无愧于头顶的国徽和神圣的使命！

绽放在高墙内的绚丽之光

廖文静

1982年11月出生，现任福建省女子监狱狱政管理科科长。2017年被全国妇联评为全国维护妇女儿童先进个人；2016年6月被福建省监狱管理局委员会评为全省监狱系统优秀共产党员；2015年、2016年连续两年被福建省监狱管理局直属机关委员会评为局直机关优秀共产党员；2019年12月被司法部评选为“全国新时代司法为民好榜样”。

忠诚，是她的信念

入警第一天的新民警座谈会上，福建省女子监狱“四特”精神就深深地烙在了廖文静的心里，“政治坚定、业务精通、纪律严明、朝气蓬勃”成为她努力的方向。高墙内的工作，封闭、枯燥并隐患重重，没有豪言壮语，没有惊天动地，从警近20年来，她始终不忘初心，忠诚履职，对每一名管教对象都做到秉持真心严管厚爱。“我希望是一束光，让身边的人感受到温暖；让迷途的人看清前方的路。”这是她在监狱基层守初心、担使命、育新人所践行的承诺。

专业，是她的追求

基础的工作扎实做，重复的工作饱含热情做。在担任综合监区分管改造副教导员时，针对服刑人员“入监”与“出监”两个关键期，她摸索实践“蒙养玉成，必作于细”的工作理念，要求服刑人员每天记录一条改造心得，抓早抓小培养她们正确的思维习惯和行为习惯。她自学考取二级心理咨询师资格，总结出一套入监教育六步走的“阳光课程”，引入闽绣、油纸伞等“非遗”项目，探索“非遗”技艺产业化，做到内化于心，外化于行。

廉洁，是她的原则

公生明，廉生威，“慎独”二字作为她的廉政座右铭，一直立在她的办公桌上。在担任综合监区分管改造副教导员期间，不少服刑人员都误以为后勤队是个美差，常常会有随手塞来“请多关照”之类的条子；狱政管理科，更是狱内管理的核心部门，有些家属甚至认为只要肯花钱就能办减刑，托关系找门子的人就更多了。面对两难，廖文静总是温柔一笑：“对不起，我做不到，请相信现在的司法制度，别让我们的感情变成坚守廉洁的牵绊。”经她亲手承办的1000余件减刑假释案件无一差错，在日常管理中始终坚持做到公正执法，精准办案。

热爱，是她的温度

综合监区承担着入监教育、出监教育、未成年犯教育、重点罪犯集中管教等各项工作，点多面广，教育难度大。廖文静积极践行“五大改造”，秉持“一把钥匙开一把锁”的理念，特别在敏感叛逆的未成年犯管理中，运用“正面管教”“放大优点”等教育手段，开展普法教育、心理咨询、拓展训练等活动，不失时机地修正、引导她们，成为未成年犯们的知心姐姐。未成年犯王某从小遭遇家庭挫折，性格偏激，对父母深埋怨恨，入狱一直是大错不犯小错不断，民警花了很多心思可是王某仍是一块“油盐不进的顽石”。廖文静知道，对于这类孩子，建立信任感和认同感尤为重要，在日常的观察中她发现王某很聪明，有一定音乐天赋，就让她当学习组长，帮助小组内的其他服刑人员学习，鼓励她给奶奶写歌。有一次，王某持续高烧突然眩晕，就要晕倒在地时，廖文静轻轻地抱住她，王某本能地叫了一句“妈妈”！那一刻，廖文静内心一颤，她知道，这块顽石开化了。著名教育家陶行知因善于从学生的错误中找出闪光点而留下了“四块糖”的故事，廖文静也有“四块糖”：每年春节未成年犯们总是会为她精心准备四块糖，她们的这四块糖，让她品尝到了爱与被爱的味道。

作为一名监狱人民警察，廖文静始终坚守在高墙内，阳光公正执法，做一道为服刑人员指点迷津、驱散阴霾的光。在她的心中，服刑人员是折翼的天使，她愿意做那个为天使修补翅膀的人。

大墙内的金牌调解员

张慧财

1973 年 11 月出生，江西南昌人，中共党员，现任江西省监狱管理局综治（信访）办副主任兼省洪都监狱副监狱长。2010 年被评为司法部“十百千”骨干人才，2012 年被江西省直工委授予“五一劳动奖章”，2016 年被法治江西建设领导小组授予“江西十大法治人物”，2017 年被江西省委政法委评为“2012~2016 年度全省综治工作先进个人”，先后荣立个人三等功 12 次。

扎根基层，用公正化解矛盾

1996 年 6 月，张慧财从中南政法学院毕业分配到鄱阳湖畔的江西省洪都监狱。在基层分监区，他一待就是 5 年多，监区领导评价他：工作肯吃苦，愿动脑上手快，是块干事儿的料。罪犯信服他：“张队长公平公正，我们服他管。”

2001 年，科班出身的张慧财被监狱党委选拔到新成立的刑罚执行科，从事罪犯的减刑、假释、保外就医的初审工作。他率先在全省监狱系统出台了《监狱狱务公开实施办法》等 5 项刑罚执行制度，有效地防控了因刑罚执行不当引发的矛盾；他创建假释罪犯“一表跟踪监督考察”制度和保外就医“司法鉴定”制度，扭转了监狱“要死才保，一保便死”的现象，有效地化解了监狱与社会之间的矛盾。

搭建平台，用法治化解矛盾

2009 年，张慧财同志率先在全省监狱系统第一个成立专门为罪犯维权的“法律事务工作室”。专业平台搭建后，他更忙了，对于每一起涉监矛盾，他都亲力亲为：远赴湖北安置 78 岁高龄罪犯章某；远赴贵州山区移交保外就医谢某；深入修水与 5 户村民协调解除承包合同，为罪犯卢某挽回经济损失 20 余万元，促进了卢某安心积极改造；等等。特别是他办理的罪犯周某跨三省的申诉案，赢得了社会的好评。事后，周某家属专门给张慧财同志写了感谢信，信中写道：“为周某的申诉案，我们家属跑了几年，精疲力尽，都已经放弃了。真没想到你能持之以恒，维护了我亲人的权益，真没想到监狱执法有这么正规，我的亲人在你们监狱服刑，我放心……”

自监狱法律事务工作室成立以来，经其办理的法律援助不少于 200 例，办结率达 100%；年均成功化解监狱各类矛盾 85 起。

创新制度，用专业化解矛盾

2012 年始，张慧财同志担起了全省监狱系统的综治信访事务。他深入基层积极开展调研工作，运用法学专业知识，创新制度破解监狱信访难题。为破解监管场所被监管人员死亡“逢死必闹”处置难的问题，他起草的《关于监管场所被监管人员死亡的处置意见》，由省综治办、省民政厅和省公、检、法、司等六部门联合行文印发，司法部监狱管理局转发全国监狱系统学习借鉴。当年，江西监狱系统遗留十余年的罪犯死亡问题迎刃而解，“逢死必闹”现象得到有效遏制。针对监狱信访案件牵扯范围广、难解决的情况，他总结经验，制定《关于“三跨三分离”信访问题协调办法》等10项信访工作制度。罪犯侯某于2009年因患精神疾病及肺结核疾病保外就医后，其家属以患病是监狱管理不到位为由向监狱诉求赔偿260万元被拒后，走上了“信访不信法”之路，多次进京上访。为解决好侯某的信访问题，2014年，张慧财同志多次会同鹰潭市综治成员单位召开调解会，通过解决侯某低保生活、疾病收治及医疗费用担负等实际问题，使缠访闹访长达5年之久的侯某家属停访息诉。为推进第三方参与调解，张慧财积极推进在全省监狱系统建立法律顾问制度，指导全系统聘请26名律师为法律顾问参与涉监矛盾化解。四川籍民工阿某在湘潭水利公司抚州分公司、昌南建筑有限公司相继承包了部分赣江监狱新建附属工程，在工作中误伤成伤残七级，在赣江监狱闹访长达3年多，诉求监狱予以赔偿。张慧财同志指导赣江监狱主动为信访人聘请律师，向新建县人民法院诉讼维护其合法权益，有效解决了问题。他指导赣州监狱通过引入律师参与、人民调解的方式，较好地化解了病亡罪犯王某的矛盾；指导景德镇监狱通过引入律师参与，较好地化解了刑释人员施某因1996年工伤诉求补偿的积案。

针对监狱实际，创建涉法涉诉诉访分离制度，较好地推动了涉法涉诉信访改革工作。刑释人员李某不服监狱工伤补偿，信访了十几年。在张慧财同志的引导下，接受通过诉讼途径解决问题。经景德镇市浮梁县人民法院诉讼裁定后，李某得到监狱一定的补偿费用，办理了社保，日常生活有了保障，心甘情愿停访息诉。监狱职工黄某因工伤补偿问题多次进京，“生命不息，信访不止”，一访就是10余年。张慧财同志将其信访诉求导入诉讼程序。2015年10月12日，鄱阳县人民法院作出民事裁定后，黄某停访息诉。这样的例子还有很多。

“有矛盾，找慧财”，这已成为江西监狱系统的口头禅。张慧财同志凭借着自己的公正之心、专业知识、务实作风和创新精神，依法有效地维护了服刑人员和群众合法权益，被誉为“大墙内的金牌调解员”。

高墙内的“黑脸”守护人

郭鹏坤

1976 年 3 月出生，现任河南省豫北监狱狱政管理科科长。先后被评为河南省司法厅“十佳杰出青年”、河南省监狱工作先进个人、全国监狱工作先进个人，获得河南省直工委、省司法厅、省监狱管理局“优秀共产党员”等荣誉称号，荣立三等功 2 次，2019 年 12 月被司法部评选为“新时代司法为民好榜样”。

不惧艰险，迎难而上，努力争做时代新楷模

2012 年前后，郭鹏坤被任命为河南省豫北监狱六监区监区长。“任何一项工作，人是根本。把人的思想捋顺了，没有干不好的事情。”仔细研究了六监区警察状况后，他决定用抓好队伍建设来“破局”。每周定期主持组织生活会，让大家敞开心扉谈想法；每逢节假日，到监区老同志家逐一拜访，聊家常，谈工作，不断寻求与每个人的感情交融和思想共鸣。凡是同志们的正当需求和困难，他都义无反顾地予以帮助和解决，凡是同志们提出的意见和建议，能不能采纳都做到事有应答。这两个“凡是”，让他在短短的时间内就收到了同志们的“大拇指”。监区警察积极性被调动起来后，郭鹏坤开始“立规矩”。在全狱率先制订和落实警察“晨会制度”，每周召开一次班子成员座谈会，要求“千斤担子众人挑，人人肩上有指标”；仔细研

究每名警察的特点，用其所长，避其所短；率先开展警察“日常工作量化考核”，每月一公示，评先评优全都由考核结果说了算，大家伙儿心服口服。人心齐，泰山移。没用多久，六监区由原来的落后监区一跃成为先进单位，2012 年至 2015 年连续 4 年被监狱评为“先进单位”。

牢记使命，百炼成钢，善做善成奋斗结硕果

安全是监狱工作永恒的主题，没有安全就没有一切。顽固犯、危险犯转变一直是监狱工作的重点和难点，最能反映出一名监狱人民警察教育改造罪犯的综合能力。2012 年 9 月，郭鹏坤发现罪犯张某情绪低落，与往常不同。随即对该犯开展攻坚谈话，谈话过程中该犯心神不宁，前言不搭后语，并一再表示没什么事情。郭鹏坤敏锐地感觉到该犯肯定有问题。经过突审，该犯交代与同寝室的罪犯李某多次发生矛盾，遂产生了报复李某的念头。正是因为郭鹏坤观察细致入微，当机立断，管控到位，有效避免了一起矛盾纠纷。敏锐的触觉背后，是郭鹏坤无数的努力。为更好地掌握犯情，摸清罪犯思想动态，

他提出“五五排查法”，即开展包括基本情况、现实表现、外部信息、改造评估、改造研判等五个方面排查法，使排查内容更全面、更有针对性，有效防范狱内不稳定因素的发生。“人都是感情的，俗话说得好，精诚所至金石

为开，只要我们抱着一颗温暖的心、存着一丝的希望，就没有谈不透的心、就没有做不通的工作。” 郭鹏坤说。

不忘初心，不徇私情，甘做司法为民好榜样

2016 年 11 月，成绩突出的郭鹏坤被任命为狱政管理科科长。狱政管理科负责全狱罪犯的管理工作，监狱安全稳定与否，狱政管理科责任系于大半。郭鹏坤坚持秉公执法，不徇私情，创新制度，规范程序，制订“分级审批核准会见制”，使会见秩序得到了较好规范，既维护了罪犯权益，也维护了监狱安全、法律尊严。

监狱安全只有起点没有终点，永远在路上。对于未来，郭鹏坤说：“我们头顶警徽，身处高墙，就要担负起守土有责的使命，容不得我们回头顾他、容不得我们歇脚喘气。无论现在还是将来，我都会继续枕戈待旦，勇挑起千斤重担，用忠诚铸就赤胆警魂，用青春热血为党和人民的监狱事业再添华章！”

凭手臂影子找出违纪服刑人员

姚　刚

1990 年 12 月出生，大专文化，中共党员，现任湖北省沙洋汉津监狱三监区二分监区指导员。2017 年 2 月获湖北省“五一劳动奖章”，2018 年 5 月获“湖北省先进工作者”称号，2018 年被评为“2016~2017 年度全国青年岗位能手”，当选共青团十八大代表，2019 年获“湖北五四青年奖章”。

作为一名监狱管教民警，姚刚几乎每天都要与留着相同发型、穿着相同服装的服刑人员打交道。久而久之，他慢慢练就出超乎常人的技能——“辨影识人”。

来自湖北省沙洋汉津监狱的姚刚“火”了。他成了大伙儿口中的“影子神探”。也难怪，通过观察行进中的人影，精准找出对应的真人，姚刚这一“辨影识人”的超能力，确非常人能及。

监狱警察“辨影识人”

“影子神探”姚刚进入公众视野，源于中央电视台《挑战不可能》节目。

节目现场，姚刚展示了“辨影识人”的特殊技能。

幕布后，30 名身高体型相似、发型服饰一致，且受过专业步态训练的模特依次从舞台走过。

姚刚的任务，是从模特中准确找出嘉宾随机确定的 4 名目标模特，并将模特与号码牌一一对应。

由于部分幕布遮挡，舞台上的姚刚只能识别局部剪影。识别时，“短款红裙 + 丸子头”的模特统一改变装束，换上长裙以便遮挡更多关键体态信息。

每名模特从幕后走过的时长约 20 秒，姚刚只有一次机会，且需要将 4 名目标对象全部找对才算成功，难度可想而知。

聚光灯下，姚刚双眉紧锁，大脑飞快运转，搜索、对比、排除。

“这位模特请移步”……短短几分钟，姚刚准确找出 4 名目标对象。

“感觉不可思议，假如我们找，至少要她（模特）走两三次，再比较一下，他的速度太快了！”现场嘉宾、“华裔神探”李昌钰惊叹。

如何通过影子找到对应的真人？

姚刚说，除长相不同外，每个人的步态步幅，脖子与下巴以及肩部之间的弧度等都有所不同，通过代码形式记住关键特征，就能精准找到这个人。

通过手臂找出作案者

姚刚说，“辨影识人”其实是一项源于工作的实用技能。一次，沙洋汉津监狱民警像往常一样在监区外巡查，发现一间监舍窗户突然飞出一团碎纸。将碎纸拼凑起来，巡查民警着实吃了一惊——纸条内容暗藏群体性事件苗头，要是不及时处置，后果不堪设想。

接到上报情况后，汉津监狱随即组织调查专班分析研判。监舍不远处的视频监控仅记录下“作案者”一只手臂的影子，几百名服刑人员，如何才能查出扔纸团者？“每个人的手臂轮廓和动作方式都是不一样的，将监控视频中留下的影子和服刑人员平日里的情况结合起来，或许可以找到线索。”姚刚提出建议。不动声色地在监区内走了一圈，姚刚留心观察着服刑人员们的微妙变化。巡查时，他注意到，服刑人员丁某显得有些紧张，甚至有意无意隐藏手部动作。最终，丁某承认了自己的违纪事实。

随着监狱管理的规范化，让人“心惊”的故事并不多见，更多的是日常管理中的细节问题。“服刑人员微妙变化的背后，往往隐藏着更深层次的问题。”姚刚说，留心观察并及时找到解决之策，才能真正助力服刑人员教育改造，真正护好监狱场所安全。

“90 后”狱警初长成

2012 年，姚刚从警校毕业。1 年后，他顺利成为沙洋汉津监狱的一名工作人员。刚到单位报到，这名“90 后”民警很多东西都得现学。一次开饭时，见几名服刑人员不好好排队，姚刚好意提醒，不曾想对方并不理会，才排好的队伍很快又乱了。“某某，排队打饭！”此时，一名老民警远远看到，直接叫出服刑人员的名字，打饭队伍很快便整齐起来。姚刚意识到，只有熟悉了服刑人员才能更好地帮助其教育改造。

监狱管教民警几乎每天都要与留着相同发型、穿着相同服装的服刑人员打交道。姚刚注意到，久而久之，一些老民警便锻炼出“火眼金睛”——能清楚记得服刑人员的名字，仅从背影、步态等就能判断出这名服刑人员是谁。一方面跟着老民警学，另一方面自行潜心琢磨，“新兵”姚刚慢慢总结出自己的识人之道。当年，汉津监狱开始举行以“三辨一识”（听声辨人、见影辨人、看字辨人、科学识人）为主题的岗位大练兵。以此为契机，他的识人技能逐渐变得更加精湛。

如今，姚刚早已从“新兵”成长为“熟手”。“通过自己的努力和专业技能，把一个个走向歧途的服刑人员改造成对社会有贡献的人，让他们重新融入这个社会，我觉得就是最有成就的事。”姚刚说。

坚守高墙的“平凡英雄”

李绍元

1972 年 8 月出生，中共党员，本科文化，1993 年 7 月参加工作，现任湖南省岳阳监狱十四监区党支部书记、监区长，一级警长。先后被省司法厅记个人二等功 1 次、省监狱管理局记个人三等功 3 次、8 次被评为“优秀公务员”、7 次被评选为优秀党员和优秀党务工作者、2018 年年底被司法部评选为“全国监狱工作先进个人”，2019 年被司法部评选为“新时代司法为民好榜样”。

在同事眼里，他是平凡岗位恪尽职守的“老黄牛”，是在危急关头冲锋在前的“拼命三郎”；在家人眼中，他是不折不扣的“工作狂”。参加工作以来，他先后 8 次获得上级嘉奖，7 次被评为优秀共产党员，荣立个人三等功 3 次、二等功 1 次，2018 年被评为全国监狱工作先进个人。他，就是岳阳监狱十四监区监区长李绍元。

率先垂范　不服输的“兵头将尾”

2016 年 8 月，刚从洞庭湖防汛抢险队长岗位“退下”的李绍元，服从组织安排调任十四监区监区长。该监区押犯 400 余人，大多数监管设施建于 20 世纪六七十年代，监管改造、教育设施陈旧，信息化设备老化，安全压力极大。对于这个新任监区长，一些人并不看好。多重困境反而激发了李绍元不服输的斗志。李绍元深知，首先必须保证监管安全。对此，他和执法警察“约法四条”：一是加强警察直接管理绝不懈怠；二是落实包管包教制度绝不敷衍；三是排除监管安全隐患绝不过夜；四是对“违禁品”进入监内绝不容忍。制度写到了纸上，更重要的是落实。李绍元并没有按照“开开会、表表态、签签字”的常规套路出牌，他把办公室搬到了工作现场，并向警察承诺：要求大家做到的，自己一定先做到；要求大家不做的，自己绝对不做。白天，他蹲守在监区服刑人员改造现场，排查安全隐患，与服刑人员谈话；晚上，他就在办公室仔细查阅服刑人员档案，学习业务和法律。担任监区长 2 年多时间，李绍元几乎放弃了所有节假日休息时间。

在李绍元和监区支委一班人的带领下，监区上下风正心齐，涌现出了一大批先进典型，有 7 名警察荣立省局三等功，监区连年安全稳定无事故，多项工作获得了上级表彰。

用心感化　高墙内的特殊“园丁”

多年的工作经验让李绍元明白，只有真正改造好服刑人员，才能为社会输送“合格社会人”。爱学习、善钻研、喜好心理学的他深知服刑人员最需要的就是家人和社会的支持。监区开展“升国旗、感国恩”等爱国主义教育，创办“监区爱心图书室”，组建服刑人员雕刻、绘画、书法、发明等兴趣小组，积极探索“监区＋社区”“监区＋家庭”“监区＋企业”的

帮教帮扶新模式，邀请服刑人员家属及其所在社区（村）工作人员进监区开展帮教；邀请社会企业到监区举办就业招聘会，至今共为31名刑释人员联系到了就业岗位。

监区服刑人员刘某，夫妻双双入狱，面对15年的刑期，他感觉人生已经失去了希望，到十四监区服刑以来，自暴自弃，是一名典型的反改造分子。李绍元主动承担起转化刘某的任务，他一边耐心地教育、鼓舞刘某，另一边想方设法联系刘某的家人，并将其母亲和小孩请到了监区。在亲情的感召和李绍元的教育鼓舞下，刘某被成功转化，该事例被湖南都市频道《寻情记》栏目跟踪报道，产生了良好的社会反响。

永不知疲倦的“拼命三郎”

在家人和同事眼中，李绍元是出了名的“工作狂”，因此，他有一个外号——“拼命三郎”。2016年7月，洞庭湖流域发生“98+”特大洪水，湘江、洞庭湖、长江接连告急，岳阳监狱启动防汛Ⅰ级应急响应，李绍元主动请缨担任监狱防汛抢险队队长，带领队员没日没夜在大堤上巡查处险，累计装运砂石1700多方，处置险情134处，确保了长江、洞庭湖岳阳监狱责任堤段的安全。2010年，李绍元在服刑人员劳动改造车间巡查时，细砂飞入双眼意外受伤，导致眼睛长了胬肉。李绍元一忙就没了白天黑夜，一直未到正规医院治疗，胬肉现已覆盖瞳孔区，两眼经常红肿，严重影响视力。

从警26年来，李绍元与所有监狱警察一样，就像一头永不知疲倦的“老黄牛”，在他热爱、选择并为之终生付出的监狱警察岗位上默默奉献着自己的青春与汗水。

服刑人员“回家”路上的“小橘灯”

郑崇斌

现任四川省邑州监狱十监区监区长，郑崇斌主管的监区连续多年获评监狱五好监区、红旗单位及先进党支部，2016年度获评四川省监狱系统先进集体。2018年度获评四川监狱系统管理规范监区，而他个人也3次荣立个人三等功，2015年获评四川省监狱系统先进个人，2018年被授予四川省“五一劳动奖章”。

我提着这灵巧的小橘灯，慢慢地在黑暗潮湿的山路上走着。这朦胧的橘红的光，实在照不了多远，但这小姑娘的镇定、勇敢、乐观的精神鼓舞了我，我似乎觉得眼前有无限光明！

小橘灯：温暖“回家”路

2016年9月，郑崇斌刚到十监区任职监区长，民警就汇报说，服刑人员李某（寻衅滋事罪，5年刑，二次入狱）连续几天不完成劳动任务，肯定是想装病不劳动，建议给予警告处罚。处罚能警醒人，但找到背后的原因对症下药更为重要。郑崇斌经仔细观察，发现李某不像装病，多次找其个别谈话，但收效甚微。一天，李某劳动岗位上的照明小灯坏了，郑崇斌巡查发现后询问为什么不更换，电工说一般都要等多坏几盏统一更换。郑崇斌批评说不行，这样会影响视力，必须立即更换。当日收工后，李某第一次主动找郑崇斌谈心。谈话中，反映了自己视力下降的问题，郑崇斌及时向监狱汇报，经审批将该犯送到县人民医院，并安排由华西医院眼科专家会诊，确诊为晶状体浑浊（白内障初期）。经过一段时间的治疗，李某病情得到缓解。之后，李某便敞开了心扉，多次向“郑区长”谈到自己的家庭情况及入狱的原因。通过多次打电话与李某父母沟通，郑崇斌把李某纳入了亲情帮教重点对象。在亲情帮教活动中，多年未见的一家三口团聚，他们打开了心结，紧紧拥抱在一起。

小橘灯：照亮“回家”路

2019年10月，反映监狱工作题材的微电影《新家》在中央电视台法治新闻频道播出后引起社会的广泛关注和反响。服刑人员王某（故意伤害罪，原判有期徒刑12年）妻子早亡，年迈的父亲和两个小孩托付给其女友照料，但一直未能与女友办理婚姻登记。不久前，女友来信说，家里的房子和土地即将拆迁，涉及补偿和购买失地人员养老保险等问题，自己无法办理，女友又没有资格代为办理。正当王某心急如焚的时候，一道希望的光亮照来，女友申请与其结婚，监狱民警询问其是否愿意。原来，民警检查信件时就已得知了情况，作为监区长的郑崇斌一边及时向监狱汇报，另一边与其女友、当地政府沟通，找到了这样一条最佳解决方案。“老公，补偿已经谈好了，就等着签订协议了，社保也

已经办理完了，你安心改造，等你回来，我在家里等你。” 再次收到来信，王某在练习狱园歌曲时的声音更加洪亮了。

小橘灯：铺筑“回家”路

服刑人员李某飞（贩卖毒品罪，10 年刑）或许是常年吸毒的原因，在服刑初期，情绪十分不稳定，不愿意劳动，还经常和其他服刑人员产生摩擦，如果不加以疏导，极易造成突发事件。郑崇斌了解情况后先是请来心理咨询师，定期对李某飞进行心理咨询和疏导；还积极协调当地司法部门、社区组织和政府，将他年迈多病的母亲纳入低保。因为经济状况较差，李某飞没有很好地履行财产附加刑，减刑受限，一段时间李某飞感到迷茫。郑崇斌不厌其烦地宣讲犯罪的社会危害、减刑的法律规定，摆事实，讲道理，谈法律。一套郑氏“组合拳”下来，彻底融化了这个鲁莽汉子，李某飞服刑期间先后获得十余次监狱表扬和物质奖励。在踏出监狱大门那一刻，李某飞泪流满面，向眼前的“郑区长”深深地鞠了一躬。回家后，他用监狱里积攒的几千元劳动报酬，为久病的母亲求医问药，自己也成功地应聘了一份厨师的工作。做好服刑人员“回家”路上的“小橘灯”，不只是一句漂亮口号，也绝不只是拉拉家常、磨磨嘴皮。从警 24 年来，郑崇斌既经历过矿山井下的血与火，也亲历过监狱搬迁带来的脱胎换骨，但他始终以改造人为宗旨的原则精神，坚持宽严相济的刑罚执行政策。近 10 年来，经他教育转化的危险顽固罪犯多达 100 余人，大批刑释人员在服刑期间重塑“三观”，走上了新生之路。

春风化雨，润物无声，正是他在平凡之中、细微之处努力“改造好每一名罪犯，稳定一个又一个家庭”的理念，彰显了一名监狱人民警察的执法职责和社会担当，为社区多添了一份和谐，为社会安宁多加了一份坚实的保障。

情注高墙终无悔　挥洒热血铸警魂

夏　灵

1969 年 8 月出生，中共党员。2009 年以来，先后担任贵州省毕节监狱党委副书记、政委，党委书记、监狱长，现任贵州省金西监狱党委书记、监狱长。2012 年被贵州省监狱管理局记个人三等功一次，2014 年被司法部推选为“全国监狱劳教（戒毒）工作先进个人”，2018 年被贵州省监狱局党委推选为“优秀党组织书记”。

脱下橄榄绿，穿上藏青蓝，夏灵同志 1991 年 11 月从部队退伍后进入贵州监狱系统工作。戎装 5 余载，从警 28 年，这朵绽放的“高墙玫瑰”，用忠诚与奉献践行着警察的铮铮誓言，用使命与担当维护着监狱的安全稳定。

忍痛割爱，远赴基层担使命

“女儿，你安心去努力工作吧，爸爸虽然年纪大，但身体这些小病无大碍……”“老婆，我在工作之余会抽时间去看望父母，也不要担心我的身体，我会按时吃药，你就放心地去吧……”2009 年 12 月 23 日，夏灵同志告别年迈体弱的父母，放下温馨甜蜜的家庭，服从组织安排，从省城局机关，孤身来到当时交通不便、地处边远、离家 200 多公里外的毕节监狱担任党委副书记、政委。毕节监狱是一所关押 15 年以上有期徒刑、无期徒刑、死刑缓期两年执行的男性罪犯的高度戒备监狱，常年押犯 3000 余人，由于监管压力巨大和性别不便等原因，几乎没有女民警愿意到这里工作。在这个陌生的地方，她无亲朋故友，也无固定住所，只能一心扑在工作上，努力克服由于性别差异带来的种种不便，甚至一度连吃住都是在办公室里自行解决，从未向组织提出半点要求。她刚到任不久，老弱病残犯监区一名间歇性精神病犯深夜一点突然发病，引起监舍罪犯集体哄闹骚乱，接到报告后她来不及有丝毫的顾虑和畏惧，立即带领值班民警赶到现场，坚毅果断地指挥处置，最终及时将事态平息，遏制了一起监管事故的发生。像这样经常深入一线、深入犯群的工作，她一干就是 6 年。她说，“刚开始面临男犯时是有顾虑、有困难，但是短暂的，投入工作时心里只有使命和责任，只有安全和稳定，没有性别的不便和畏惧，把我当成一个女汉子就可以了”。

勇于担当，临危受命聚人心

2012 年是夏灵到毕节监狱任职的第 3 个年头，这一年检察机关查处了 2005 年毕节监狱新监建设时发生的经济犯罪案件和 2008 年多名民警在罪犯减刑中失职渎职案件，中层干部在工作上不敢管、不愿管，民警职工士气低落，人心涣散。此时，夏灵已改任为毕节监狱党委书记、监狱长。面对民警队伍现状，她决心从抓班子建设入手，要求班子成员必须做到“六个带头”，以上率下，形成工作合力，树立党委权威。在她的努力下，毕节监狱重新建立起了以监狱党委为核心、政治处为中心、党支部为重心的党建格局，为提升干部队伍凝聚力注入一针强心剂。在人事任免上，她坚决实行“能者为先，

有为有位”的工作理念，及时将想干事、能干事的实干担当者选拔出来，努力营造了风清气正的政治生态。在抓住领导干部这个“关键少数”后，她还积极采取民警外出学习培训、挂职锻炼和进行岗位练兵等措施，不断提升队伍战斗力；通过强化争先创优工作，利用微信网站平台，弘扬正气，激励先进，增强民警荣誉感和归属感，不断提升队伍向心力。那段时间，在办公室里生活反而为开展工作提供了“有利条件”，她几乎整天都处于工作状态，办公室里忙完就深入监区找一线民警交流谈心，工作日结束了就利用周末时间到民警家中进行家访，全监干部队伍的家属情况和思想动态都被她记在了心里。为了用自己的实际行动影响、带动民警，为了提升民警的精气神，她和大家一起顶着酷暑严寒进行岗位练兵，站军姿、打擒敌拳、练越野跑……在她的带领下，民警队伍精神面貌焕然一新，凝聚力、执行力和战斗力显著增强，毕节监狱也从此诞生一支过得硬的监狱人民警察队伍。

忠诚坚守，无私奉献为大局

每逢佳节倍思亲，这是人之常情。在毕节监狱工作的 6 年时间里，每当遇到重大节假日，夏灵都会悉心部署，尽可能丰富节日安排缓解罪犯思亲情绪，也尽量安排民警轮值好让大家多有机会陪伴家人，然而她自己却没有和家里人吃过一次年夜饭。除了偶尔利用周末回家看一看丈夫孩子，她大多数时间都坚守在了自己的工作岗位上。大爱无言，夏灵同志以一颗对党和人民的赤诚之心，用真诚、艰辛和汗水铸造了一支过硬监狱民警队伍，用女性特有的坚持与包容感化挽救了一大批失足的罪犯。在毕节监狱和后来到金西监狱任职的 10 年间，她一共帮助罪犯正当申诉 8 起，参与处理无罪羁押案件 1 起，受理罪犯信访 970 余件，化解狱内重大矛盾 350 余起，处置监狱突发紧急事件 40 余次。

扎根基层男犯监狱 10 年，夏灵同志这朵在高墙内绽放的“铿锵玫瑰”付出的心血和汗水，换来了毕节监狱连续 15 年、金西监狱连续 14 年无“四防”事故，为维护监狱安全稳定、维护社会和谐安宁交出了满分答卷，用自己的实际行动和优异成绩书写了一名监狱人民警察的无悔人生。

老白纠“错”

白建省

1969 年 10 月 23 日出生，中共党员，本科学历，1991 年参加工作，现任陕西省未成年犯管教所刑罚执行科主任科员。

在同事心目中，白建省是“能人”“热心人”，大家都亲切地喊他为“老白”。在常人眼中，收押罪犯那就不是“事”，因为经过公检法三级把关，那就是铁板钉钉的事儿了。但“老白”却偏偏干了这么一件纠错的“傻”事！

“法眼”金睛，以法治思维审视审判

2018 年 10 月 11 日，省未管所收押了赵某和张某两名未成年犯。老白在信息系统录入犯罪事实时发现赵某 5 次作案中前 3 次“不满 16 周岁”。但是，法院依据其 5 次作案判处有期徒刑 2 年 2 个月。同案张某因参与了最后两次盗窃被判了 1 年 8 个月。老白明白，《刑法》第 17 条规定，已满 14 周岁不满 16 周岁，只有犯故意杀人、强奸、抢劫等八大暴力罪的，才应当负刑事责任，盗窃罪不在其列。如果对赵某只按其满 16 周岁后的 2 次作案判的话应该与张某同罪同刑，应该也判 1 年 8 个月！难道是法院判案时出现了瑕疵？这可不是小事！

“法言”鼓呼，用法治方式维护公平

老白通过送押看守所联系审判法院，告知判决可能存在的问题。法院在收到老白反馈的信息后非常重视，认真查看了原判决书，认为原判决确实存在错误，决定对该案予以再审。2018 年 10 月 26 日，法院法官与区关工委的工作人员在老白陪同下向二人送达了《刑事再审决定书》，并进行了庭前调查。调查中，赵某提出其出生日期为农历日期，张某称不知道其生日是农历还是公历日期。因为二人最后两次作案时按判决书上的出生日期算都刚满 16 周岁，如果转成公历，很可能所有作案时间都不满 16 周岁！

“事实”说话，用法律维护法治权威

老白当即查询了万年历，得知按公历算的话当时二人都不满 16 周岁。考虑到实际出生日期对于他们是否应负刑事责任关系重大，老白第一时间将查询结果告知了法院。2018 年 11 月 1 日，法院与检察院一同前往二人所在村组进行了大量、细致的调查走访，两名少年所在村组的村委会、村干部及多名邻居均出具证明、证言，证实他们户籍上的出生日期确实都是农历日期。2018 年 11 月 12 日，法院在未管所对该案进行开庭再审。4 天后，两名被告人收到了法院送达的再审刑事判决书，宣告两人不负刑事责任并予以释放。赵某的父亲在看到儿子释放时激动地说：“咱农民不懂法，只知道娃犯了法了，开庭时也不敢说话。感谢白警官及各级领导们给了娃一个重新做人的机会。”同时，赵某和张某的亲属还给未管所送了绣有“人民卫士，执法典范”大字的锦旗，以表达他们的感激之情。

“热心”帮扶，用行动诠释为民情怀

收押室作为未管所的窗口，经常会有罪犯家属等群众到他的办公室进行咨询。老白每次都耐心细致地解释、尽可能地帮助来访者，不让群众多跑一步路。2013 年，某看守所在送押罪犯途中车辆发生故障，老白得知后立即随警车前往，将困在中途的押解干警和罪犯接至未管所。2018 年年初，魏某刑满释放时没有常服穿，老白提前 3 天将帮其找来的棉衣拿回家洗得干干净净，还亲自将魏某送回家。发生在老白身上像这样的事例还有很多，他一心为他人着想、乐意奉献，受到大家一致好评。老白写过一篇报道的标题是《群众满意是我们工作的动力》，他在平时工作中也是这么做的！在老白看来，自己从事的监狱工作的最终目的是让“人民”安居乐业。“执法为民”是社会主义法治的本质要求！所以他在工作中始终把“人民利益无小事”“执法为民”放在第一位，以实际行动践行“对党忠诚、服务人民、执法公正、纪律严明”的总要求。

白建省同志工作头绪多，能力强，工作中兢兢业业、积极主动、勤于钻研，十几年前就为未管所自行开发了罪犯信息管理系统。在罪犯信息采集方面，他的经验在全省监狱系统推广。

铁肩担道义　丹心护平安

马占明

1968 年 5 月出生，中共党员，现任甘肃省白银监狱党委书记、监狱长，一级高级警长，2016 年 6 月至 2019 年 2 月担任甘肃省武威监狱党委书记、监狱长。2015 年 4 月至 2020 年 3 月连续 6 年被甘肃省司法厅评为优秀公务员并予以嘉奖；2017 年 4 月被甘肃省司法厅记个人三等功；2019 年 1 月被司法部评选为全国监狱工作先进个人。

马占明出生在甘肃省金塔县一个普通农家，1989 年甘肃省警察学校毕业后被分配到甘肃省酒泉监狱工作。历任监狱政治处副主任、团委书记、狱内侦查科科长、狱政管理科科长、副监狱长、政委等职。2016 年 6 月任甘肃省武威监狱党委书记、监狱长，用两年半时间使武威监狱从全省综合考核末位跃升为全省第一；2019 年 8 月，临危受命，又任甘肃省白银监狱党委书记、监狱长。熟识他的领导和民警都说：“他身上有股‘魔’力，他到哪里，哪里的工作就会有质的飞跃。”

不忘初心，善当班子“领头雁”

马占明始终把班子和队伍建设摆在工作首位。注重发挥领导班子的整体功能，放手支持班子成员工作，不求全责备，不推过揽功，让副职想干、敢干、能干，形成了领导班子整体合力。他坚持政治引领，党建先行，全力推进党支部建设标准化，充分发挥党支部战斗堡垒作用，扎实开展“不忘初心、牢记使命”主题教育，带头参加形式多样的主题党日活动，不断强化广大党员的党性教育。在队伍建设中，他“严”字入手，“管”字当头，渗透一个“爱”字，有效发挥绩效考核“指挥棒”和警务督察“主推手”作用，构建“真管真严、敢管敢严、长管长严”的工作机制，制定了“人精神、事规范、物整洁”的工作标准和创全省一流监狱的奋斗目标，锻造了一支高素质民警职工队伍。马占明工作务实勤奋，屡任新职后，都是深入一线调研工作实际，通过召开不同层级民警职工会议、个别谈话，全面熟悉和掌握情况，对监狱的发展重新思考定位。到白银监狱 3 个月后提出了“一年打基础，两年上台阶，三年走前列”的工作思路和奋斗目标。

开拓创新，推动监狱科学发展

在监狱管理工作中，马占明不断完善“五项机制”建设，突出“五个重点”管理，强化“核心制度”落实，推行罪犯“网格化”管理，开通危重病犯“120”绿色救治通道，实行监狱“开放日”。他开拓创新，在武威监狱建成了全省监狱系统首个标准化生产车间和“三大中心”；他设计的罪犯“矩阵点名”法，具有程序规范、提高效率的双重效果；在他精心组织下，武威监狱惩戒矫治中心“ ·堂六室”、“无纸化”办公、“一区一品”、

“1+2+6”值班备勤处置模式等工作成效显著。2017年至2019年，全省监狱系统“三化”工作、标准化车间、“五大改造”和专项治理整顿现场会均在武威监狱召开。马占明坚持以政治改造为统领，统筹推进五大改造，通过内容丰富的形势政策教育、严格落实一日规范、“互监组”制度、法律援助和亲情帮教等手段，不断强化罪犯“五个认同”和行为养成，教育改造质量不断提高。

甘当公仆，清正廉洁作表率

马占明唯才是举，知人善任，及时把德才兼备、富有开拓精神的年轻干部提拔到领导岗位，为他们提供干事创业平台，激发队伍活力。他把民警职工的冷暖时刻挂在心头，努力让“快乐工作、幸福生活”的理念变为现实。组织制定并严格落实“五必访”“金秋助学”“退休民警座谈会”、定期走访慰问离退休老同志和困难民警职工等从优待警制度，不断提升民警职工的归属感和幸福感。马占明牢记党旗下的庄严承诺，时刻保持自重、自省、自励、自警，严格遵守《廉洁自律准则》和中央八项规定。在“三重一大”及权力运行上坚持发扬民主，不搞“一言堂”，充分发挥党委班子的集体领导。他每到一个单位，召开的第一个会议是民警廉政教育大会，从算好人生“七笔账”教育民警职工不触碰红线、坚决守住底线。“廉政建设和队伍建设永远在路上，在我的任期内，绝不能让一个民警掉队。”他掷地有声的讲话和各种形式的警示教育，使民警职工公正执法、廉洁从政蔚然成风。

站在新的起点，马占明用奋斗向上的姿态、务实高效的作风、拼搏进取的精神，在抓班子、带队伍中，必将实现既定的奋斗目标，用对党和人民的忠诚，谱写无悔人生华章！

一名人民警察与人民之间的血肉亲情

孙春旺

1972 年 5 月出生，中共党员，现任新疆维吾尔自治区卡尔墩监狱党委委员、纪委书记，第十三届全国人大代表。2006 年、2010 年、2012 年、2013 年、2015 年分别荣立新疆维吾尔自治区监狱管理局个人三等功；2010 年荣获乌鲁木齐市高新区（新市区）安全生产工作“先进个人”称号；2012 年 2 月被授予新疆维吾尔自治区监狱系统优秀民警；2014 年获得司法部 2011~2013 年度全国监狱劳教（戒毒）工作先进个人称号；2016 年 2 月荣立新疆维吾尔自治区严厉打击暴力恐怖活动专项活动个人三等功；2016 年荣获 2016 年度新疆维吾尔自治区司法行政系统优秀共产党员荣誉称号；2016 年 7 月 13 日其发明的“游梁式电动手动平衡抽油机”荣获自治区专利奖一等奖；2018 年荣立新疆维吾尔自治区监狱管理局执纪审查审理个人三等功；2019 年荣获全国监狱劳教（戒毒）工作先进个人；2019 年荣获新疆维吾尔自治区司法行政系统优秀共产党员。

他是一名监狱人民警察，始终身体力行把党的方针政策落实到基层工作中，他所做的一切，并非受命于他人，更不是做样子，完全是出于自觉自愿，支配他的是全心全意为人民服务的宗旨，是对人民群众疾苦深切关注的情怀，这种情感，是一名人民警察与人民群众之间深厚的血肉深情。

用爱心灌溉民族团结之花

从警20多年，孙春旺用自己的实际行动践行着“民族团结大于天、民族团结是生命线”的理念。2010年4月，孙春旺在参加一次培训学习时，得知一名维吾尔族女大学生因家庭贫困，提出退学申请。他当即决定，以培训班临时党小组的名义伸出援手，每年向这名大学生资助2400元生活费。4年来，他的爱心从未间断，一直资助到女大学生大学毕业。自2010年以来，由孙春旺发起的帮扶贫困家庭和贫困学生的爱心捐款已达数万元，在他的带领下，许多民警纷纷参与到扶贫帮困的行动中来，在人民群众中树立了人民警察为人民的良好形象。

用关怀润泽灵魂新生

作为一名监狱人民警察，孙春旺始终坚持用爱心架起沟通桥梁，打开服刑人员安心改造之门。2013年1月，服刑人员玉某告诉民警，自己的儿子因厌学已经辍学3个多月。孙春旺得知此事后，立即向监狱报备，前往学校了解情况，找到孩子耐心地与他交流、谈心，最终劝其回到了学校。服刑人员热某在服刑期间突发疾病，孙春旺立即组织人员将其送往监狱医院救治，并多次看望。对于孙春旺来说，这是他履行职责的一部分，但对服刑人员来说，感受到的是党的温暖和监狱民警的关心爱护。

用初心践行为民服务宗旨

2017 年 12 月，孙春旺被提任为卡尔墩监狱纪委书记，岗位虽然变化了，但是为民办实事的初心未改。到任以来，面临监狱中层领导年轻化，他利用自己经验丰富的优势，率先垂范，到监区一线和民警同吃同住同工作，做到在一线发现问题，在一线解决问题。特别是在 2018 年年初，孙春旺当选十三届全国人大代表以来，积极发挥人大代表作用，多次为民警及服刑人员宣讲党的十九大精神和全国“两会”精神。同时，他秉持人大代表为人民服务的宗旨，在发现 130 名群众在阿克苏市集资建房过程中，自筹 600 万元款项的合法权益受到侵害后，他和其他人大代表一道，多方奔走，督促相关司法机关维护群众合法权益。

从孙春旺身上，我们看到了，人民警察只有始终保持与人民群众的深厚情感，才能成为广大人民根本利益的代表。他用行动践行着人大代表为民服务的宗旨，践行着人民警察为民执法的理念，演绎着一名监狱人民警察忠诚于党、服务人民的无悔人生。

用爱心点亮你的世界

陈　争

1984 年 5 月出生，中共党员，现任新疆生产建设兵团第八师石河子监狱医院副院长。2011 年荣立“石河子监狱岗位大练兵个人三等功”；2011 年被石河子监狱评为“优秀公务员”；2012 年荣获“石河子监狱嘉奖”；2013~2015 年连续 3 年被石河子监狱评为“优秀公务员”；2015 年荣立“石河子监狱三等功”；2016~2019 年连续 4 年被石河子监狱评为“优秀公务员”；2018 年荣立“石河子监狱三等功”。

陈争是新疆生产建设兵团第八师石河子监狱医院副院长。从 2006 年 11 月穿上警服的那天起，陈争始终坚守“警纪”这条红线，严遵“医德”这条底线，忙碌在监狱医疗卫生一线。陈争深知，作为一名监狱医生，非同一般意义上的医生。因为他既要以一名监狱人民警察的身份保持高度的警惕去改造服刑人员，同时还要用医者仁心做好患病服刑人员的诊疗工作，这是他的责任。

捐资助学，只为孩子能有个好前程

陈争的同事清楚地记得，2015 年 11 月的一天，石河子总场的一位中年妇女带着一面锦旗赶到石河子监狱，要求见资助女儿求学的恩人陈争。这时，陈争资助贫困学生潘某婷的事，才被“暴露”出来。原来，早在2009年，还在新湖监狱工作的陈争通过兵团的“希望工程”结识了潘某婷一家。某婷到了上学的年纪，可对靠吃低保勉强糊口的家庭来说，她求学之路十分困难。

当时，工作不到两年的陈争月工资还不到700元，但他抱着“宁可省吃俭用，但不能让孩子辍学，得让孩子有个好前程”的心态，当即决定承担起某婷的学习费用。10多年间，陈争从未因买房、娶妻生子、生病治疗等带来的经济拮据而减少对某婷的资助。2017年，争气的潘某婷考上了“211”院校——四川农业大学。潘某婷上了大学后，陈争和妻子商量后决定，谁休息了就往潘某婷家多跑跑，要把她的家人照顾好，好让孩子专心读书。从那以后，夫妻俩又从自家的生活费中挤出一部分去接济潘某婷的父母。

奉献爱心，把孤儿当成自己的孩子

其实，潘某婷是陈争资助的第二个孩子。早在2007年，陈争刚毕业被分到师新湖监狱工作时，刚领到工资的他并没有像其他年轻的同事一样去喝酒撸串，而是急匆匆地跑到了邮局，将一部分工资寄给了五家渠102团的一名孤儿——张某。张某从小便失去双亲，与姑姑相依为命，但姑姑家经济条件较差。每当看到别的孩子时常有新衣服穿，有新书包背时，张某便一个人躲起来偷偷地哭。一

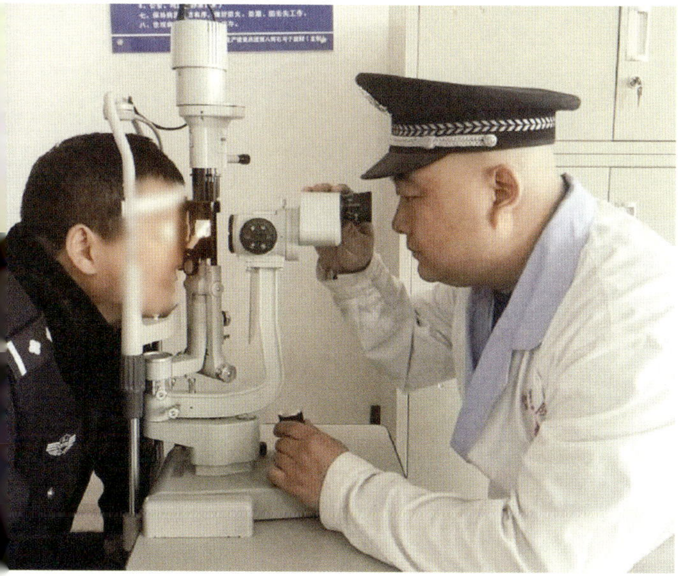

个偶然的机会，陈争走进了张某的生活，从此这个孤儿也有了新衣裳和新书包，有了关心和爱护她的人。陈争资助张某后，当时曾担心还是女友的魏红燕会反对，便探了探魏红燕的看法。没想到，女友不但没有责怪他，还鼓励他说：“张某这孩子命苦，你帮她不能光做样子，要帮就帮到底。”从那以后，夫妻俩便把张某当成了自己的孩子。

2010 年，陈争夫妇调到了石河子工作，虽然离张某远了，但对张某牵挂得更深了，平时三天两头要给张某打电话。一次，得知张某的成绩又是班级前三时，夫妻俩十分高兴，便前往 102 团把张某接到家里小住了一段时间。陈争踏上资助两个孩子之路，到今年已有 13 个年头了，共花费现金 4 万余元。

这期间，他成了家，肩上除了挑起 3 个家庭的担子外，还要赡养自己及妻子的父母，其中的艰辛不言而喻。

一次，陈争对妻子说：“这辈子职业算是选对了，天天穿警服，省了不少买衣服的钱。”听闻陈争的话，魏红燕眼泪掉了下来。因为，只有她知道陈争有多少年没添置过新衣服了……

社区矫正好榜样

没有高墙、电网，没有囚服、镣铐，那些罪行轻微、社会危害性不大的特殊群体正执行监外刑罚，这群人被称为社区服刑人员。

当大多数人对这个群体敬而远时，他们选择了靠近，温暖那些失落的心灵，拯救那些破碎的家庭。他们用心守护，不让一人托管、虚管；他们用情沟通，让社区服刑人员迷途知返，他们是有温度的领路人——社区矫正工作者。

我心中的信仰、信念、信心

高　博

1980 年 3 月出生，中共党员，现任北京市司法局社区矫正管理处副处长。先后荣立北京市司法行政系统十九大安保个人二等功，2017 年荣立个人三等功。

高博，一名朝气蓬勃的“80 后”，一名始终跟党走的共产党员，一名担当敬业的青年领导干部。自 2014 年以来，他从事社区矫正工作，始终牢固树立“四个意识”，坚定理想信念，圆满完成社区矫正专案工作，社区服刑人员教育质量稳步提高，社区矫正工作保障机制不断健全，为维护首都安全稳定贡献了力量。

立足司法行政机关首先是政治机关这一属性，服从党委指挥，攻坚克难，勇于担当

社区矫正作为一项严肃的刑罚执行活动，“急难险重”是工作的常态：急，任务急，经常下午 5 点半接到上级紧急通知，明天一早报送专案材料，一夜无眠；难，难题多，社区矫正法至今还没走完那“最后一公里”，体制机

制难题尚需法律明确，有些问题一时无解；险，风险大，从事社区矫正工作的有抽调干警，但更多的是像常人一样的普通公务员，面对罪犯既有职业风险也有人身风险，一言难尽；重，责任重，确保首都安全稳定，首都安全无小事这一重担始终压在肩上。但践行纪律部队忠诚为民、奉献担当的铮铮誓言，让高博同志时刻能做到直面困难，一往无前。他带领同志们赴全国多省市交流学习，探索出一条具有首都特色的专案联系机制，出台了专案工作管理规定，确保各项专案任务平稳落地。得到了中央和市委、市委政法委的肯定。时任市委政法委张延昆书记对社区矫正专案工作作出“矫正专班工作成效显著”的批示。

立足首都安全，首善标准，研究新时代首都社区矫正工作规律

高博将社区矫正烦琐的工作任务分解成一个个小目标：完成一次安保任务，组织全市服刑人员宪法学习，开展警示教育，堵塞出国（境）漏洞，打造社区矫正师资库，编写服刑人员教材，拍一部社区矫正宣传片，研发手机 App 管理系统，加强京津冀执法协作，在全国率先解决服刑人员医保难问题，在全国介绍好北京专案管理经验，在全国展示北京刑罚执行一体化建设成果。一路走来，高博同志通过不断努力，一步步实现了一个个小梦想，明确了北京市社区矫正工作权责清单，规范社区矫正部门执法流程，牵头制定社区服刑人员收监执行、假释管理、禁止出国境，社区服刑人员参加医保等多项工作规定。同

时，坚持政治矫正理念，指导全市社区服刑人员宪法学习教育活动，编写社区矫正教育教材、教育宣传片。使全市社区矫正工作规范化、专业化和保障水平不断提升，实现了社区矫正法治化、规范化、社会化、信息化的大梦想。

立足首都社区矫正未来发展

在2018年接待芬兰司法部专家组一行参观中途之家时。原定半小时的交流时间，持续了整整3小时，从社区服刑人员重新犯罪、技能培训、未成年人保护开始，一直谈到国际前沿的电子监管、人权保障、社会关系修复，跨越了北京矫正工作从零起步到与世界接轨的15年发展历程。在芬兰考察团由衷赞叹我国超低犯罪率时，高博同志对大家说，在社会上改造好一个罪犯，让他们成为守法公民，除了我们，还有遍布大街小巷的法治宣传栏，还有走街串巷的人民调解员，还有维护服刑人员合法权益的公益律师，还有千千万万的社会志愿者；在社会上改造好一个罪犯，让他们顺利融入社会，体现着一个国家道路自信、理论自信、制度自信、文化自信，这背后凝结着中国改革开放40年来磅礴发展的伟力和翻天覆地的变化，是坚持中国特色社会主义道路带给这个国家、民族、社会、法治乃至每名中国人的信心和力量，是“一茬接着一茬干，一张蓝图绘到底”的中国梦想和中国故事。

任凭风物放眼量，云帆高挂再远航。回首首都矫正路，有风有雨也有情，高博同志用敬业之心、人本之情将严肃的社会矫正工作变成了一项充满信仰、信念、信心的工作，为首都社区矫正安全稳定奉献了自己的力量。

开拓创新创佳绩　勇于担当敢作为

张锡旺

1982 年 7 月出生，中共党员，现任天津市司法局社区矫正管理处二级主任科员。2011 年获个人嘉奖、2014 年被天津市司法局评为天津市司法行政系统优秀共产党员、2016 年荣立个人三等功。

多年来，他始终用共产党员标准严格要求自己，牢记宗旨，心系群众，全心全意为人民服务，以辛勤工作的实际行动践行着党旗下的庄严誓言，诠释着共产党员的责任与担当，赢得了群众一致好评，树立了司法行政机关干部的良好形象。

真抓实干，推进工作效能新提升

2012 年，随着《社区矫正实施办法》的实施，张锡旺面对站在新起点的社区矫正工作，他丝毫不敢怠慢，深入全市各区县司法局和司法所，积极参与社区矫正对象由公安机关向司法行政机关的移交工作，为社区矫正工作在全市全面开展打下了良好的基础。社区矫正工作全面移交以来，多项工作制度存在空白，他广泛开展调研，积极与各级社区矫正工作人员沟通，查找问题，先后起草或参与起草了《天津市社区矫正手机定位管理规定》《社区矫正对象报到管理规定》《关于进一步组织社会力量参与社区矫正工作的意见》等10余项规章制度，使基层社区矫正工作有章可循。

开拓创新，开展社区矫正有实招

张锡旺善于学习、勇于实践，从解决基层群众实际困难出发，在工作中敢于担当、善于啃硬骨头，他经常深入基层调研，前置社区矫正监管环节，准确掌握社区矫正工作基本情况及社区矫正对象动态变化情况。在全市推动社区矫正动态研判分析等多项制度，打造动态信息整合、问题解决的工作平台，及时解决影响安全稳定的倾向性问题、难点问题。他积极推进区级社区矫正中心规范化、标准化建设，出台一系列制度，完善区级社区矫正中心软硬件配备，规范执法环节和标准，推进全市社区矫正机构建设向前迈进一大步。

严格执法，推动公正执法上水平

社区矫正工作是严肃的执法活动，每一个环节容不得半点马虎，张锡旺作为“守关人”，把错误和问题挡在关外，把公平和正义留给人民。对基层上报的每一件审批事项，严格把关，确保每一个流程都没有瑕疵。对于基层提请的执行变更案件，他严格把关，逐项核查案件材料，积极与有关人员沟通，确保每一份材料真实合法，他积极与办案法官沟通，确保每一个执法环节都没有纰漏，把每一个案件都办成铁案，努力让人民群众在每一个案件中感受到公平正义。

善思善成，做到理论与实践相结合

他善于观察、勤于思考，认真总结分析社区矫正执法工作。针对社区矫正工作衔接中出现的问题，撰写了《有效衔接良性互动　合力推进社区矫正工作》等多篇调研文章，报送市委、市政府、司法部等上级部门，引起有关领导重视，为领导科学决策提供了参考；对全市社区矫正信息化建设工作进行总结，撰写《天津市司法局加强社区矫正信息化建设》案例，入选全国创新社会治理典型案例。

开拓创新，确保监管工作取得新实效

他积极推进全市“智慧矫正”工作建设，坚持向科技要警力，借助先进的信息化手段和技术，提高工作绩效、规范执法行为、提升指挥应对能力。创新构建社区矫正监管教育平台，完善社区矫正“一中心三平台”智慧化建设，着力破除社区矫正工作中的发展障碍；建设社区矫正移动应用 App——“津矫通”，覆盖全市工作人员、社会力量、社区矫正对象，实现社区矫正工作的移动式管理；坚持“人防与技防并重”，开启“人脸 + 指纹”识别报到工作模式，全面推广手机和电子手环定位工作，打造全市社区矫正远程视频督察平台，有效避免社区矫正对象的脱漏管和再犯罪的发生。作为天津市社区矫正工作信息化管理的实践者，多次参与司法部社区矫正信息化标准制定工作，为全国社区矫正信息化建设贡献天津力量。

爱岗敬业，履职尽责不畏难

面对繁重工作，该同志始终保持积极主动、扎实肯干的精神状态。对待各项工作，不管任务多重、多急、多难，都经常是加班加点，确保了工作的高质量完成。在面对犯罪记录审查工作中，该同志承担了全市几千名代表、委员资格审查工作，时间紧、任务重，他克服种种困难，凭着一股拼劲，连续奋战一天一夜及时完成工作；在参与组织第三十六届亚太矫正管理者会议中，他发扬连续奋斗的精神，连续工作 36 小时，做好会务工作，确保了会议工作顺利实施；为了审核全市社区矫正案例，经常工作到凌晨两三点，确保了任务的圆满完成。他始终以强烈集体荣誉感和使命感投入社区矫正工作之中，牢记党员干部身份，热心服务群众，用实际行动换来群众一张张满意的笑脸。

在平凡岗位上书写不平凡的人生

刘　媛

1984 年出生，2006 年参加工作，现任安徽省马鞍山市当涂县司法局社区矫正管理股股长。2012 年被省司法厅评为“全省指导社区矫正工作先进个人”；2011 年至 2013 年连续 3 年被评为优秀公务员，记三等功 1 次；2018 年被省司法厅评为“全省社区矫正安全稳定先进个人”；2019 年获得“安徽省十大法治人物”提名奖。

从起初对社区矫正一无所知到如今的社区矫正“专家”和“能手”，刘媛在社区矫正这个平凡的岗位上，用智慧、青春和汗水，书写了一段不平凡的人生！

忘我工作敬业奉献

安徽省马鞍山市当涂县社区矫正工作始于 2007 年 8 月，当年，毕业于安徽师范大学计算机系的刘媛，通过参加全省公务员考试，被录取到当涂县司法局从事社区矫正工作。10 多年来，刘媛怀着一颗对党、对事业的忠心，忘我工作。2017 年 11 月，刘媛经检查患胆结石，需实行手术，因正值元旦、春节和“两会”期间，社区矫正安全稳定任务繁重，手术一拖再拖，经常忍着剧痛坚持工作。直到一天夜里呕吐不止被送院，检查发现胆囊严重发炎肿胀，必须立即手术。术后十二指肠经常出血，几次晕倒在家中。因放不下工作，身体稍微恢复，她就赶到单位上班，每天还插着“T”形管引导胆汁至十二指肠，整个人消瘦20多斤。正是靠这种拼命三郎的精神，使当涂县社区矫正工作一直走在全省前列。2013年荣获全省“社区矫正示范县”称号，2016年、2017年连续两年获评全省“先进社区矫正中心”，2018年荣获“全省社区矫正安全稳定工作成绩突出集体”，刘媛本人也获得多项荣誉称号。

探索创新谋求发展

刘媛具有不屈不挠的作风和开拓创新的精神，善于想办法、出点子解决工作中困难，为落实社区矫正人员每月8小时的社区服务，她一直谋划建立一个社区服务和帮教基地，想法得到了县局领导支持，于是她四处寻找场地找有关部门协调，当涂县启明帮教基地终于建成，打造全省第一家自管的社区矫正帮教基地，全国人大内司委、全国立法调研组等领导到基地视察，给予充分肯定。

当涂县是安徽省第一批建设社区矫正中心的，2013年社区矫正中心建成以来，狠抓队伍建设、建章立制、规范运行，在全省社区矫正场所建设中发挥很好示范作用。为了广泛宣传社区矫正工作，推动执法公开，在全省率先开展社区矫正中心开放日活动，让人大代表、政协委员、社会群众、社区服刑人员家属纷纷走进社区矫正中心，近距离感受社区矫正工作。

严格执法赏罚分明

在社区矫正执法管理中，刘媛坚持“严”字当头。石桥镇团月村夏某在保外就医期间不按规定报告其本人身体状况，也不按规定提交病情复查报告，刘媛多次找其谈话教育，严厉指出错误，并且通过其保证人反复做教育说服工作，夏某置之不理，依旧我行我素，在给予两次警告处理、仍拒不改正情况下提请监狱予以收监，维护刑罚执行严肃性。未成年社区服刑人员李某因故意杀人罪被判缓刑，接受社区矫正。第一次在奶奶的陪同下来到县社区矫正中心报到，就流露出不屑一顾，每月一次报到，需要反复提醒，有时到司法所参加学习，还会拉上不三不四的人陪同。刘媛不拘形式，耐心做教育说服工作，看到李某喜欢上网聊天，就用 QQ 与他在网上沟通。2016 年夏季强降雨席卷当涂县，李某家地势较低，刘媛带着工作人员冒着暴雨帮他家转移财产。春节到了，她又与工作人员顶着寒风，上门探望祖孙仨人，李某及两位老人终于被感动，李某也从被动矫正到主动服从监管，并且能积极参加教育学习和公益活动。

春风化雨促进回归

社区服刑人员陈某，没有一技之长，没有工作，情绪十分低落，刘媛得知后，积极帮助她联系市里的劳动技能培训单位，通过培训学习她掌握了面点制作方法，后来她在本地开了一个包子店解决了生存问题，人也变得开朗自信了许多。社区服刑人员汪某，对矫正期间要遵守的相关管理规定不理解，尤其对不能私自外出非常反感。为了解决汪某思想问题，刘媛就积极鼓励其自主创业，并帮助联系协调相关单位，利用他所擅长的水产养殖技术，与村里沟通协调帮助他承包水面，创业取得成功。汪某非常感谢刘媛对他的教育和帮助，遵守社区矫正规定更加积极主动，他还以自己的变化和转变，教育帮助其他社区服刑人员。

做迷途者的领路人

张诒雁

1985 年 1 月出生，在职研究生学历，现任福建省福州市马尾区司法局马尾司法所所长。2010 年至 2012 年连续 3 年被评为“马尾区司法局优秀公务员”，并立三等功 1 次；2017 年被评为“福建省司法行政系统先进工作者”；2018 年被福建省总工会评为“福建省五一巾帼标兵”；2019 年被评为“马尾区司法局优秀公务员”。

有这样一名领路人，她善用法律解开社区矫正对象的心结，她统一纪律规范社区矫正对象的行为，她创新管理方式激发社区矫正对象的活力，她用真心获得社区矫正对象的尊重和认可，她就是福州市马尾区司法局马尾司法所所长张诒雁。在她从事司法行政工作的 12 年中，她以“责其罪、帮其心、挽其人、促其进”的工作思路，在社区矫正工作岗位上，刻苦钻研、严格执法、尽心帮扶，用热血芳华谱写了一曲曲矫正为民之歌。

以法正心，刚柔并济，发挥社区矫正职能

没有电网警拷，没有牢门铁锁，如何让高墙外的改造做到规范公正？张诒雁自从事社区矫正工作以来，不断加强学习，自我充电，利用课余时间参加法律课程、心理咨询和公共管理课程培训，取得了国家三级心理咨询师资

格。社区矫正工作涉及面广，情况复杂，工作难度大。面对困难，张诒雁充分发挥女干警刚柔相济的优势，坚持管教并重，情法交融，宽严相济的理念，深入每个社区矫正对象家中进行面对面帮教走访，利用电子定位监控系统进行每日轨迹研判，加强公、检、法等部门、乡镇村（居）委以及监所之间的联系与沟通，充分整合并发挥各种社会资源优势，形成合力，延长工作触角，拓展工作面，变被动为主动，化压力为动力，从而顺利地推进工作。从机关到基层，从业务指导到一线实践，从对社区矫正工作的手足无措到现在的驾轻就熟，从社区矫正的各项试点工作的筹备到如今各项规章制度规范完善，从人盯人的传统监管模式到如今信息化智能化监管，十年的社矫历程把张诒雁练就出一双“火眼金睛”，掌握了“三十六计”，将社区矫正工作以法律刚性彰显柔性治理，让马尾司法所的社区矫正工作走前列、创亮点，成为福州市司法行政工作的一张名片。

以人为本，春风化雨，蒙尘人生重焕光芒

在执行社区矫正过程中，张诒雁在督促社区矫正对象严格遵守法律法规和有关规定的同时，始终牢固树立以人为本的理念，从感知到感悟，再到感化，通过传统文化教育提升社区矫正对象的服刑意识。

“规矩”和“温情”是帮助社区矫正对象走上正道的两大助推器。社区矫正对象普遍法律意识淡薄，规矩意识不强。张诒雁通过“塑心先塑行”的管理理念，注重入矫环节的纪律关，注重行为养成，推行“组长制”，将社区矫正对象分类分组管理，这种参与

感的管理模式让每个社区矫正对象融入集体。陈某曾因犯故意伤害罪被判处有期徒刑 3 年，缓刑 5 年，2015 年开始在马尾司法所接受社区矫正。2016 年陈某因感情问题产生自杀念头，多次寻死未果，情绪极不稳定。张诒雁像对待家人一样不厌其烦地为其做思想工作，为其解决生活中遇到的问题，深挖他的内心根源，帮助打开他的“心结”。在司法所的帮助下，陈某放下了内心的自卑，重拾生活的信心。之后，张诒雁经常邀请心理咨询师为陈某进行心理疏导，鼓励陈某以积极的心态面对人生，同时组织各类公益劳动让陈某主动参与，实现“要我守法”到“我要守法”的转变。现在陈某已经走出感情的困惑，专注自己的事业，把司法所当作自己的家。

以新创效，齐抓共管，矫正工作亮点纷呈

张诒雁善于借力，依托大数据，紧抓民情网，使社区矫正工作有创新有亮点。在日常管理中，她创新运用“互联网 +”公共法律服务平台建设为社区矫正对象创建网上学习平台，利用多媒体教学和学习强国 App，发挥微信公众号的“连心桥”作用，引入互动式教育模式；与各个部门共享资源，通过与致睿青少年事务中心社工、阳光学院师生、妇联组织、检察院检察官共同组建社区矫正普法志愿者，采取“请进来”的方式开展各类主题教育活动和公益活动；以“扫黑除恶”专项斗争为契机，利用各个主题教育日活动开展形式多样的教育活动，如举办法治、平安建设、扫黑除恶知识竞赛、法治书法大赛、垃圾分类公益活动、国学小课堂；创业和帮扶共举，组织正在创业期间和有创业意愿的社区矫正对象进行各类技能培训，并与人力资源部门共同举办“就业援助暨春风行动”大型招聘会，为社区矫正对象提供就业帮助；注重人文育人，推进社区矫正文化建设，制作法治文化墙、名言警句长廊，用好“红色文化”“船政文化”营造良好的教育矫正氛围；将监所警察与社区矫正工作深度融合，规范队列训练、训诫谈话、警示教育，进一步规范了社区矫正执法程序，强化在监狱社区矫正一体化建设、法律援助、法治宣传、远程会见、学习培训等方面合作交流的广度和深度，实现监所携手“大合唱”的良好局面。

“基层社矫专家”的“新”与“心”

盖　颖

1976年9月出生，汉族，中共党员，山东省济南市槐荫区司法局兴福司法所所长，取得国家法律职业资格和二级心理咨询师资格。2018年3月被山东司法厅评为全省司法行政系统2017年度人物，2018年12月被山东省济南市司法局聘为济南市人民调解专家，2019年1月被司法部评选为全国模范司法所长。

说盖颖是一个基层的社区矫正专家，不单单是因为他从事社区矫正工作仅仅4年，就把一个新成立的司法所打造成标准化信息化的社区矫正阵地，也不单单是因为他有研究生学历和法律职业资格，更不单单是他熟稔所有社区矫正工作法规政策，每年撰写数十万字的研究文章和案例分析，而是他匠心独运的规范化、科技化、情感化的矫正创新手段，实现了“矫其行、正其心”的目标定位。

严格执法见真功

盖颖创新实施的“紧急临点”监管手段，杜绝了社区矫正对象脱管、虚管现象，在特殊时期和重大节点中起到很好的监管效果，济南市司法局在全市范围内推广。在扫黑除恶专项斗争中，他推行的“机动巡访”，不定时不通知直接走访、摸排真实情况，收集线索10余条，协助抓捕涉黑涉恶人员3名。他借助“村居法律顾问全覆盖”在全国率先实现“社区矫正一对一帮教”，为社区矫正融入平安社区建设、实现源头治理探索了新渠道。他严格规范社区矫正宣告流程，创新增加“宣告纪律、入矫宣誓”等四大新环节，增强了社区矫正对象身份意识和法纪意识。2019年春节，恰有一名社区矫正对象解矫，盖颖严格执行社区矫正管理规定，不提前不拖延，大年初一按时予以解矫。这一事迹先后被人民网、《法治日报》、《光明日报》等媒体报道，展示了社区矫正工作的执法严肃性，提升了社会影响力。

细雨催笋满林生

盖颖善于运用现代科技手段补强社区矫正监管短板。他利用微信实现对社区矫正对象定位和身份识别监控的“微信一对一”监管模式，杜绝了手机定位“人机分离”的弊端，实现了全天候无缝隙的主动监管、矫管互动。他牵头研发并使用心理压力分析和心理健康自助系统对社区矫正对象进行心理评估和干预，能够对心理异常的矫正对象进行高效筛查、准确甄别干预，克服了以往心理分析精度差、耗时长的缺点，填补了社区矫正工作档案没有正规心理检测报告的空白。盖颖为此还专门考取了二级心理咨询师。

盖颖能够熟练应用视频软件制作社区矫正教育片，他创办“槐荫司法”“兴福法治六进”微信公众号，在各村居推广“法律顾问在您身边”微信工作群，让社区矫正对象通过网络和律师、监管干部直接沟通。他每月坚

持举行解除矫正集中宣告仪式和团体心理激励，借鉴国外心理互助和传统国学，组织"下元节——解厄日"传统文化教育活动，让矫正对象感受到摆脱罪责、回归社会的幸福感。他总结的"入矫、解矫心理问诊""家属恳谈会""以考代学""自控力团体辅导课"等工作经验也得到广泛推广。

恬泰一笑尤比亲

兴福的所有社区矫正对象都知道盖颖的手机号码，矫正对象脚砸伤了，他接了电话就赶到医院；矫正对象创业开面馆，他帮着找地方跑工商；矫正对象家属因为车祸需要寻求法律帮助，他主动联系律师上门服务。熟悉盖颖的人都说：

他是一个"不爱钱"的人。2016年年底，司法部领导到基层走访慰问，4万元慰问金，盖颖一分没留全部交到了局里。

他是一个"不爱闲"的人。所有的业余时间不是在学习、准备考试，就是在接热线、写文章，平均每年他都要写10万字以上的调研材料。

他是一个"不爱家"的人。母亲做手术，他却因为工作忙，只去医院陪了母亲半天。孩子每天去康复训练，十几公里的路，都是他年届七旬的父亲天天接送。

他是一个"不爱自己"的人。40岁出头的他患上了美尼尔综合征、复杂性耳聋和严重的颈椎病，经常眩晕和呕吐，双耳几无听力。医生反复告诫他再不住院就彻底聋了，他却仍然说："等忙完这一阵子"，而他的包里长期装着四五种药。

但是，就是这个"什么都不爱"的盖颖，却有满腔"大爱"。他能够熟练地说出每名社区矫正对象的工作、生活和家庭情况；他的身影跑遍了兴福的18个村居，每个月要进行十几次家访和谈话。正是因为他的努力和付出，兴福的在矫人员中涌现出两次见义勇为被全区通报表扬的金某、捐肝救女感动泉城的孟某、为疫情防控捐出20吨蔬菜的刘某、自立自强成为创业典范的外企高管金某……"用心创新，在每个细节上下功夫"——盖颖是这样说的，也是这样做的。

点一盏心灯指引“新生”

孙浣冬

1976 年 11 月出生，中共党员，本科学历，自 2014 年起负责社区矫正工作，现任河南省新乡市新乡县司法局社区矫正管理股股长。孙浣冬同志近 3 年年度考核均为优秀档次，曾获 2018 年度新乡市社区矫正先进工作者、河南省社区矫正岗位练兵技术能手。

孙浣冬一心扑在工作上，牵头制定了《社区矫正工作突发事件应急处置预案（试行）》等管理制度，将新乡县社区矫正工作推向制度化、规范化。2019 年 5 月，新乡县社区矫正中心在成立仅一年半的时间，就被省司法厅命名为河南省标准化社区矫正中心，孙浣冬本人也被评为 2018 年度新乡市社区矫正先进工作者、河南省社区矫正岗位练兵技术能手。

负责任，严格的适用前社会调查

凡接收到调查评估委托函，孙浣冬都会仔细研读起诉书内容进行，对其中可能涉及的居住地问题、认罪态度问题、谅解和赔偿问题等在调查中会导致结论错误的关键点做分析，提醒工作人员在调查过程中给予重视。对于提交给他审核的调查笔录，他更是会逐行审逐字审，并与执法记录仪录像相对应，不清楚的内容就直接向调查的工作人员询问，遇有记录不准确情况、未成年调查对象监护人不在场等情况，就要求重新调查。这样的方式保证了调查结论正确性，也严把了社区矫正的入口关，为广大群众安定生活奠定基础。

敢担当，因事而异的个性化监管

新乡县社区矫正中心工作重在监管，但针对社区服刑人员人性化的教育、矫正也从不放松，让他们对自己所犯罪行有更深刻的认识，重新走上正途。孙浣冬带领着这个团队，秉承“精于业、细于事、人为本”的工作理念，着力做好了社区服刑人员转化和稳控工作，最大限度地激发和调动了社区服刑人员回归社会的积极性、主动性，让他们重新鼓起生活的勇气。2012年至今顺利解矫社区服刑人员800余人，重新犯罪率低于0.2%的全国平均数据。

求创新，社区矫正工作的探路者

坚持对社区矫正人员进行分类管理，根据每个社区矫正人员的入矫期表现、犯罪原因、犯罪类型、再犯罪风险等因素，将社区矫正人员分成严管、普管、宽管3个等级，实施分类管理，因人施矫。对于未成年入矫人员，孙浣冬坚持“教育、感化、挽救”的方针，在引导未成年人修复家庭和社会关系上下功夫。他进行了一系列针对青少年服

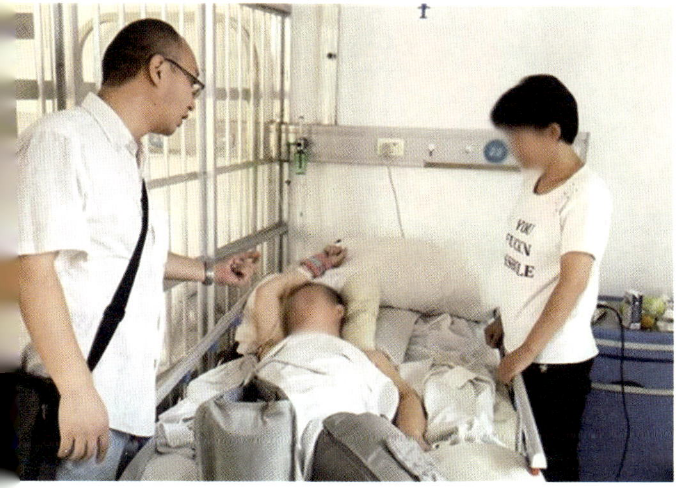

刑人员的矫正教育方法，比如，开展“拥抱父母，说出爱”活动，修复家庭关系；带领未成年社区服刑人员到林州市红旗渠接受艰苦奋斗和自强自立精神的教育，树立社会意识；请专业心理咨询师对未成年社区服刑人员进行全程跟踪服务，矫正心理恶习……

孙浣冬在社区矫正工作岗位上始终勤勤恳恳，全心全意履行着自己的职责；他燃烧着绚丽的青春，散发着点滴的光和热；他至真至情，为误入歧途的社区矫正人员，点亮一盏回归路上最明亮的心灯。

三双鞋“跑”出社区矫正新路子

叶冠西

1970 年 12 月出生，现任湖南省娄底市冷水江市司法局党组副书记、副局长。先后被娄底市、冷水江市人民政府记个人三等功 6 次、嘉奖 12 次，多次获评冷水江市“优秀共产党员”，6 次考评为冷水江市“优秀领导干部”。

他临危受命，在无机构、无人员、无经费、无经验的“四无”窘境下，三双鞋“跑”出了社矫新路子，用 1 年的时间让冷水江市的社矫工作实现了从无到有的突破并走上了正轨。他改革创新，打造了社区矫正“冷水江模式”，让冷水江社矫工作走上了规范化、法治化、专业化、信息化发展道路。他用心帮扶，秉着“教育、感化、挽救”的方针，让社区服刑人员重塑人格、重拾信心、重树新生，将一大批曾经的“罪人”教育改造成了“新人”。他，就是人称“拼命三郎”的冷水江市司法局副局长叶冠西。

“拼命三郎”，三双鞋“跑”出社区矫正新路子

“我们社区矫正工作启动的时候人、财、物什么都没有，社区服刑人员管控又存在很大的风险性，是没有人愿意接手的烫手山芋。他迎难而上，四

处协调，建章立制、规范管理，为了这个工作，日夜奋战，启动的时候，一年就跑烂了三双鞋，人变得又黑又瘦，大家开玩笑说他是‘拼命三郎’，用三双鞋跑出了社矫新路子。”冷水江市司法局办公室主任马慧说道。

2008 年，社矫工作在湖南全面铺开。社区矫正作为司法行政的一项新职能、新课题、新任务，在湖南全省都没有好的经验可以借鉴，由于缺少人、财、物、经验等原因，冷水江市的社矫工作一度启动艰难。叶冠西临危受命，接管了这块难啃的骨头。面对无机构、无人员、无经费、无经验的“四无”窘境，他迎难而上，四处协调，往返奔波在冷水江市委、市政府和各部门之间，逐一解决了机构、编制、人员和经费等难题，将原来由公安机关监管的社区服刑人员，按照“见人见档”的原则统一接管。他日夜奋战，建立社区矫正工作机制和制度，开展业务培训，接收社区服刑人员，落实管教措施……经过他和团队 1 年多的不懈努力，冷水江市的社矫工作实现了从无到有的突破并走上了正轨。

改革创新，创建社区矫正“冷水江模式”

如何管理好社区矫正对象，让他们不脱管、不漏管、防止其重新犯罪是每个社矫工作人员避不开的话题。近年来，叶冠西带领团队坚持改革引领，不断创新教育矫治方法，创建了独具特色的监管“十个一”、技防“双监控”、教育“三个四”、执法“五统一”、矫正中心运行“六集中”的社区矫正“冷水江模式”，让社矫工作走上了规范化、法治化、专业化、信息化发展道路，社区矫正水平和质量大幅度提升。2016 年 7 月，湖南省社区服刑人员行为规范教育活动试点、社区矫正中心及社矫信息化建设在冷水江市同时展开。他冒着高温酷暑，带队一边轮流到全市 10 个司法所指导开展行为规范教育训练，一边抓矫正中心和信息化建设。5 个月的时间，他下乡 80 余次，组织教育训练 120 余场次，每天两头跑，经常没日没夜地工作。2016 年 11 月，高标准的矫正中心，与部、省、市司法行政机关及乡镇司法所互联互通，集视频指挥、督察、监控和信息定位于一体的信息化建设提前竣工并交付使用。2016 年 12 月，湖南省社区服刑人员行为规范教育现场观摩会在冷水江市成功举行。两项工作得到了前来视察观摩的省领导的高度赞许。

在他的带领下，冷水江市司法局连续6年社区服刑人员“零脱管”、“零重新犯罪”，群体性事件“零参与”和“零负面舆情”，先后被评为全省社矫工作先进集体、集体三等功，连续两年在湖南全省司法行政工作会议和社区矫正工作会议上作典型发言，社区矫正“冷水江模式”在全省推广。

春风化雨，筑起服刑人员新生路

高墙内外，社区矫正体现了刑法人性化的一面，社区矫正其中一项重要职能即为“社会适应性帮扶”，体现了矫正工作多样化的一面，既有刑罚执行的刚性，也有教育教化的柔情。叶冠西秉着“教育、感化、挽救”的方针，坚持以政治改造为统领，带领团队统筹推进“五大”改造，让社区服刑人员重塑人格、重拾信心、重获新生。女性社区服刑人员邹某因参与经营“地下六合彩”犯非法经营罪被法院判处有期徒刑3年，缓刑5年，于2012年11月接受社区矫正。被判处刑罚对邹某的自信心和自尊心打击很大，由于自身不懂法，对帮人买“地下六合彩”打单被判刑不理解，认罪悔罪态度差，又因为下岗失业，生活压力巨大，一度情绪低落，意志消沉，整天沉迷在麻将馆，对社区矫正极不配合，不按规定

报到，不参加集中教育学习和社区服务，曾被警告处分两次。针对邹某极有可能被撤销缓刑收监执行这一情况，他亲自组织工作人员开会研究。要求对邹某开展谈心谈话，找准症结，科学制定有针对性的矫正方案，采取人性化

的执法手段和亲情化的暖心帮扶，教育、感化、挽救邹某，帮助其顺利回归社会。通过大半年时间的法制教育、个别谈话教育和心理辅导，邹某法律意识增强，对自己所犯罪行对社会和家庭的危害有了清醒的认识，开始认罪悔罪，服从管教。之后，叶冠西指导工作人员发挥邹某特长，开展励志教育。利用其善舞的特长，让其在社区服刑人员行为规范训练时领舞；利用其有一手好厨艺的特长，鼓励其参加厨艺培训和比赛，并为其外出学习、参赛请假开“绿灯”。邹某在夺得了一项项厨艺比赛大奖荣誉后，整个人像变了个样，变得信心满满，开朗大方，接受社区矫正的主动性和改造的积极性大为提高。2017 年年底，在工作人员的鼓励和支持下，邹某自主创业，创办了一家麻辣食品厂，不仅能自食其力，还能回报社会，安排五六人就业。2017 年 11 月，邹某顺利解除矫正。解矫宣告时，邹某感动地说道：“是冷水江市司法局 5 年来的教育和帮助，让我树立了正确的世界观、人生观和价值观，使我重拾信心，重塑新生，重新找到了人生正确的方向。”10 年来，冷水江市社区服刑人员帮教率、转化率均达到 100%，将一大批曾经的“罪人”教育改造成了“新人”。有效地预防和减少了重新违法犯罪，维护了社会和谐稳定。冷水江的社矫故事于 2018 年大年初一在中央电视台社会与法频道中专题播出。

秉承着帮助社区服刑人员改过自新的初心，叶冠西十年如一日，十年磨一剑，带领团队让冷水江市的社矫工作实现了从无到有，从有到规范，从规范到典范的完美蜕变！

为社区矫正工作打上“扎实”和“专业”烙印

胡丽雅

1980年9月出生，现任广东省广州市天河区司法局社区矫正管理科科长，因工作出色多次被评为先进：2005年被天河区委、区政府评为“天河区2001~2005年法制宣传教育先进个人”；2009年被广州市委宣传部评为“广州市‘五五’普法中期先进工作者”；2011年被广东省司法厅评为“广东省司法行政系统‘五五’普法工作先进个人”，被广州市委、市政府评为“2006~2010年度广州市法制宣传教育先进个人”；2018年被广州市司法局授予“新时代羊城最美法律服务人”称号；2019年被广州市委、市政府评为“维稳及综治工作先进个人（2016~2018年度）”，被中央政法委采纳为《平安中国之守护者》电影原型人物。

作风过硬，以忠诚履行使命

胡丽雅始终保持对党绝对忠诚的政治品格，牢固树立“四个意识”，坚定“四个自信”，坚决贯彻党中央决策部署和司法部关于社区矫正工作的要求，在政治上、思想上、行动上与党保持一致，自觉维护公务人员务实、进取、清廉的形象。一是牢固树立清廉自律的观念，对照司法部“六不准”严格进行自我约束，坚守用权底线，抵住人情请托，杜绝腐败“温床”和权力“寻租”空间。二是牢固树立终身学习的理念，深入学习贯彻习近平新时代中国特色社会主义思想和党的十九大精神，刻苦钻研社区矫正法律法规，做到以法为绳，以法服众，以法育人，成为社区矫正工作的行家里手。三是牢固树立大局意识，在做好先锋表率的同时，她带领全区社矫工作者齐心合力，成为维护社会平安稳定的主力军。

爱岗敬业，把青春献给事业

胡丽雅始终保持奋发有为的工作状态，为社区矫正工作打上“扎实”、“专业”和“创新”标签。一是严控社区矫正执行工作。胡丽雅为保证刑罚执行的严肃性，她与公安民警一起蹲点抓捕逃避监管人员、将突发疾病的拟送监对象送院看管治疗，一共对11个社矫对象提起撤销缓刑、假释或者收监执行建议，并全部成功移送监所执行。2016年年底，她带领天河区率先在广东省内建成标牌标识规范的区一级社区矫正中心，为省司法厅制定区级社区矫正中心提供模板和示范。2017年，她率先建立社区矫正对象病情鉴定机制，通过统一体检和出具司法鉴定意见，对暂予监外执行对象病情进行专业判断，降低执法风险。二是有效开展矫正教育。为解决“道德文化修养薄弱”这个犯罪根源，胡丽雅打造了社区矫正对象“国学文化”教育品牌，与广东省岭南心

学研究会合作，开展国学文化系列教育活动。为解决不服从管理的问题，她多次组织社区矫正对象到监狱开展“震撼教育”，给那些态度不端正、懒散松懈、不服监管规定的社区矫正对象敲响警钟。三是把适应性帮扶落到实处。香港社区矫正对象刘某因港澳居民来往内地通行证过期，濒临没钱吃饭、居无定所的生存窘况。胡丽雅为其四处奔走，积极向广东省司法厅、广东省公安厅、香港驻粤办等部门反映情况，经过多番协调，促成了首例在内地为香港人办理港澳居民来往内地通行证的个案，解决了刘某的“黑户”身份。

敢于担当，用激情迎接挑战

胡丽雅同志是一名“80后”公务员，年轻干部的热情、拼搏和灵活在她身上体现得淋漓尽致。一是开拓性地开展工作。高峰时期，天河区管控着近500名社区矫正对象，在册人数位于广州市前列，但基层司法所“责任重、人员少”的矛盾严重制约了工作开展。胡丽雅同志另辟蹊径，通过政府购买社会服务的方式，从2012年起连续8年为社矫对象提供优质司法社工服务，并率先在广州建立区级司法社工培育基地，把司法社工培育为社区矫正的得力助手。二是敢于尝试新事物。为了使社区矫正对象管理监控到位，她又大胆引进高新科技。2015年，天河区司法局成为全省首个电子腕带试点局，通过电子腕带实现了对社区矫正对象行踪100%的实时监控。2017年，作为司法部社区矫正远程视频督察系统的试点单位，天河区司法局以及下设司法所率先实现与司法部、省司法厅、市司法局五级连通。2018年，天河区司法局率先启动天河区智慧社区矫正中心建设，首创社区矫正对象自助报到、智能声纹识别和电话报告语义转写模块，2019年“天河区社区矫正智能监管平台”获得全国政法智能化建设创新案例——“智慧司法十大创新产品”。三是有迎难而上的勇气。2015年12月，广东省唯一一个符合第一类特赦条件的98岁香港籍社矫对象陈某被广州市中级人民法院宣告予以特赦。在面对“一无直接证据、二无证人证言、三是年代久远”的艰难取证情况下，她抽丝剥茧，在历经材料的“三退三送”的调查取证后，攻克难关，完成调查取证工作，顺利办理了特赦报请工作。

践行工匠精神　铸就无悔人生

王永刚

1977年9月出生，中共党员，现任甘肃省合水县司法局社区矫正股股长。2013年12月被甘肃省社会管理综合治理委员会办公室、特殊人群专项组办公室评为全省特殊人群服务管理工作先进工作者；2018年5月被甘肃省庆阳市司法局评为全市社区矫正工作先进个人；2018年12月被甘肃省司法厅评为全省社区矫正工作先进个人；2019年5月被合水县委记个人三等功；2019年9月被合水县精神文明建设指导委员会评为敬业奉献模范。

一个人做好一件事不难，难的是数十年如一日匠心的坚持，不懈的追求。甘肃省合水县司法局社区矫正股股长王永刚同志，他就是这样一位用实际行动践行初心，用忠诚、干净、担当诠释一名共产党员使命，用青春书写新时代社区矫正工作者新篇章。

用创新助力工作提质

王永刚是一名政法战线上的“老兵”，多年来，他深钻细研相关法律和业务，不断推动矫正工作创新。通过他的不懈努力与探索，全系统矫正工作人员有了第一张工作“身份证”；在全市推广的“四个一”“两评定”工作方法基础上，他创造性地将其中的“两评定”延伸为“三评定”；起草了全省第一个社区矫正工作《责任追究办法》《社区服刑人员教育学习读本》《社区服刑人员教育学习记录本》；在全省率先启动了社区服刑人员“红马甲”社区服务志愿者行动；在他的积极努力下，陇东学院心理教育资源引入了全县社区矫正工作，并推出远程心理视频咨询服务，打造了便利的服务通道；主动深入辖区社会企业牵线搭桥，为社区服刑人员安置就业创造平台，促成了全县第一个“安帮之家”品牌过渡安置基地；协调公安机关，在县看守所建立全市第一家社区服刑人员警示教育基地；在全县社区服刑人员中创新推出“唱红歌、感党恩”主题教育活动，提升了教育矫正成效。

用公正维护法律权威

在工作中，王永刚始终坚持“一碗水端平”，做到公平正义。一名与他有亲戚关系的社区服刑人员，多次让他给司法所工作人员说情，希望在平时管理中放宽一些，但他明确答复：“这要靠你自己的表现，我无能为力。”社区服刑人员熊某，因盗窃罪被判处缓刑3年，矫正期间不服从监管，多次警告仍不知悔改。为了维护法律权威，他深入熊某居住地开展调查走访，动员家属劝其回归接受矫正。在努力无效后，他及时提请法院撤销缓刑，并协调公安机关，将熊某上网追逃，在收到熊某被

西安火车站派出所抓获信息后，他不顾个人安危，同一名民警将熊某从西安

铁路看守所押解收监。

用温暖感化服刑人员

王永刚在坚持政策刚性同时，又强调人性感化，用柔性执法、人性化管理感化和教育社区服刑人员。社区服刑人员张某，因故意伤害罪被某人民法院判处缓刑，张某接受矫正后，同爷爷生活在一起，因没有事情可做，经常与社会闲散人员交往，不务正业。他了解到这一情况后，及时对张某进行教育引导，得知到张某曾经跟父母有过经营建材生意的经历后，就与张某父母联系，帮助张某在县城开了建材门店，门店开业后，他不管多忙，每月都会去几次，了解经营情况。

用无私诠释党员担当

尽管已步入不惑之年，王永刚奉献精神和工作热情一直不减，争做新时代合格共产党员。宁县人杜某，因寻衅滋事罪被宁县人民法院判处缓刑。判决后，杜某找到他，希望能在合水进行社区矫正，以便照顾在合水一中读书的儿子。按规定杜某是不能在合水实施矫正的，但鉴于其特殊情况，他在调查了解后将杜某接收。矫正期间，杜某反映自己被人殴打致伤所花医疗费没有赔偿，他及时协商法援中心律师为其代写诉状，解决了困扰。后来，杜某因家庭搬迁回户籍地宁县，他又联系宁县社区矫正办，为其办理了居住地变更。在家里他是兄弟姊妹中的老大，照理应为家中多尽一份责任，但由于一直处于服务管理一线，顾家的时间就少了。有一次，他的母亲因头晕在县医院查出可能患有脑膜瘤，医生建议到市医院确诊，家人让他带母亲去检查，可他却因手头的工作走不开，只能让妹妹坐着班车带着母亲去做了检查。

“自古忠孝难两全”，王永刚比任何人都清楚这个道理，但他始终把工作放在第一位，舍小家顾大家。正如他自己说的，岗位职责和工作使命支撑着他的精神世界，他把工作当成一种快乐，在工作中提升了自我，体现了价值。

“天路”的起点　扎根高原不言悔

甘玲荣

1987年2月出生，甘肃永登县人，毕业于河北师范大学生物科学专业和中央司法警官学院矫正教育学专业，现任青海省海西州格尔木市司法局社区矫正管理局局长。2015年、2018年被格尔木市评为全市优秀公务员，2016年被格尔木市评为全市政法系统基层先进工作者，2018年被省司法厅评为全省司法行政系统先进个人。

加强理论学习、增强实践能力，积极面对社区矫正对象众多实际

格尔木地处青藏高原腹地，总面积近12万平方千米，平均海拔2780米，是一个多民族聚居、多宗教并存的城市，外来务工人员众多，格尔木市社区矫正对象无本地户籍的流动人员居多，管理难度较大。自从事社区矫正工作以来，甘玲荣凭着自己的工作热情和积极的工作态度，结合格尔木外来务工人员多、社区矫正对象流动人员居多的实际情况，自学法律知识和心理学知识，撰写学习笔记和心得近7万字，顺利通过了国家司法考试和心理咨询师考试。在社区矫正工作中，她针对不同年龄不同犯罪类型的社区矫正对象，探索出了“人矫双重核实”方法，除了掌握社区矫正对象的基本信息，她与司法所、派出所、村（居）委会人员深入社区矫正对象家中进行深入细致的了解，严寒酷暑从不间断。她说，只有详细掌握了每位社区矫正对象的

家庭、生活状况，与他们进行深入交流，了解他们需求，才能更好地做好今后的工作。

默默耕耘、任劳任怨，扎根高原不言悔，用爱点燃希望

社区矫正工作日常事务繁杂，加之人手不够，为了能尽快完成工作，加班加点是她的工作常态。2016年新的社区矫正监管平台需要录入基础信息，她与同事们连续奋战了20多个日日夜夜，圆满完成了2009年以来接收的全部社区矫正对象基础信息的录入工作。2017年建设社区矫正中心时，她认真反复学习省厅社区矫正中心指导意见，借鉴其他地区的好做法，草拟建设思路和功能室分配，事无巨细的准备工作为社区矫正中心的建成有了一个好的开端。开工建设时，她任劳任怨，从装修到布置，就像是在打造自己的家一般投入，甚至于来不及吃饭和休息，导致血糖下降差点晕倒。同年9月，社区矫正中心建成使用，受到了各级领导和观摩学习人士的肯定与赞扬。

用爱唤醒迷失的心灵，用真情温暖人心，使社区矫正对象回归社会“零障碍”

“在社区矫正工作中，严格监管是基础，社区矫正对象从‘心’改变、回归社会是目标”，为了确保家境贫困、缺少生活技能的社区矫正对象能够安心接受社区矫正，她采取多种措施帮助社区矫正对象适应社会，提供技能培训、就业指导、就业推荐，积极吸收热心人

士、爱心企业对社区矫正对象开展帮扶。在社区矫正对象之间开展“结对子”“一对一”的帮扶，让他们用自己的实际行动回馈社会，获得认可。近年来，在她的帮助下，有110余名社区矫正对象报名参加各类技能培训，有的找到了满意的工作，有的还考上了大学。社区矫正对象保某入矫时临近高考，加之家庭困难，心理压力大，情绪不稳定，甘玲荣多次与他谈心，帮他缓解压力，积极争取社会各项帮扶，为他解决了实际困难，最终考上了大学。在入学之前还为他争取了助学金，引导他在学校如何与同学相处，树立信心。“如果没有她的帮助，我不敢想我会成为一个大学生，是她为我指明了正确的方向，以后我会好好学习，做一个对社会有用的人。”保某真诚地说。

面对一些年龄较大、常年患病又无经济来源的社区矫正对象，甘玲荣积极组织工作人员，为他们送去慰问金和生活必需品，鼓励他们遵纪守法、克服困难、树立信心。近年来，累计帮扶社区矫正对象129名，为13名家庭困难的社区矫正对象子女解决就学，为5名社区矫正对象解决了最低生活保障，组织社会力量为46名社区矫正对象捐款捐物。在甘玲荣苦口婆心的教育帮扶下，多名社区矫正对象主动投入各项志愿活动中，做好事，做实事，通过参与志愿服务，激发了他们内心深处的善良和正能量，让他们更快地融入社会，也赢得社会的尊重和支持。

戒毒人民警察好榜样

有一种坚守叫责任，有一种品质叫担当，有一种执着叫无悔……戒毒一线有这样一群人，他们用执着和温情守护着那些戒毒人员。他们，鼓励戒毒人员“振作精神、敢于面对”；他们，帮助吸毒人员“戒除毒瘾、驱除心瘾”；他们，鼓励吸毒人员“不念过往，不畏将来”；他们，帮助吸毒人员“斩断荆棘，重返社会”，他们是无私奉献的戒毒人民警察。

强制隔离戒毒战线上的特殊园丁

李 彦

1977 年 8 月出生，中共党员，大学学历，现任北京市天堂河女子教育矫治所政治处主任。2016 年经中华全国总工会批准获“全国五一劳动奖章”；2016 年被北京市政法委评为第九届北京市“人民满意的政法干警”暨首都政法先锋、北京市政法系统优秀党务工作者；2016 年被司法部评选为全国司法行政系统先进个人；2017 年被北京市委防范和处理邪教问题办公室评为北京市同邪教斗争先进个人称号；2017 年经中华全国妇女联合会批准获“全国巾帼建功标兵”荣誉称号；2017 年经北京市司法局批准获 2015-2017 年度北京市司法行政系统先进个人称号；2018 年经北京市政法委批准获“北京市政法系统优秀共产党员”称号；2018 年经北京市妇女联合会批准获“北京市三八红旗奖章”；2019 年经司法部批准获全国司法行政戒毒工作先进个人；2019 年被北京市司法局评为北京市司法行政系统“新时代司法为民好榜样”；2013 年至 2018 年连续 6 年被北京市教育矫治局批准记个人三等功。

李彦从小的梦想是当一名老师，大学学的也是师范专业。虽然最终当了 20 年管教民警，但她却以救人育人的情怀，努力挽救迷途的灵魂，帮助她们抵御毒魔、重拾自信。在强制隔离戒毒的战线上，她担起了一名特殊园丁的职责和使命。

这个“老师”有高招儿

戒毒是世界性难题，难的不是生理脱毒，而是戒除心瘾。戒毒者只有提升自我约束能力，才能抵御外界诱惑。但强戒人员普遍文化水平不高，听不进高深的理论。李彦在充分发挥“七色花”戒毒品牌优势，运用生理脱毒、行为治疗、认知教育、心理矫治、康复劳动、社会功能、后续照管七大戒治手段进行科学戒毒之外，还有不少源于生活的“高招儿”。

强戒人员闫某特别爱说话，一天到晚像连珠炮一样，自己都控制不了。一次，李彦问她这毛病能不能改改？闫某一摊手说，她半分钟不说话都受不了。“那咱们就试试呗，看你能不能24小时内不说一句话。”李彦将了她一军。当着百十号人，闫某接下“战书”。早起洗漱点名，闫某应对过去。吃完早饭看着别人刷碗擦地，闫某絮叨的毛病又要犯，强忍着才没说话。到了中午，闫某如百爪挠心一般实在憋不住了，写纸条求助。李彦鼓励她说：“这半天你已经扛下来了，再坚持坚持。”最后，闫某咬紧牙关，完成了挑战。在此期间，监舍里有人鼓动闫某，“你就说一句吧，队长没在”“不就是个玩笑嘛，我们替你遮掩”。还有人一脸嘲讽，等着看她出丑。一天没说话，闫某感悟良多。那种想说不能说的难受劲儿就像戒断后的心瘾；周围人的暗示和嘲讽像极了圈子里的诱惑与社会人的冷眼。这一次如同游戏般的练习让她学会了如何克制自己，抵御诱惑，也增强了戒毒的信心。

她用尊重换来信任

许多强戒人员性格偏激，易怒，自制力差，平时大错不犯，小错不断。

为了让她们在犯错后不仅受到应得的处罚，也能感到挽救和关怀，李彦会在处罚单上写几句循循善诱的评语。有的强戒人员就把处罚单贴在自己班里，时刻警醒自己。强戒人员大多自卑，觉得自己一无是处，人人避之。可李彦却看得到她们身上的闪光点。谁帮了别人，谁为集体出力，哪怕再小的事，李彦都会正儿八经地表扬一番，用认可增强她们的信心。这一个个细节，透着李彦在管理中的细心和用心。她真的就像一个好老师，即便学生成绩差，也不愿放弃任何一个。她不端架子，不甩脸子，以最大的耐心给予这些误入歧途的灵魂最大程度的尊重。而强戒人员的信任与依赖就在李彦的尊重中慢慢建立。有的强戒人员即将离所，抱着李彦哭个不停。有的人文化程度不高，却一字一句给李彦写两三千字的信感谢。

正能量帮戒毒者重拾信心

因为出色的工作成绩，李彦荣立个人三等功6次，获得“全国五一劳动奖章”，被评为北京市人民满意的政法干警和全国司法行政系统先进工作者。2017年，李彦还当选党的十九大代表。这次宝贵的经历让她开阔了视野，她将自己的见闻用于教育强戒人员，收到奇效。比如，戒毒人员特别怕出去旅游，到哪住店，都可能被突查尿检。很多戒毒人员对此想不通，甚至会有“报复式”复吸的情况。李彦把乒乓球世界冠军丁宁介绍的自己接受尿检的故事讲给大家。“人家是世界冠军，什么都没有做错，一样要随时随地接受兴奋剂检测，丁宁说，这就是制度，必须遵守，有什么想不通？”在李彦的大队里，强戒人员特别爱听李彦讲评。“你们都知道小黄车，可听说过小黄狗吗？是智能垃圾分类回收机。”“现在‘一带一路’这么热，你们将来出去要就业生活，得多了解国家经济发展形势！”为让强戒人员不与社会脱节，李彦常把外面的新鲜事带进高墙，用通俗易懂的语言，带她们了解世界，开阔视野。“她们常常问我，李大，我能戒毒吗？”李彦能感受到强戒人员的戒毒愿望很强烈，但同时也很迷茫。李彦说，她要把正能量的信息传递给强戒人员，让她们对戒毒、对生活重拾信心。

奋斗者的铁担当

王继峰

1963 年 4 月出生，现任天津市青泊洼强制隔离戒毒所党委委员、副所长，二级高级警长。2003 年被天津市司法局授予“天津市严打整治斗争先进工作者”，2019 年荣获天津市司法局评选的天津市“新时代司法为民好榜样”，2019 年被司法部评选为“新时代司法为民好榜样”。

这个山头就是豁出命也要攻下来

王继峰同志扎根司法行政戒毒工作基层 37 年，是出了名的“拼命三郎”，最无惧的就是“困难险阻”。为认真贯彻落实司法部等八部委《关于加强病残吸毒人员收治工作的意见》，青泊洼戒毒所承担起收治全市病残吸毒人员的教育戒治工作。从 2018 年年初到 2019 年 9 月，病残吸毒人员专区一期至四期工程按照时间节点规划建设。由于历史原因，建设项目的规划、施工等遭遇前所未有的困难。王继峰勇挑重担，面对天津市病残吸毒人员“少量收治、批量收治、应收尽收三步走”工作硬任务立下了军令状，从此便是夙兴夜寐、宵衣旰食。他说，“时间紧，任务重，绝不能浪费一分一秒，这个山头就是再难，豁出命去拼、去干也要攻下来”。一期工程建设启动后，连续几个月，他自带干粮往返各大部门机构，穷尽一切办法去协调处理，饿了吃口干面包，渴了喝口矿泉水，累了车里躺一会。有时他带个小板凳，天不亮就到办事大厅办手续，为的就是争分夺秒。“既然担负起责任，就一定要全力以赴。”这是王继峰的座右铭，而在他的同事看来，他就是这样一个“斗志昂扬”的人，身上总有一股子拼劲。建设工程在戒毒管理区内，面对大面积施工现场、大型号建筑设备、大批量外来人员，保管教安全、赶工程进度、抓施工质量，项项都是硬任务、硬指标。从一期工程开工到四期工程竣工，王继峰没休过一天假，彻底把单位当成了家，不仅整个人被晒得黝黑，就连医生开了住院证，也被他悄悄藏了起来。凭借这种燕子垒窝的恒劲、蚂蚁啃骨的韧劲，这个与时间赛跑的工程在市委市政府的大力支持下，以高质量、高水平、高效率建设完工并通过验收，切实为天津市批量收治病残吸毒人员，从源头上根治病残吸毒人员收治难、难收治的社会顽疾打下了坚实基础，为探索实践新时代病残吸毒人员戒毒工作天津模式作出了突出贡献。

不能放过任何一个安全隐患，哪怕是一颗小小的螺丝

作为分管行政后勤工作的领导干部，他每天坚持6点多到单位，第一件事就是检查安全警戒设施，这已经形成多年习惯，风雨无阻。小到安装电灯

水管，节能降耗；研究营养饮食，提高警察食堂服务质量。大到拆除锅炉，实施供暖改造；修路盖房，加强基础设施建设。大事小情，他都严盯细抠、亲力亲为。王继峰坦言，对于自己工作，他总会将其想成居家过日子，他对戒毒所这个大家庭充满热爱和责任感，便是做好每一件事的动力。他说：“无论多苦多累，看到‘家庭’平安稳定，看到每一位‘家庭成员’满意的笑脸，心里就很踏实。”精益求精、创新竞进，是王继峰一直以来追求的目标。为建设智慧戒毒所，他孜孜不倦地学习网络应用等新知识新技术，切实成为信息化技术应用的行家里手，在工作落实中既有“宽肩膀”，也有“真本领”。在分管办公室工作中，他打牢基础、提质升级，坚持服务发展、服务大局、服务基层、服务群众、服务民生，积极构建“大办公室”格局，青泊洼戒毒所办公室工作经验被全市政法系统学习借鉴。

群众利益无小事，要做好矛盾问题的“解铃人”

“拼命三郎”也饱含“铁骨柔情”。历史遗留的信访积案一直是“烫手山芋”，王继峰相信难题再难，总有解决的途径和方法。他坚决摒弃“怕老百姓占便宜”的思想，坚持事要解决、直面矛盾，运用法治思维和法治方式解决问题。面对信访人的不理解，他顶着烈日在门口耐心劝说几个小时；在信访人情绪激动的推拉撕扯下，他体贴劝慰柔情化解；遇到信访人生活困难，用心用情为群众排忧解难。他始终坚持“一张笑脸相迎、一声问候暖心、一颗真心办事”，通过理旧账、讲政策，面对面、心贴心、实打实协调处理问题，最终实现信访积案清仓见底，彻底解决了历史遗留难题。

百舸争流，奋楫者先，奋斗者的脚步永不停歇。这就是王继峰的现实写照，也是他 37 年如一日对工作永远富有激情的原因，这份激情就像一泓涌吐不尽的甘泉，让他俯身耕耘在这片挚爱的司法行政戒毒事业的沃土上。

初心　书写大爱无边

潘爱华

1971 年 2 月出生，中共党员，1993 年开始从事强制隔离戒毒工作，现任上海市女子强制隔离戒毒所第二党支部书记、二大队大队长。多次获评上海市戒毒系统“个别教育能手”称号，荣立上海市司法行政系统个人三等功，2011 年 6 月荣获全国政法系统优秀党员干警称号，2012 年被选为上海市第十次党代会代表。

她，始终坚守在没有硝烟的战场上，勇敢地与“毒魔”较量；她，用最炽热的初心，带领一个个迷失的灵魂踏上回家的路。她就是上海市女子强制隔离戒毒所二大队党支部书记、大队长潘爱华，一个用执着点燃使命之火，用奋斗谱写生命乐章的戒毒人民警察。

守正创新，孜孜不倦的“领跑者”

27 年前，怀揣着对人民警察的崇高信仰，她踏出校园走上工作岗位。作为一线民警，她曾和难改造“老油子”短兵相接，也和形形色色的管理对象打过交道，直到 2008 年《禁毒法》出台，女所开始承担全上海市女性强制隔离戒毒人员的收编整训工作。为顺利收治首批强戒人员，潘爱华逐字研读法律条文，逐一分析人员特点，逐个探讨疑难杂症。戒毒人员入所伊始，生理戒断时间短，思想逆反、情绪抵触、行为冲动、环境不适……诸多不可控因素叠加，她自比每天“坐在火山口上”。她一遍遍不厌其烦地对她们进行法规教育和心理疏导，用真情关爱建立信任，更帮助一个个支离破碎的家庭修复亲情。她每年个别教育谈话150人次，数千名戒毒人员经过潘爱华的教育转化彻底摆脱毒瘾，重拾对生活的信心。凭借多年的基层工作经验，她成功创造出“爱华个别教育法”，彰显了上海戒毒工作的好经验，这也是女所连续37年安全记录的最好注脚。

师者匠心，最美的“蓝衣天使”

潘爱华对于戒毒人员的关心是无微不至的。她明白，吸毒人员因为毒品的渗透，身体机能受损，精神问题和突发疾病都是她们进入戒毒所初期的家常便饭。记得有一次，戒毒人员张某突发急症，抽搐、吐血、不省人事，正在家中休息的潘爱华得到消息后，马不停蹄地赶赴医院。整整22小时不眠不休、陪床照料，亲手帮助戒毒人员擦身，清理呕吐物，没有一点嫌弃和厌恶。张某康复后不久，主动找到她，动情地说：“潘大，我也在心里种了一朵属于自己的荷花。”原来，潘爱华曾用荷花定律来鼓励她们：“只要你们坚定戒毒自信，不言放弃，坚持到底，一定会让人生的‘荷塘’荷花满池、清香四溢！”这样的故事，在她身上比比皆是。“不抛弃、不放弃”是她用女性的大爱无边，对戒毒人员的用心承诺。她就像一面旗帜，诠释着“事事认真、时时用心、处处尽心”的女所作风。

以情化人，点燃生命希望之光

作为全局唯一一个专门收治女性艾滋病戒毒人员的大队，27年的工作历程中，有一部分时间，她是与一群确诊为艾滋病的戒毒人员在一起。侵蚀人体免疫系统的病症，让这群特殊的戒毒人员教育戒治面临着诸多挑战：梅毒、乙肝、肺结核等多种疾病缠身，被至亲家人抛弃，厌世、悲观、消极，行为冲动异常，她坚持威严执法、用真心换真情“365天不打烊”,成为艾滋病戒毒人员眼里的“特殊亲人”。HIV戒毒人员徐某，入所初期坚持不服药，声称“死了就死了，烂命一条，无所谓”。为了打破她内心的坚冰，潘爱华通过联系徐某所在的街道、社区民警、社工，多方打听，终于找到了徐某母亲的联系方式，可她母亲却斩钉截铁地说：“我没有这么一个让我感到羞耻的女儿。”潘爱华一遍遍打电话发短信，反复做思想工作，最终，徐某母亲从最初的冷漠，到最后被潘爱华的认真执着打动了。接见那天，整整半小时，电话两端的母女俩泪流满面。那一刻，所有的误会、隔阂，如阳光下的坚冰，消失了。“只要有百分之一的希望，我们就要付出百分之一百的努力。”潘爱华说。一位已经出所的HIV戒毒人员在给她的信中写道：“我吸毒这么多年，又感染了艾滋病病毒，人人都嫌弃我，只有您像亲人一样关心我。今后的每一天，我一定会远离毒品，珍爱自己！”

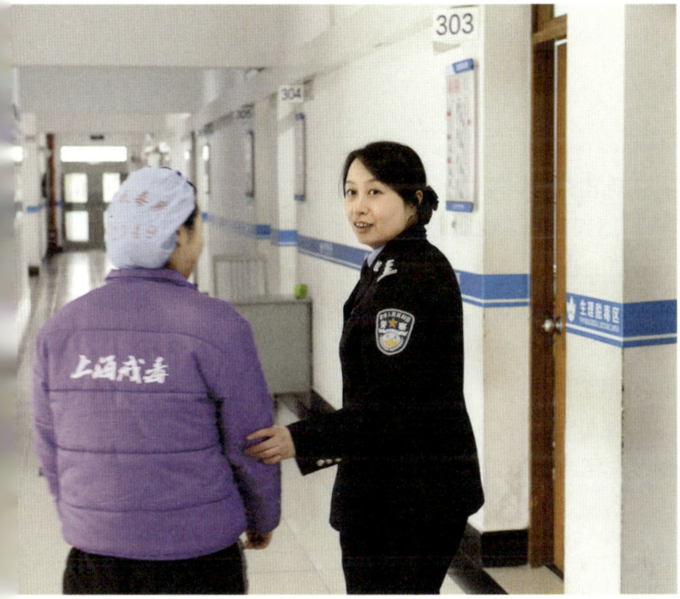

希望和绝望，一字之差，一病之间，一墙之隔，冰冷的大墙，诚挚的热情，她用初心，唤醒那些即将冷却迷失的心灵，让陨落的意志重燃希望。近三十载的年华悄然远去，她坚实的脚步从未停止，只因前行在改变生命的路上。

无悔的选择　无畏的担当

金云海

1971 年 9 月出生，中共党员，1991 年 8 月参加工作，现任安徽省南湖强制隔离戒毒所凤凰山大队三中队中队长、三级警长。2015 年、2017 年先后荣立个人三等功；2017 年当选 2016 年“安徽司法行政十大年度榜样人物”；2018 年当选“安徽好人”，同年 11 月当选“中国好人”；2018 年被安徽省司法厅党委评为“优秀共产党员”，荣立个人一等功 1 次，被司法部评选为“全国司法行政戒毒工作先进个人”；2019 年当选“安徽省十大法治人物”。

个头不高，黑黑瘦瘦，看起来还有些腼腆，这是金云海给人的第一印象。作为安徽省南湖强制隔离戒毒所凤凰山大队三中队中队长，10 多年来，他整日里与感染艾滋病病毒的戒毒人员朝夕相处，用耐心、真情对他们进行教育矫治。在这个没有硝烟的“战场”上，彰显出了一名共产党员的担当和奉献。他说：即使患病，即使恐惧，即使苦累，一个也不能放弃！

“面对责任使命我不能推脱”

群山环抱中的南湖戒毒所凤凰山大队，是安徽省唯一的艾滋病戒毒人员收戒点。2009 年 2 月，为了对感染艾滋病病毒的戒毒人员进行更加专业有效的戒治，根据上级部署，南湖戒毒所组建了特殊病戒毒人员专管中队。当时，已在基层一线工作 10 多年的金云海主动选择到特殊病戒毒人员专管中队工作。“谁做都有风险，我不做就得有其他人做，所以面对责任使命，我不能推脱。”金云海说。同年 4 月 28 日，专管中队开始运行。起初，民警隔着铁门巡视，隔着玻璃窗用电话与艾滋病戒毒人员谈话，进入监舍戴着手套和口罩，氛围十分紧张。敏感的戒毒人员感觉受到歧视，不愿与民警交流，有些戒毒人员甚至倚仗患病有恃无恐，不服从管理并制造事端对抗管理。对于这些，金云海看在眼里，记在心中。他意识到，必须建立起符合他们生理、心理特征的行为养成制度。于是，金云海和同事们一起从直接面对面、零距离接触戒毒人员入手，逐步消除他们被歧视的心理感受，拉近与他们的距离。

“他多次与感染艾滋病擦肩”

温文尔雅，这是金云海的同事们给他的评价，可是面对艾滋病戒毒人员时，金云海却表现出异乎寻常的勇敢。2013 年 9 月的一天晚上，一名艾滋病戒毒人员突发精神疾病，异常狂躁，乱扔东西，不仅砸烂了花盆，手也被割伤，宿舍楼墙壁上、地面上溅的都是血。正在值班的金云海和其他民警当即启动应急预案，一起冲上去将他控制住并送到医院救治。这还不是最惊心动魄的。

2015 年 10 月的一天，戒毒人员喻某与沙某在宿舍发生争执，继而升级为打斗，双方都受了伤。金云海立即上前把他们拉开，在询问沙某情况时，喻某再次冲过来打沙某，金云海冲上去抱住喻某。事态控制后，金云海才发现，自己的手臂上被划出三道口子。其中，有一处伤口较深，鲜血染红了手臂。事到如今，金云海还记得当时的心情：“站在洗手池边清理伤口，我感到有一股寒气蔓延全身，感觉自己似乎僵住了。”戒毒所的领导立即联

系疾控中心的专家对金云海进行感染风险评估。在等待检查结果的日子里，金云海内心充满着煎熬，他害怕自己被感染，还担心传染给家人，于是他偷偷在单位宿舍写下了遗书，并和妻子女儿撒谎说自己给同事代班，独自一人在单位宿舍等待检查结果。万幸最后确认无恙。

“让戒毒人员活得更有尊严”

经过几年努力，金云海和同事们逐渐树立了专管工作的理念：“让艾滋病戒毒人员活得更自信，更有尊严。”戒毒人员入所后，知道自己感染了艾滋病病毒，一般情绪都会高度紧张焦躁，对自己失去信心。金云海会把自己一直关注的艾滋病治疗医学最新进展情况以及相关药品方面的研发情况告诉他们，缓解他们的紧张情绪。为了给戒毒人员做好心理辅导，他刻苦钻研心理学知识，考取了国家三级心理咨询师资质，并把所学用到日常的教育矫治中。有一次，金云海发现一名戒毒人员因担心解戒之后的出路而发愁，整日无精打采。为了帮助他，金云海查找了很多资料，请教了一些专家，还联系了外地的艾滋病关爱机构，帮助他规划日后的人生道路。在金云海努力之下，这名戒毒人员最终解开了心结。像这样的例子不胜枚举。

对于戒毒、防艾的未来，金云海心中早有谋划，“从集中管理、医疗康复、教育矫治、生活卫生保障等点滴做起，带领队伍持之以恒，用生命守护艾滋病戒毒人员”。

用热血铸就永不褪色的忠诚

李　莉

1974年3月出生，大专文化，中共党员，现任湖北省女子强戒所三级警长。曾获全国司法行政系统先进工作者、全省“三八红旗手”、全省敬业奉献道德模范、省委政法委“正风肃纪　争做好干警”活动百名好干警等荣誉称号，并荣立个人二等功1次。

位于江城野芷湖畔的湖北省女子强戒所，是一座专门从事教育戒治女性戒毒人员的特殊校园，在这里有着一群头顶警徽、身着警服的特殊园丁。在这个英雄的集体里，“全省三八红旗手”“全省敬业奉献道德模范”李莉，是一道炫彩夺目的靓丽风景。

用担当谱写党员本色

《禁毒法》颁布实施后，强戒人员收治量倍增，恰在此时，李莉查出患有双侧子宫附件囊肿，医生建议立即手术治疗。出于工作需要的考虑，李莉提出采取保守治疗，并一再保证注意劳逸结合，才勉强征得医生同意回到工作岗位。就在大队难矫治人员逐个被转化、戒治秩序逐渐平稳的时候，长时间高强度工作的连轴运转，使李莉的双侧囊肿病情急速恶化，终于在一次深夜执勤过程中，她晕倒在工作岗位上。手术后醒来，医生张口就数落她：“你这个女人真是要强！有什么大不了的事情，非要撑到这个时候？”当得知自己体内的囊肿已经长到婴儿头大小，一旦穿孔就会感染整个宫腔甚至危及生命，躺在病床上的李莉也感到阵阵后怕。但看到床头堆满的全队戒毒人员送来表示祝福的一只只千纸鹤，写着温暖问语和立志戒除毒瘾誓言的一张张慰问卡时，她顿时感到所有付出都是值得的。

用温情挽救迷失心灵

强戒人员艾某，自入所起就表现为行为异常，自我封闭，在某天午休时段用牙刷插进喉咙进行自残，幸而及时送医手术暂时脱离危险。为找到艾某思想症结，李莉通过与其家人联系，了解了其由于缺少家庭关爱，整日混迹社会抢劫、盗窃、卖淫，最后沦为瘾君子的堕落过程。她决定，采取“情感唤醒”疗法对其进行矫治，并专程到医院陪护。李莉忍受着艾某的敌意和粗暴态度，耐心地为她擦拭嘴角涎水、更换干净的床单，并用轻轻按摩帮助她缓解疼痛……面对温情的感召，艾某流下了愧疚的泪水：“李队长，你为什么要对我这么好？”“因为你是病人，而我的责任就是要让你满怀希望好好地活着！”李莉的话语温柔而坚定。

用“愧疚”多次面对家人

强制隔离工作起步伊始，为了制定行之有效的管理办法和工作细则，李莉带领大队民警夜以继日勤于钻研、致力创新，在家待的时间屈指可数，每次离家时，儿子总会紧紧拉着她的手久久不舍得放开。李莉的爱人也同为基层戒毒民警，由于都忙于工作忽视了对孩子的照顾，直到儿子住院，她才匆匆赶往医院。面对医生的厉声指责和儿子声声哭喊，李莉再也控制不住强忍已久的泪水，紧紧抱着儿子说道："妈妈对不起你，原谅妈妈……"每当想到此时此景，李莉的心里总会不由泛起阵阵无奈和酸楚。

用廉洁捍卫职业荣誉。只有始终将执法执纪行为处于法律法规和规章制度的约束下，才能真正做到"立警为公，执法为民"。曾有戒毒人员家属带着重礼上门，希望李莉"给予照顾"，都被她义正词严地一一回绝。慎微慎独，李莉立下"三不"原则：私情不照顾、私下不接触、请送不接受，用实际行动捍卫共产党员的光辉形象和人民警察的神圣职责。

爱岗敬业、青春无悔，20余年从警生涯，李莉用自己的热血、青春和汗水，在警徽上铸就了永不褪色的忠诚。

戒毒战线一面旗

王裕见

1979年10月出生，重庆渝北人，大学本科，中共党员，现任重庆市北碚强制隔离戒毒所一大队党支部书记、大队长。2016年荣获重庆市青年岗位能手标兵、市司法局团委向上向善好青年，2017年荣获市司法局维稳安保工作三等功。自参加工作以来勤勤恳恳，任劳任怨，2013年体检查出肺癌，他仍以顽强的毅力与病魔抗争，坚守在工作岗位上，他这种敬业奉献精神，一直感动、激励、鼓舞着身边每一个人。

重庆市北碚强制隔离戒毒所是全国首家正处级建制的艾滋病戒毒专管场所。一大队大队长王裕见，扎根在基层一线直接管理艾滋病戒毒人员已近17年了。他心怀慈悲，有大义温情；他坚守底线，有做人原则；他不忘初心，有时代担当。

受得了委屈，受不了眼泪

不抛弃不放弃不歧视，是王裕见对艾滋病戒毒人员的工作理念。17年来，面对特殊的管理对象，他受了太多艾滋病戒毒人员破罐破摔的误解、怼呛，但他却总是说能够理解他们。戒毒人员周某，某知名高校毕业，党员，曾是大学学生会主席。后不幸沾上毒品，感染了艾滋病，来到了北碚所。

“王警官，我们给跪下了！” 周某父母眼神中透露出绝望。 “王警官，你一定要救救我们的孩子！” 周某 50 多岁的父母在王裕见面前泣不成声。 “你们放心，这是我们的责任，我们一定会好好教育管好周某的！” 王裕见斩钉截铁地答应了他们。 在戒毒人员亲属的眼泪面前，身为人父的他心中不是滋味。 针对周某的情况开出了 “药方” ：从消除周某对强制隔离戒毒的恐惧感开始，重塑周某对自己人生的信心和正确的三观认识；逐步激发周某发挥特长，让周某协助民警成为网格监督员；鼓励周某积极参与抗病毒治疗，参加康复训练恢复身体体质；帮助周某树立正确的婚姻观，为他择偶的事情出主意想办法…… “太感谢你们了！你们就是我们全家的恩人！” 2019 年 12 月，来接解除强制隔离戒毒的周某父母脸上露出了充满希望的笑容。 解除强制隔离戒毒后，周某和他的父母亲与王裕见一直都保持着电话联系。 “戒毒人员亲属的眼泪对我们的工作是一种激励，这也是我们工作的意义和价值所在。” 王裕见对同事说。

禁得住折腾，禁不住平淡

“要么就不干，要干什么就干个样子出来，做什么就做要做到更好” ，这一直是王裕见的口头禅。 戒毒人员的吃喝拉撒病，很让人头疼，但他却说，这就是我的工作。 工作中的他做事总是风风火火。 他每天想的都是这个戒毒人员的事，那个戒毒人员的病。 26 岁的艾滋病强隔人员张某，在刚入所那段时间，极度绝望，终日以泪洗面。 张某父亲病逝，王裕见同志不顾路途遥远，与同事一起带其回家奔丧。 在其家中，为了打消其家人对王某感染艾滋病的恐惧，在吃饭的时候，特意与王某坐在一桌吃饭，让王某母亲极为感动。 “王大队长，认识你是我的幸运，我感觉你不像是警察，更像是师长，像是朋友！” 这是张某的肺腑之言。 他爱学习爱折腾，在学习中思考，在思考中总结，闲不住的他创造性地提出 “PC+ 双助” （规范管理帮助，人文关怀辅助）工作方法。 他加入了西南大学 “依法治国进程重庆市教育矫治体系的完善与创新” 课题团队开展研究，参与编撰全市戒毒系统戒毒人员 “三观六字” 特色教育教材；他顺利通过国家三级心理咨询师考试，积极配合第三军医大学心理学院在全市戒毒系统开展的 “戒毒人员心理健康状况与心理矫正技术” 课题研究工作，完成了对 1000 余名戒毒人员的问卷调查、采集数据分析等基础工作；他运用心理测试、情绪疏导、危机防控、箱庭治疗等先后对戒毒人员进行羁延性心理症状干预。王裕见看过太多的戒毒人员出戒毒所大门又进来。有人成功了，也有人失败了。“但不管怎样，我们一定要尽到我们的全力！”

放得下自己，放不下责任

“你怎么对人，别人怎么对你。艾滋病戒毒人员，也是人。只要找对方法，真诚地去做，他们会明白这一番苦心的。”王裕见说。2013 年，确诊患上肺癌的王裕见接受了长达 7 小时的左下肺切除手术。出院后回家仅休息了 3 天，他就重新回到工作岗位，一边坚持上班，另一边坚持治疗。“其实像我这样的人，过一天算一天。我一直觉得如果我死了，还会给社会减轻个负担，但是偏偏王大队长不这么觉得。”阿伟已经 58 岁，这是他第三次进北碚所了。因为是多次戒毒，文化程度低，他认为艾滋病是治不好的“绝症”，他肆无忌惮，他顶撞戒毒民警，挑衅别的戒毒人员，是家常便饭。“有没有想过两年后有什么打算？”做完化疗没多久的王裕见来找他了，真诚的眼神让阿伟有了一瞬间的触动。“我得了这个病，又吸毒，早晚是要死的，哪里有什么以后。”阿伟的眼神很复杂，这一次他没有顶撞。“你晓得我有肺癌，手术差点都没能挺过来，所以我理解你。”王裕见笑得很轻松，他毫不避讳地跟阿伟讲述了自己的病情，“我喜欢这身警服，没有当够。你也不能放弃你自己！”半个多小时的谈话后，在阿伟被带出谈话室后，王裕见捂住了自己的术后伤口处，豆大的汗水从额头上滴了下来。原来，早在谈话开始几分钟后，王裕见的手术伤口便开始作痛，一直靠意志强撑着。同事赶紧把他扶到办公室，一把药吃下后，王裕见的脸色才慢慢缓了过来。“大家放心，我不会这么轻易倒下！”面对同事的担心，王裕见安慰起了大家。工作之余，王裕见主动要求加入“法帮义工”戒毒宣传队，发挥自己硬笔书法的特长，通过创作《毒之害》《拒绝》《彷徨》等近 20 副硬笔书法作品，先后到中小学、街道社区开展近 50 场次的禁毒戒毒宣传活动，切实担负起一名司法行政戒毒民警的社会责任。他被誉为重庆司法行政系统“向上向善”好青年。2019 年 4 月被评为第二期“最美巴渝 · 感动重庆月度人物”。

“我是一名戒毒战线上的战士，倒下也要倒在战场上！”平凡普通的他，是同事学习的榜样，是重庆戒毒战线的一面旗。

勇逐法治光辉　躬行法治使命

白　鹰

1980 年 4 月出生，中共党员，在职大学文化，2001 年 4 月参加工作，现任四川省资阳强制隔离戒毒所八大队副大队长、凉山州昭觉县龙恩乡禁毒专员。2017 年 12 月被省司法厅、省人力资源和社会保障厅评为“四川省戒毒矫治工作先进个人”，2019 年 1 月被省戒毒管理局授予“个人三等功”，2019 年 1 月被省戒毒管理局评为“四个十一优秀基层民警”。

常怀忠诚之心，执好公正之法

2012 年，时年 32 岁的白鹰从新疆监狱系统调到四川省资阳强制隔离戒毒所工作。面对新的单位、新的工作，白鹰主动请缨到戒毒所管理对象最复杂、管教任务最艰巨的艾滋病戒毒人员专管大队去工作。他怀着对事业的忠诚和对人民的担当，牢牢扛起禁毒防艾政治责任，坚守在教育戒治第一线，默默奉献。彝族戒毒人员石某在被告知感染艾滋病后，情绪低落，自我封闭，对学习和训练严重抵触，其右脚小腿因脉管炎溃烂，多次治疗未见明显好转。白鹰同志考虑到其脚伤不利于洗澡的实际困难，特别为其购买小靠椅和塑胶袖套，让他坐着洗澡，用塑胶袖套套住伤口，解决了石某的生活不便，亲切的举动和细致的关心像涓涓细流，温暖了石某的心，石某开始慢慢转变。石某在心语周记中写道："我的家人已经放弃了我，没想到白警官这么关心我，每次发药都是递到了我手中并看着我服下，比亲人还关心我，我会做到艾滋病感染到我为止，回归社会以后踏实做人。" 8年来，他管理了800名艾滋病戒毒人员，回归社会人员无一恶意传播艾滋病。

传播法治文化，弘扬法治精神

2018年6月，白鹰同志积极响应省委组织部号召，积极融入凉山脱贫攻坚工作，担任昭觉县龙恩乡禁毒专员。白鹰同志以禁毒宣传为切入点，开创了禁毒防艾"三端"模式。"前端"注重禁毒预防教育关口前移。他通过"小手拉大手"的模式在龙恩乡中心校举办了10期扫黑除恶暨禁毒防艾进校园法治专题讲座；通过农民夜校、火塘夜话等方式，创新禁毒防艾知识宣讲平台；利用火把节、彝族年等彝族重大庆典节点在昭觉县城广场、龙恩乡中心校及3个村开展大型集中宣传活动5场，构建起毒品治理的预防端；"中端"推动毒品治理工作创新发展。到任的3个月内，他对辖区内91名清理、查准的在册吸毒人员进行了逐一走访调查，订立了《社区戒毒、康复协议书》；针对凉山毒情形式，推动组建了乡工作站、村指导站、具体工作小组的三级组织机构；大力推进"索玛花"工程，督促辖区吸毒人员全部安装索玛花App，对戒毒人员情况实现全面动态管控。

“后端”打造衔接帮扶新“格局”。利用在戒毒系统工作的优势，他与辖区内每一位在戒戒毒人员所在场所建立联系，在出所时做到无缝衔接；推动“四免一关怀”政策在辖区155名艾滋病病毒感染者家庭的落实，并将这些家庭全部纳入低保范畴，帮助患者减轻负担。在白鹰的努力下，全乡毒品预防教育覆盖率100%，涉毒人员管控率100%，毒品滥用形势得以缓解。

凝聚法治力量，助力社会治理

白鹰同志认真践行新时代枫桥经验，坚持群众的困难化解在群众中。吉克某某和沙马某某是多年的邻居，两家关系一直都很好，吉克家的房子和沙马家的北屋共用一堵山墙。去年，沙马家准备赶在年底前翻修北屋，就在备齐了建筑材料的时候，两家因为山墙归属发生了矛盾，不要将修房子的好事变成坏事。随着沙马某某的态度有所缓和，白鹰趁机宣讲了打架斗殴要承担的法律责任，并主动表示愿意协调两家修房子的事。在他的多次走访下，沙马家答应了给补偿，吉克家也爽快地同意拆除山墙。

不忘初心，砥砺前行。白鹰同志扎根基层、服务基层、奉献基层，用实际行动勇逐法治光辉，诠释无限忠诚，铸就热血警魂。

岁月无迹　青春有痕

四郎尼玛

1984 年 10 月出生，2008 年 6 月参加工作，中共党员，大学学历，现任西藏自治区昌都强制隔离戒毒所政管理科负责人。他长期战斗在司法行政戒毒工作第一线，凭着对所从事工作的无限忠诚和执着追求，扎根基层、无怨无悔，拼搏进取、敬业奉献，在平凡的工作岗位上做出了不平凡的业绩。2014 年在西藏曲水监狱因连续 3 年优秀公务员荣立个人三等功 1 次，2019 年 1 月被司法部评选为全国司法行政戒毒工作先进个人，2019 年 6 月被评为西藏昌都强制隔离戒毒所优秀党员。

作为共产党员，迎难而上，主动担当

四郎尼玛作为昌都戒毒所党支部组织委员，时刻关注党的宣传内容，自觉以尊崇党章、遵守党规为基本要求，把习近平总书记系列重要讲话精神传达到每一个党员的心里，引导全支部党员干警自觉按照党员标准规范言行，进一步坚定理想信念，提高党性觉悟；进一步增强政治意识、大局意识、核心意识、看齐意识，坚定正确政治方向；进一步树立清风正气，严守政治纪律和政治规矩；进一步强化宗旨观念，勇于担当作为，在戒毒工作和社会生活中起先锋模范作用。

自 2013 年 5 月，随着场所向戒毒工作转型，所里面临着底子薄、基础差、保障弱，队伍结构极不合理，年龄严重老化等问题，四郎尼玛作为少数几个场所管理经验较为丰富的民警，积极学习《禁毒法》《戒毒条例》《西藏自治区强制隔离戒毒暂行办法》等法律法规并在所领导的要求下对工作中会遇到的各项法律条例和规定进行了整理和讲解，为收治戒毒人员的前期准备工作打下基础。开始收容强制隔离戒毒人员后，由于缺乏戒毒管理经验，有的民警对戒毒工作存在生疏畏惧心理，有的民警对与戒毒人员面对面近距离接触存在顾虑，更有民警担心与戒毒人员共处一室而感染疾病。看到这种情况，作为大队民警，看在眼里急在心里，第一时间通过翻阅大量戒毒管理工作规章制度和相关毒品知识，学习借鉴先进戒毒管理模式，向大队领导反映情况，面对面和大队民警谈心、交换意见，极大地缓解了大队民警的焦虑情绪。

作为基层民警，爱岗敬业，履职尽责

收治伊始，由于戒毒人员长期生活在“灰色地带”，恶习较多，自律性差、好逸恶劳，入所初期，戒毒人员情绪化严重、服从意识差，针对这些情况，经四郎尼玛提议所内认真研判，参与并制定了《戒毒人员一日生活规范》《戒毒人员守则行为规范》《互助小组制度》等，并负责组织戒毒人员背诵戒毒誓词、开展队列训练、教习五禽戏，为以后场所收治积累了宝贵的管理教育经验。

2016 年 5 月昌都强制隔离戒毒所收治戒毒人员阿某，该学员母亲年老多病，小孩面临西藏班考试，作为国家公务员又因吸食毒品面临着开除工作的窘境，入所后对所内生活极为不

适应，脾气暴躁，常常胡思乱想，企图逃避现实。给场所安全稳定和正常的教育矫治秩序带来了严峻的考验。为了做好该学员的教育矫治工作，四郎尼玛一方面采取用法律工具向该学员灌输“法纪法规”进行心理疏导，每天让该学员学习《强戒人员行为规范守则》《禁毒法》《禁毒条例》等各种法律知识。另一方面经所领导同意积极与其家人联系申请开展请求帮教在母亲节前夕本着人性化管理的理念，四郎尼玛多次向所里领导反应申请并向戒毒局汇报，同意阿某外出探视 3 天的申请。在探视期间四郎尼玛作为负责人每天到其家里了解情况，探视效果良好，探视结束后戒毒人员阿某思维和情绪都日趋正常，能够严格约束自己的言行举止，各方面表现均有明显提高，由重点控管对象转为普管对象。

作为戒毒人民警察，热血忠诚，甘愿奉献

强制隔离戒毒所一线干警工作非常辛苦。除了正常的上班外还面临着值班、备勤，四郎尼玛同志平时值班、行政工作一肩挑，有时一忙就是好几天，加班对于他已经是常态了。所领导也劝他多休息，而他总是说：“我年轻，身体好，多分担一点，是我应该做的。”有很多人都不理解，认为他傻。他不傻，可他就是这样的人。在工作中，他是领导信得过，同事靠得住的人，当队里急需人的时候，他总是挺身而出，顾全大局，不计较个人得失。在工作中他已养成了以所为家的习惯，节日期间、警力紧缺的时候，总能看见他的身影。放假期间，他也主动要求替他人值班，一方面他为的是为大队其他干警分担压力，另一方面他是担心在敏感节点戒毒人员的思想不稳定，警力少会给场所的稳定带来隐患。

戒毒警察是一个默默无闻的群体，是一群无私奉献的平凡英雄。作为一名“80 后”戒毒民警，作为这个群体的普通一员，四郎尼玛所拥有的就是对使命的追求，对事业的忠诚。

刀尖上的舞者

马　腾

1981 年 11 月出生，回族，陕西西安人，中共党员，大学文化程度。参加工作以来，扎根基层 15 年，历任大队管教干事、教育科副科长、副大队长、教导员，现任陕西省眉县强制隔离戒毒所特殊病专管区六大队大队长。2005 年获得司法行政戒毒系统“个别教育能手”称号；2006 年至 2008 年连续获得全省司法行政戒毒系统“优秀教师”称号；2009 年至 2011 年连续获得“优秀公务员”称号；2015 年荣立个人三等功 1 次。

15 年前，马腾告别西安，走进了太白山下的眉县强制隔离戒毒所，开始了新的人生征程。15 年来，他以火一样的热情投身戒毒事业，在这块土地上辛勤劳作，默默奉献，取得累累硕果。

使命担当　印证共产党员的政治定力

2017 年 6 月，陕西省眉县戒毒所特殊病专管区成立。在特殊病区筹备期间，马腾主动请缨，多次申请，要求去特殊病专管区工作。当大家都在谈“艾”色变时，他已经开始着手清扫医院及病区环境卫生，紧张地投入到前期的“实习”阶段。6 月中旬，他被任命为特殊病区五大队教导员，带领一支“钢铁警队”探索艾滋病戒毒人员管理、教育、预防、治疗、戒毒的新道路。从惧怕到亲和，从单一严管到人性化管理，从曾经刀尖上谨小慎微的行走蜕变为如今艾滋病戒毒人员心灵麦田的守望者，与艾滋病患者走得最近的他，付出了太多心血，以实际行动彰显了司法行政戒毒警察的政治担当。

特殊职业　经历事业家庭的双重考验

在一次制止艾滋病戒毒人员打架中，马腾经历了人生当中最严峻的考验。正在值班的他照例巡查，艾滋病戒毒人员郭某和张某因为小事发生争执，双方大打出手，他迅速进行现场控制，在洗手时才发现手被抓破了。马腾被立即送往省第八人民医院本部，服药阻断病毒，接受检测，暴露源病毒载量极高情形不容乐观。而马腾服完药就迅速赶回了大队，“想法很简单，我如果不露面了，学员间就会传，教导员都怕了，以后管理更难了”。对于马腾来说，难熬的日子才刚刚开始，连续 30 天抗病毒药物阻断治疗一次次冲刷着这个钢铁汉子的意志力，每天 12 小时一次服药治疗不能差错分毫，药物带来的呕吐、昏厥、呼吸困难一次又一次摧残着他的身体。相比于身体的痛苦，对马腾来讲最大的痛苦莫过于如何面对自己的妻子和孩子。为了不让家人担心他选择了沉默，回到家中想方设法和妻女“打游击”，直到睡了半个月书房的他在一次服药后昏厥在床上时才被妻子发现了异样。面对妻子泪流满面的脸庞，他讲出来至今都无法释怀的一句话：“如果半年后检测结果呈阳性，房子、存款、孩子都留给你，我们离婚，我净身出户。”夫妻两

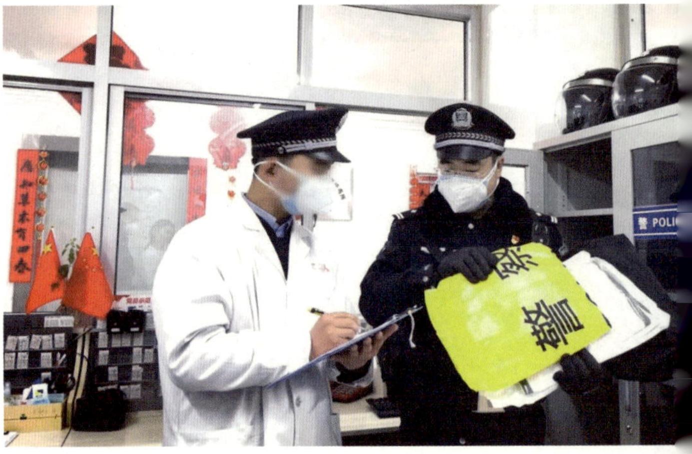

人每日每夜在忐忑的心情中度过，半年后检测结果呈阴性，马腾与妻子终于走出了这段阴霾的生活。“必须冲上去，我如果不冲上去，我身后的同志就会受到伤害，戒毒人民警察在困难面前永远都不会退缩。”每天与艾滋病、肺结核等传染性戒毒人员“零距离”接触，马腾数年如一日生与死的付出，只为最平凡的坚守。

重新点燃被艾滋和毒品毁灭的人生

艾滋病戒毒人员一经检测并得知确诊结果后，往往会受到巨大的心理冲击，通常会出现否认、怨恨、妥协、抑郁和接受等阶段。作为心理咨询师的马腾不厌其烦地一次次重新点燃这些被艾滋毒品毁灭的人生。戒毒人员孙某染有艾滋病，每天都躲在病房里不愿见人，也不配合治疗。马腾通过心理咨询发现孙某有严重自杀倾向。他认真查阅档案，深入分析其成长史、家庭社会背景和性格成因，对孙某实施了心理危机干预，及时化解了自杀倾向。随后马腾了解到孙某入所前有自己的舞蹈工作室，于是买了一双舞鞋送给了孙某并鼓励其重拾希望，发挥特长为病区戒毒人员编排舞蹈节目。“是马教导让我看到了生的希望，是他一次次的握手让我不再感到被人歧视，他送给我的舞鞋让我明白，我还有属于自己的梦想……”彻底转变的孙某说，“他重新点燃了我被艾滋病和毒品毁掉的人生”。

岁月无迹，生命有痕。平凡的岗位，不平凡的事业，马腾正是在平凡的岗位上用自己的行动让自己警帽上的国徽熠熠生辉；他用一片赤诚诠释着一位“80后”戒毒人民警察的峥嵘风采；他用自己的实际行动诠释了对党的戒毒事业的无限忠诚。

青春在奋斗中闪光

司颜诚

1989 年 6 月出生，本科学历，中共党员，现任新疆自治区伊宁强制隔离戒毒所指挥中心教导员。2014 年至 2018 年连续 5 年被评为新疆伊宁教育矫治局（伊宁强制隔离戒毒所）“优秀公务员”；2014 年至 2016 年分别获得共青团新疆维吾尔自治区、共青团伊犁哈萨克自治州、新疆司法行政系统“优秀共青团干部”；2017 年、2018 年荣立个人三等功 2 次；2017 年 8 月获得新疆维吾尔自治区党委人民政府反恐维稳“三仗一战”先进个人；2018 年 1 月被司法部评选为“新时代最美法律服务人”。

“如果你是一滴水，你是否滋润了一寸土地；如果你是一线阳光，你是否照亮了一分黑暗；如果你是一颗螺丝钉，你是否永远坚守你的岗位。”这是雷锋日记里的一段话，它告诉我们无论在什么样的岗位，都要发挥最大的潜能，做出最大的贡献！

司颜诚，一个青春着色的年轻人；一个怀揣梦想的平凡人；一个新时代的追梦人。10 年来，他镌刻“忠诚”二字，用实际行动谱写了一曲新时代逐梦奔跑的青春赞歌！

人之性，大爱如初

司颜诚成长于单亲家庭，因母亲工作繁忙，自幼由乌鲁木齐的姥姥姥爷带大。2010年大学毕业后，他毅然选择了700千米外的伊宁强制隔离戒毒所，并从此在这里扎下了根。2011年，戒毒人员艾某因为多次吸毒导致妻离子散，多次萌生了自杀的念头。司颜诚了解原因后，5次上门家访，一次次开车将艾某年迈的母亲从50公里外的县城接到所里安排亲情帮教，经过反复教育引导，最终用真情感动了艾某及他的家人，挽救了一个家庭，挽回一条生命。2011年9月15日，司颜诚的姥姥姥爷遭遇严重车祸，不幸离世，母亲也身受重伤住院抢救。面对如此重大的家庭变故，他强忍悲痛，送别了姥姥姥爷，告别了仍在病床上的母亲，又回到了工作岗位充实一线警力。3年来，他利用自己懂“双语”的优势，帮助100多名戒毒人员成功回归社会。

山之高，人矗为峰

司颜诚的抽屉里有一摞厚厚的学习记录本，上面密密麻麻地记载着网络技术知识。他利用业余时间自费报班，爬围墙、钻机房，一架梯子、一把起子成了他拜师学艺的工具，在维修摸索中学得一身真本事。2017年，新疆维吾尔自治区戒毒管理局决定在各戒毒所成立指挥中心，所党委任命他为指挥中心副主任。他瞄准信息化前沿技术，融入监管工作要求，结合公安、政法单位指挥中心实践经验，连续42天吃住在岗位上，打造了集值班监看、动态管控、情况报告、应急处置于一体的指挥中心，为单位节约警力50余人，成为自治区戒毒管理局“科技强警、科技建警”的示范工程。

海之阔，有容乃大

2014年，司颜诚被任命为团总支书记后，一次偶然机会，得知人民教师周某不幸遭遇车祸导致瘫痪，生活不能自理，其丈夫也因此弃她而去，巨大的打击让她失去了活下去的勇气。司颜诚立即组织团员青年主动肩负起护理任务，每天帮她清理褥疮，换药包扎，清洗衣物，这一干就持续了5年。爱心人士的帮助和鼓励为周某重拾了活下去的信心，将周某从悲观绝望的死亡线上拉了回来。司颜诚和他的同事们，因此成为伊犁州“爱心警察”的形象代言人。司颜诚充分调动团员青年的积极性，组织团员青年紧紧围绕“三个离不开”的思想，讲好民族团结真实故事，累计开展宣讲活动30余次。他们的志愿服务活动，得到了上级部门的充分肯定，连续多年被新疆维吾尔自治区、伊犁哈萨克自治州评为“民族团结”集体、“五四红旗团总支”称号。

爱之深，先国后家

2018年11月，戒毒所信息化建设再次面临新的挑战，需在22天时间内完成两栋新楼的信息化施工任务。正在厦门准备与未婚妻拍摄婚纱照的司颜诚，接到单位紧急通知后，立刻放弃婚纱照拍摄，立即返回工作岗位。面对持续零下18度的低温、22天的施工时间、200多个房间的工程量，他卷起铺盖一头扎进工地，每天饿了就用馍馍充饥、困了就趴在桌上打个盹。不到一个星期他就患上了重感冒，领导要求他休息两天，他却坚持“现在是关键阶段，我不能离开”。最终信息化建设施工在规定时间内圆满完成，创造了伊宁强制隔离戒毒所信息化施工中工程量最大、用时最短、人员最少、温度最低的历史纪录。同事们经常问他：“如果再有类似的任务，你还会如此选择吗？”司颜诚坚定地回答：“会！肯定会！并且我要总结经验，做得更好！”

砥砺奋进不忘初心，匠心筑梦不负韶华。他就是司颜诚，一名普通的共产党员，一名平凡的人民警察，一位脚踏实地仰望星空的“追梦人”，他用行动向我们展现了新时代司法为民的榜样力量！

行政复议好榜样

在行政复议的天平上，一端要为政府把关审查案件，另一端要为百姓排忧解决纷争。

秉公办案，敢于亮剑，有错必纠，复议为民。行政复议对于监督和维护行政主体，依法行使行政职权，解决行政纠纷，保护相对人的合法权益，具有重要的意义和作用。

刀刃向内需要壮士断腕、刮骨疗伤的勇气，该纠错的坚决纠错。严把案件事实关、证据关、程序关、法律关，把每一个案件办成“铁案”，办成“精品”，明辨是非、定分止争——他们是行政复议工作者。

不忘初心 复议为民

高 园

1983 年出生，大学本科学历，法学学士、法律硕士研究生，现任内蒙古自治区呼和浩特市司法局行政复议应诉科科长。2012 年被评为全市信访工作先进个人；2014 年被评为优秀共产党员；2016 年被评为全市普法先进个人；多次被评为年度优秀工作者、先进工作者，2017 年荣立三等功。

狠抓案件质量，把牢行政复议生命线

行政复议案件的质量，是行政复议工作的核心，高园同志始终将依法办案，保证行政复议案件质量作为办案第一要件，采取了以下措施。一是完善行政复议办案程序，先后起草了《行政复议案件审理程序规定》《行政复议听证规则》《行政复议委员会全体会议议事规则》等 7 项制度规定，着重从内部规范行政复议机构和办案人员的办案程序和办案行为，实现用制度规范行为，用流程指引过程，提高行政复议工作的效率和质量，使复议当事人切实感受到行政复议制度的公平和公正。二是优化案件审理模式，加强实地调查和公开听证力度，实行“分类复议”和“合力复议”。通过总结经验，高园同志将土地权属纠纷、工伤认定类行政复议案件，作为实地调查的重点案件，力争通过实地调查，查清争议土地四至界线、职工受伤害的真实情况，为准确适用法律、依法处理案件提供保障。三是加强“事后监督”，保障行政复议决定的权威性和执行力。通过跟踪复议决定落实情况，对不履行行政复议决定的机关和个人，严格按照《行政复议法》及其实施条例给予处理。9年来，高园同志共办理行政复议案件600余件，案件胜诉率98%，高园同志所承办的复议案件质量过硬，经得起历史的考验。

坚持复议为民，践行行政复议宗旨

作为一名复议人，作为一名共产党员，高园同志在工作中，始终牢记自己的身份，认真践行“复议为民”的宗旨使命，把当事人的需求放在首位，把维护当事人合法权益放在心上，努力把群众的不满意变成满意，增强群众的获得感、幸福感、安全感。一是实行“阳光复议”，保障复议当事人全程参与案件办理。施行案件审理全过程记录，对听证、实地调查取证、调解等过程进行全程录音录像，声像资料刻录光盘保存并收入案卷，深化“阳光复议”内涵。“阳光复议”使当事人亲身体会办案程序的严谨和公正，增强了当事人对行政复议决定的接受度和认可度。二是加大调解力度，提供多元纠纷解决方式。高园同志在办理行政复议案件过程中，始终坚持正当程序与便捷高效原则相结合，努力为人民群众提供多元、便捷的矛盾纠纷解决方式，创新复议与调解相结合机制，实现调解常态化，充分保障了弱势群体合法权益，减少了企业维权支出成本，减轻了行政单位应诉压力，努力将行政争议化解在初发阶段，切实维护了当事人合法权益与社会和谐稳定。三是开门纳谏，有针对性地开展复议服务工作。高园

同志在办案过程中，经常换位思考，急群众所急、想群众所想，耐心倾听群众诉求，解答当事人的各种问题，努力消除当事人的抵触情绪，引导当事人理性解决纠纷。针对年纪大、行动不便或地处偏远且交通不便的当事人，主动上门服务，现场指导群众书写行政复议申请、接受复议咨询、现场办理行政复议案件。2019年春天，一位复议申请人对高园说，“我听说你们办案公正，我就来你们这儿申请复议”，一句普通的话语，充分体现了人民群众对她工作的认可。

有序推进行政复议委员会试点工作，率先完成行政复议体制改革

高园同志作为行政复议工作负责人，坚持从实际出发，以创新引领推动工作，克服任务重、时间紧、人手缺等困难，从制度建设、审理方式、后备保障等几方面，开展了一系列行政复议改革和建设，打造具有呼和浩特特色的行政复议委员会，形成了行政复议改革的“呼和浩特样板”。2019年，高园同志指导旗县区开展行政复议委员会试点工作，实现呼和浩特市、县两级人民政府行政复议“一个窗口对外”“一级政府只设一个行政复议机关”的行政复议体制改革目标。

强化科技助力，提升行政复议现代化水平

紧紧围绕“数字法治、智慧司法”，大力推进行政复议信息化建设，实现行政复议电子档案全覆盖，聘请专业从事档案管理的第三方机构对行政复议案卷进行1：1扫描录入，建立了“一案一卷一光盘”制度，对电子档案统一设计制作了专用封面，做到了电子档案内容规范，形式统一，保障了原始档案的安全。高园同志始终以“干一行、爱一行、钻一行、精一行”为工作目标，不忘初心，砥砺前行，为行政复议工作贡献一份力量。

心系百姓　复议为民

殷磐石

1964 年 12 月出生。2008 年 11 月从部队转业到原辽宁省政府法制办公室工作，现任辽宁省司法厅政府法律顾问处处长。2003 年 3 月被解放军军事检察院授予“全军优秀公诉人”称号，先后荣立个人三等功 3 次；2009 年 12 月被原辽宁省政府法制办公室评为“优秀公务员”；2010 年 7 月被评为“优秀共产党员”。

“没想到副省长能来参加听证会，还有那位主持人就像代表公平正义的法官一样，让我有充分的话语权，我和亲友都很感动，也让我有了底气！”行政复议申请人谭某某说。2014 年 9 月 25 日上午，原辽宁省政府法制办在辽阳市举行了一场行政复议案件公开听证会，时任辽宁省政府副省长潘利国与省有关部门和辽阳市各界群众代表 60 余人一同参加了旁听。在这场国内首次有省政府领导出席旁听的行政复议实地听证会上，主持人有条不紊地控制着听证会的节奏，举证、质证，辩论等环节在他的主持下顺利进行，使各方当事人充分发表了各自的意见。这场听证会的主持人，就是辽宁省司法厅政府法律顾问处殷磐石。而这次公正、亲民地主持听证会，只是他自 2008 年从事行政复议工作以来的一个缩影。12 年来，他先后办理各类行政复议案件 1197 件，行政应诉案件 898 件。其中，参与实地听证案件 83 件，深入现场查清案件事实 78 件，化解争议，调解结案 65 件。

实地听证方便群众

时间追溯到2013年，原辽宁省政府法制办创新复议办案方式，从当年7月开始，将原来在省政府法制办召开听证会改为到申请人所在地召开听证会。这一举措，解决了基层群众申请行政复议“距离远、耗时长、成本高”等问题。在这殷磐石参与的83件实地听证案件中，有一起让他印象深刻。2013年12月11日，尽管外面已是天寒地冻，殷磐石与办案人员驱车300公里来到某市，组织召开一起涉及房屋拆迁的行政复议案件听证会。殷磐石在这场听证会上提出市政府在拆迁过程确实存在违法现象，如告知程序不完备等问题，市政府给申请人70万元补偿费确实太低，应适当提高补偿费数额等。最后，该市政府经过论证和权衡，支付给申请人165万元拆迁补偿费。至此，一起由房屋拆迁引发的行政纠纷结案事了。在充分参与实地听证，注重归纳总结的基础上，殷磐石起草了《关于全面开展行政复议案件“基层实地听证”的通知》，使之成为可复制、可推广的经验和规范。

严把事实证据关

在行政复议工作中，严把事实、证据关，维护申请人合法权益，是殷磐石的“标配”。一起工伤认定案件中，申请人李某是某机关援疆干部，参加党日活动中，不慎摔伤，做手术及康复治疗总计花销14.5万元。李某向省直某部门申请认定工伤，该部门未予认定工伤。李某不服向省政府申请行政复议。殷磐石带领办案人员研究案件后认为，李某在参加党日活动中受伤，属于工作时间受伤，法律有明确规定。最后，该部门认

同了他们的意见，重新为李某作出工伤认定决定。“认定案件事实要有具体依据。”殷磐石分析说，如果只从想当然出发，习惯性地认为参加党日活动不属于工作时间，不予认定工伤，就侵犯了李某的合法权益。

注重调解化解争议

一些因当事人之间缺乏沟通、存在误解而造成的行政复议案件，往往通过调解的方式来解决事半功倍，不仅降低了行政成本，还能从根本上化解矛盾。殷磐石在行政复议工作的实践中，就碰到了不少这样的案件，他用细致与耐心成功调解了多起案件。如起因某市政府两次土地确权不当所引发的持续20多年的土地权属争议案件，在他的调解下，以市政府决定归还村委会38亩土地得到圆满解决，切实维护了人民群众的合法权益。数据显示，6年来，他先后调解结案65件，申请人实际获得补偿款800多万元，其中，有11位申请人给他写了感谢信，3位申请人为他赠送了锦旗。其中，一封感谢信这样写道：“经过殷处长和其他工作人员4个多小时的调解，终于结束了我和征收办公室长达两年拉锯战的痛苦折磨。想请他们吃饭，被谢绝了，我代表全家7口，向他们表示致敬和衷心感谢。”

不忘初心 继续前行

孙 洋

1978 年 4 月出生，本科学历，现任黑龙江省司法厅行政复议与应诉三处一级主任科员，连续 4 年被评为优秀公务员，荣立三等功 1 次，荣获优秀共产党员称号 3 次。

素质强、肯钻研，进取创新树标杆

孙洋同志政治立场坚定，具有高度的政治敏锐性和工作责任感，思想上、行动上始终与党中央保持高度一致。他工作经历丰富，始终保持勤奋进取精神，勤于学习，善于学习，肯于钻研，精于钻研。他并非法律专业毕业，但孜孜不倦自学法律知识，通过了法律职业资格考试。在检察院工作期间，协助办理批捕、公诉案件 160 余件。在法院工作期间，审理民商事案件 300 余件，无一发回重审或改判，无一错案。从事行政复议工作以来，立足岗位，把政治智慧、法律知识和丰富的检察、审判经验充分结合，积极发挥主观能动性，在明确案件审理标准、规范案件审理程序、提高案件审理质量等方面积极探索钻研，提出听证会规范审理、案件审理能力提升、法律文书制作与送达、参加诉讼技巧等多项合理化建议均被采纳。参与《行政复议制度汇编》《行政复议法律文书示范文本》等起草编写工作，推进了行政复议工作制度化、规范化建设，为全省行政复议工作人员树立了勤奋进取，开拓创新的学习榜样。

作风硬、业务精，秉公执法保稳定

孙洋同志忠于职守，廉洁自律，坚决不办关系案、人情案，让每个当事人都能在行政复议过程中都感受到公平正义。他严谨务实，业务精湛，从事实出发，按法律办事，认真推敲事实证据，细致研究案件定性，依法依规作出行政复议决定，坚持把每件案件都办成经得起事实和法律检验的铁案。他组织召开或参加听证会、调解会 260 余次，审理行政复议案件和参加行政应诉 500 余件，做到了“零错案”“零投诉”“零信访”“零超审限”。他用群众认同的态度倾听诉求，用群众认可的方式调查事实，用群众明白的语言解释法律，用群众信服的方法化解纠纷，实现了法律效果、社会效果和政治效果的有机结合。在一件工伤认定复议案件中，因用人单位以解除工程建设协议为由，否认工伤认定，受伤职工只有 18 岁，与父亲相依为命，其父亲表示维权困难，生活艰辛，产生了要到省政府门前自焚的念头。孙洋同志得知后，一方面按要求立即上报，另一方面主动与其父亲沟通，从事实到法律，反复做其思想工作，终于打消了其自焚的念头。该案经对涉案协议司法鉴定，证明是伪造的，维持了工伤认定决定，保障了受伤职工的合法权益，消除了不稳定因素。

严规范、化纠纷，一心为民担重任

孙洋同志始终坚持复议为民工作理念，坚持刀刃向内，充分发挥行政复议的功能作用，依法严格规范和纠正违法或不当的具体行政行为，监督行政机关依法行政。他审结的案件中有近1/3是以撤销、确认违法或责令履行法定职责的方式结案，切实维护申请人的合法权益。他善于利用劝解、说服、教育等各种有效手段，对双方当事人推心置腹、耐心细致地把法理情理说清说透，引导当事人依据法律、法规、政策及社会公德来正确衡量自己的行为和诉求，妥善化解矛盾纠纷，做到定分止争，案结事了，让许多当事人消除隔阂，化解怨对。在某劳动服务公司不服市人社局工伤认定案件中，考虑到受伤职工远在河南，他多次与其电话联系，了解实际情况和诉求，又向用人单位反复讲解法律规定，积极促成受伤职工与用人单位达成一致意见，让受伤职工及时得到了补偿，同时节省了往返的费用。

舍小家、为大家，无私奉献口碑佳

孙洋同志家在外地，妻子在家独自照料老人和孩子。他全身心投入到工作中，从未因家庭原因影响工作，只在周末回家团聚，平时以单位为家，早来晚走，经常加班工作至深夜，甘于奉献，主动承担急难险重工作任务。他所租住的房屋没有电视、没有网络，电脑是单位配置的工作电脑，即使在家也是撰写结案报告或起草法律文书，成为第二个办公场所。孙洋同志大局意识强，集体观念强，总是牺牲个人休息时间帮助有关部门和其他业务处室研究行政执法中遇到的具体问题，预防违法或不当的行政行为发生，消除行政复议和行政诉讼风险，得到广泛的认可和赞扬。

他乔装办案 只为一个承诺

赵德关

1975 年 9 月出生，现任上海市司法局行政复议处处长。2008 年开始专职从事复议工作，直接承办及审核的案件超过 3000 件，化解了一大批重大复杂疑难行政争议。2013 年 12 月、2015 年 12 月获得上海市人民政府第九届、第十届上海市决策咨询研究成果奖。探索实施的"上海市人民政府行政复议委员会案审会制度"于 2016 年 12 月获得中国政法大学法治政府研究院第四届"中国法治政府奖"。2018 年 12 月入选上海市法学会"上海青年法学法律人才库"。

赵德关现任上海市司法局行政复议处处长，从事复议工作 13 年。该处平均每年审理各类行政争议案件 500 余件，无论案件大小，他们都会在调查取证和听取意见的基础上，法理、事理和情理条分缕析，抓住矛盾要害对症下药，让公平正义看得见、摸得着。

把话说通，把结解开

8 年前，赵德关接到办案任务，要解决一个涉及变电站进线工程的大案件。当时某居民区 400 多户居民集体申请行政复议，反映小区外围电力架空线距离过近，严重影响生活，要求规划部门和电力公司易地重建。赵德关接到办案任务后立即着手调查工作，发现在受理前，小区居民和建设单位之间的矛盾已经白热化了，为了不让矛盾升级，反复考虑之后，他和协办同志以买房为名进入小区实地暗访。“小区很大，我们挑了部分有代表性的房屋，实地查看，与居民接触，前前后后跑了五趟。”不仅如此，他还会同电力公司两次下井，查看敷设电缆情况，并就电力线路对人体影响问题请教环保专家。“根据调查，这条电力架空线架设完全符合法律规定与技术标准，不会产生居民担心的健康问题”，赵德关说，“但群众的感受是实实在在的，有关单位和开发商前期在宣传告知上也有不到位的地方。这个案子不能简单地一裁了之，一定要做好意见听取与沟通解释工作”。经报请市政府同意，邀请北京、上海等地著名法学专家、环保专家、律师、居民代表、规划部门参与，专题召开案件审议会议。会上对居民关切的问题、反映的意见，规划部门和电力公司逐条回应，与会专家、复议人员和律师逐条审议，各方畅所欲言。经过几个小时面对面的交谈沟通，案件最终得到妥善处理。“通过行政复议搭建平台，让居民能够把他们的不满和担忧说出来；行政机关、电力部门也可以把他们的专业、诚意和解决方案亮出来。只要能对话，天下就没有解不开的结。”赵德关说。

举一反三，制度先行

不仅如此，此案还衍生了一个“副产品”。在前期调查阶段，电力公司“吐槽”电力架空线塔基占地分散多变，现行管理制度却“一刀切”地要求按征地方式拿地，导致审批环节多、建设流程长、补偿安置可操作性差。这虽然与案件本身关联度不大，但赵德关及同事们并没有一推了之，而是全面查找国内外相关规定与做法，会同主管部门反复调研论证，形成调整方案。最终报请市政府，将这类零星用地由征地制改成租地制，解决多年来困扰电力项目建设的“瓶颈”问题。“举一反三，制度先行，消弭争议于无形，服务群众，服务党委政府工作大局，是新时代复议人的天职。”赵德关说。

争做复议改革的先行者

正是这种良法善治的信仰与坚守，赵德关坚持从实际出发，事理、法理、情理融会贯通，创造性地开展工作，创出了一条条行政复议的“上海经验”。

2012 年，在全国首推党政混合信息公开制度，“以公开为常态，不公开为例外”，切实保障群众的知情权、参与权、表达权、监督权。

2014 年，在全国省级政府中率先实施网上主动公开复议文书。

2016 年，全面推行复议委员会案审会由非常任委员任主持人，允许各方当事人挑选非常任委员参与。

2017 年，在全国率先探索行政复议指导案例制度。

2018 年，率先对市场监管领域举报投诉“立规矩”，服务营商环境建设。

2019 年，服务于长三角一体化战略，开始探索组建跨区域行政复议委员会，促使依法行政一体化建设。

这些努力的背后，凝聚着艰辛的理论探索和不懈的创新勇气。“像行动者那样思考，像思考者那样行动。”赵德关先后在人民法院、研究机构和政府机关工作，并赴美国、新加坡访学和深造，是行政法学、公共政策学双硕士，如今又成了一名在读博士研究生，钻研行政复议对行政协议的审查课题。

“行政复议利国利民，是政府践行法治的好助手，群众排忧解难的好帮手。这是我从事复议工作的初心，也是我的承诺。”赵德关说。

行政复议的“心”与“新”

张启华

1988年11月出生，浙江义乌人，中共党员，现任浙江省义乌市司法局行政应诉科科员、公职律师，高级软件工程师，他推动开展的网上行政复议工作，曾获“浙江省政府法制工作创新奖”等荣誉。

他是全国首个行政复议局里的首批行政复议人，专业精湛、经验丰富，用真心真情维护群众合法权益；他是全国首个“行政复议云平台”的软件开发者，敢想敢做、积极创新，打通网上行政复议便民惠民“快车道”；他是“义乌复议”金字招牌的忠实捍卫者，讲求规则、维护正义，促进了社会的安定和谐。张启华凭借勤勉敬业的精神、坚忍执着的态度、德才兼备的修养赢得了同行和群众的认可和赞扬。

秉法合情，依法行政科学化

2015年以来，张启华专职从事行政复议工作，共审理了457件行政复议案件。他秉持法律之剑，精准适用法律，维护依法行政的科学性。2016年，一名创业大学生在义乌经营激光切割厂，由于环保设备没有到位，造成环境污染，但他积极配合调查，并在最短时间内解决了污染问题。张启华经过多方调查取证，审理认定环保局违反了《行政处罚法》中关于自由裁量的法律规定，责令环保局将罚款额度降低为原来的 50%。“如今各个单位的执法活动已基本做到有法必依，及时对违法行为作出处理，但法律不是冰冷的工具，行政机关应当运用法律去引导人们向善。复议过程中，我愿意去纠正一些不规范的执法行为，依据不同违法程度，精准地适用法律。”张启华这样说。

真心为民，复议调解亲情化

张启华经办的许多案件，历时久远，缘由复杂，单靠法律条文，虽能衡量出是非对错，但无法彻底化解纠纷。面对这些棘手的案件，张启华总是说：“案件并不能简简单单靠一纸复议决定书来解决，要在案件结清的同时把当事人的心结打开，争取实质性化解纠纷，这才对得起群众的信任。”

3 年来，他不辞辛苦地实地调查、审理听证，作为中间人进行复议调解，鼓励双方当事人和解。他以这样精业加敬业的方式处理了 137 起行政纠纷，有效地将行政争议化解在基层、化解在初发阶段、化解在行政机关内部。2017 年，在多日的沟通协调后，他成功调解了一起大客车司机与公安机关的行政纠纷，司机顺利拿到工资报酬后，深刻感受到了行政复议工作对个人权利的保障，向他赠送锦旗“为群众排忧解难、促社会安定和谐”。

推陈出新，引领复议信息化

在出色地完成行政复议工作同时，张启华还根据社会发展新变化、群众办事新需求，不断思考如何让行政复议工作更加便民利民。身处信息化时代，张启华开始探索“线上线下一体化”的复议新格局。经过一轮又一轮艰苦枯燥的设计、论证、调试，终于在 2018 年，他正式主持创建了全国首个基于移动端的行政复议办理平台——“义乌市行政复议云平台”。在这个平台上，群众通过微信“扫一扫”就能申请行政复议，“点一点”就能查看案件，“收一收”就能接收文书。他开通了在“指尖上”反映诉求、维护权益的便捷渠道，有效地改变了传统的维权模式，让群众在手机上就能便捷复议。平台投入使用以来，义乌市行政复议局全年共收到微信端提起的行政复议申请 268 件，召开“在线听证”27 次，听证参加人达 94 人次，送达复议文书 300 余份，在“云端”达成和解 121 件，实现了让群众“一次不跑、把事办好”的基本宗旨，这项工作得到人民网、浙江新闻等多家主流媒体的宣传报道，目前该项工作在浙江省进行推广、全面实施。

在张启华等一批优秀行政复议人员的努力之下，“义乌复议”的牌子日益响亮，“复议为民”的理念不断深入人心，依法行政的执行更加科学精准。他是一名平凡普通的行政复议工作人员，如同一颗刚硬的铁钉，扎入法治中国的摩天大厦中，铮铮之正义信念，闪闪之创新思维，为打造不平凡的法治中国贡献自己的力量。

一座架起在群众与政府部门之间的“连心桥”

王学堂

1972 年 2 月出生，中共党员，现任广东省佛山市禅城区政府办公室二级主任科员，2007 年起历任区政府行政复议与执法监督科长、法制办副主任、主任。曾荣获中宣部、司法部“2011~2015 全国法治宣传教育模范个人”荣誉称号。

近年来，行政复议在解决行政争议、建设法治政府中发挥越来越重要的作用。在广东省佛山市禅城区，就有一位法治工作者长期坚守在基层岗位，主办或组织办理了大量行政复议案件，努力化解了大量社会矛盾，他就是王学堂同志。出生于农村贫困家庭的王学堂深知群众所需。多年来他牢记法治使命，不忘法治初心，长期坚守在基层法制（行政复议）岗位。主办、领导办理了大量行政复议案件，化解了大量“官民矛盾”，使禅城区行政复议案件数量明显攀升，质量得到稳步提升，行政复议作为化解行政争议的重要法定主渠道作用在当地得到更加凸显，当地群众对行政复议制度高度认可，自 2010 年以来的连续几年案件数量均已经超过法院受案。行政复议成为法治禅城政府建设和依法行政的“抓手和试金石”，有效地把“行政权力关进笼子”。

坚持复议为民，扎根基层办案工作

王学堂同志自担任行政复议与执法监督科长起，就积极探索行政复议服务基层群众的新路子。为农村土地争议深入到偏远乡村，为交通违章案件到繁华路口蹲守实地查看，为行政拘留、强制隔离戒毒案件到偏远的拘留所、禁毒所，为查清一起收容教育案件，与患有艾滋病的在押人员多次交流、制作笔录。特别是对外来打工人群的工伤案件，他创造性开展行政调解工作，多次到企业进行调查和调解，积累了丰富的基层办案经验。尤其在工伤认定案件处理方面，其本人和禅城区政府复议办已在全国范围具有一定影响力。10年来，王学堂同志年均办案超过百件。而禅城区复议案件也从10年前的年收仅10件增长到目前的年结案近千件。他积极同区领导、组织编制人事部门争取，复议办专职人员从原来的2人增加到7人，全部具有法学本科学历，七成人员都持有法律职业资格证书。禅城区行政复议办公室成为人才培养的摇篮、复议诉讼法律研究的基地，当地人民群众寻求法律救济的首选地。

坚持复议惠民，真诚为困难群众排忧

王学堂同志带领全办率先在全市启动外嫁女股份确认难题。从2012年起至今共审理此类案件829件，达到了法律效果和社会的统一，维护了妇女儿童合法权益，维护了农村稳定。践行了敢为人先、依法护权的复议人品质和精神！禅城区作为佛山市中心城区，面积只有154平方千米，而主城区更是只有狭小的77平方千米，但辖区人口125万，每天有50万辆汽车在区域内行驶，且由于两条地铁同时开工建设，导致交通停车难、违章多、处罚多，群众反映强烈。针对这一长期以来存在的顽疾，在区长的直接支持下，王学堂同志和复议办全体同事一起，会同区公安交通警察大队多次实地查看现场，对违章多发、标识不清的路段进行整改，调整违章贴单、陈述申辩、处罚、行政复议的处理流程，使之规范化科学化。全区交通违章处罚逐年下降，群众满意度逐年提升。

坚持复议便民，创新方式服务群众

王学堂同志倡导全办在工作中积极创新，率先探索听证、复议委员会、专家网上咨询会等方式，确保“民告官能见官”，对群众反映强烈、具有一定共性的案件组织政府职能部门和申请复议的群众“面对面”。化解了一批重大复议案件纠纷。近年来，禅城区行政复议维持率在40%以下，约六成申请人权益得到维护。东华里（岭南天地）世纪大项目拆迁涉及中心城区1.1万户3万余人，拆迁建设自2007年起长达10多年时间，在广东省、佛山市政府复议办的指导下，排除了重大隐患，确保了项目进度和效益，打造成了佛山乃至广东的一张靓丽名片。省市区领导对三级复议办的工作表示充分肯定，认为行政复议对项目拆迁、征收的矛盾化解起到了“四两拨千斤”的效果。该办近年来还受理了一些包括游行示威、收容教育等类型新、法律适用疑难、案情复杂、没有成熟经验的案件。在王学堂同志带领下，均得以妥善解决。其主持编印的《禅城区人民政府行政复议典型案例汇编》被多位法律学者推崇。其组织编印的《佛山市禅城区行政复议法律文书汇编（2005—2015）》不但为相关行政复议机关所借鉴引用，而且为北京多家行政诉讼专业律师所认可。

坚持复议益民，将法治送进千家万户

王学堂同志不但扎实复议工作，还致力于法治宣传等工作，荣获中宣部、司法部“2011~2015全国法治宣传教育模范个人”荣誉称号。其不仅在《法治日报》《南方都市报》等纸面媒体上积极撰写行政复议案例和评论文章，还利用网站、博客、微博、微信公众号等平台进行法制宣传，其个人微信公众号“法律学堂”在全国行政复议系统具有较大影响力。著有《工伤法律维权教程》在清华大学出版社出版，并2次印刷。同时，王学堂同志借助担任中国行政法学研究会会员、中华全国律师行政法委员会委员的机会，多次在全国宣讲行政复议制度，介绍复议实务和办案经验，提高行政复议民众和在法学界知晓度。

初心不改　砥砺前行

涂　芳

2006 年毕业于西南政法大学法学院法学专业，同年通过贵州省委组织部选调生招考，分配到贵州省安顺市西航办事处党政办公室工作。2008 年 10 月通过遴选进入贵州省安顺市人民政府法制办，先后在综合科、法规科、行政执法监督科和行政复议应诉科工作。曾在全省民族宗教知识竞赛和安顺市“强基础、强素质、创一流、促发展”主题演讲中获奖，被评为全市村级组织活动场所建设工作先进个人、市委党校少数民族和妇女干部培训班优秀学员。

在基层，她让自己成为一块铺路的基石；在实际工作中，她用真诚和热情温暖着群众；在司法一线，她严谨认真为民维权解难；在新时代，面对新的挑战她让自己成为一名勇敢的探路者——她，就是安顺市政府法制办的涂芳。

“三个一”温暖群众心

初到安顺，涂芳工作在最基层的西航办事处，所谓“上面千条线，下面一根针”，办事处每天面对的都是最接地气的民生需求。虽然很多事情和她所学的专业都不对口，但她凭着一腔热情，总是真诚耐心地为每一名前来求助的辖区居民排忧解难。在办事处工作的两年里，一声贴心的问候，一张亲切的笑脸和一杯暖暖的清茶——涂华的“三个一”法宝，总是能让来访者倍感亲切，她总是认真地倾听群众的意见，急他们之所急，想他们之所想，力所能及地帮助群众解决难题。

五月孕妈为民维权

调到市政府法制办后，有了基层工作经验又专业对口的涂芳工作起来得心应手，对待每一起案件，她坚持在学校就养成的严谨态度，认真妥善处理，一丝一毫也不懈怠，全力以赴用法律来维护群众的合法权益。2018年，涂芳工作的行政复议科接到一起案件：某航空公司的计划调度员吴某花在上班时摔倒在无人机旁，导致枕部头皮血肿和脑震荡。其用人单位向安顺市人力资源和社会保障局提交《工伤认定申请表》后，安顺市人力资源和社会保障局以安顺市人民医院出院诊断晕厥原因为TIA（脑供血不足）为由，不予认定或视同工伤。吴某花遂提起行政复议。当时涂芳已经怀孕5个多月，行动十分不便，但为了帮提出行政复议的吴某花讨一个说法，她开着自己的私车带领工作人员到事故现场和医院调查取证，并向医学专家咨询调查。在查明案件事实，补充完善证据资料，进行法理分析后，最终以主要事实不清、证据不足、适用法律错误为由撤销了安顺市人力资源和社会保障局的《不予认定工伤决定书》，保障了职工吴某花

的合法权益。

扎紧法制的篱笆墙

党的十八大提出了全面推进依法治国，建设社会主义法治国家的总目标。作为一名地方法制工作者，面对新形势和新要求，涂芳边工作边思考，边总结边提炼，她认真严谨，又不失热情和执着，始终保持以法律维护公平正义的初心不改。2018年6月，安顺市创新提出行政复议约谈提醒机制，这是一项切实落实党风廉政建设责任制、加强对“一把手”权利行使约束的创新举措，涂芳面对的都是各行政机关负责人，她在每次提醒约谈前都会做好“备课”，针对所提醒约谈单位的实际情况预先写好约谈提纲，再进行面对面交谈、手把手纠正、心连心沟通。在一次次提醒约谈的过程中，进一步强化了行政复议对行政执法工作的业务指导和监督职能。

提前介入定分止争

2016年，安顺市创设性开展重大行政争议诉前沟通协商工作机制，这是一条促进行政纠纷解决、深化法治政府建设、服务经济社会发展的新路子，目的是通过重大行政争议诉前沟通协商机制的运行，使大量的官民矛盾化解在裁判之前。当时涂芳在安顺市政府法制办行政复议应诉科担任科长，负责与安顺市中级人民法院行政庭具体落实推进该项工作机制。在她和大家的共同努力下，仅2016年就协调重大案件79件，召开协调会议45次，协调成功25件，协调成功率31.65%。目前，安顺市重大行政争议诉前沟通协调机制协调成功率为40.91%，大量行政争议化解在诉前，裁判结果可接受度提高，行政首长法治意识得到增强，取得了良好的法律效果和社会效果。

作为一名以法律维护社会公平正义的践行者，涂芳不断提升自我业务素质和综合协调能力，适应新时代的变化和要求，在依法治国的进程中，她一直在努力前行，初心不改，不负党和国家的委托，不负群众的信任，让青春韶华在平凡中闪光。

精业担当　务实为民

郑清源

1970 年 9 月出生，现任宁夏回族自治区司法厅行政复议与应诉局副局长，自治区政府公职律师办公室公职律师。多次获评优秀公务员和先进工作者，2010 年被评为自治区依法行政先进个人，2018 年被评为优秀律师。

兢业敬业，勤学爱钻，业务精湛

业务上，郑清源同志有一股钻劲，不弄通弄精不罢手。通过人民法院和行政复议大量工作积累，以及评估、会计等专项培训学习，他对行政纠纷的处理站位高、视角宽、格局广。办案中，他常通过精湛的法律知识和细心耐心地释法说理，使案件妥善化解。在一起不服建设工程中标无效决定行政复议案件中，被申请人认为投标人投标文件密封不符合要求，作出中标无效决定。他从投标文件密封这一焦点入手，查法律规定、查案例、查立法本意，最终通过对法律规定和立法本意的细致解释说明，被申请人主动撤销了其行政行为，案件妥善得到解决。像这个案子一样，经过他专业细心耐心的工作，许多案子，都以行政机关主动自我纠正方式结案。多年精钻业务，使他成为行业的“老中医”。行政复议工作的同事，甚至许多律师还有法官，遇到疑难复杂的行政案件也经常同他请教、探讨。作为自治区政府公职律师，2008 年以来，他承办了自治区政府绝大部分的行政应诉案件，每件都是社会效果、法律效果俱佳。

注重总结，勇于创新，善于指导

办好案件同时，郑清源同志非常注重办案经验和理论的总结，并用于指导工作实际。近年来，根据办案实践，他撰写了《多视角思考我国的行政复议管辖制度》《收回国有土地使用权和征收集体土地补偿安置中的行政复议问题》等行政复议理论和制度建设的论文。执笔了宁夏回族自治区行政复议条例、行政复议办理程序规定、行政复议规范化建设实施意见等法规、文件的起草。他率先在自治区本级建立健全了行政复议听证程序，对疑难复杂的案件公开听证、公开审理，使行政复议在阳光下运行，增加了行政复议的公信力。近年来，他主持了 20 多场疑难复杂行政复议案件的听证会，主持风格简洁、务实，针对性强，使行政复议听证不仅是一个案件查明事实的过程，更成为一个释法明理、协调协商的平台。为做好复议工作指导，他参编了行政复议工作手册、行政执法培训教材等复议专业书籍，下发各基层复议工作人员。在统一行政复议法律文书的基础上，他又补充制作了 11 种行政复议法律书示范文本，方便其他行政复议工作人员参考。

作风务实，工作亲民，敢于担当

10 多年的基层工作经历，使他善于、乐于与群众打交道，打心底有一股朴素的真挚情怀。善于用浅显易懂方式交流、耐心倾听群众诉说是他的基本功。他善于用打比方、讲土话、说方言等方式把法律、政策的精神讲清楚，让群众听明白。他说，有些事可能不属于复议事项，听一下群众陈述，给他指一个途径，让群众少跑冤枉路，少花冤枉钱。再一个，有的群众几百里路来了，冬冷夏热的，让他到办公室来歇歇脚、喝口水、见见我们，也是维护政府的形象。群众利益无小事，不是一句口号，不仅要有一心为民的真挚情怀，还需要设身处地地为群众着想。马某 1997 年正式招工前，一直在原单位任临时工，其间还发生过严重工伤。在办理退休审批时，审批机关认为其档案中招工之前的临时工工龄记载不全，退休时提交的证据不足，因此，对正式招工前的 10 多年临时工工龄不计入退休审批工龄，马某不服退休审批，申请行政复议。复议审理中，他无意中听马某妻子讲，马某 1995 年还参加了单位的房改，遂专门到房屋登记机关进行调查，取得了马某房改资料，证实了马某的临时工工龄情况。并出具行政复议意见书，明确要求退休审批部门将马某从事临时工的时间认定为工龄。后退休审批部门按复议意见为马某办理了退休手续，重新核算了应发放的养老金。案件办理后，他说：“我们做的行政复议工作就是要让群众从我们一件件案件中感受法律的公正，享受到改革红利。”

“市长审案” 依法行政的黄冈名片

湖北省黄冈市行政复议局，是湖北省黄冈市政府在 2012 年组建的行政复议委员会办公室基础上，于 2017 年设立的。4 年来，实行“集中受理、集中审理、集中决定”的运行模式，坚持“一窗受理、一局审理、一体负责”的理念，承办并完善“市长审案”机制，推进市、县长审案全覆盖，共办理案件 1376 件，年均增长 27%。取得了改革、法律、社会效果的不断彰显和提升，成为法治政府建设的重要抓手，是基层社会治理模式的探索和创新。2019 年入选黄冈市委深改委“优秀改革案例”，2018 年获第五届“中国法治政府奖”提名奖。

17 位市长、副市长主持审理了 129 件案件，综合纠错率 41%，决定履行率 100%，“市长审案”复议后诉讼案件败诉率为零……“市长审案”，行政复议的黄冈实践，如今已成为黄冈市依法行政的一张亮丽名片。2018 年 10 月底，“黄冈市强化行政复议机关职责实行市长审案”项目获第五届“中国法治政府奖”提名奖，为湖北省首次获得这项荣誉。

“市长审案”，一项行政复议的改革创新之举

黄冈是湖北省最早实行相对集中行政复议权改革试点的城市之一。针对行政复议中面临的诸多问题，2012 年 7 月，黄冈成立了市政府行政复议委员会，形成行政复议案件办理“三集中”模式，即对市政府部门的行政复议权限实行相对集中，实行行政复议案件集中受理、集中审理、集中决定。2014 年，黄冈开始探索实行行政首长审理行政复议案件，实行“市（县市区）长审案”。由市长、副市长定期轮流主持审理行政复议案件的“市长审案”

制度应运而生。市长牵头组成案审组，对行政复议案件进行专门研究。市长除了主持案审会外，同时也是案审组的委员，需要单独对案件发表处理意见，最终根据会议形成决议意见由市政府作出复议决定。案审会上，市长、行政执法部门、复议案件承办机构、专家学者等各方力量以案明理、以案说法。发现行政执法中存在的问题和不足，让列席的被申请人“红红脸、出出汗”，达到“排排毒、治治病”的效果。2015年，黄冈11个县市区全部成立了行政复议委员会，在全省率先实现了县级政府行政复议委员会制度改革全覆盖，“县（市、区）长审案”也在黄冈市县两级政府全面推行。“行政首长审案制”将行政复议打造成为化解矛盾纠纷的主要渠道，走出了一条应时、应势、符合黄冈实际的行政复议改革创新的路子。2017年，黄冈市改革与“市长审案”配套制度，成立了行政复议局，实行“一窗受理，一局办理，一体负责”。

“市长审案”，一扇政府与社会公众沟通之窗

2017年12月17日，周某收到《违法停车行政处罚事先告知书》；12月29日，收到《行政处罚决定书》。周某不服，于2018年1月2日向黄冈市行政复议局申请行政复议，请求撤销该处罚决定。被申请人作出的处罚决定证据是否充分？被申请人作出的处罚决定告知是否明确和合法？案审会

前，案件承办人依次汇报案件基本情况、阐述案件焦点问题、表明办案人员复议决定初始建议。案审会中，案审组专家委员依次发表意见，市长进行归纳总结，并提出案件初步处理建议，案审组各委员集中票决，并向市长报告票决结果，市长根据会议情况当场宣布拟决意见。案审会后，市长现场点评案件，并就部门执法过程中存在的问题提出整改要求，市区停车难问题也列入了市政府议事日程，将逐年逐步解决。“市长审案”推开了复议案件办理中决定者与审案者之间的窗户，推开了申请人与决定人之间的窗户，推开了政府与社会公众之间的窗户。一些疑难复杂、社会影响大、群众广泛关注的有代表性的案件都被遴选出来。“市长审案本身只是一种形式，而直面百姓诉求，了解和解决社会变迁过程中产生的诸多问题，才是市长审案的初衷。”黄冈市司法局有关负责人说。

“市长审案”，一条行之有效的依法行政之路

行政复议效果是法治政府建设的“晴雨表”。2018 年 6 月 11 日，申请人杨某等 19 人对被申请人浠水县人民政府作出的房屋征收决定及补偿方案有异议，申请行政复议，请求撤销。黄冈市行政复议局责成其补齐申请材料，并于 2018 年 6 月 20 日依法予以受理。经深入调查，“市长审案”作出维持决定，肯定了县政府的征收拆迁行为。政府法定职责必须为。“市长审案”制度彰显了执法监督、指导依法行政功能。市长主持审理复议案件，被申请人单位负责人及相关人员列席，全程旁听。案审会委员中当场指出问题，市长针对案件反映的问题对被申请人作出要求，让被申请人“红脸出汗”，促使复议决定执行快、落实好。

黄冈市委副书记、市长邱丽新说，坚持“市长审案”“以案说法”，将促进依法行政，各级政府及其部门要养成法治思维，办事依法、遇事找法、解决问题用法、化解矛盾靠法，推动办案效率和质量再上台阶。

行政执法监督好榜样

一个案件的办理或许能挽救一位当事人，一个好的制度却能惠及一群人甚至一座城。

行政执法无小事，一枝一叶总关情。国家机关工作人员必须严格依照宪法和法律行使权力，行政执法行为必须受到负有监督职责的国家机关和人民的监督。

发挥监督职能，促进依法行政，行政执法的目的就是维护社会秩序，促进社会和谐，为企业和群众办事扫清无谓证明绊脚石，构建法治化、便利化办事环境，让企业和群众轻松办事、基层人员高效办事。

以法为器，执法监督，牢牢守住公平与正义的底线，他们用智慧和担当为行政权力滥用设置了一道道“防火墙”、为公平正义撑起了一把把“保护伞”，他们是行政执法监督工作者。

勇立潮头的执法监督人

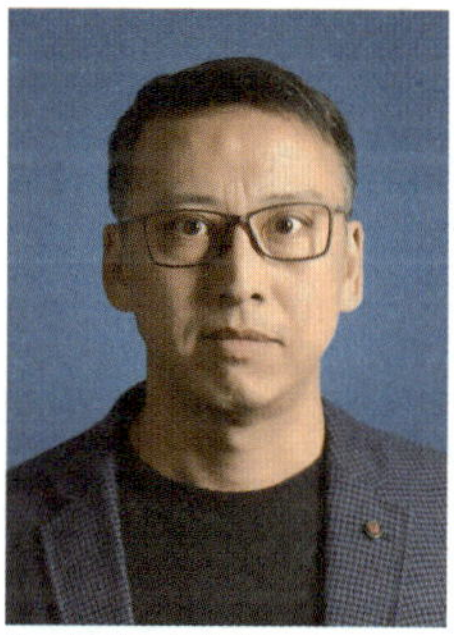

史　凯

1973年10月出生，中共党员，现任北京市司法局执法协调监督处处长。2018年9月被北京市人民政府授予“首都环境保护先进个人”称号。

一个本该成为造桥铺路的工程师，却成了政府法制的探路者。虽不是法律科班出身，却在法制岗位上干得有声有色。有人说他精干、率性、有魄力，因为他敢说、敢做、有创新。也有人说他倔强、古板、不留面儿，因为他求真、务实、讲原则。他就是行政执法监督好榜样史凯。

敢于尝鲜，创新行政执法监督方式

新时代下如何让分散在各个部门的执法数据得到归集和利用，如何让“沉睡”的数据在改革决策中发挥作用，如何利用大数据技术创新执法监督方式，进而推动法治政府建设，是史凯担任北京市司法局执法监督处处长后一直思索的命题。通过主持研发北京市行政执法信息服务平台，他将执法监督业务进行了重新梳理，把执法机构、执法人员、执法权力、执法行为等要素穿“珠”成“串”，通过对执法数据的动态监测和要素化分析，初步形成了一个横有分工、纵有层级、权责明确、边界清晰、衔接有序、传导有效的执法监督体系，实现了执法监督从主观模糊评价向客观精准评价、个案质量监督向整体效能监督、被动拦截型监督向主动构建型监督的转变。信息系统说到底是为业务服务，打造一个什么样的系统来支撑执法监督业务，是平台研发阶段摆在史凯面前最大的难题。因为不甘于仅仅是从无到有，所以无论是系统架构设计还是业务模块开发，无论是系统展示效果还是业务功能衔接，无论是系统颜色搭配还是功能按钮样式，史凯带领他的团队都事无巨细亲力亲为。由于编程人员对执法监督业务不熟悉，许多关键业务模块都由他亲自设计并参与研发。在这种敬业态度的引领下，历经4年的建设，北京市行政执法信息服务平台成为全国首个实现执法数据全口径归集、权力运行全过程监测、执法效能多维度分析的大数据监测分析系统，并受到北京市委、市人大、市政协、市政府以及司法部主要领导的关注和肯定。2018年，在司法部召开的全国司法行政信息化工作推进会上，作为全国信息化应用系统优秀典型进行了展示。

不畏艰难，探路行政执法效能提升

执法监督工作首要一点是关注全市行政执法的情况。面对人民群众反映突出的不作为和选择性执法、执法不规范和乱作为、执法的社会效果不好等情况，史凯带领同事们依托执法数据监测，深入基层开展调研，积极探索提升执法效能的有效途径。针对不作为和选择性执法，他制定了行政执法考评监测指标，按照不同领域将行政执法机关进行划分，针对不同领域设置不同的指标参数，为市政府绩效考核和依法行政考核提供数据支撑，市领导曾坦言，这个指标是所有考核事项中最具客观性和公正性的指标。针对执法不规范和乱作为问题，他修订了行政处罚和行政强制案卷标准，使标准更加贴近基层，让一线人员能看懂、会使用；他通过调整案卷评查模式，压实执法机关的自我监督和层级监督的责任；他推行行政执法资格联机考试制度，不仅增强了行政执法资格考试的规范性和权威性，得到各部门和参考人员的好评。从近3年执法监测数据所反映的情况看，北京市行政执法总体发展趋势向好，改革的效果正逐步显现，行政机关履职的主动性显著提高，执法乱象明显减少，行政执法队伍的规范化水平及执法能力显著提高，执法力量的配置也日趋合理。在城市治理、疏解非首都功能等重点领域的执法力度逐年加大，对经济、社会发展和民生保障的支撑作用日趋明显。

不忘初心，彰显法制人的责任担当

执法监督处有一项职责是执法边界裁定，工作中时常会遇到推诿扯皮的执法争议事项，如违法建设、骑墙烧烤、工地扰民、污水排放等。一边是法律制度，另一边是人情世故；一头是百姓利益，另一头是部门能力，怎么裁？史凯认准 3 条原则“依照部门三定裁、依照法律规定裁、依照利于问题解决裁”。经过几年的努力，执法争议事项越来越少，而一些裁定结果也成为部门“三定”职责调整的重要参考。2018 年是政府机构改革之年，史凯主持起草了北京市《机构改革期间行政执法工作衔接规则》，配套制定了“行政执法事项交接清单”，为平稳有序推进各级政府机构改革提供了制度保障。围绕“街乡吹哨　部门报到”，史凯深入基层开展调研分析，亲自撰写调研报告，深入分析北京市社区、街道、部门三方在城市管理中的角色和功能，以及在基层治理中如何相互配合，为基层管理的探索实践提供更多的路径。面对违法建设、大棚房治理中，基层提出的执法手段不足、执法程序烦琐、业务不规范等问题，史凯亲自带队赴基层调研，一方面听取一线人员的实际困难，为他们答疑解惑；另一方面积极收集案例和素材配合单位开展专项研究工作，为市委市政府决策提供参考。

都说干好政府法制工作不容易，别人决策时，法制人既要守好法律底线，还要避免成为绊脚石；别人做事时，法制人不仅要出谋划策，还得保驾护航，干好了成绩是别人的，干不好还得背锅。但史凯却说政府法制工作是各项工作的基础，是推动法治建设的动力。因为没有私心、不图私利，所以政府法制体现的是公心，这正是他喜爱这项工作的缘由，只要我们每一名政府法制人都能在各自的岗位勇于担当起责任，就不会辜负这个时代赋予我们的光荣使命。

迎难而上　“严”字为先
认真做好行政执法监督工作

杜金梅

1968 年 9 月出生，民革党员，民革呼和浩特市委会委员、民革新城区总支支委，呼和浩特市第十三届政协委员，司法局行政执法监督科主任科员。2002 年被土默特左旗财政局评为优秀公务员。2012 年和 2018 年被民革呼和浩特市委员会评为先进个人。2016 年在党校科级干部培训班上被评为优秀学员。2019 年评为呼和浩特市政协理论研究会优秀撰稿人。

坚持“严”字为先，把好行政执法资格认证“审核关”和“管理关”

2016 年正是内蒙古自治区行政执法证件六年一次的换证周期。呼和浩特市此次共有 1.6 万多名执法人员需要梳理并完成执法证件的清理和换发，工作量可想而知。“严”字当头，把好“审核关”“管理关”，做好一名把关人。杜金梅先从梳理呼和浩特市政府公布的行政执法主体资格，摸清全市各行政执法单位执法人员的基本情况入手。人员清理、信息报送，编制审核、数据上报，资格审核通过、培训考试、制发证件，每一项工作，都亲力亲为。为了把好每个人、每道关，她提出了“三上三下”原则，把主体责任落实到位，要求执法单位报送上来的名单必须有责任人签字，谁签字，就必须谁承担。利用这次换证的机会，她把“梳理、清理、换发”三步并做一步走，上报一个，审核一个，通过她的努力和各单位的通力配合，呼和浩特市此次共清理了3000多名没有执法资格的行政执法人员，有效地优化了呼和浩特市的执法队伍。

全市的行政执法人员培训和考试，责任重大，必须认真对待。从前期请老师备课、讲课，直到后期的考试合格、公示，都需要一丝不苟。通过这么多年的培训和考试工作，杜金梅觉得行政执法资格认证是对行政执法人软实力的硬杠杠，如果说考试的结果决定着执法人员能否持证上岗，那么真正提升执法人员业务素质，更加重要，这正是设立资格认证考试的初衷。所以她专门联系高校老师和相关专家学者，一起统筹学习内容，安排学习课程，印刷学习材料，一门心思地想把这个培训办好。为了解决执法人员只报道不上课问题，严格履行请销假制度，她给他们来了个“2100”。什么是“2100”，就是给培训人员编号，座位编号，两号合一，“0”嘛，你敢“0”出勤，就敢让你“0”考试资格。其实，取消考试资格不是目的，目的是让每一名执法人员对自己有足够的认识。每次培训，她说的最多的一句话就是，学好法才能执好法，熟练地掌握法律、法规，也是对执法人员自己的保护。

打铁需要自身硬，执法需要自身净。在严格把好行政执法资格认证审核关和管理关的同时，杜金梅同样把好自身关。她的付出和帮助是免费的，人格是无价的，工作是纯洁的，只有做到这点，她才能真正地严下去。在她的努力下，呼和浩特市行政执法人员一人多证问题得到了有效解决，执法人员的法律素养和执法水平得到了不断提升。执法人员对她可谓心服口服，大家都对她竖起了大拇指，由衷地钦佩。为了这个“严”字，她也付出了常人难以想象的代价。这些年得罪的同学、朋友无数，因为在她心中，职业的道德，是最大的原则，永远不可偏离。但是，也有令她心有不忍的时候。一位因患疾病，右手剧烈抖动的执法人员，在培训考试时，无法使用计算机鼠标考试，看着急得满头大汗的他，她也替他着急，他是一线执法人员，行政执法证对他来说就是生命和饭碗，因为制度不允许网开一面。这样的特殊例子，也引发了她今后工作人性化和创新的思考。

坚持“制”字为要，积极参与制度建设，不断提升首府行政执法监督制度化水平

为了进一步提升呼和浩特市行政执法人员管理的制度化水平，打造专业的行政执法队伍，杜金梅参与起草了《呼和浩特市行政执法人员平时考核制度》，用制度来严格约束行政执法人员，确保行政执法人员能够依法执法、文明执法、阳光执法。2017 年，呼和浩特市被国务院确定为行政执法公示制度、执法全过程记录制度、重大执法决定法制审核制度的试点单位。为此，她积极参与呼和浩特市行政执法监督平台的建设，从与软件开发公司对接，到相关部门进行实地走访，收集关于平台流程设置、执法业务开展等方面存在的问题，同时，积极推进市级执法部门及各旗县区执法信息的梳理、汇总、录入工作并组织专家论证会，对呼和浩特市行政执法监督平台（二期）项目进行验收。

行政执法案卷是全面反映行政执法水平的重要法律文书。为此，每年杜金梅都积极参与自治区和市本级年度案卷评查，严格落实自治区案卷评查各项制度规定。通过近几年执法案卷评查工作的开展，呼和浩特市大多数执法单位都能够建立规范的案卷，使用了统一格式的制式文书，行政处罚的各个环节都得到了较好规范，行政执法案卷整体质量不断提高。

为全面推进依法行政，加快建设法治政府，自治区在全区开展了“十个法治政府建设示范旗县（市、区）”创建工作、“百名领导干部进课堂”活动、“千家行政执法单位法律知识竞赛”工作和选聘“万名行政执法义务监督员”四项制度性活动。为此，她全程参与了呼和浩特市首届市本级行政执法单位法律知识竞赛。竞赛为期 1 个月，全市 30 多家执法单位，200 多名执法人员参与了此次法律知识竞赛。

杜金梅从事政府法制工作已近 20 个年头，她的努力获得了上级的肯定和表彰。

探索执法监督新机制
弘扬执法为民正能量

柴守峰

1977 年 5 月出生，2013 年 4 月任山东省胶州市政府法制办主任，2019 年 1 月至今任山东省胶州市司法局党委书记。2016 年 1 月胶州市法制办被山东省法制办、山东省公务员局评为全省法制工作先进集体。

多年来，柴守峰秉承法治为民理念，奋战行政执法监督一线，敢于担当，善于创新，勇于碰硬，推进执法监督规范化、制度化，给行政执法带上了“紧箍咒”。

七年如一日的坚守尽责，他是勇挑重担的新时代“挑山工”

2013 年春天，柴守峰到任山东省胶州市政府法制办主任后，采取月抽查、季度通报、年度评比的方式对行政执法案卷进行评查，并依托青岛市行政处罚网上运行平台对执法信息实时录入、裁量基准落实情况等进行全方位监督。自 2013 年以来，累计抽查行政执法案件 1365 件，制发整改督查意见 390 条，下达《执法监督意见书》16 件，通过行政处罚监督平台，将 62 起问题案件通过“监察红绿灯”退回单位整改，有效杜绝执法过程中只查不罚、证据缺失等问题。2017 年，胶州市被国务院确定为行政执法“三项制度”试点单位，是全国仅有的 3 家县级试点单位之一，并在青岛市率先成立行政执法监督局。2019 年，山东省全面推行行政执法“三项制度”工作现场会在胶州召开，胶州经验在山东全省推广。

善于出思路、想办法，他是勇于探索、推陈出新的“小诸葛”

行政执法监督是刀刃向内的工作，光有一腔热血干不好工作，必须善于想办法动脑筋。柴守峰带领他的执法监督队伍，会同检察院实施《胶州市行政执法案卷评查办法》，对抽查案卷实施联合评查，有力地提高了执法监督的力度。会同法院实施《行政争议审前和解实施办法》，并建立了青岛市第一家行政争议诉前调解中心，形成了执法监督的多元局面。创新建立行政执法案例指导制度，深入调研执法中的典型问题，编辑刊发指导案例 80 余起，从执法程序、事实认定、焦点问题等角度对执法实务重点和难点问题进行释明和指引，受到行政执法部门的欢迎，收到了良好的示范效果。

牢记群众利益无小事，他是执法为民的坚定笃行者

行政相对人大多是企业和百姓，往往处于弱势地位，习惯通过投诉反映行政执法问题，如果不能及时解决，时间长了就容易变成信访人，甚至会演变为上访老户。执法监督就是要给老百姓撑腰，具有多年法院工作和基层乡

镇工作经验的柴守峰对此深有体会。因此，对群众反映的证照办理、乱收费等问题，柴守峰总是照单全收、认真办理，坚决纠正存在的问题。胶东机场征迁时，他几乎每天都蹲在村里，既为百姓解答法律问题，同时也对征迁行为进行监督，有力推动了征迁合法、和谐进行。李某系某村村民，因婚嫁至外村导致承包地权益得不到维护而投诉。类似问题并非个案，处理起来非常棘手。为此，柴守峰多次赴乡镇及村庄进行协调，最终使李某的合法权益得到维护。

敢啃"硬骨头"、敢破坚冰，他是敢于动真碰硬的经济护航者

在执法监督道路上，柴守峰不光是普通百姓的"贴心人"，也是市场主体、民营经济的护航者。某企业是当地纳税大户，从法院拍卖土地房屋一宗，因原土地房屋所有者无力赋税无法过户，该企业不能融资，面临巨大压力。柴守峰在深入研究、多方论证后得出结论：部门虽然有规定，但竞拍企业没有过错，企业的权益首先应该得到维护。他果断启动执法监督程序，同时将问题向市政府反映并得到支持，最终企业的土地房屋顺利过户，解决了融资问题，也赢得了企业的认可和称赞。

执法监督永远在路上，柴守峰表示，他们将坚持司法为民，探索创新，建设全方位实时高效的执法监督机制，为推动行政执法工作上台阶贡献自己的力量。

为民的底色永不褪

邓水利

1964年11月出生，现任湖南省益阳市赫山区司法局党组副书记、局长，四级调研员。先后被怀化市芷江县政府、怀化市中级人民法院、赫山区政府记三等功4次，被赫山区政府嘉奖5次，2019年12月被司法部评选为“新时代司法为民好榜样”。所在单位两次被怀化市中级人民法院和湖南省法制办、湖南省人社厅评为先进集体。2015年赫山区政府被益阳市政府评为首批依法行政示范单位，2019年赫山区被评为全国“七五”普法中期先进区县市。

10多年来，在行政执法监督岗位上，他不忘初心、牢记使命，坚持对每一起案件、每一个当事人尽心负责；他勤思好学、耐心奔走，用专业与态度化解疑难纠纷；他敬业坚守、无悔奉献，为法治政府建设发光发热，他是原益阳市赫山区政府法制办主任邓水利。

行政执法“监督员”

2017年10月，泉交河镇水管站职工谭某某要求区政府法制办撤销区人社局不予工伤认定书。案件研讨会上，材料中的一个细节引起了邓水利的注意：本应在水管站值班的谭某某，为什么在离水管站较远的公路上发生了交通事故？第二天，邓水利带领办案组深入现场调查后得知：谭某某发生交通事故当晚，有人投诉水压不够，谭某某离开水管站巡查水管，巡查途中发生了交通事故。了解到这一情况后，邓水利根据《工伤认定办法》的要求，力排众议，提请区政府依法撤销区人社局的不予工伤认定决定书，要求区人社局重新作出工伤认定。谭某某因此获得3万多元工伤保险费，拿到保险费后，谭某某要感谢邓水利，被婉言谢绝。10多年来，赫山区法制办受理行政复议案件300多起，30%的案件被依法撤销。为了加强执法监督力度，建立长效机制，邓水利提请区政府先后出台《案件质量评查制度》《法治政府建设考评办法》《行政执法责任追究办法》等10多项规章制度，对行政执法部门作出明确规定：案件质量评查被评为不合格案件和行政复议行政诉讼被撤销的案件不得评为先进单位，对单位负责人进行约谈。仅2018年，赫山区法制办评查了500起行政执法案件，有5个单位20多起案件被评为不合格，在全区予以通报，并取消评先资格，有效地规范了行政执法行为，解决了一批行政争议纠纷，维护了当事人的合法权益。

架起和谐“连心桥”

“这张房产证，是一张金字证，是我的命根子，我代表100多户业主，感谢赫山区政府，感谢邓主任。”2018年12月4日，在碧波豪苑颁证仪式上，业主周某某手持房产证露出久违的笑容，道出了全体业主的心声。

早在几年前，碧波豪苑楼盘因开发商资金链断裂，无法交付房屋和支付工程款，债权人以多种激烈方式向市区两级政府不断集访。邓水利临危受命，协调相关部门成立清算组、组织后续复工、办理房产证、处置资产偿还债务等，让一个涉及500多人、涉案金额5亿多元，严重影响社会稳定的问题楼盘纠纷案得到妥善解决。针对龙岭工业集中区和衡龙新区征地拆迁、土地纠纷、山林纠纷集中等问题，他充分发挥专业特长，深入现场调研，找准政府拆迁和当事人利益的平衡点，审查规范性文件和各类合同300多件，成功调处涉案人数多、群众反映大的疑难复杂案件50多起，为促进赫山区经济健康发展作出贡献。

基层法治建设的“排头兵”

2010年12月25日，天下大雪，地上结起厚厚的冰，寒风刺骨。群众举报有人盗采砂石损坏良田，要求政府处理。邓水利立马赶到现场，突然一股大风吹来，将他摔倒在打砂船上，鼻梁被严重划破，留下4厘米长的伤口，流血不止，被送往医院治疗时已不省人事，后经鉴定构成10级伤残。住院期间，邓水利让办案同事把案件资料带到病房一起研究讨论，提出解决问题的方案。同事都为他的敬业精神所感动。他设计的政府征地补偿法律文书，成为样本在全市推介。他撰写的20多篇调研文章被《人民司法》和省市媒体发表。10多年来，他努力当好政府的法律顾问，积极争取领导的重视和支持，使区法制办定编从原来的2人变为8人，办案经费纳入了财政预算。

从事司法行政工作27年，他先后4次荣记三等功，2013年起连续5年获嘉奖。原省法制办主任陈雪楚曾这样评价他：“邓水利同志无怨无悔地把青春献给了司法行政工作，他业务精通，思路清晰，清正廉洁，业绩突出，是基层难得的法制办主任，是益阳市乃至全省基层法制系统的一面旗帜！”

行政执法监督的智慧与担当

桂锦波

1974 年 8 月出生，1993 年 8 月参加工作，2001 年 11 月加入中国共产党，现任广州市司法局律师工作工作处处长。2011 年荣获广东省委、省政府“广东省亚运会亚残运会先进个人”称号。

一个城市的繁荣程度，取决于这个城市的治理水平，而最能体现城市治理水平的，莫过于制度的制定和执行能力。一个案件能帮助一个或几个当事人，一个好的制度却能惠及一群人甚至一座城。桂锦波，2014 年至 2019 年担任原广州市人民政府法制办公室行政执法监督处副处长、处长。桂锦波自西南政法大学研究生毕业后投身政府法制工作 16 年，多年来兢兢业业，心系群众，先后奋战在行政立法、亚运会法律服务、行政执法监督等多个岗位，努力践行司法为民的信念。桂锦波相信，好的制度，对于改善环境的影响是全局性、根本性的。他是广州亚运会的法律护航人，他是建设工程项目审批改革的开拓者，他是执法数据年报制度的创始人，他是行刑衔接指引体系的设计师……他是广州行政执法监督的一面锦旗。

广州亚运会的法律护航人

2006 年至 2011 年，桂锦波被抽调至广州亚运会组委会从事法律工作。在广州亚组委工作期间，桂锦波构建了亚运会知识产权保护体系、亚组委合同管理制度等制度体系，起草、审查了开闭幕式承办合同、主播机构合同等 4000 多份各类合同，代理亚运会会徽著作权争议诉讼案件并胜诉，为广州亚运会的成功举办提供了强有力的法律支撑，被广东省委省政府授予“广东省亚运会亚残运会先进个人”荣誉称号。

建设工程项目审批改革的开拓者

2013 年 1 月，政协委员曹志伟在广州市政协会议上展示出一幅行政审批“万里长征图”，指出广州市建设工程项目审批时间最长为 799 个工作日，严重影响企业投资积极性。广州迅速成立了优化建设工程项目审批流程专责工作小组，作为小组成员，桂锦波与同事们日夜奋战，迅速出台了《广州市建设工程项目优化审批流程试行方案》。通过“整合流程、一门受理、并联审批、限时办结”的改革方式，将建设工程项目审批时间最短压缩到 37 个工作日，极大地节约了企业办理行政审批手续的时间和成本。广东广弘控股股份有限公司是该试行方案实施后的第一宗规划报建阶段并联审批项目，该项目仅用了 10 个工作日就拿到了建设工程规划许可证，比优化流程前节约了 90% 的审批时间，节约了约 300 多万元的利息成本。中央电视台《新闻联播》连续 3 天以“一张图引发的改革”为题，对广州市优化建设工程项目审批流程工作进行了系列报道，引发了全国范围内建设工程项目审批领域的改革浪潮。

执法数据年报制度的创始人

自 2014 年开始，行政执法监督处每年都会对广州各级行政执法机关的执法情况进行统计分析，在梳理数据的过程中，桂锦波发现，有些行政执法机关，有数十位执法人员、数十万元执法经费，一年的执法行为却寥寥无几。为了让执法机关积极作为、严格履职，桂锦波牵头制定了《广州市行政执法数据公开办法》，通过统一时间、统一模板、统一平台，督促全市执法机关在每年3月31日前把自己上一年度干了多少事、干得怎么样，明明白白“晒”出来，谁勤勉，谁躲懒，让老百姓评说。行政执法数据公开制度在强化社会监督、倒逼执法部门积极作为方面成效明显，2018年公开的上一年度执法数据显示：全市行政处罚、行政强制、行政检查数量同比分别增长了23%、11%和84%。国务院办公厅印发的《全面推行行政执法公示制度执法全过程记录制度重大执法决定法制审核制度的指导意见》采用了此项创新举措，从2019年起将在全国范围内全面实施。

行刑衔接指引体系的设计师

食品安全、环境保护、医疗健康等重要民生领域，有些违法犯罪行为往往容易被忽视。为坚决克服“有案不移”“以罚代刑”“有案不立”等情况，桂锦波带领同事们制定了广州市行政执法与刑事司法衔接的临界点指引、证据指引和程序指引，分别解决了哪些案件应该移送、移送需要什么证据材料、怎么移送三个方面的难题。这三个制度三位一体，从实体、证据、程序三个方面，在全国率先构建起了行刑衔接重点问题指引体系，为广州市“行刑衔接”实践提供了强有力的制度保障。

一路走来，桂锦波用智慧和担当为行政权力滥用设置了一道道“防火墙”、为公平正义撑起了一把把“保护伞”。他坚信，每一点微小的努力，都将推动进步的齿轮。

执法监督树正义　公正司法为人民

杨佳红

1976 年 5 月出生，四川南部人，中国农工民主党党员，法学博士。现任重庆市渝北区司法局局长，重庆市第五届人大代表、重庆市第五届人大常委会立法咨询专家。2012 年 11 月获全国法院第二十四届学术讨论会优秀奖；2014 年获重庆市渝北区政协两项实践活动先进个人；2015~2019 年获重庆市渝北区优秀政协委员；2019 年获重庆市人大常委会优秀基层市人大代表。

依法治国关键在于依法行政，依法行政重点在于坚持严格规范公正文明执法。执法监督是法治政府建设的短板，在重庆市渝北区，杨佳红同志带头探索构建起了一套全覆盖求实效的事前事中事后全程监督制度，以期促进执法的严格规范公正文明。杨佳红同志为法学博士，其从事法学教育科研 8 年多、司法审判近 5 年、政府法制工作近 4 年，法学功底深厚、司法经验丰富、行政执法熟稔，深味权力与权利之纠、经济与社会之结。公平正义理念深入骨髓，对法治追求锲而不舍、初心不改。

强化事前监督

创新行政执法人员培训考试。2017 年，利用“互联网 +”，委托专业公司开发了行政执法人员网络培训考试系统，解决了培训考试内容的专业性和地域性、考试形式的拘束性、考试结果运用等问题。从形式上，实现了移动化，微信小程序，无须下载，随学随考，人脸识别功能，保证本人参加；从内容上，针对不用种类的执法行为和重庆的执法规范而设置，实现了培训考试和实际执法完全对接，学而能用；从结果上，通过大数据计算，能客观准确及时地反映执法人员和执法部门在全区全市和全国的情况比较，极大便利了管理和考核。

准确编制行政权责清单。牵头在全市各区县率先完成了区级部门和镇街行政权责清单的清理编制，并在区政府门户网站集中公布，还实现了对权责清单的动态调整，为行政执法提供了明确遵循，确保“法定职责必须为，法无授权不可为”。

严格规范执法主体资格。持续开展双清理活动，经清理和动态调整，确认具有行政执法主体资格的单位，确保行政执法人员全部属于在职在编人员。同时还对行政执法辅助人员进行清理，所有执法主体公示在区政府门户网站中，确保行政执法主体合法。

创新事中监督

推行特邀行政执法监督：2017 年牵头制定了《重庆市渝北区人民政府特邀行政执法监督员工作规则》，运用社会力量监督执法，选聘了区政府特邀行政执法监督员，主要由人大代表、政协委员、律师及司法行政机关离退休干部组成。每年制定《区政府特邀行政执法监督员工作方案》，细化了监督领域和监督方式等具体内容，将特邀行政执法监督员工作不仅落到实处，更发挥实效。特邀监督员通过群众反映、主动走访、参与执法等形式发现执法中存在的问题，发现一个盯紧一个，督促整改。2018 年针对观音洞水库等开展重点执法监督，有效解决了对主城区一级饮用水源地的周边污染问题。

发放行政执法监督意见书：2017 年牵头制定了《重庆市渝北区行政执法监督意见书制度规定》，结合特邀行政执法监督员的工作，监督各行政执法机关，以区政府的名义给执法机关发出执法监督意见书，必须按照意见书要求的时限和内容进行整改，纳入绩效考核，对违法违规的，提交有关机关处理。2019 年已发出 3 份，全部按照要求整改到位。

推行重大执法决定法制审核：要求在重大执法决定作出前，必须经过合法性审查。

推进行政执法三项制度：牵头制定了《渝北区全面推行行政执法公示制度执法全过程记录制度重大执法决定法制审核制度实施方案》，在区级和镇街两级行政执法机构全面推行“三项制度”。

全面落实“双随机，一公开”监管：在全市率先建立“双随机一公开”抽查制度，克服任性检查，实行阳光执法。行政执法单位建立“两库一单一计划”，实现随机抽查的部门、领域、事项 3 个 100% 全覆盖，抽查结果在区政府门户网站上及时公开。

创设行政执法社会评议制度：2019 年牵头制定了《渝北区行政执法社会评议办法（试行）》，在执法调查结束之后、执法决定作出之前，引入社会公众对拟作出的行政执法决定进行评议，在合法性基础上，着重考虑合情合理性，力求情理法兼容，及时纠正违法或不当的执法行为。

规范事后监督

加强行政处罚案卷评查：由之前的每年一次加密为每半年一次，分类调整更适合各行政执法领域的案卷评查标准。

开展行政执法决定文书公示：由之前的执法结果公示扩大到行政执法决定文书全公示。

强化行政复议、诉讼监督：由之前的被动指导转化为主动监督纠偏、考核惩戒。

开展行政执法典型案例汇编：每季度分专题汇编当前全国全市全区具有典型意义的行政执法案例，正面指引和反面警示相结合，为行政执法提供明确导向。同时，将法律顾问的作用延伸到行政执法监督的全过程，事前加强培训指导，事中加强合法性审查，事后总结教训、提炼经验。

加强理论研究。2018年牵头完成了《渝北区行政执法规范化研究》课题，对全区行政执法规范化存在的问题进行了深入调研，提出了行政执法规范化建设的诸多建议，目前正在实施中。2019年开始组织编撰《行政执法实用培训教程》，为执法行为提供理论指引和实务操作指南。

行政执法监督的改革先锋

陈冠伶

1982 年 1 月出生，毕业于西南政法大学，法学博士。现就读于四川大学，行政法和宪法学博士后。2013 年经成都市委组织部人才引进到成都市司法局（原成都市法制办）工作，现任成都市司法局行政执法监督处副处长。四川省专家人才库成员，2009 年获中国·重庆青年人才论坛国企分论坛十佳青年人才奖，成都市行政执法人员公共法律知识授课成员。获得世界自然保护联盟（IUCN）颁发的国际环境法教师资格认证，主持参与省部级和市级课题 5 项，撰写并发表文章 20 余篇，曾参与普通高校法学双语教材编写。

专业、认真、执着，她勇立改革潮头，敢于开拓创新

她是“80 后”法学博士，2013 年，陈冠伶通过成都市委组织部公开引进博士招考到成都市政府法制办执法监督处工作。5 年来，她迅速成长为一名精通业务的骨干人员，成为四川省专家人才库成员。陈冠伶负责历年行政执法监督创新项目工作，包括 2015 年成都市规范行政执法自由裁量权，2016 年推广“双随机、一公开”监管方式改革，2017 年探索推行行政执法三项制度改革。负责积极组织协调金牛区申报行政执法三项制度国务院试点单位，

成都市申报全省试点单位工作。经常开展实地调研，结合实际，进行理论创新和制度创新。形成《四川省成都市“双随机、一公开”实践调研报告》成果被中国社会科学院全文登载。2018年大力推行综合行政执法体制试点改革，推进“崇州实践”到“成都模式”。2019年，围绕成都市“国际化营商环境建设年”，积极探索加快打造法治化、国际化、便利化营商环境，负责推行包容审慎柔性执法，推广“行政处罚三张清单”工作。她始终投入百分百的热忱，学以致用、开拓创新，务实肯干，为新时代做好执法监督工作，注入青春活力，争做改革先锋。

亲和、朴实、温暖，她坚守执法为民，彰显为民情怀

她极具亲和力，经常给执法人员交流培训，执法人员都亲切地叫她“陈小妹”。2014年5月20日上午10时，在成都火车东站广场出来的马路边上，人来人往。这时，一声“城管打人啦！”一个妇女的尖叫吸引了所有人的注意，其中，就有刚下动车的陈冠玲。尖叫的妇女是路边的一个摊主，拽住城管执法人员的制服，一边拉扯一边高喊，围观群众越来越多，场面一度有些失控。只听她对着老百姓哭诉“我不服，我不服，为什么罚我比别人多，你们就是故意整我！”随后执法民警迅速赶到现场，妇女才稍微平复情绪。这件事对目睹执法全程的陈冠玲很有触动，当时她正是正在酝酿的规范行政执法自由裁量权实施办法的起草人。行政执法自由裁量权不能合法、合理、科学行使，就可能造成极易被偏私滥用，伤害法律、有违正义。在之后规范出台的过程中，陈冠玲发扬铁娘子精神，死盯住自由裁量权力较大的部门，在先后5次论证会上，陈冠玲展开了和部门的唇枪舌剑，倒逼部门压缩自由裁量空间，反反复复一对一商讨，制定出了具有可操作性的细化量化标准。办公室的灯常常亮到深夜，稿子改了一遍又一遍，到最后已是20多遍。为了制定出来的规章不脱离执法实际，方便人员操作，就“一般处罚按最高罚款数额的百分之四十至百分之六十确定，从轻处罚按最高罚款数额的百分之四十以下确定。”这一条是否合理，陈冠玲跑了城管、环保、交通、市场监管等多个部门，向不同领域的执法人员请教并交换意见。2014年9月

27 日，该办法经市政府第 53 次常务会议讨论通过，予以公布。 这是一次艰难的改革任务，从那时起，成都市 41 家行政执法部门相继出台了自由裁量基准和相应的配套措施，执法人员行使自由裁量权有了依据。

提出“亲民执法”，注重宣传法律法规，引导相对人直觉纠违

2019 年，陈冠玲负责起草了《关于全面推广行政处罚 “三张清单” 制度推进审慎包容柔性执法的指导意见》。 文件刚实施不久，就遇到一件事情。 成都市郫都区某食品科技有限公司，因说明书中载明的氨基酸态氮项目不符合标准，行政执法人员现场召回产品，准备依法进行行政处罚。 企业则认为这是传统工艺中，豆瓣发酵过程所致，觉得蒙受冤屈。 陈冠玲在得知情况后，面对一罚就可能罚死的企业，数次深入实地调查，并组织专家多次论证豆瓣传统发酵工艺是否存在上述问题。 最终，支持了企业诉求，并首次采用了包容审慎柔性执法的方式，挽救了企业，让企业重获了发展生机。 企业老板由衷地感叹：“法治化的营商环境不仅给了我们这些中小企业公平，还给了我们发展的机遇。” 她对工作中遇到的问题进行认真研究，为推进改革破解难题向领导建言献策，先后形成调研报告 5 份，并被领导采用。 参与《四川省重大执法决定法制审核制度》《成都市规范行政执法自由裁量权实施办法》等重要制度建设共计 20 余件。 负责起草拟订《成都市关于推广随机抽查规范事中事后监管的实施意见》等全市工作实施方案重要文件 40 余件。组织召开、协助办理各类协调会、讨论会、座谈会等会议共计 80 余次。 负责对全市行政执法人员公共法律知识进行培训授课 20 次，授课人数 16,265 余人。 负责办理投诉举报案件 20 余件和市重大专项案件 1 件。

作为一名普通的执法监督人员，陈冠玲既身处改革前沿，学以致用，勇立潮头，做一名执法监管改革的制度设计研究者，是改革向前的 “铁娘子” 。 同时，她也在每一个个案中，勇做执法 “天眼” ，落实执法为民，坚守法律底线，温暖执法温度。

不忘初心牢记使命
行政执法监督的忠诚捍卫者

周　琦

1982年5月出生，中共党员，法律硕士研究生学历，国家司法考试A证，现任清镇市行政执法监督中心主任。自2012年进入清镇市行政执法监督中心工作以来，始终秉持以人民为中心的工作理念，充分发挥法律专业优势，扎实、认真履行行政执法监督职责，用辛勤和汗水谱写了一曲依法行政奋斗之歌。2013年、2016年获清镇市先进个人，2014年获贵阳市创新驱动先进个人，2015年、2017年、2018年、2019年获清镇市安全生产先进个人。

身体力行，做提升执法监督的忠诚捍卫者

注重证据，全面核准是周琦履行监督职责的工作准则。为了解决每一件行政争议，她始终坚持做到深入案件属地乡镇、村居，与同事深入走访开展案件调查研究。2016年，她为了处理一起土地权属争议案件，连续一周每天深入案件一线了解地形地貌，走访当地知情群众，有时为了掌握全面情况，她还会徒步跋涉几公里路程开展调查核实，最终该争议得到了有效解决。经

她办理的行政案件和行政争议都取得了良好的法律效果和社会效果。针对非法营运取证难、钓鱼执法等问题，她多次深入一线实地观察、发现问题、寻找症结，在严格执法人员持证上岗、亮证执法、规范调查取证、细化执法流程、规范自由裁量权、健全法制审核、狠抓职业道德教育等方面提出了一系列有见地的好建议；参与全市城市管理综合执法体制改革，推动“互联官网+综合行政执法信息平台”建设，全市投入资金4000余万元开发建成了综合行政执法智慧指挥调度系统，积极推进跨部门、跨领域综合执法。此外，她还梳理了“违章建筑强制拆除流程”，自编了“行政执法规范歌”，切实围绕全市中心工作做好法律支撑和保障。几年来，共参与70余件行政调解案件，审理行政复议案件260余件，参与代理以市政府为被告的行政诉讼案件270余件，出具行政执法监督建议书20余份。

建章立制，做提升执法程序的监督人

她从建章立制入手，着力规范执法监督内容、权限和程序，参与研究制订行政执法监督考核、规范执法标准等文件和规章制度60余份。为有效预防和化解行政争议，研究行政执法中具有普遍性的问题，她草拟了《关于建立诉讼与非诉讼相衔接的行政争议预防和化解联席会议议事规则》，搭建了清镇市政府与各级法院间分享信息、交流经验和政策探讨的平台；创设性地制定了《清镇市人民政府支持行政机关负责人出庭应诉工作规定》，充分保障行政机关负责人参与行政诉讼案件审理的全过程，对及时发现并纠正违法行为，全面推进行政程序规范化、程序化和法治

化提供了制度性保障。从《清镇市市长办公会议学法制度》到市政府常务会议专题法制培训讲座，从《清镇市政府法制培训工作计划》到市政府常务会议每半年听取一次依法行政工作专题汇报，从《清镇市规范性文件和重大行政决策合法性审查工作机制》到法制局全程参与市政府常务会议，都记录了她7年来的辛苦付出和清镇市法治政府建设的进程。

情系民生，做保障群众权益的知心人

周琦同志政治立场坚定，用实际行动树立了行政执法监督人员的良好形象。虽然执法监督中心人少事多，几年来，她从不轻易请假，有时家中老人生病，因工作需要也不能服侍左右，凭着对工作的那份执着和热爱，她总能以乐观向上的心态调动大家工作的积极性，她的办公室和家里摆满了各类法学专业书籍，手机及微信里下载和关注的也都是各种法律学习软件，每次有机会外出参加培训，她的包里总背着从各书店里淘来的“宝贝”。工作之余，她每晚都和儿子比赛看书；工作中，她会将自己的所学、所思、所想和同事们沟通交流，制作《行政许可法专题培训》《行政复议及行政诉讼法律事务》《管好红头文件提高政府威信维护群众利益》等课件参与各类执法培训10余次；面对群众，她总是倒一杯茶、说一句请，耐心倾听群众的诉求或建议，帮助其分析法律关系、利弊得失，用扎实的法律功底为群众答疑、解惑、指路。她在平凡的岗位上脚踏实地、不计得失地为民服务，赢得了大家的一致好评。

三十年行政执法监督探索与实践

万雄新

1961 年 4 月出生，现任甘肃省白银市司法局四级调研员。1995 年由他指导的本市一区一乡和四个市直部门开展行政执法责任制试点，1996 年白银市政府要求全市各级行政机关全面推行，后来作为“白银模式”在全省推广。

万雄新 1990 年以来长期从事行政执法监督工作，30 多年，他把行政执法监督作为生命的重要组成部分，不断探索，努力实践，实现了事前监督、事中监督和事后监督相结合。

依法行政的坚定捍卫者

作为行政执法监督工作者，他始终把保障法律正确实施、维护群众合法权益作为工作重点，深受好评。白银某小区棚户区改造遇到阻力，市长办公会上有关部门提出的方案是 3 天后“强拆”，他提出了两个问题：一是该项目尚未发布拆迁补偿公告，二是还有 3/4 的住户工作尚未做通。他认为“强拆”违反《国有土地上房屋征收与补偿条例》第 10 条和第 11 条的规定，“强拆”方案因此被否决。在一次执法检查活动中，通过抽查某行政机关行政处罚案卷，发现该行政机关多处程序违法，他便根据《行政处罚法》第3条、《行政复议法》第28条和《行政诉讼法》第70条起草了白银市乃至甘肃省第一份行政执法监督建议书，要求该行政机关限期整改。

行政执法实践的传道者

他结合行政执法监督实践，先后编辑了《白银市行政执法手册》《白银市市级行政执法机关行政执法依据》《依法行政工作手册》《行政执法工作实务》。1995年白银市人民政府在甘肃省14个地、州、市率先推行行政执法责任制，他负责起草的“一个实施方案”“十项配套制度”，被省人大常委会和省政府予以肯定，他编辑的政府系统执法责任制资料被白银市人大常委会收录在《白银市执法责任制汇编》之中。他每年参与或带领工作组对本市所辖县区政府和市级行政执法机关依法行政工作进行中期督查、年终考核、专项检查、案卷评查，他所提的监督检查意见深受工作组成员和被检查单位全体成员的称赞，推动了本市依法行政和法治政府建设进程。

行政执法的授业者

他多次应邀为本市各级行政执法人员进行培训，并到兄弟市、州进行交流。他把枯燥无味的法律讲的通俗易懂、深入浅出，让2000多名执法人员在大礼堂安静地听他讲课；他把通用法律、专业法律和执法实践、执法监督紧密结合起来授课，并和执法人员互动，当场解

答执法人员提出的问题，被执法人员尊称为“万老师”。为了有效规范和指导全市各级行政执法机关严格依法行政，提高行政执法水平，他录制了题为“基层行政执法人员如何正确行使行政执法权”的讲座，通过36个行政执法案例和实例，结合30年行政执法监督实践以及有关通用法律和专业法律规定深入浅出进行讲解，执法人员反映听了一遍还想听第二遍、第三遍，有的甚至听了十几遍，每听一次都有新的收获。

行政执法实践的解惑者

他作为白银市委、市政府督查专员和县区政府法律专家咨询委员会委员，多次为市、县级行政执法机关和县区政府提供法律咨询和法律服务，帮助其解决了许多疑难问题。他不仅熟悉通用法律，而且熟悉各行各业的专业法律。全市各级领导和广大执法人员都有他的电话，无论是开会研究有关问题还是在执法现场，无论是白天黑夜还是节假日，大家随时拨通他的电话就能得到满意的答复，一切难题迎刃而解，因此他被大家称为白银市依法行政的首席“专家”“权威人士”“活字典”。白银市景泰县水务局的领导和几名工作人员在他的办公室当场提出5个问题，他用《行政处罚法》《行政复议法》《行政诉讼法》《水法》《防洪法》《河道管理条例》等法律法规的规定一一作了解答，整个过程没有查看任何资料，执法人员用手机查找了他的解答，和相关法律法规的原文一字不差。

用“百姓满意”来丈量每一次行政执法

原奉贤区人民政府法制办公室（相关职能现已纳入奉贤区司法局）成立于 1990 年，主要从事行政执法监督、行政复议、行政诉讼、行政规范性文件合法性审查与清理、重大事项法制审核、法律业务培训、行政执法证管理等工作。2017 年 4 月起，积极探索推进可丈量行政执法工作，做到应发现的问题尽发现，应立案的问题尽立案，应处置的问题尽处置，于 2018 年 8 月获评“第九届上海市依法治理优秀案例”。2019 年机构改革以来，奉贤区司法局积极履行原法制办职能，继续深入推进可丈量行政执法工作，推行行政执法流程优化、限时办案，推动执法信息公示，研究制定行纪衔接信息共享与沟通机制，努力实现快速精准执法。

《汉书·枚乘传》有云：“石称丈量，径而寡失。”意思是找到合适的标准，就能做到既便捷又准确地测量。在城市精细化管理进程中，如何对行政执法进行精准度量和监督？能否找到一种标准，做到“石称丈量”，有效破除“有法不依、执法不严”和“不作为、慢作为、乱作为”等问题，切实提高执法公信力和群众满意度？对此，奉贤区司法局（机构改革前相关职能由原奉贤区人民政府法制办公室负责）交出了一份令人满意的答卷。他们指导、监督各行政执法单位，探索实施可丈量行政执法工作，对问题发现、快速处置、有效衔接等难点堵点进行重点突破，并建章立制、组建队伍、推进落实、强化监督，有效提升了行政执法效能。

精准立制，确保可丈量执法“有序落实”

丈量首先要有“度”，也就是制度和标准。奉贤区司法局起草，区委办、区府办联合发布了《奉贤区关于推进可丈量行政执法工作的实施意见》。奉贤区司法局还制定了《奉贤区关于推进行政执法力量下沉的实施方案》《奉贤区拆除违法建筑执法操作规定》等一系列制度文件。以制度为依据，将可丈量行政执法工作在市场监管、城管、环保等重点执法领域先行先试，随后全面推开，确保“第一时间发现问题、第一时间查处问题、第一时间解决问题”。

快速发现，实现违法行为“无所遁形”

发现问题是解决问题的前提，百姓参与可扩展违法行为发现渠道。开通快捷举报，倾听百姓难愁，让违法行为“无所遁形”，也让执法过程在阳光下运行。奉贤区司法局指导有关单位创新建立微信举报、小额奖励等多样化机制，便利市民群众随时举报身边的违法行为。例如，针对“隐蔽性较强、危险性和安全隐患较大”的无证无照餐饮服务违法行为，2017 年 5 月奉贤区上线了“无证无照餐饮微信举报小额快速奖励机制”，群众参与踊跃。2018 年 5 月，该机制又升级为 2.0 版，举报范围扩充至所有食品生产经营违法行为，奖励标准也由原来每户次 30 元提高至 100 元。群众的精准举报与监管部门的有力执法形成了一股合力，小投入获得了大效果，违法行为查处更及时高效，市民群众更满意。

优化流程，实现案件处置“快速有效”

问题发现了，还要依法依规快速处置，将违法行为对老百姓的影响降到最低，才能使群众真正感到满意。奉贤区司法局指导各行政执法单位，通过流程优化、限时办案、案件繁简分流等方式，不断缩短案件办理时限，做到第一时间反应、快速精准执法。各行政执法单位普遍建立快速反应机制，做到 1 小时到场处置。例如，2017 年 9 月 12 日，区城管局接到“某处有违法张贴的宣传品”的举报，根据可丈量执法的要求，他们迅速派出机动中队前往，初步现场勘察后，立即立案查处，责令当事人限期清除。同时，按照可丈量执法关于问题发现、限时办案等工作要求，执法人员随后又主动检查发现辖区内多个小区存在大量同类广告，并当日往返市中心调查获取相关证据，所有相关案件从立案至案情调查完毕仅用时 7 天。在可丈量行政执法推进过程中，各相关执法单位积极拓展、深化落实，特别是针对中小企业、民营企业，开出经营“良方”。如区市场监管局对轻微违法行为的“免罚清单”与“执法指导建议书”助力企业积极整改，探索包容审慎监管措施。又如区司法局充分发挥法律服务保障作用，组织辖区内律师志愿者为民营企业开展“法治体检”约 2000 项，查找出问题 235 个，为企业提出意见建议 119 项，帮助企业提升抗风险能力，规范企业有序经营，企业主纷纷表示“合法经营”有了“指导员”。

“金杯银杯不如老百姓的口碑。实施可丈量行政执法工作，群众对行政执法的参与度、感受度、满意度都有了相当程度的提升。”这是对推动可丈量行政执法工作的最大肯定，也是最好的鞭策。

普法为民好榜样

法治，是人类政治文明的重要成果；守法，是社会文明进步的标志。将法律知识送进千家万户，将守法、护法的种子播撒在百姓们的心田，是普法工作者义不容辞的责任。

是他们，把法律意识培育在公民心中；是他们，把法的武器紧握在公民手中；是他们，让法治阳光洒遍每一个角落。他们就是肩负神圣职责的普法工作者。

公益法律服务领军人

刘　凝

1965 年 12 月出生，现任北京市易行律师事务所主任，北京市政协委员，北京市法学会常务理事、公益法学研究会会长，北京市残疾人福利基金会副理事长。2010 年被全国律师协会评为全国优秀律师；2011 年被司法部评为全国司法行政系统劳动模范、全国“五五”法制宣传教育模范；2011 年被北京市授予首都精神文明建设奖、“北京市优秀有中国特色社会主义建设者”荣誉称号；2008 年荣立北京司法行政奥运贡献二等功；2011 年荣立北京司法行政系统一等功。

改革开放 40 年，也是中国法治建设卓越辉煌的 40 年，在波澜壮阔的法治建设过程中，普法是不可或缺的重要篇章。对全体公民进行持续的法治宣传教育，通过一两代人的时间在人们心目中树立法治观念，是中国法治建设的创举。律师作为法律专业群体、社会活跃群体和具有很大话语权的专业人士，在法治宣传教育领域具有无可替代的主力军作用，刘凝律师就是其中的一位重要人物。

初心不改，普法路上砥砺前行

刘凝律师 1986 年毕业于北京大学法律系，1989 年从事律师工作，在自己的工作经历中深刻体会到普法对于提升公民法律素养和全面依法治国方略的落实具有极为重要的意义。为此，他毫不犹豫地投身普法工作，并将普法贯穿到自己的全部职业历程中，形成了广泛的社会影响，做出了突出贡献。大学毕业32年来，刘凝律师先后在法律出版社、中国法制出版社、北京出版社等大型专业出版机构出版了130多本法律普及书籍，文字内容达7000多万字，内容涵盖婚姻家庭、未成年人保护、交通住房、邻里关系、医疗健康、农村农业、企业经营等15个大类40余个方面，其中20多本普法书籍作为司法部、北京市司法局及其他省市司法厅局指定的普法读物，读者达3000余万人，在普及法律知识方面发挥了重要作用。从事律师工作近30年来，刘凝律师坚持通过普法讲座、以案说法的方式宣传法律知识，普及法律常识。他不仅为各级党政机关和企事业单位工作人员授课，而且走进田间地头、街道社区、大中小学，为更多的普通群众和学生讲解法律知识。多年下来刘凝律师举办普法讲座近千场，听众达百万之多。在一些重大活动如奥运法治宣传、新农村建设法治宣传中，他更是当仁不让，承担了大量志愿者培训、社区居民教育等工作，取得了很好的宣传效果。刘凝律师长期配合北京市司法局的法治宣传教育工作，无论是法治宣传比赛竞赛的组织、法制宣传材料的写作制作、重大宣传活动的运筹策划，还是法治宣传公益网站的维护、热线接听、群众接待，他都冲在最前面，发挥了很大作用。刘凝律师愿意为社会弱势群体服务，担任很多公益组织、各种老龄协会、助残爱残组织的免费法律顾问，在工作中特别注重对于弱势群体的法治宣传，引导他们通过法律途径表达诉

求、解决纠纷，化解了很多社会矛盾，维护了社会稳定。

荧屏常客，百姓信任广受好评

近20年来，只要不是出差，刘凝律师几乎每天都会出现在北京电视台、北京人民广播电台的各类法治节目和新闻节目中，就社会上的一些突发事件和百姓身边事为观众、听众答疑解惑、指点迷津，制作各类节目逾5000期。很多北京市民都认识刘凝律师，每当发生一些社会热点问题，如集资诈骗、商家跑路、保健品欺诈、广场舞扰民等情况时，大家都愿意听听他的法律解读，这样的法治宣传自然流畅，效果特别好。北京电视台《法治进行时》栏目是最受北京市民欢迎的法治节目，作为栏目法律顾问，刘凝律师及其团队不仅长年在节目中为观众普法，2006年还专门开通《法治进行时》免费法律咨询热线，搭建公益法律宣传平台，解答观众法律问题，有针对性地宣传法律知识。现在《法治进行时》免费法律咨询热线每年接听电话咨询23万余人次，当面咨询2万余人次，咨询人员主要是外来打工人员、郊区农民、社区群众等社会弱势群体，十几年来受益观众达几百万人次。

网络助力，创新方式拓展途径

近10年来，随着互联网的普及，刘凝律师先后建设了法易行普法网、徐滔法律服务网等5个普法网站，负责维护涉及老年人、残疾人、未成年人权益等各类公益网站6个，在这些网站上，他把群众需要了解的法律知识用一问一答、漫画、案例等不同方式呈现，再通过实时的免费法律咨询来为网友答疑解惑，很多网友通过这些网站明白了自己的法律问题，找到了维护自己合法权益的途径，每天登录这些普法网站的网民达几十万人次。

基于刘凝律师的突出贡献，他先后被评为全国“四五”法制宣传教育先进个人、全国“五五”法制宣传教育模范、全国司法行政系统劳动模范、全国优秀律师、北京律师行业先进典型、北京律师公益之星等荣誉称号，并荣立一等功、二等功各1次。

公益普法“排头兵”

王金海

1965年10月出生，中共党员，辽宁青松律师事务所律师，现任大连市西岗区律师普法讲师团团长。2011年7月大连市司法局委员会授予王金海为“优秀共产党员”。2011年12月大连市委、市政府授予王金海“2006~2010年度全市法制宣传教育先进个人”荣誉称号。2015年12月辽宁省律师协会授予王金海为“辽宁省优秀律师”。2016年9月司法部授予王金海为“第五届全国法律援助工作先进个人”。2016年12月大连市文明办授予王金海为“大连好人”。2017年7月辽宁省司法厅选任他为省级人民监督员。2017年12月辽宁省律师协会授予王金海为“省优秀公益服务律师”。2017年12月辽宁省“民心网”评选王金海为“年度公益专家”。2018年3月辽宁省委宣传部授予王金海为“辽宁省岗位学雷锋学郭明义标兵”称号，全省仅有王金海律师一人获得此殊荣。2018年5月大连市委宣传部、大连市司法局选任王金海为大连市深入学习宣传宪法宣讲团成员（全市共9名成员，仅有1名律师）。2018年12月大连市律师协会授予王金海律师“优秀党务工作者”荣誉称号。

送法进校园，助力青春路

王金海律师曾经是一名军人，在军舰上担任航海长，退役前为海军团职军官。服役期间，他 3 次荣立三等功，多次受嘉奖。2005 年 10 月从部队退役后，他通过刻苦学习，通过了国家司法考试，成功转型为一名执业律师。王金海律师在连续为几名未成年人涉嫌故意伤害、盗窃、抢劫的刑事案件辩护后，他意识到，必须要让孩子们懂法，才能避免校园欺凌，远离犯罪。他先是到单位附近的一所中学，找到学校的德育处主任，主动要求为学生讲一次法制课，结合自己办理过的未成年人犯罪案例，通过"以案说法"的方式，给学生们讲了一次生动、直观的法制教育公益课，中学生们听了讲座后，反响强烈，法律意识明显提高，校园秩序井井有条。在这之后，大连市先后有 4 所高中、2 所初中和 1 所小学聘请王金海律师担任法治副校长，虽然没有任何报酬，但他乐此不疲，定期为学生上法治课，将杜绝校园欺凌、不信谣不传谣、严格微博、微信朋友圈信息发布、杜绝野味上餐桌、文明出行等作为重点宣讲内容，引导中小学生诺诚信、守规则，自觉遵守宪法和法律，遵守社会公德，提高文明素质。

大连市西岗区司法局借鉴了王金海律师公益普法的先进经验，组织 30 多名律师成立了"西岗律师普法讲师团"，推选王金海为团长，同时吸收法官、检察官、网警和在校法律专业大学生、研究生扩充讲师团队伍，面向全市为中学生普法。王金海精心选择一些未成年人常见的犯罪案例，宣讲一旦犯罪对今后人生的影响，还就如何加强对犯罪的自我防范进行讲解，遇到危险如何自护进行示范。中学生小军说，有几个小学同学前几天找他帮助"修理"一个在学校欺负他的同学，多亏听了王金海律师的公益普法讲座，让我知道随意打人是犯法的，现在想起来都后怕；还有一个中学生说，仗着自己天生身高力大，经常在班里欺负同学，大多数同学见到自己后都离他远远的，起初自己很得意，听了王金海律师的普法讲座后，自己非常震撼，也知道校园欺凌的危害，现在不仅不欺负同学，看到谁有困难就主动去帮助，班里同学之间非常和睦。许多中学生表示，今后要知法、守法，文明出行，杜绝校园欺凌，刻苦学习，为我国"两个一百年"奋斗目标贡献青春和力量。

送法进军营，共筑强军梦

西岗区司法局在辖区五个团建制部队分别设立了“驻军法律援助工作站”，王金海带领党员律师积极参与拥军活动，定期到部队举办公益普法讲座，宣讲《宪法》和一些与官兵息息相关的法律，引导官兵在日常生活中遵纪守法，安心服役。王金海的手机号成了官兵们的法律咨询热线，遇到法律问题能够第一时间找专业律师进行指导。部队在文职军人管理方面的劳资纠纷、退役军人信访问题也找王金海律师来调解，王金海律师对涉及军人军属纠纷的案件，全部给予法律援助，不收官兵律师服务费，得到官兵的信赖。先后有5起在地方工作的妻子起诉现役军人离婚的案件，王金海律师为现役军人提供法律援助，在他的耐心调解下，女方撤诉并与现役军人和好如初；在他的帮助下，先后有2起军队重大装备肇事案件（2死1重伤）民事纠纷成功化解，本打算到部队门口以“拉条幅”方式闹事的受害人家属非但没有去，反而相信王金海律师能够依法公正地处理好，最终按法律规定签署了和解协议。王金海和他的普法团队通过卓有成效的工作，为双拥模范城市建设作出了突出的贡献。

送法进基层，普法促和谐

王金海律师是大连市西岗区司法局聘请的社区法律顾问和中小微企业法律援助服务团成员，西岗区营商环境法律监督员，“民心网”百姓问吧法律专家，辽宁省司法厅聘请的省级人民监督员，虽然没有报酬，但他乐此不疲，定期进机关、进社区、进企业、进乡村宣传法律知识，为群众提供公益法律咨询。注重运用调解的方式解决邻里纠纷和家庭矛盾，使群众解决矛盾纠纷的路径从信访，甚至采取极端手段，逐步转变为通过法律渠道理性解决，把问题解决在家门口，有效地推进基层社区依法治理，促进了社会和谐，他担任法律顾问的西岗区黄河社区2017年度被评为“全国最美公益服务”社区。他还定期为街道干部、中小民营企业主、乡村干部和社区服刑人员举办公益法律讲座，在普法过程中遇到的纠纷给出法律建议。为困难职工、农民工、军人军属等特殊群体遇到的法律问题提供法律援助，平均每年办理法律援助案件 50 件，减免律师服务费上百万元。目前，王金海律师带领西岗律师普法讲师团为中学生举办大型公益普法活动 200 余场，为市民和解放军战士举办公益普法讲座也超过 200 场，有 20 万余人受益。由于在“法律六进”方面成绩突出，2018 年 12 月，王金海带领的西岗律师普法讲师团被大连市文明办授予唯一的一个“大连好人”集体。

在王金海律师的带动下，大连市法律工作者不忘初心，积极参与社会公益，履行法律援助义务，弘扬社会主义核心价值观，展现了社会主义法律工作者最美的一面。

人民喜爱的“跨界”警官

黄　奕

1972 年 10 月出生，现任上海市公安局治安总队基层指导处副处长，主要从事犯罪预防、都市治安形势研判和个人自我安全防范体系研究工作。近年来，先后参与策划、编辑、主持了《东方 110》《防范伴你行》《公共安全教育第一课》等电视、广播栏目以及“社区安全屋·为平安加油”“守护申城”等新媒体平台。曾荣立上海市公安局“平安先锋”荣誉称号 1 次、个人三等功 3 次。2013 年 6 月荣获上海市政府首届“上海市十大社会工作突出贡献人才”荣誉称号。

说起上海警界的“当红炸子鸡”，非市公安局治安总队的黄奕警官莫属，只要你在上海乘坐公交、地铁出行，就肯定“见”过他。黄奕是上海出镜率最高的警察，由他策划、主持的一档电视栏目《防范伴你行》，从 2006 年开播至今，每天在上海的公交、地铁上滚动播放，在移动电视公益类节目中，是受欢迎度排名第一的节目。每天有上千万人次通过地铁和公交车的屏幕观看他的节目，在潜移默化中提高着安全防范意识。

《防范伴你行》——市民身边的安全伙伴

2018 年，市民刘阿姨找到黄奕，说无论如何都要亲自向他道谢。原来刘阿姨每天都会在家门口的公交车站乘车出门，时常会在车上看黄奕主持的《防范伴你行》，但是从来没想到正是这个节目帮助她成功避开了“诈骗”的陷阱。有一天她在家中接到一个陌生人的电话，来电人自称是公安并准确说出她的名字和个人信息。对方说，她有一部手机涉及洗钱，派出所就要来抓她了，她的手机和银行账户都要被冻结，还让她登录一个网站查看所谓的信息，网站上赫然张贴着她的照片和“通缉令”，刘阿姨被吓得六神无主。对方趁机要求她将所有钱款都转移到“安全账户”，刘阿姨脑中一片空白，想也不想就带着家里所有的银行存折出了门。就在搭乘公交车去银行的途中，她又看到了正在播放的《防范伴你行》，黄奕警官一如既往提醒“接到陌生电话，只要涉及犯罪、洗钱、安全账户，一律不要相信……”，这犹如当头一棒，刘阿姨瞬间清醒。带着劫后余生般的激动，刘阿姨找到了黄奕，说：“黄警官，你真的是做了一件大好事，我一定要当面谢谢你。”送走了刘阿姨，黄奕又匆匆赶去参加一场法治宣传活动。临近中午，冒着寒风赶回的黄奕，1 点 15 分又要出发赶去高校主讲安全防范讲座。仅有的 20 分钟午餐时间里，他回了 5 次微信，接了 3 个电话，还要边吃饭，边给同事们布置工作任务，这就是黄奕警官的日常。

“公共安全教育开学第一课”——校园里的守护天使

安全防范与每一位市民息息相关，而黄奕最关注的是老人和孩子这两个群体。10多年来，黄奕亲手打造了以“小手牵大手，警察说安全”为主题的校园安全课堂宣传品牌，并应邀走进全市近500所幼儿园、小学和中学校园，通过互动游戏、快乐体验、方法教授等宣传模式，开展了一堂堂生动而又实用的安全课，受到了学生、老师、家长的欢迎。2018年，一部“公共安全教育开学第一课”在申城引发了不小的轰动。这是一档由上海市公安局与市教委联合录制的节目。黄奕参加并负责该节目第一板块“治安防范”。该板块通过用亲切的海派话语演绎真实案例，让原本枯燥的安全知识变得生动有趣，征服了广大师生和家长。

“跨界”——只为了守护城市的平安

“跨界”成了黄奕的标签，连媒体都说“黄奕可能是上海滩最会玩‘跨界’的公务员”。除了移动电视《防范伴你行》节目外，黄奕还精心打造了东方广播电台《今日治安视点》广播节目、《上海老年报》护身宝典以及微信公众号“社区安全屋”“守护申城”等新媒体宣传平台。不仅如此，黄奕还和同事们一起致力于让全上海300余个派出所一起玩“跨界”，与辖区内工商银行网点合作，在全市4000多个社区开展防范电信诈骗宣传活动。“警银合作，共防诈骗”，由此成为防范宣传的一种常规模式，迅速扩展到全市所有商业银行，并由上海进一步辐射到全国。在一次节目录制现场，主持人曾这样问黄奕：“大多数的人印象中，警察都是一身武艺，冲在一线办案，但你却总做些‘花拳绣腿’的工作，有没有心理落差？”黄奕还没来得及开口，他身边的刑警抢着回答：“防范宣传也是打击犯罪，就是因为奕哥够出色，上海的老百姓防范意识强，为我们刑警减轻了不少压力呢！”

“‘跨界’只是一种手段，只要是市民群众喜欢的安全防范宣传形式，我都会去尝试。”黄奕说。

说书老人三十六年漫漫普法路

潘恒球

1944 年出生，江苏省淮安市淮安区漕运镇泾河村农民。2006 年被中宣部、司法部评选为全国法制宣传教育工作先进个人，被省委宣传部、省司法厅评为“江苏省十佳普法宣传员”；2011 年被评选为江苏省法制宣传教育先进个人，获得“全国优秀志愿者”称号；2012 年获评江苏省首届“十大法治人物”，入选 2012 年 9 月“中国好人榜”；2013 年获江苏省第四届道德模范评选提名奖；2014 年被全国普法办表彰为“六五”普法中期全国先进个人；2015 年 CCTV2015 年度法治人物颁奖礼晚会获评年度致敬人物奖，当选江苏省“十大普法达人”；2016 年，被中宣部、司法部表彰为全国法治宣传教育模范个人，2017 年，其事迹编入六集政论专题片《法治中国》，获评江苏“最美法治人物”；2019 年，被江苏省司法厅授予“新时代江苏司法为民好榜样”称号。

“各位同学不要吵，莫嫌老汉多唠叨。放学路上休皮闹，不能随身带尖刀。假如一时太冲动，惹出祸来不得了。某校学生张伟伟，小小年纪蹲大牢……”这不是随意而为的顺口溜，而是潘恒球为其义务普法课精心编写的一段唱词。

为孩子，不计报酬，义务踏上普法路

潘恒球，江苏省淮安市淮安区南闸镇泾河村普法志愿者。16岁时到安徽拜师学艺说大鼓书，18岁出师后开始走南闯北赶场说书，潘恒球凭借着出色的技艺，成了淮扬一带响当当的说书先生。没想到，20世纪80年代初的一天发生的事情，改变了他的后半辈子的命运。那天，他乘车去江都说书，车上遇到警察带着两个少年，两个少年因赌博盗窃锒铛入狱。潘恒球唏嘘之余，一个念头开始在他脑海中久久挥之不去："能不能用说书教育下一代？"他打算用自己擅长的说书方式，把法律知识说给学生们听。他是一名说书人，前半生说书赢得"满堂彩"，后半生普法收获众多"学生粉"；前半生赶场说书让他"衣食无忧"，后半生说书普法分文不收；36年来，他的普法足迹遍布南京、扬州、常州、盐城等地的1000多个村居、500多个厂矿企业、2000多所中小学校，先后为青少年学生义务讲课8000多场，受教育学生达30万人次。

行万里，执着追求，普法路上不畏难

公益普法，有人笑他痴，但潘恒球觉得"自己做的事有意义"，对每一个机会都珍而重之。有一年春天，潘恒球骑着自行车去兴庄小学讲法治课，途中渡船时，他把自行车扛在肩上上船，船小人多，脚下打滑使他跌入河中，幸好被同渡人救起，但腰被摔伤。为了不耽误上课，潘恒球匆匆借换了湿衣，忍着腰痛，准时赶到学校。有一次，学校为了让所有学生都能受到教育，把"课堂"搬在大操场上，潘恒球不惧严寒，依然穿上了上课的装束——长衫，敲击着小鼓，一个个法治故事娓娓道来，将法治种子撒向广场每一个角落，播向3000多名师生的心田。课后，校长紧握住潘老的双手，由衷说道："潘老，您既是送法，又是送德来的。"

乐奉献，心系普法，40 年硕果累累

潘恒球只有小学文化，为开展青少年普法，他边讲边学，向书本学，向专业人士学，遇到自己看不懂的，记在本子上向法院、检察院、司法局等部门专业人员请教。近 40 年来，他自编自演的法治小故事达 60 多万字。“我为学生说的这些法治故事，不能放在肚子里，我要把这些普法小故事编成书，要让更多的学生受益。”2013 年，由潘恒球口述、他人帮助整理的《潘恒球法治故事选编》结集编印，全书近 16 万字，精选了潘恒球历年来所讲的 39 则法治故事。

“38 年青少年普法，我无怨无悔，我要不忘初心、继续前行，做一名普法路上的‘不老松’。”作为此次司法部“新时代司法为民好榜样”中年龄最大的入选者，潘恒球却不服老，公益普法“壮心不已”。

凝心聚力　创新引领
做新时代司法所引路人

陈锦燕

1973 年 4 月出生，中共党员，现任福建省南平市武夷山市司法局五夫司法所所长。2017 年其所在的司法所被南平市妇联授予“巾帼文明岗”荣誉称号；2019 年 1 月其所在的司法所被司法部授予“全国模范司法所”荣誉称号；2019 年被南平市妇联授予“南平市巾帼建功标兵”荣誉称号，被全国普法办授予“七五普法中期先进个人”荣誉称号。

陈锦燕身处在全国司法行政系统的“末梢”，多年的基层工作经验让她深刻体会到了司法所越来越受群众的需要与信赖，也让她磨炼成了一个柔弱中带着韧劲，文静中带着刚强的新时代女性。

普法为民，开创法治宣传新局面

为增强法治宣传实效，陈锦燕在“谁执法，谁普法”“法律六进”等法治宣传机制的基础上，创新开展“我和百姓聊聊法”活动，即通过组织各级各部门广大党员干部深入基层、深入群众，开展“问、解、答、办”法治宣传和法律服务工作。“聊聊法”活动以“五个一”为主线，即一支专业的普法宣传队伍、一月一法治主题、一月一期“巡回法治讲堂”、一张便民服务联系卡，一本活动日记台账，通过整合法律助理、法律顾问、司法所、公安、妇联等部门的普法力量，建设镇、村两级法治宣传阵地，面对面向老百姓提供法律咨询服务，解答群众热点、难点问题，化解矛盾纠纷。自活动开展以来，五夫镇共设置镇、村两级“我和百姓聊聊法”联络点 12 处，并在司法所设立“我和百姓聊聊法”推进办公室，开设法治讲堂 20 次，入户宣传 10,000 余户，化解矛盾纠纷 50 余起。“我和百姓聊聊法”活动的做法受到省、地、市各级领导的好评，并被《人民日报》《法治日报》等多家媒体报道。与此同时，陈锦燕与五夫镇工作人员共同精心策划，因地制宜，建成了五夫镇首个法治主题公园。法治公园涵盖了“法治格言”“古今说法”“法治石刻”“法治展馆”“普法园地”等内容，还包括孝、悌、忠、信、礼、义、廉、耻等朱子传统文化。法治公园将法治广场——荷花广场——法治走廊——法治学校连成一线，与政府机关、基层站所、中小学相连，形成一个整体性的法治宣传氛围。

调解为民，提高普法教育新成效

身在基层一线工作，陈锦燕紧紧把握新时代“枫桥经验”为了群众、依靠群众的核心要义，坚持法治宣传教育和矛盾纠纷调解相结合，把法治宣传教育渗透到矛盾纠纷调解全过程，在矛盾纠纷调解过程中普及法律知识，弘扬法治精神，从而提高普法教育实效性。2018

年4月，余某四兄妹因父母遗产继承问题纠纷，陈锦燕在调解过程中，首先将我国《继承法》的相关规定找了出来，耐心地向余家四兄妹进行细致讲解，使得他们对于继承法中相关规定及按规定应享有权利有了充分了解。之后，她对当事人做了大量调解工作，经过一番情、理、法的述说，最后，兄妹4人自愿达成了《调解协议》，一场因遗产继承之争得到了圆满化解。事后，余某高兴地说："所长不仅帮我们解决了家庭纠纷，还给我们上了一堂法治课，让我们对相关法律知识有所了解，真的很好，以后我有什么法律问题都来司法所咨询。"

服务为民，呈现基层公共法律服务新作为

多年的基层工作经验，让陈锦燕深切了解到群众寻求法律帮助的迫切需要。2018年年初，在陈锦燕的努力下，五夫镇实现公共法律服务体系全覆盖，11个行政村均设立了公共法律服务工作站。在镇公共法律服务工作站设有法律咨询、法律援助、人民调解、社区矫正等法律服务岗位，实现了基层法律服务一线贯穿、一点办结，让群众办理法律事务"只跑一趟路，不跑冤枉腿"，让镇村居民享受到与城市居民同等水平和质量的法律服务。2019年，武夷山五夫镇公共法律服务工作站共为群众提供法律咨询1700余人次，代拟法律文书17份，办理法律援助案件9件。

参加工作、扎根基层11年来，陈锦燕积极回应群众关切和基层民主法治建设需要，用勤奋、执着和热情在平凡的岗位上谱写着一首不平凡的普法之歌。

向平凡要非凡的普法人

王　纲

1970 年 11 月出生，中共党员，现任江西省瑞昌市司法局党组成员、副局长，1993 年告别三尺讲台与普法结下不解之缘，心系普法，行在普法，情于普法，以有为争有位，以有位创有为，瑞昌普法彰显颜值魅力。曾获得"三五"普法全国先进个人、"五五"及"六五"普法江西省先进个人。

王纲同志出生在瑞昌市一个偏僻的小山村，1993 年，他告别三尺讲台，步入司法战线，一干就是 26 年，数年如一日一心扑在普法教育工作上，被誉为九江政法战线上的时代楷模和普法标兵，用真情和热血谱写着一位基层普法人的奉献之歌，让瑞昌市的普法教育在全国赢得了影响，成为当地一张靓丽的城市名片。

他就是一颗钉，拧在哪里就固定在哪里

为了这份坚守，他刻苦学习普法知识，不断为自己输氧充电，在家人眼中，他就是一个痴心不改的司法迷，在同事们心里，他就是一名求知若渴的小学生。就如王纲时常提醒自己警诫自己，不是科班出身，只有自学成才，才能顺应时代发展和百姓的需求。王纲是这样说的，也是这样做的。他经常

挑灯夜读，书不释手；一有机会就虚心地向同事们求取知识。功夫不负有心人。他很快地从普法办一般干部到科长、升职普法办副主任再到分管普法副局长，先后在国家、省级以上司法刊物上发表文章50余篇。

他就是一面锣，走到哪里响到哪里

为了普法宣传，多少年一直精心浇灌这片沃土，他从不放过一次宣传法律的机会，不管是田间地头、街头巷尾，还是调解现场、房前屋后，经常出现他忙碌宣传和豪情讲法的身影。借助“3·15”“12·4”等重要时间节点和平台，积极开展法律咨询、法律援助、文艺演出、法治讲座、送法下乡活动1000余场次，组织司法行政人自编自导自演法治文艺节目40余个，举办法治文艺晚会10余场，形式载体丰富，特色亮点纷呈，有力推动了普法教育的纵深发展。

他就是一杆秤，走到哪里秤在哪里

他创新思维，求真务实，经常深入群众中，倾听群众呼声，了解普法工作的第一信号。他心中把普法界定为一项全方位为政治经济发展“保姆式”法律服务，行动中把普法当作一份个人酷爱的事业，始终紧紧围绕“瑞昌有作为、九江有口碑、省内有地位、全国有影响”的目标，顺应时代的新需求、呼应人民群众的新期

待，全身心投入不走样不变调，把时代的普法工作力求做好，做在领导决策层最为关注的地方，社会政治最为需要的时候，受益群众最为满意的程度。他经常向同仁们讲普法工作就是一杆秤，老百姓是秤砣，效果好不好，老百姓说了算。如何打好这张牌，坚定的是打持久战，需要的是用心去普法，践行的是哪里需要法哪里就有普法。在平凡岗位上，踏着时代普法的节拍，彰显基层普法人的情怀，努力发扬“白加黑”“5 加 2”的工作精神，冒严寒酷暑，迈田间地头，穿街头巷尾，踏三尺讲台，写法治故事，发普法文章，履职尽责，以最大的极限传播普法好声音，传递法治正能量。

他就是一粒籽，撒在哪里就在哪里生根开花结果

为了提升全市普法工作的含金量，他主动作为，争得了党委政府的高度重视，先后策划参与建设了一大批全省一流的瑞昌普法特色品牌。如柳湖法治主题公园、双百米法治宣传长廊、公共法律服务中心、法治文化广场、青少年法治教育中心、宪法主题广场等多项瑞昌样板，推介了顺应时代如法治微电影、法治动漫、法治故事创作、法治文艺节目等一系列优秀产品，递交了一份法治宣传报道工作连续多年保持全省前列的答卷。春种一粒粟，秋收万颗子，他与战友们一起夺得了一面又一面沉甸甸金字招牌。两度获得全国法治创建活动先进县市，3 次斩获全国普法教育先进县市桂冠，省市集体荣誉不胜枚举，个人获得省市先进 24 次，以高质量的成效让普法工作在瑞昌大地，从城市到农村，如火如荼地蔓延开来。

纵观 26 年普法路，一路走来，他没有做出什么惊天动地的事业，但一步步坚实的脚印，一件件平凡小事，却让人由衷地感动和钦佩！没有骄傲地“歇一歇”，而是把荣誉当激励和鞭策，实现普法没有终点，永远在路上的铮铮誓言。

情系百姓三十载　不忘初心普法忙

刘少华

1963 年 10 月出生，现任湖北省赤壁市司法局普法与依法治理股股长。1996 年被湖北省普法领导小组评为"二五"普法先进个人，2006 年被湖北省司法厅评为"行风评议先进个人"，2011 年被咸宁市司法局授予"个人三等功"，2014 年被湖北省委宣传部、省司法厅、省普法办评为"六五"普法（中期）先进个人，2016 年被湖北省委宣传部、省委法治办、省司法厅、省普法办评为全省法治宣传教育先进个人，2018 年被司法部评选为"全国最美法律服务人"（最美普法人），2018 年被湖北省委宣传部、省文明办评选为"荆楚楷模"。

他乐于奉献，投身司法行政事业 35 年；他崇法尚德，践行为民服务宗旨；他坚守法治精神，勇于创新法治建设；他情系百姓，用普法守护公平正义。追寻他前行的脚步，事迹平凡而朴实。他，就是见证法治建设春华秋实的湖北省赤壁市司法局法宣股股长刘少华。

痴情普法始青年

1983 年，年仅 20 岁的刘少华被分配到赤壁市司法局工作。那时，书写普法规划和经验材料全都靠纸与笔，他常常通宵达旦地抄写，被单位干部职工称为“灯下孺子牛”。随着社会发展进步，普法也需要提高水平。为此，刘少华加紧接受更深层次、更加专业的法律理论学习。1986年，他考入中南财经政法大学法律专业进行深造，接受了系统的法律理论知识的再教育，以优异的成绩重返普法岗位。茶庵岭镇有一对夫妻，是下放知识青年，到农村落户，后被村里照顾进了企业。企业改制后下岗失业，想回村里种地为生。夫妻俩多年来经常到村里和镇里扯皮，向村里强行索要土地。有一回，他给镇村干部讲法治课，镇里领导特意安排镇里上访闹得不可开交的夫妻俩在会议室后面听课。听完他旁征博引的以案说法，夫妻俩幡然醒悟，拉着他的手感叹：“课讲得好，讲得有道理啊，是我们错了！”

多年来，刘少华讲授的普法和理论宣讲课超过1200场次，授课时长超过1800小时，受众达15万人次。

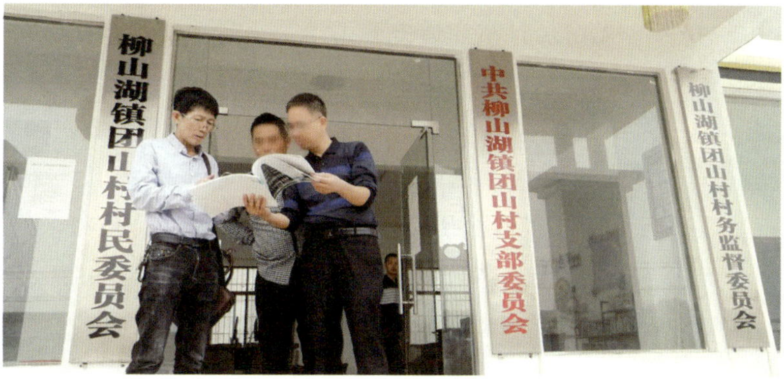

创新普法惠一方

20世纪90年代初期，电脑进入办公应用。为了方便工作，刘少华节衣缩食自费买了单位里第一台个人电脑，加班加点自学办公软件操作，使普法图文编辑工作有了质和量的飞跃。“爱学习、肯动脑”，是刘少华的一大特点。他不断自学最新法律法规，学习普法图文编辑、音视频摄录编、新媒体运营等技术，将灌输式传统普法模式调整为主动式精准普法模式。他还积极推进县域法治文化阵地全方位覆盖，在咸宁市率先建成县级最大的法治文化主题公园和首家村级法治文化公园，使百姓在休闲娱乐之际潜移默化地学到法律知识。2016年湖北省举办首届法治微电影大赛，他策划制作的微电影《留守儿童》斩获全省三等奖。他主编的说理解读式《赤壁市“七五”普法教材》和《法治格言警句谚语200条》广受社会好评。他编写和收集整理了一大批普法顺口溜，被百姓广为传诵，其中《民法总则顺口溜》被全省推广。

坚守普法志不改

无论是刘少华的办公室，还是他的QQ、微信里，每天都有尊称他为“刘老师”的群众慕名而来咨询法律知识。他把时间表湮没在“把法律交给人民，让民众感受公平正义”的具体实践中，加班多、材料多、动脑多，咨询多，休息时间少、身体考虑少、个人要求少、群众不满意少，这“四多四少”成为他的标签。无论是日常沟通协调工作，还是核对普法数据，又或是撰写普法宣传文稿，他始终“严阵以待”。“七五”期间，他完成了1920名“农村法律明白人”的培训工作，让全市农村普法网络更加结实。

多年里，刘少华有过多次调动岗位的机会，但都一一婉拒。他总说：“干一行就要爱一行，我热爱普法工作，乐意献出所有。即使将来退休了，我也要当一名普法志愿者，做一辈子普法老黄牛。”

普法宣传永远在路上

赵桂珍

1967年9月生，回族，1993年起在灵武市司法局法宣科工作。先后获得2006年银川市“四五”普法、2011年自治区“五五”普法、2016年全国“六五”普法先进工作者、2018年自治区“七五”普法中期先进个人。

赵桂珍是普法宣传的“用心人”。多年来，她进乡村访农家，走街巷入社区，到厂矿去学校……集市、广场、车站、企业、军营、机关单位处处留下了她普法宣传的身影。她以自己的实际行动和责任担当，忠实地履行了一名基层普法干部的光荣职责，兑现了她“贴心群众，努力工作，普法为民”的铮铮誓言。家住灵武市郝家桥镇崔渠口村的老王和老李因宅基地发生矛盾纠纷，成为冤家。赵桂珍在下乡普法宣传中得知了此事，她多次到家进行调解，但谁都不肯让步，赵桂珍不厌其烦地上门做两家的思想工作，通过调解，老王和老李终于化解了矛盾，握手言和。从“二五”普法到“七五”普法倾注了赵桂珍大量心血，她精心起草了《灵武市全民法制宣传教育规划》及相关的普法文件。亲力亲为对全市70多家成员单位的普法依法治理工作进行督导检查，查漏补缺，严格考核。规范整理了灵武市普法依法治理档案资料，编制了弘扬法治精神建成美好灵武的普法大事记图册、普法成果展和宣传片等，通过了自治区、银川市每个阶段的普法检查验收，得到区市领导的充分肯定。

赵桂珍是服务群众的“贴心人”

她把宪法宣传作为普法的核心，深入实施“法律书籍送农民、法律服务到农家、法律文化进农村”工程，培养农村“法律明白人”，开展千名干部下基层普法活动，把法律服务送到千家万户和农村的田间地头。在每年的各类节点宣传活动中，赵桂珍都积极参加，做好与所有普法成员单位的沟通、协调、组织工作。作为一名普通的普法工作者，她从未因自己的原因而影响工作，为做好全市普法宣传工作千方百计、不遗余力，真正让更多的群众了解法律，遵守法律，依法维权。

赵桂珍是群众明礼诚信、遵纪守法的“引领人”

赵桂珍创新工作思路，结合地方民俗特点，先后组织培育了金秋、馨悦等4个法治文化艺术团队；郝学良、王喜喜等4个法治文化农家大院；灵武高庙、关渠大寺、四中、回中等多个法治文化宣传阵地及灵武市政策法规电子超市。鼓励民间文化艺人创作普法宣传作品，编排普法宣传节目，拍摄普法宣传微电影，绘制普法宣传连环画，通过法治橱窗、电子屏、横幅、宁夏坐唱、方言小品、快板剧、歌舞、秦腔等群众

喜闻乐见、寓教于乐的法治文化宣传形式，扩大普法宣传受众面。组织百场

法治文化演出活动上山下乡、进村入居广泛巡演，将宪法和法律法规及禁毒知识、交通安全、扫黑除恶专项斗争政策解读等内容融入演出当中，使城乡群众在潜移默化中受到教育，极大增强了广大群众学习法律、认知法律、遵守法律的积极性和自觉性。赵桂珍充分运用“互联网 + 普法”模式，依托“普法依法治理微信群”、“灵武司法”微信公众号、“法治灵武”今日头条、等新媒体，多角度、全方位的进行普法宣传。在部分学校创建青少年禁毒教育基地和模拟法庭，建立“小手拉大手 · 大家一起走”普法模式，做好做实青少年这个“未来多数”的普法工作；与市纪委监察委、市委组织部共同开展“纪在法前，法在心间”的法纪培训，确保领导干部这个“关键少数”的普法工作扎实有效、落地生根。

多年来，赵桂珍组织开展普法宣传活动 1000 余场次，法治文艺演出 300 余场次，举办法治培训讲座 200 余场次，撰写、转载法治信息 500 余篇。作为一名普法工作人员，普法宣传，任重道远，面对法律赋予的重任，她将全身心投入工作，不断学习，继续勤勉敬业，勇于挑战，不负韶华，以不变的追求和务实的作风做好普法宣传工作，在普法宣传的征程上矢志不渝，脚步不停，一直走下去。让法治的阳光洒遍每一个角落！

不忘初心写忠诚 普法一线建新功

米合热尼沙·吐呼地

1973年2月出生，维吾尔族，中共党员，新疆霍城县人，现任伊宁市司法局普法办主任兼潘津镇英阿瓦提村第一书记、访惠聚工作队队长。2005年5月被国务院评为“全国民族团结进步模范个人”；2015年11月被司法部评为“全国模范司法所所长”；2019年2月被中华全国总工会授予“全国五一巾帼奖章”；2019年5月被授予“全国五一巾帼标兵”荣誉称号；2019年3月被中华全国妇女联合会授予“全国三八红旗手”荣誉称号。

伊宁市的基层普法草根宣讲员米合热尼沙·吐呼地，在基层去极端化普法宣讲这个没有硝烟的战场上，以语言为枪，用文字作戟，在维护祖国统一、社会稳定的关键时期勇于发声亮剑，赢得了伊宁市各族群众的信任和赞誉。

司法帮教，暖心细流润心田

1997年，她从西安政法学院法学专业毕业，成为基层司法所一员，从此担负起教育转化帮教对象以及与意识形态领域反分裂作斗争的责任，为当地的各族群众宣传党和国家的各项政策，让受蒙蔽的群众擦亮眼睛，看清楚宗教极端思想的危害。2000年6月，有着6个月身孕的她顶着烈日酷暑，连续20多天到重点人员阿某家走访帮教。从起初的躲着不见、闭门不开，到后来热情相迎，这中间是米合热尼沙无数次沟通交流、思想教育的结果。敞开心扉后的阿某从此不再游手好闲，做起了小生意，开始与人交流，极端思想渐渐消失。农田间、葡萄架下、房前屋后、巷道内，处处留下了米合热尼沙奔忙的身影。多年的寒来暑往，她以女性特有的细心、耐心、爱心和恒心，成功教育转化了多名重点人员，使他们洗心革面重新走上了正途。

普法宣讲，用心用情来说教

2009年，她从喀尔墩乡调到伊犁河路街道司法所工作，通过普法宣讲为更多群众点亮了守法的明灯。她常说："普法宣讲不是靠嘴，而是要用心。"米合热尼沙普法宣讲时，将历史、文化、宗教、法律知识融会贯通，通过小事例，让普通群众明白大道理。同时，她一直坚持以《宪法》《刑法》《婚姻法》等法律知识为依据，告诉每个人，作为中华人民共和国公民，就必须牢固树立国家意识和法律意识。2014年5月至今，她一直奔走在法治教育的道路上，共开展宣讲526场次，受教育群众20余万人次。米合热尼沙的普法宣讲深入人心，也戳到了"三股势力"的要害，为此，米合热尼沙多次受到疆内外恐怖分子的电话恐吓，但她始终没有退缩。

不忘初心，用忠诚书写责任与担当

2019 年，她被组织委派到伊宁市艾兰木巴格街道办北苑社区担任访惠聚工作队队长兼第一书记，半年内，开展普法宣讲 40 余场次，覆盖了街道办 18 个社区，受教育群众 5000 余人次。宣讲过程中，她常常走下讲台，与群众们互动，拉家常、谈变化，耐心解答。正因如此，她每次宣讲都赢得全场群众的热烈掌声。一次宣讲中，了解到库某的丈夫正在监狱服刑，两个女儿在上学，没有经济收入的情况后，她积极协调解决了一家的低保、医保等问题，减免了子女上学的费用，并自费为他们购买了近 2000 元的生活用品。在她的影响下，库某也成为一名优秀的草根宣讲员，同时，米合热尼沙从此有了两个女儿，库某的两个女儿每次见到她都会高兴地喊她“书记妈妈”。居民帕哈古丽说：“我们喜欢听‘大米’的宣讲，通过她的讲解，我们知道了身边发生的点点滴滴变化都和党的惠民政策分不开。我们过上幸福、舒适的生活，就要感恩党、感恩政府。”

“随风潜入夜，润物细无声”，在没有硝烟的战场上，米合热尼沙付出了心血和汗水，获得了群众的赞誉和无数荣誉：几年来，她先后荣获伊犁州“平安卫士”“感动伊犁十大人物”“自治区民族团结进步模范个人”“自治区基层宣讲先进个人”“全国民族团结进步模范个人”“全国模范司法所所长”“全国五一巾帼奖章”“全国三八红旗手”“新时代司法为民好榜样”等荣誉称号，荣立个人二等功 1 次。

不忘初心勇担使命
胸怀梦想砥砺前行

吴 刚

1966 年 9 月出生，中共党员，大学本科学历。1990 年 3 月参加工作，现任六师五家渠市司法局法治宣传科科长，历任 103 团司法所科员、副所长、所长，在基层工作 18 年。30 年来，他始终秉承以人民为中心的发展思想，辛勤耕耘在法治宣传教育的舞台上，奏响了师市法治宣传教育工作的华美乐章，赢得了领导和同事的赞誉，收获了广大职工群众的认可。

坚守初心，勇做普法先锋官

习近平总书记说：“时代是出卷人，我们是答卷人，人民是阅卷人。” 为答好新时代 “法治宣传教育” 这张试卷，当好普法先锋官，吴刚同志坚持常年走基层、下连队、进社区，与干部、职工群众面对面交流，了解和掌握基层单位和职工群众对普法工作的需求，制订普法计划、采取多项措施，推进普法任务落实。他常年不懈坚持学习，认真研读新出台的法律法规，不断提高自己的法律素养。他认真总结师市法治宣传教育工作的经验和做法，积极探索新形势下创新开展法治宣传教育工作方法，提升普法工作效能。他常说：“能为法治宣传工作做点力所能及的事，让职工群众更多地了解国家的法律法规，这是我最开心的事。”

敢于创新，祈愿法雨润新城

如何创造性地开展普法工作？这是吴刚同志一直在深思的问题。通过多年的普法实践，他总结出：普法工作必须始终坚持以习近平新时代中国特色社会主义为思想指导，全面贯彻落实党的十九大、十九届二中、三中、四中全会精神，全面落实党中央治疆方略，紧紧围绕维护社会稳定和长治久安“总目标”来开展。他首创“323”普法依法治理工作思路，即以宪法为核心、积极开展维护社会稳定，“去极端化”、扫黑除恶法律法规以及涉及职工群众利益法律法规为重点内容宣传；狠抓领导干部这个“关键少数”及受宗教极端和“双泛”思想感染群众这个重点人群；完善法治创建、法治文化阵地建设、“谁执法，谁普法”责任制三类工作方式，有效提升了师市依法执政能力和依法行政水平，推动了法治师市建设，营造了浓厚的法治氛围，为建设平安师市夯实了法治基础。

勇于担当，甘做普法追梦人

从事法治宣传教育工作以来，他始终拥有追求完美事业的梦想，拥有在田间地头解疑释惑的诚心，拥有默默守望普法这一亩三分地的恒心，甘做普法路上的追梦人。在他的组织实施下，师市“七五”普法工作有序开展，五家渠市法治文化园和法治文化一条街初现风采。“法在我心中”青少年法治演讲比赛、“中国梦—劳动美—兵团情”职工法律知识竞赛、兵团法治文艺会演在六师五家渠市圆满成功，“精彩人生路法治伴我行”法治征文大赛等纷至沓来。他亲自组织编印了《宪法修正案》宣传手册3000册，制作宣传展架300套，印制宪法宣传挂图3000份，成为连队职工学习、了解的宪法好读本。着力打造的具有红色六师元素的芳草湖农场28连，共青团农场4连、六运湖农场2连等7个连队和1个法治文化小区，受到时任兵团党委书记、政委孙金龙的充分肯定。匠心独运打造的“公交站台法治宣传画廊”、出租车电子屏“流动宣传栏”，在宪法及扫黑除恶法治宣传中成为这座军垦新城一道独具特色的靓丽风景线。

一分耕耘、一分收获，多年的努力结出了硕果。吴刚同志带领全科室工作人员攻坚克难谋发展，凝心聚力谱新篇，大笔描绘普法蓝图，精心勾勒普法思路，着力打造普法亮点，写下浓墨重彩的一笔。在他和同志们的努力下，六师有6个单位和个人被评为国家级法治宣传先进单位，26个团场和单位被评为兵团级法治宣传先进单位。他个人连续被兵团评为“五五”、“六五”及“七五”普法中期先进个人。

调解为民好榜样

人民调解被称为化解矛盾纠纷的“第一道防线”，被国际社会誉为“东方之花”。社会中有这样一群人，他们不畏严寒，不惧酷暑，面对形形色色、复杂多样的矛盾纠纷，常年奔走在“化纠纷，解矛盾”的第一线。他们以情动人、以理服人、以法育人，他们调停疏导，把纠纷化解在萌芽状态。他们是定分止争的调解工作者。

活跃在蓟州大地的调解之花

王红丽

1970 年 9 月出生，现任天津市蓟州区司法局文昌司法所所长，兼任文昌街道人民调解委员会副主任。多年来，始终战斗在人民调解工作的一线，用真诚与执着在社区播撒下和谐的种子。2017 年 12 月被天津市社会治安综合治理委员会评为 2015~2016 年度天津市综治（平安天津建设）先进个人；2019 年被天津市人民调解员协会评为坚持发展“枫桥经验”2019 年度优秀人民调解员；2019 年 2 月被天津市司法局授予“天津市司法为民好榜样”荣誉称号；2019 年被全国普法办授予全国“七五”普法中期先进个人荣誉称号。

情暖万家解民忧

面对频繁发生的社区矛盾纠纷，王红丽舍小家、为大家，总是第一时间到达矛盾现场，仔细询问、耐心劝导、深入分析、精准发力，使一个个棘手的矛盾纠纷得到有效化解。2017 年 12 月的一天，居民杨某某找到调委会，反映其所在单元一楼住户私自封堵厨房下水道，导致二楼至四楼住户污水无法排放，严重影响正常生活，要求有关部门给予解决。并扬言如果得不到满意结果就到政府上访。王红丽好言安抚下杨某某后立即与居委会干部一起到一楼住户家实地了解情况。一楼户主陈某反映，封堵下水管道系原户主所为，自己并不知情，不该承担这个责任。又因担心改造施工会破坏自家房屋整体装修效果，因此陈某拒绝改造。双方都有自己的理由，但问题还得解决。王红丽认真分析案情，找准法律依据，又从维护邻里和睦的角度对双方进行说服劝导。最终陈某认识到自身的责任，表示愿意积极配合改造施工。二楼至四楼住户共同出资恢复排水系统，同时对陈某的房屋进行全面维护，没有留下任何瑕疵。双方皆大欢喜。

真情调解促和谐

家庭是社会的细胞，家庭和谐社会才能稳定。王红丽充分发挥女性温柔、细腻的优势，和平化解了一件又一件家庭矛盾。2017 年 7 月王红丽受法院委托对一起离婚诉讼案件进行庭前调解。她认真分析案情之后，发现双方是自由恋爱，有感情基础，现已育有一子。了解情况后，王红丽分别约见双方当事人。面对女方的满腹委屈，她认真倾听、耐心劝慰，以特有的亲和力拉近与当事人的距离，赢得对方信任，使其敞开心扉；在与男方交流中，王红丽重点从家庭责任角度对其进行说服教育，使男方认识到自己的错误。通过深入沟通，王红丽判断双方仍有互相眷恋之情，夫妻感情尚未完全破裂，遂从法理、亲情角度对双方展开劝解，传递正能量，劝导双方要珍惜夫妻情缘、承担家庭责任、为孩子的幸福负责。通过多番努力，最终促成双方重归于好，一桩即将破裂的婚姻得以挽救，一个家

庭得以保全。

和平化解固亲情

2018 年 3 月，王红丽受人民法院委托，对一起未成年人抚养关系纠纷案件进行诉前调解。原告张某某之子张某与前妻李某离婚后，婚生子张某甲（未成年）一直随张某生活。2018 年 2 月张某不幸去世，原告夫妇无力抚养孩子，故向人民法院提起诉讼，要求李某承担对张某甲的抚养义务。因双方积怨已深，且李某已再婚远嫁，生活困难，调解难度很大。王红丽反复研究案卷，多次到当事人家中走访，最终找准被告李某母亲这个切入点。制定调解方案后，王红丽立即展开对李母的思想工作。面对对方的诸多怨言，王红丽表示充分理解，耐心倾听其发泄内心的不满，进而以拉家常的方式与其坦诚沟通，取得李母的信任。待其情绪稳定之后，从法理、亲情角度对其进行劝解。在亲情的感召下，李母态度逐渐缓和，表示愿意积极配合调解。在李母家王红丽通过手机与已远嫁外地的被告李某取得联系，对其动之以情，晓之以理，明之以法。最终使李某认识到，抚养未成年子女既是亲情需要，又是其不可推卸的法定义务。表示愿意放下恩怨，尽最大努力履行抚养义务；取得李某的配合之后，王红丽随即到原告家中做进一步调解工作。向其转达了李家接受调解的诚意，同时希望其理解李某家庭的现实困难，在抚养金额方面给予适当让步。通过王红丽同志的不懈努力，双方最终解除多年积怨，握手言和，孩子的抚养问题得到妥善解决，双方亲情关系得到有效维护。

多年来，王红丽同志始终活跃在基层一线，她以深厚的为民真情、娴熟的业务知识、精准的调解技巧服务社区、服务百姓，是一支化解矛盾纠纷的蓟州调解之花。

创新“X+5 小微调解”模式 促进有效社会治理

高晓晶

1982 年 11 月出生，现任河北省迁安市司法局五重安司法所所长。迁安市司法局授予 2015 年度司法行政系统先进个人，迁安市人民政府授予 2015 年度嘉奖，2016 年迁安市政府授予三等功，唐山市司法局授予 2016 年“全市优秀人民调解员”，中国共产主义青年团迁安市委员会和人力资源和社会保障局共同授予 2016 年迁安市优秀青年岗位能手，2016 年、2017 年、2018 年唐山市委政法委员会授予“人民满意政法干警”，2018 年唐山市委政法委员会授予“唐山市第四届金牌调解员”，2018 年迁安市政府授予嘉奖称号。

立足预防化解，创新发展“枫桥经验”，全国首创“X+5 小微调解”模式

“X”是指充分发挥群众力量，将一批有一定威望，热心调解的群众纳入平安人才库，包括乡贤、“两代表一委员”、“三老人员”、党员、返乡成功人士、专家学者、专业技术人员等各行各业人士，充分利用他们同群众

联系密切、有专业知识储备等优势参与调解，不伤和气地化解矛盾，为村民排忧解难；“5”是指 5 种小微调解途径，即村级微调解、乡级微调解、品牌微调解、治安微调解、诉前微调解，“五管齐下”把矛盾化解在基层，实现治理有效。每月定期召开由各村民调主任、乡贤小微调解员参加的综治、司法、信访月例会，听取各村矛盾纠纷排查化解情况。同时，通过以案讲法的形式，对民调主任、乡贤小微调解员进行调解培训，切实增强他们的调解能力，提高化解矛盾的成功率。通过民事调解的途径化解了一大批信访隐患矛盾纠纷。仅 2019 年以来，化解各类矛盾纠纷 86 件，提供各类法律咨询 170 余人次，引导法律途径 17 件，代写民事诉状 16 份。“X+5”小微调解模式提升了该乡调解工作的专业性，实现了小微调解的全覆盖，确保调解工作真正做到“小事不出村，大事不出乡，矛盾不上交”，切实将矛盾纠纷化解在基层，解决在萌芽状态。

创新成立小晶调解室，在“X+5 小微调解模式”里发挥重要作用

团队负责人高晓晶同志先后多次获得唐山市优秀调解员、金牌调解员、人民满意政法干警等荣誉称号。建设品牌调解室就是要带动更多的调解员学习先进，从而提高调解组织的整体水平，向着“小事不出村，大事不出乡”的目标积极迈进。2019 年以来，高晓晶团队已经成功完成调解案件 42 起。比如，有一对夫妇因为矛盾来到民政所办理离婚，办理人员发现他们的矛盾不大，就联合高晓晶同志，

一起给他们做疏导，结束以后两人红着脸回家去了，没再提离婚的事情。老百姓都对她竖大拇指，说她是身边的“帮大姐”。省残联党组成员、副理事长王怡来迁安调研时带走了一本她调解成功的一级伤残人员的家庭纠纷案卷用于教学，在本案的调解过程中体现了法律的谦抑性和人文关怀。

立足需求导向，加强乡村两级公共法律服务体系建设

五重安乡公共法律服务中心“只进一扇门，就能办好法律服务所有事情”，综治、司法、信访、法庭、派出所、律师和人大代表等各方力量，联合调解各类矛盾纠纷，群众依法办事意识逐步增强，法治思想更加深入群众内心，人民调解已成常态化，调解质量全面提高，很多矛盾纠纷在形成信访问题前就全部化解，只要能通过调解解决的事情绝不将问题上交使其转成信访问题，信访量逐年下降。深化村级法律顾问制度，建立法律顾问群，悬挂法律顾问展牌、法律咨询桌牌，将律师姓名、联系电话、微信二维码等，广泛告知辖区每位村民，大力拓展法律服务领域，有效畅通了法律服务、法律援助通道，打通服务群众“最后一公里”，全方位为群众提供法律方面的建议和服务，大力引导群众通过法律途径解决实际问题，她在疫情防控期间提供在线公共法律服务，通过微信语音解答辖区内一起关于五保户的纠纷，村干部担心发生纠纷第一时间想到了她，她耐心细致的解答，给村里吃了颗“定心丸”。

倾心调解 一心为民

斯仁山宝

1974年9月出生，蒙古族，中共党员，大学文化，2009年5月任察右后旗司法局红格尔图司法所长兼镇人民调解委员会主任。2010年被乌兰察布市委、政府评为社会矛盾化解工作突出司法所长；同年被旗委、政府评为维稳先进个人；2010年、2011年、2016年被市司法局评为优秀司法所长；2012年、2018年连续两届当选旗人大代表；2015年被察右后旗人大常委会评为代表活动先进个人；2019年被评为旗级优秀人大代表；2016年被乌兰察布市委、政府评为全市普法先进个人；2018年被内蒙古自治区司法厅评为金牌调解员；荣立个人二等功1次、三等功3次。

重视预防工作，坚持调防结合

基层问题错综复杂，群众矛盾千变万化。在调解工作中，斯仁山宝始终努力把工作重点放在“防”字上，认真探索研究各类纠纷的特点和发展规律，做到防范到位，抓早抓小抓源头，对可能诱发群体性事件的苗头性问题及时化解，确保把矛盾化解在萌芽状态，充分发挥人民调解工作“第一道防线”作用。多年来，他始终不忘自己的职责，让责任成为一种习惯，坚持调防结合，标本兼治。2016年6月18日，成功调处了高家村一工程中，张某等37名外省农民工拿不到工资决定停工，并与新找来的另一伙工程队发生激烈争执的事件。当时，在了解了整个事件的前因后果后，通过核对工程量及商定价格，积极调解协商发放了319,922元工资，这起事件的成功调处，及时预防了矛盾的扩大，否则，势必会使矛盾激化，甚至引发农民工群体性上访事件。

基层调解，法情理同步推进

作为一名调解员，斯仁山宝始终坚持真心和宽容，以耐心和细致的工作作风，开展调解工作。在红格尔图镇内有多家各类中小企业，乌兰察布中联水泥有限公司作为镇内最大的国有企业，坐落在红格尔图镇南二海村，有职工1400余人，曾为解决周边群众就业做出了贡献。但在国家去产能促发展政策大背景下，2016年该公司被国资委定为“僵尸企业”，按规定决定，采取竞争上岗并进行裁减人员。一时间，解除劳动合同赔偿款和补缴养老保险以及医疗保险问题成为纠纷焦点。

在诉讼解决费用高、人员消耗大、耗时长等诸多限制下，2018年年初，根据企业的申请，镇调委会自愿主动介入开展调解。第一组负责安抚员工思想和法治宣传工作，第二组负责对公司财务情况及现状进行摸底，并确立调解工作进展时间表和路线图。当时斯仁山宝担任调委会主任，他带领调解小组成员，以不懈努力、绝永不放弃的工作精神，在近三年时间里，共成功办理了9批255名职工解除劳动合同关系，涉及金额20,419,032元。并协调察右后旗人民法院及时指

派法官和书记员来到现场，为双方办理诉调对接相关手续，使解除合同人员的合法权益得到最大保障，并在签订协议后的5个工作日之内，将解除劳动合同补偿款如数打入员工银行卡。根据协议内容，公司应为解除劳动合同关系员工补缴医疗保险和养老保险。截至2018年7月，乌兰察布中联水泥有限公司为全体在职员工及签订解除劳动合同关系员工，补缴了医疗保险和养老保险6000余万元，现有4名解除劳动合同关系员工办理了生育保险报销手续，为部分需要办理解除劳动合同关系的员工办理了失业保险金相关手续。事后还电话回访人数100多人次。至此，圆满完成了调解工作，预防制止了一起国有企业大面积裁减人员的群体性不测事件。

心载群众，真情实意利化解

近年来，斯仁山宝成功调处各类矛盾纠纷700余件，调解成功率达到98%以上，化解可能“民转刑”案件30余起。在他参与的700余份调解记录档案中，记载调解的小纠纷占了绝大部分。因为人民调解工作和维护稳定工作成绩突出，他多次受到镇党委政府和上级领导的表扬和表彰，他所在的司法所2018年被评为全国模范司法所，他本人也被群众亲切地称为“调解大使”。其实，平日的工作中，遇到更多的是像芝麻大的小纠纷，但他从来没有厌烦过。反而，调解成了他的一件放不下的乐事。群众有了不顺心的话都愿意跟他说，把与其他居民的纠纷向他讲，哪家有什么困难也同他谈。他深知，人民调解员是架起党与群众心灵相通的桥梁，因此，百姓事无小事。

斯仁山宝最大的期望就是通过自己的勤奋敬业、默默奉献，能够促进社会稳定与和谐。他热爱人民调解工作，热心人民调解事业，以人民满意为标准，踏实工作，勤勉干事，以自己的真诚之心，去赢得广大群众的肯定，尊重和信任，在人民调解员的平凡工作中，发挥着自己的光和热。

为民服务　争做专业调解“排头兵”

王　彤

1983年10月出生，满族，现任长白山保护开发区专业人民调解中心主任。2014年起从事人民调解工作，2017年创立长白山专业人民调解中心，2017年、2018年分别被评为全省优秀人民调解员和全国人民调解工作先进个人，2019年获得全国“数字法治、智慧司法”成绩突出个人表彰、吉林省司法行政系统“123”工程活动表现突出个人表彰。几年来，她带领调解员团队调解纠纷案件900余件，涉及旅游纠纷528件，疑难、重大矛盾纠纷涉案金额近7000万元，调解成功率99%，司法确认案件近200件。

坚定信念　培树专业团队

从事调解工作以来，王彤的职业目标是：建立一支职业化的调解员队伍，以规范化的调解规程和专业人才的智力支撑，厘清家长里短，剖析疑难纠纷，依法为器，专注服务于社会民生。坚守着这样的理念，她探索出景区“公调对接”“诉调对接”“检调对接”工作机制，并与相关行政部门共同搭建景区矛盾纠纷化解平台，填补了景区旅游人民调解工作的空白。

创新发展 打造专业调解品牌

作为国家级5A级景区，长白山每年吸引着中外200多万名的游客，客流量的激增引起游客、商家、景区三方之间的矛盾纠纷也呈倍数增长。面对新问题，她们创新“互联网+”应用模式，打造了极具地域特色的“天池和”专业调解品牌，游客下载客户端就能第一时间找到调解组织，将矛盾纠纷及时化解在景区。自王彤带领的团队进驻景区以来，已连续3年实现景区刑事案件、较大治安案件、涉外旅游事件、涉警投诉事件“四个零发生”的目标。调解员联合景区治安支队民警共同制止纠纷500余件，涉及人数2000余人。在通过“天池和”视频系统调解游客李某与陈某由于排队引发的矛盾时，王彤和同事分别做双方当事人家属的思想工作，最后，当事人互相进行了道歉，如期参加其余行程，调解员虽然不在现场，但当事人通过手机终端就直接与调解员对话，及时化解了矛盾，达到了纠纷不出景区的预期效果。以“和谐、和睦、和悦、和合、和美”为内涵的“天池和”远程视频调解品牌得到了各方当事人的高度认可。

适应新常态 实现新作为

随着地区经济发展进入新常态，涉企矛盾纠纷日渐凸显，为主动适应互联网时代基层社会治理的新特点，进一步提高社会治理体系和治理能力现代化，坚持发展“枫桥经验努力实现矛盾纠纷不上交”。王彤和她的团队开拓新的办案思路，把为当地企业提供法律服务作为重点，运用“互联网 + 公共法律服务”通过线上、线下排查走访梳理出企业 5 大类 82 条纠纷，通过调解为企业挽回经济损失 4300 余万元。

2018 年敦白高铁项目开始施工，某企业通过招投标方式与施工单位取得合作，该施工单位又将项目内容进行分别与另外两家企业通过签订合同的方式进行分包，施工结束后甲方未按合同约定支付相关费用，导致二十几个人对施工现场进行了围攻。由于此次纠纷内容合同关系错综复杂且人数众多，社会影响较大，王彤立即组织团队进行部署，在进行具体分工后和联合当地法院制定调解预案，专职调解员分别与项目单位、中标企业、分包企业和实际施工当事人对案情进行梳理，在厘清了复杂的合同关系之后明确每份合同效力与甲乙双方应该承担的权利义务，在调解员合情、合理、合法的调解下达成协议且 25 件运输合同纠纷和 3 件劳务纠纷均得到了司法确认裁定书，累计涉案金额 642 万元。让一场极易升级为刑事案件的矛盾纠纷化解在萌芽中。2019 年 11 月用 3 天时间成功调解 85 件劳务纠纷，当事人纷纷送来锦旗表达感谢。

面对各方给予的认可和荣誉，王彤并没有停下脚步，而是更加坚定了她的职业理想信念，她将为维护当地和谐稳定而不断努力凸显“排头兵”的作用。

把忠诚镌刻在调解为民的旗帜上

张鹏谦

1969 年 7 月出生，满族，中共党员。现任吉林市千鹏人民调解委员会主任、党支部书记。他在 2012 年被吉林市昌邑区司法局评为“法律服务先进个人”；2013 年被吉林市司法局评为“吉林市司法行政工作先进个人”；2014~2015 年被吉林市司法局评为“吉林市优秀法律工作者”；2015 年被吉林省司法厅评为“五大工程”助推民营经济发展活动优秀个人；2015 年、2016 年先后两年被吉林市人民政府评为吉林市“法治江城建设十佳法律工作者”；2015 年被吉林市人民政府聘为吉林市政府立法咨询专家；2017 年荣获昌邑区法学会“先进个人”称号。

忠于党，用真诚提高党性修养

多年来，张鹏谦先后担任吉林市昌邑区人民调解委员会巡回调解室主任、吉林市千鹏人民调解工作室主任、吉林市宗教事务调解委员会主任。2013 年他率先在全市人民调解领域成立了党组织，深入贯彻落实了习近平新时代中国特色社会主义思想和党的十九大精神，坚持以人民为中心，主抓政治引领，用他独特的大局意识，加强了调解队伍的创造力、凝聚力、战斗力，推开了新时代人民调解工作新局面。作为吉林市一级人民调解员，他开创了全省首例“法治村主任”模式。他把调委会的党支部与昌邑区某乡辖区内的12个村党支部结成共建单位，为每一个村党支部派一名党员调解员，形成了城乡互补、资源共享。为了更好地开展人民调解工作，随时排查矛盾解决矛盾，他建议村委会把派驻在每个村的调解员聘为“法治村主任”。

忠于祖国，用真功创先争优奉献

为了增强人民群众共享全面依法治国成果的获得感、成就感，经吉林市司法局批准，于2018年率先成立了吉林市宗教事务人民调解委员会。张鹏谦同志带领调解员开展了“人民调解进宗教活动场所”“法律服务进宗教活动场所”等大型活动，为提高宗教法治化管理，宣传党的政策，打造绿色宗教、和谐社会，起到了积极的作用。这在全国也是一种创新。

忠于人民，用真情化干戈为玉帛

他扎根基层、心系百姓，从事人民调解工作18年，共调解矛盾纠纷2200余件，挽回经济损失1.6亿元。张某某赡养纠纷案老人撕心裂肺的哭声；滕某某相邻关系纠纷案被邻居欺负多年的弱势；刘某某房屋拆迁补偿合同纠纷案夫妻无房居住的困境；廖某某提供劳务者受害责任纠纷案被截肢后索赔无果的绝望；昌邑区某建筑公司留守人员劳动报酬纠纷案的无奈；王某等83位农民工讨薪无望的叹息；某寺庙佛像定做加工合同纠纷案合同违约的无助，每一个面孔、每一个叹息都时时让他牵挂。仅2018年累计共调处各类

矛盾纠纷案件 210 起，其中有王某等农民工劳动报酬案等 83 件，廖某某等信访息访案 63 件，宗教事务矛盾纠纷案 6 件，其他纠纷调解案 58 件。他为政府分忧，为百姓维权，化解了多起“民转刑”案件的发生，让百姓的问题能反映、矛盾能化解、权益有保障，筑起了一个化解各类矛盾纠纷，维护社会稳定的新平台。

忠于事业，用真心解决群众需求

为了更好地学习推广“枫桥经验”，张鹏谦在土城子满族朝鲜族乡所辖的 12 个行政村，设立了“张鹏谦人民调解工作室”等多个个人调解室，使人民调解工作得到了全方位覆盖，真正做到了“小事不出村、大事不出乡，矛盾不上交”的良好局面。他在主抓人民调解的同时，整合法律服务、法律援助、信访法律服务、宗教法律服务等资源，凝聚合力，同址办公、真正做到了便民利民的“一站式”法律服务。

如今，在大调解格局下，张鹏谦面对矛盾敢于迎难而上，面对危机敢于挺身而出，以新时代的司法理念指导自己的司法实践，奋力拼搏在第一线。深入基层、深入实际、深入群众，在调解的主战场，维护稳定的第一线，服务群众的最前沿，带领他的团队，提高本领、砥砺前行，书写不忘初心、调解为民的新篇章。用他的辛勤付出展现了司法为民的新作为、新面貌。

来自鹤城的“拼命三郎”

李子奇

1976 年 4 月出生，大学文化，中共党员。现任齐齐哈尔市人民调解协会会长、齐齐哈尔市医疗纠纷人民调解中心主任、齐齐哈尔市人民调解中心主任。先后荣获“齐齐哈尔市十佳人民调解员”“全国人民调解工作先进个人”“全省最美人民调解员”等荣誉称号。2017 年 7 月齐齐哈尔市医疗纠纷人民调解委员会荣获“全国模范人民调解委员会”荣誉称号。

不忘初心做表率，化解矛盾为己任

作为一名共产党员和人民调解员，李子奇始终以化解纠纷为己任，把实现矛盾不上交，创建和谐稳定的社会环境作为人生追求的目标。几年来，他带领调解中心一班人，在思想上和政治上始终与党中央保持高度一致，严格按照党的八项规定和党章严格要求自己。认真学习和贯彻落实党的十八大、十九大和习近平总书记一系列重要讲话精神。以习近平总书记关于司法工作的重要指示为指南，积极开展人民调解工作，积极学习、实践和发展“枫桥经验”，实现了矛盾不上交，纠纷不回流。严格按照法律法规和公平公正的原则，依法维护矛盾纠纷双方的合法权益和社会和谐稳定。严格遵守调解纪律，不徇私枉法和谋取个人私利。在调解工作中先后绝收好处费、请吃、礼品等 20 余次，充分表现出一名共产党员廉洁自律的高尚品格。矛盾纠纷调解工作，小到鸡毛蒜皮，大到人命关天，有时情况十分复杂。他始终以化解矛盾为己任，凭借对调解事业的热爱、敢于担当的精神、精湛的专业知识和丰富的调解经验，每次都会在很短的时间内，将纷繁复杂的“特、大、难”的矛盾纠纷化干戈为玉帛，为营造和谐稳定的社会环境作出了贡献。

刻苦钻研成专家，调解实现专业化

作为医调中心主任，为了尽快掌握医学、法学、心理学、语言学等专业知识和调解方法技巧，李子奇利用一切机会向专家虚心学习请教，借出差和异地调解等机会进行调研。一头扎进档案室翻阅和研读了 5 年来的近 500 卷案件调解档案资料，终于掌握和具备了查阅病历和研判诊断报告、医疗规程及案件分类、划责、赔偿测算等专业知识和业务能力。李子奇刻苦钻研医疗管理规范和有关法律法规，积极探索和创新人民调解工作方法和技巧。先后创建了矛盾纠纷调解的

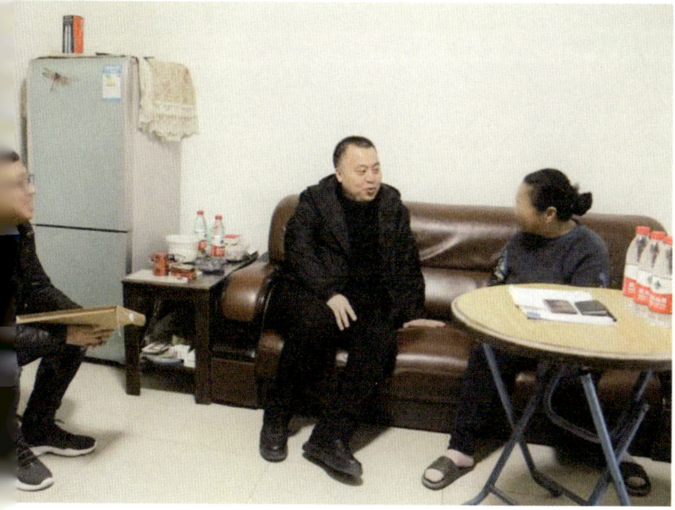

“首调机制、速调机制、分调机制、研判机制、评审机制、专家咨询、网上调解、诉前调解”等科学适用的调解方法和规范，使人民调解工作实现了专业化和规范化。选择了 47 个专业 300 名医学专家和法律专家组建了专家库，为疑难复杂的医疗纠纷案件调解提供专家咨询服务。搭建了人民调解工作信息化平台，实现了网上远程业务咨询、立案调解、诉讼立案。运用“大数

据”信息统计分析系统，向医疗机构提供纠纷案件数据统计分析报告，提出规避医疗风险合理化建议，使部分医院医疗纠纷数量明显下降。

牢记使命敢担当，实现矛盾不上交

李子奇同志既主持人民调解中心的全面工作，也亲自参加“急、难、大”医疗纠纷案件的调解工作。依法处置现场医患纠纷冲突案件40余起。制止停尸、烧纸钱、拉横幅等违法“医闹”事件19起。带领调解员年平均接待咨询1500余人次，立案130余起，成功调解矛盾纠纷120余起，处置国家、省市级上访案件9起。调解成功率达92%以上，履约率100%。既维护了社会环境的和谐稳定，也维护了当事人的合法诉求，实现了矛盾纠纷不回流、不外流、不上交的目标。得到了市委、市政府有关部门的充分肯定和群众的高度赞扬。

春风化雨润心田　真情调解促和谐

张玉兰

1973 年 10 月出生，汉族，中共党员，1995 年参加工作，2016 年起从事司法行政工作。现任大庆市大同区司法局太阳升司法所所长、太阳升镇人民调解委员会主任。

她出生在农村，扎根基层 25 年，一直从事着行业纠纷调解工作，自任所长和调委会主任以来，她又奔走于田间地头、百姓家中，用时间和行动诠释着司法行政人的宗旨和职责。3 年来，累计参与调解各类矛盾纠纷 500 余起，调解成功率达 98% 以上，预防民转刑案件 10 多起，化解群体性上访 4 起。2017 年、2018 年连续两年被大庆市司法局授予“金牌说和人”称号，并于 2018 年带领该所晋升为省级示范司法所。

搭建载体，构建多元化调解便民

坚持服务创新，她不断在调解模式、调解路径上探索创新，积极启用“互联网 +”，构建立体式多元化诉调机制。创建法律服务微信群，使百姓足不出户，在家门口就能化解掉纠纷。建群的第二天，王某在微信群里向张玉兰求助。王某将12亩土地承包给本村村民孙某耕种，2017年年末到期。因铁路建桥占地，二人因占地补偿款发生纷争。接到这一求助信息后，张玉兰立即向王某讲解占地补偿款中永征款和青苗补偿款归属权的法律依据。经过调解，最终王某同意把青苗补偿款如数退还给孙某，孙某也同意归还土地，二人握手言和。开启远程调解先河。一天，某村支书给张玉兰打来电话，要求连线“小鱼视讯”帮忙调解。该村的30多位村民以草原发包村民不知情，要求归还他们的经营权、管理权和使用权，并赔偿损失为由到村委会讨说法，张玉兰立即向镇主要领导汇报此事，组织主管草原、土地等领导一同到信访调处室，通过“小鱼视讯”的“线上”方式，让其选出5位代表，并远程对接风华律师事务所张律师，进行有序调解，问题得到圆满化解，一场集体访、越级访得到有效控制。

法理并措，坚持公平合理利民

某村田某搭乘刘某驾驶的四轮车发生车祸，致使田某受伤车辆受损。田某被确诊为多发性粉碎性骨折，医药费都是田某自己垫付的。经多次协商未果，于是田某找张玉兰寻求帮助。她经过认真研究案情，决定首先从“法”的角度入手，向刘某讲解《道路交通法》《关于审理人身伤害赔偿案件适用法律若干问题的解释》等，让其增强赔偿责任意识。同时，又陪同刘某到法庭咨询法官，法官不仅告知了刘某承担民事赔偿责任的必要性，又帮其分析了调解与诉讼的利与弊。从“理”的角度，希望刘某能换位思考，将心比心。从“情”的角度，希望田某念及刘某年龄较大，车辆受损，又在一个屯住着，远亲不如近邻，在赔偿数额上有所让步。在她晓之以理、动之以情的几番耐心劝说下，历时半年的一场交通肇事案终于圆满落幕。

心系弱势，彰显调解情怀为民

2017 年春节刚过，李某打来求助电话，称其姐夫死亡、姐姐入狱，年仅 7 岁的外甥女无人抚养。妻子同意将外甥女接回抚养，可老岳父却不同意，并放出狠话，若他们把孩子接回家抚养，就断绝父女关系。张玉兰三顾茅庐，又多次和老人电话沟通，老人说出了顾虑，女儿家条件不好，无力承担抚养两个孩子的重担；婆婆还瘫痪，也需要照顾。张玉兰晓之以理、动之以情地劝说老人，首先，老人应该为拥有这么善良贤惠的女儿而骄傲；其次，女儿是一位知书达理、替丈夫分担的人，夫妻恩爱，家庭和谐，你更应该放心；最后，女儿孝顺老人，侍奉患病的婆婆，是中华美德，是大家学习的榜样，做父母的应该欣慰。一边劝慰着老人，另一边立即联系民政局为孩子办理低保并申请司法救助，在她的努力下，老人终于点头了，小外甥女也顺利接回了家。

刘某 6 万元的交通肇事赔偿案、王某 12 万元的邻里纠纷损伤赔偿案、于某 15 万元的失火理赔案，上至大额经济赔偿案下至婆媳、邻里间的鸡毛蒜皮的小事调解案是她“建功展风姿，文明服务谱新曲”的真实写照。张玉兰，这位干练、雷厉风行的女调解员，凭着对职业的热爱，对党的忠诚，不忘初心，牢记使命，满腔热忱奔走在“司法征程”上，默默书写着司法行政人生路……

努力打造高技术含量的人民调解团队

沈　东

1972年7月出生，中共党员，在职研究生（硕士）。1989年8月入伍，2012年1月转业至浦东新区司法局开始从事人民调解工作。多年来，致力于专业人民调解中心建设，助推人民调解转型升级，完成调解案例276篇、专业论文10篇。2016年获浦东新区人民政府嘉奖，2018年当选浦东新区第一届“好干部”。

一张小传单结下深深的缘

2012年，沈东从海军部队转业，被安排到浦东新区医患纠纷人民调解工作办公室。对沈东来说，人民调解工作是个巨大挑战，“我认识天上的每一个星星，但对柴米油盐一无所知，对‘柏阿姨’式调解更是不认同”。好在海军战士从来不缺少爱心，就此沈东与人民调解深深结缘。当年7月的一天下午，天气异常闷热，沈东去一所医院调研，经过大门外拥挤的人行道时，有人塞给他一张卡片，原以为只是小广告，在他正准备随手弹入垃圾桶的瞬间，上面一个黑色而扭曲的“冤”字让他心头一怔。耿小姐，“80后”上海人，就职于陆家嘴的一家证券公司，在医院生完孩子后，突发高热，经过十几个不眠之夜的抢救而获得新生，但在半年后却成为残疾人。她认为医院应对其残疾负责。医院认为自己的诊疗符合规范，法院也不支持她的诉求，于是她走上了异常艰辛的维权之路。在了解到基本情况后，出于对弱者的一片关爱，沈东决定帮一帮她，一回到单位就启动了纠纷调查工作。经仔细调阅医院的病历资料，他们发现：医院在治疗过程中使用大剂量的抗生素和激素，这些药物有可能导致肺部纤维化和股骨头坏死。查到问题后，沈东站在公正的立场，耐心细致地在耿小姐、医院两方之间进行调解。当时，既有医院责备甚至不合作，也有耿小姐知识分子特有的偏执、坚决不接受任何调解方案。所谓“念念不忘，必有回响”。经过多方努力，纠纷最终得到解决，虽然赔偿依然没有达到耿小姐预期，但她签订协议书的那一刻，脸上浮现出释然的笑容。这次调节让沈东深深地懂得：法律之外，还有理与情。

打造新时代专业调解队伍

人民调解的确解决了不少问题，但也面临挑战和质疑：调解组织小、散、弱，调解员队伍老化，调解回避矛盾根源、缺乏权威，这令沈东陷入深深的思考之中。创新离不开理论的指引，“不仅要埋头苦干，还要抬头看路”。沈东带领团队的同志每年坚持开展与调解实践紧密联系的课题研究，先后发表10余篇论文。2015年，他们作了“专业人民调解平台建设若干问题研究”，同年诞生了全国首家调解工作平台——人民调解中心。人民调解中心每年都有新鲜血液补充进来，现在调解员平均年龄才35岁，甚至不少是“95后”，本科

以上学历达 90% 以上，并且吸引了 4 名“海归”和 8 名研究生加入。这些年，沈东对培训上下了一番苦功，分级分类培训、周五课堂和案例讨论等制度逐步建立，新入职的人员通过科学设计的岗前培训，很快胜任调解工作。上海政法大学毕业的小孙自己还没有对象，却已经成了调解离婚纠纷的专家，律师弄不懂的还要请教他。年轻的调解员或许还不太懂人情世故，但却有一种特有的执着和单纯。他们建立了一套比较科学的评估体系，通过数据及时发现问题、纠正工作中的偏差。

努力提升人民调解工作效能

为更好地发挥人民调解在社会治理体制创新中的纠纷解决和基层社会治理功能，2017 年沈东和他的团队专门开展了“专业调解组织社会化保障若干问题研究”，推动人民调解制度运作的社会化。期间，上海市政府通过政府购买服务方式进一步推进人民调解工作。在此前提下，他们抓住机遇，推动人民调解中心陆续孵化出国际旅游度假区纠纷调委会、消费纠纷调委会、证券基金期货业纠纷联合调委会等 8 家调解机构，调解领域拓展到物业管理、投资贸易、知识产权等行业，调解能级得到极大提升。2018 年，64 名专职调解员年调解纠纷成功数超过 2 万件，人均 300 余件，是全国平均水平的 120 倍。进博会期间，派出 6 名熟练掌握外语的调解员加入涉外法律服务团，为参展商和观众提供法律咨询和纠纷解决服务。

沈东坚信：在法治中国的大视野下，踏踏实实做好小事情，一定能聚集更多的志同道合者，上为政府分忧，下为百姓解难，有效维护社会稳定前沿阵地，不断提升人民群众在公共法律服务体系建设中的获得感、幸福感和满意度。

悉心调解化干戈　春风化雨沐群众

林新法

1963 年 9 月出生，浙江湖州人，中共党员，大专学历，现任湖州市吴兴区八里店镇人民调解委员会副主任、八里店司法所所长。曾获“全国模范人民调解员”“全国人民调解能手”“浙江省司法行政系统第五届十大最具影响力人物”“浙江省优秀共产党员”“全省政法系统优秀党员干警”“全省六五普法先进个人”“全省司法行政先进工作者”等荣誉。

用心调解暖人心

在湖州吴兴区八里店镇，提起林新法，老百姓都很熟悉。近年来，八里店镇人民调解委员会在林新法的带领下，先后荣获浙江省人民调解工作先进单位、湖州市先进人民调解委员会等称号。面对过往的殊荣，林新法没有停下脚步，他继续怀揣着对人民调解事业的热心和爱心，尽职尽责，用实际行动构建起维护和谐社会的第一道防线。

复杂矛盾妙手解

八里店镇是湖州东部新区建设的核心区域，近年来在基础设施、农村安置社区、省级新农村建设体制创新试验区的全面推进中，矛盾纠纷在所难免。但多年来，不管多么复杂的矛盾纠纷，只要到了林新法手里，总能让怒目相对的双方握手言和。2017 年发生的一起重大人身伤害纠纷就是个典型案例。“当时双方在继续治疗和赔偿费用上产生了很大的分歧，虽然我们耐心向他们讲解了相关法律法规和政策，但效果不佳。”后来，患者家属还因为缺少治疗费用而情绪激动起来。见此，林新法耐心细致地做患者家属的思想工作：“你的家人还在接受治疗，伤残鉴定暂时不能做，存在很多不确定因素……”经过林新法和其他调解员连续几天的共同努力，双方就赔偿金额的分歧一点点缩小，林新法趁热打铁继续做双方的思想工作。多次反复劝说下，双方最终达成一致意见，这起纠纷也得到了圆满解决。

林新法调处化解的各类疑难矛盾纠纷举不胜举，3 年来，他直接调处疑难复杂纠纷 172 件，其中，意外死亡纠纷 87 件、群体性纠纷 51 余起。

纠纷调处有“套路”

常有人对林新法竖起大拇指称赞：“林主任，那么复杂的矛盾纠纷，到你手里就迎刃而解，厉害啊！”但是，在林新法看来，一个人不管能力有多突出，能发挥的作用毕竟是有限的。如何让人民调解这朵“东方之花”更好地绽放、花开满园，成为他一直思索的问题。近年来，林新法对自己的调解经验总结概括后，提炼出了“四定、三联、三常”纠纷排查调处机制：“四定”即“定时间、定

地点、定责任、定调处”的接待调处机制；“三联”即“联片调解、联村调解、联镇调解”的纠纷化解机制；“三常”即“常走访、常排查、常回访”的纠纷预防机制。在“四定、三联、三常”纠纷排查调处机制的引导下，林新法和八里店镇的调解员们，对群众反映的实际困难和问题，总是积极创造条件加以解决；对已经出现的矛盾纠纷，坚持做到不推、不拖、不回避，全力化纠纷、解难题、办实事；对一时解决不了或不能解决的，也认真负责地解释清楚，或导入司法途径解决。

努力学习不停步

“别看他现在做起矛盾纠纷调解工作信手拈来，其实他也是半路出家的。”湖州市菰城法律服务所主任周淦生是林新法的老朋友，作为八里店镇政府法律顾问和八里店镇公共法律服务站驻点人员，他与林新法在工作中有着很多交集。在他眼中，林新法之所以能成为一名优秀的人民调解员并非偶然，“这是他不懈努力和坚持的结果”。在从事调解工作之前，林新法从事的是农业线上的工作，对人民调解工作并没有太多了解。这样的转型，对于林新法来说，是个不小的挑战。“我本身的文化水平也不高，所以刚开始做这项工作时，心里也是没底的。”“不懂法律法规，我就抽出时间参加培训、看书学习，碰到案例我就多分析、多学习，多与法官、律师交流。”久而久之，林新法的业务越来越娴熟，也拥有了自己的一套调解方案。

“做人民调解工作，要情理法兼备，但更要耐心、细心！”林新法说，虽然在调解工作中经常被人误会，“但只要我付出真心去调解，大家总会理解的，最后问题也总能心平气和地得到解决”。

三十年风雨兼程调解路

金其华

1969 年 12 月出生，现任安徽省六安市霍邱县夏店镇砖佛寺村党支部书记、村人民调解委员会主任。安徽省第十二届、第十三届人大代表。2013 年被安徽省司法厅授予“全省双百佳人民调解员”称号；2014 年被安徽省司法厅评为“最美人民调解员”。

在砖佛寺村有一道风景：从早到晚，总有一个人骑着摩托车穿行在村落间，他黝黑的脸庞尽显憨厚朴实，爽朗的笑声和耿直的语言总让人感觉到和蔼可亲，一个黑色的提包从不离手，一辆只能用脚才能踹响的 125 摩托车成了他的标配。他的名字叫金其华，安徽省六安市霍邱县夏店镇砖佛寺村人民调解委员会主任。

始终如一

社会和谐是他对工作的期盼。他自 1988 年开始就与人民调解工作结下了深厚情缘，他先后担任过村矛盾纠纷信息员、调解员、调委会副主任、主任。多年来，他始终默默奉献在基层，倾心于人民调解工作，以案释法不懈地宣传法律，化解了一起又一起矛盾纠纷，奇迹般地把一个充满矛盾的后进村变成了全县“社会治安综合治理先进村”。

随叫随到

一心为民是他对百姓的承诺。金其华深深懂得“工欲善其事，必先利其器”的道理，在工作和生活中，他特别注重学习的重要性，为了做好人民调解工作，在学习好各种法律法规和方针政策的同时，他还特别善于学习和总结调解工作的程序、方法和技巧，紧跟时代步伐，以人民为中心，不忘初心，坚持创新发展新时代“枫桥经验”，始终坚守在社会和谐稳定“第一道防线”上。

他从事人民调解工作30多年，调解的矛盾纠纷连他自己都数不清楚，全村有1000多户人家，他调解过各类纠纷的涉及的家庭就有700多户。他能够熟练制作各种调解格式文书，每年调解民事纠纷达60件以上，其中书面卷宗均在20件左右。由于他语言表达和思维能力非常强，调解时能“动之以情、晓之以理”，调解成功率和群众满意度达100%。

长年累月

绝不放弃是他对调解的热爱。他做人民调解工作中有太多感人的故事，其中有很多在当地被传为佳话。他的耐心劝解，使许多濒临破碎的家庭重新过上了幸福日子；他的真情感化，使许多面孔重新绽放出理解的笑容；他的刚正不阿，使许多误解的眼神流露出感激的泪花。那一夜、那一天、那一周、那一月、那些年……他把时间留给了他热爱的调解事业，他把感动留给了许多许多需要他帮助的人。

人们都问他：你做调解工作这么出色，群众认可度和满意度这么高，你有什么方法和技巧吗？他笑了笑说：哪里有什么方法，把老百姓的事当成自己的事，不调解成功不罢休就可以了。他在调解笔记中写道：调解是一份社会责任！有了这份社会责任，通过我们的付出，就会使更多的家庭更和睦，更多的邻里更和气，我们的社会就会更加和谐！一名基层的调解员能有这样的博大胸怀！

默默无闻

苦中作乐是他对人生的追求。他人朴实无华，他家清贫如洗。他出身农民，以地为生，全家就10亩耕地，一家四口仅靠这10亩土地和他微薄的工资维持生活。他整天忙于工作，自从参加基层工作以来没有经营过第二产业，家中没有存款，只是勉强过日子。妻子常挂在嘴边的话是：抛家不顾！儿女也时常埋怨他不关心他们的学习。但清贫的生活从未动摇过他扎根基层服务群众的信心和决心。

他有两个让他引以自豪的评价，“把村当家建的书记”是上级党组织对他作为村党支部书记的评价；“他有一辆价值连城的车”是安徽省司法厅对他调解工作的肯定和人格的认可，他是当地坚持发展“枫桥经验”的传承者。

“突突——突突——突突——”一听到摩托车响，群众就知道他来了，有哪一天群众听不到他的摩托车声，群众那一天就好像缺了点什么，他把群众时刻放心上，群众也时刻把他放心上。

金牌“和事佬” “调”出和谐曲

陈柏潮

1957年7月出生，中共党员，1992年参加工作，1999年开始从事司法行政工作，2017年8月退休，现任龙岩市新罗区东城街道人民调解委员会专职调解员。从事人民调解工作20年来，参与的调解事件达3000多件，重大矛盾纠纷1000多件，调解成功率达99.8%以上。2004年被龙岩市司法局授予“十佳优秀人民调解员”；2012年8月被司法部授予“全国人民调解能手”荣誉称号；2017年5月所在东城街道人民调解委员会被司法部授予“全国模范人民调解委员会”荣誉称号；2018年7月被福建省司法厅聘请为首批十位“福建省人民调解专家”之一。

勇于探索，发挥优势

新罗区地处龙岩市中心城区，近年来，随着城镇化进程的推进和经济下行压力的加大，因征地拆迁、企业改制、物业管理、劳资关系、交通事故、人身安全等矛盾纠纷易发多发，成为影响社会和谐稳定的隐患。面对日益剧增的社会矛盾，基层调解成为缓和矛盾升级、化解矛盾冲突、推进社会和谐稳定的主要途径之一。在从事人民调解工作期间，陈柏潮积极关注民生、维护群众利益，以强烈的工作责任感投入到人民调解工作中，化解各种群众矛盾纠纷，为党委、政府排忧解难，营造了和谐社会环境，同时还把维护镇

（街）稳定，尽力、尽心、尽职化解矛盾纠纷，保障群众合法权益作为衡量基层人民调解工作重要标准，发现一起，解决一起，为维护辖区稳定和谐作出了积极贡献。他利用长期从事人民调解的实践经验和个人影响力，于2014年4月，成立了龙岩市首家以调解员个人名字命名的陈柏潮调解工作室，将基层较普通的邻里纠纷、婚姻家庭纠纷、人身损害赔偿纠纷、劳资纠纷、征地拆迁等作为调处重点，参与全区甚至全市重大疑难调解事项。2017年8月退休后，仍积极投身人民调解事业，现任龙岩市新罗区司法局东城街道人民调解委员会专职调解员。陈柏潮个人调解工作室成立5年来，先后挖掘和吸收了法院、基层司法所和全区各村（社区）基层调委会、法律服务所等调解能手30人，从人员上保证了工作的有效开展。每遇调解，他还积极言传身教，对调解人员进行相关法律法规和调解技能的专项业务培训。

总结提升，争创品牌

陈柏潮注重提升个人调解工作室的经验，注入新形式新变化新要求和新内容，努力打造市级品牌调解室。调解，关键在“调”，目的在“解”，如何“调”，没有固定模式。由于每个案例当事人不同、事由不同、诉求不同，调解的成败与成效，完全在于“调”者的法理坚守、情理把握，可谓知易行难。陈柏潮用群众乐于倾听的语言、易于接受的工作方式，访民情、察民意，找准产生纠纷的原因和矛盾争议焦点，选准当事人之间利益的平衡点，看准法理与情理的结合点，找准彼此谅解的融合点，许多看似解决不了的调解难题，都被一一化解。长期的调解探索和实践中，陈柏潮总结出心理缓和法、先易后难法、趁热打铁法、巧借东风法、背靠背引导法、内紧外松法、析理教育法、案例参照法、攻克领导法、联调机制法等调解“十法”经验，并在实践中取得积极了成效。他在组织处理龙岩市2018年“12·25”公交车事件民事赔偿过程中，采取依法依规、先易后难、先亡后伤、先伤后残的处置原则，使8位遇难者的理赔工作在10个工作日内得到妥善处置，其余伤者治愈一位调解一位，实现了为当地党委政府排忧解难，为百姓谋求合法利益，实现以调解促息访、以调解促稳定的大好格局。经过几年的磨炼，

“金牌调解”在全区乃至全市、全省具有一定的知名度。他公开、公平、公正的调解得到人民群众的一致肯定，被当地群众亲切地称为“金牌和事佬”“可信赖的潮哥”，他创立的“陈柏潮调解工作室”也得到当事人的一致信任，当事人都说，“要调解，找潮哥”。

规范建设，发挥效应

陈柏潮将调解标牌、制度、程序、标识、调解人员照片、调解范围和原则、工作纪律以及当事人的权利与义务等有序排列公示，申请调解的群众一进门就对调解流程有清晰的了解。每当有当事人找上门，只要自己在场，他总是热情接待，认真倾听，详细分析，提出合法合理的调解办法。工作室接到调解申请后，总是第一时间组织人员到现场了解情况，制定调解工作方案，分批组织开展调解工作。如新罗区铁山镇在重大项目征地拆迁工作中遇到的困难，调解工作室接到申请后第一时间组织人员深入现场开展调查摸底、了解情况，制订有针对性的调解方案，做到有条不紊、有的放矢。对确需相关部门协助的案件，主动向上级主管部门汇报，协同相关部门开展调处工作；对已上访信访的案件，调解人员先进行安抚工作，做好思想疏导，防止矛盾进一步激化；对调处成功的案件，制作规范的人民调解协议书，引导当事人到人民法院进行司法确认，防止出现事后反悔的情况；对确实调解不成的案件，引导当事人通过其他法律渠道解决纠纷，让群众来的舒心，走的称心。在开展人民调解工作的同时，工作室不断通过龙岩电视台、龙岩人民广播电台、《龙津法治》等宣传媒体，宣传人民调解工作，向全社会公布“陈柏潮调解工作室”的服务电话，面向全区开展免费的法律咨询和法律服务，真正打造成化解矛盾、宣传法治、服务群众的“一站式”法律服务综合工作室，进一步宣传新罗区人民调解优秀品牌，展现了新罗区基层人民调解员的工作风采。凭着对工作的执着，对百姓的热情，无悔奉献于基层工作，正如他所言：“只为和谐一片天，无悔调解伴我行！”

“独臂大侠”妙手调解暖民心

阳昌绍

1964年6月出生，现任江西省芦溪县宣风镇珠亭山村村民委员会主任。从事基层人民调解工作14年，待群众如同亲人，成功调解各类矛盾纠纷1200余件，涉案标的1000余万元，大家都亲切地称他为“老绍”。2012年8月被司法部授予“全国人民调解能手”荣誉称号、2016年12月江西省法建办、省委宣传部、省司法厅等联合授予省“2016年度江西十大法治人物”、2016年12月中央文明办授予“中国好人榜”、2016年12月国家人力资源和社会保障部、司法部联合授予“全国司法行政系动劳动模范”、2018年1月被司法部评选为“新时代最美法律服务人”、2019年5月省江西司法厅授予全省首批“人民调解专家”荣誉称号。

在江西省芦溪县有位调解员“名气”响当当，他就是阳昌绍。由于阳昌绍为民排忧解难，任劳任怨，大家都亲切地称他为“老绍”。老绍其实不老，人值中年，虽然只有一只手臂，可他资历不浅，当过工人，开过废品收购店，2005年开始在村委会一直从事人民调解工作。在这十几年里，他风里来雨里去，走村串户，深入农舍和田间地头，为民化解民事纠纷，为此骑破了5辆自行车，换了10余双解放鞋，群众称他为“独臂大侠”，他的“老绍之家”也成为当地平安建设一张亮丽的名片。

心中有民民为天

老绍经常这样说：“村民反映的虽然是小事，但我要当作自己的大事来做。”他怀揣一颗爱民之心，对人民调解工作总是乐此不疲。自从老绍“恋”上了这份职业后，不记得有多少个大年三十没有与家人吃年夜饭，也不知道有多少个凌晨夜晚才回家……在他的办公室里挂满了鲜红的锦旗，正是群众对他“心中有民”的真诚点赞。自“老绍之家”成立以来，在他的影响下，村里的法治服务队伍慢慢慢壮大，先后又成立了老绍志愿者服务队、三员一家、宣风镇人民调解员协会等调解队伍，“服务员”由原来的一名发展到现在几十人的“服务团队”。近年来，“老绍之家”为村民调解民事纠纷600余件，接待法律咨询1000余人次；举办法治宣传培训13期；接待心理咨询近百人次；开展读书活动10次，成为服务基层群众的“连心桥”。

依法调解化积怨

常言道：“清官难断家务事。”该村下屋组李某和刘某互为邻居，为争一块不足10平方米的空地闹矛盾纠纷长达10年之久，可谓小吵天天有，大吵三六九。这件纠纷是阳昌绍在村委会上班不久首啃的“硬骨头”。自古“开弓没有回头箭”，他接手此项工作后，利用业余时间地走访了该组老农和群众，了解矛盾的症结，经过1个星期的调查了解，终于牵住了“牛鼻子”。原来这块空地是

李某祖辈曾建过猪舍的地方，由于时间长久，长期没有维修，在20多年前就倒塌了，刘某的住房紧挨这块空地，他将这块空地围成菜园种菜，当时村委会在该组搞新农村建设要拓宽村民入户道，这块空地双方争执不让，使工程无法正常施工。在这节骨眼上，老绍找到双方当事人和当地群众，耐心细致地向他们宣传《物权法》相关法律知识，并判定该土地的经营权属归李某所有，在大家弄清了事情的来龙去脉后，根据法律条文，刘某补偿了李某300元征地费，久拖未决的矛盾终于化解了，双方握手言欢，至今和睦相处。在文明和法治的熏陶下，如今的珠亭村不仅环境秀美靓丽，百姓质朴友善，而且法治建设工作硕果累累，该村先后被评为县“秀美村庄建设示范点”、市“依法治理工作”单位、全国“无邪教创建示范村”等。

为民服务讲真功

古人云：“其身正，不令而行。”为提高自己依法调解和业务能力，老绍研读法律书籍，常常是白天忙工作，晚上忙学习，并用仅存的左手艰难地写出了4本达5万余字的读书笔记。在他的影响下，村里的法治队伍慢慢壮大，“老绍之家”从原先的1名“服务员”扩充到10多名“服务员”，并组建了由法律服务员、人民调解员、心理咨询员为一体的“三员一家”服务团队。最近，在老绍的倡导下，又新成立了“宣风镇人民调解员协会”。几年来，本着“有事就办、有难就解、有困就帮”的原则，“老绍之家”为周边村民调解民事纠纷600余件，接待法律咨询1000余人次；举办法治宣传培训13期；接待心理咨询近百人次；开展读书活动10次；为留守儿童和空巢老人送温暖8次；文艺演出6场。老绍还受邀到其他乡镇或企事业单位帮助调解，参加县法院案件调解一年就达30件，调解成功率达100%。“老绍之家”的运行赢得了村民的认可和赞同。

“欲穷千里目，更上一层楼。”现在，老绍的目光看得更远，他正谋划着将“老绍之家”打造成全镇乃至全县人民更加方便快捷、高效优质的服务团队，从而形成“依靠群众、源头预防、依法办理、减少矛盾、促进和谐”的崭新的为民服务格局。

群众眼中的“调解大使”

刘华明

1979 年 9 月出生，中共党员，现任青岛黄岛秉正法律服务所主任、青岛西海岸新区海事纠纷人民调解委员会主任。2019 年 6 月被青岛市委评为“青岛市优秀共产党员”。

刘华明在工作中始终坚持以人民为中心，按照“发展‘枫桥经验’，努力打造新时代人民调解工作升级版”的总体部署和要求，着力化解各类社会矛盾纠纷，真正把“调解为民”根植到头脑中、落实到行动上，实现了“纠纷不升级、矛盾不上交”。近年来，刘华明年调处矛盾纠纷 150 余件，免费提供法律咨询 600 余人次，参与调处化解重大矛盾纠纷 10 件以上，指导司法所和基层调委会调处各类矛盾纠纷 1000 余件。

发挥专业特长，积极参与群体性事件调查处理

刘华明在日常工作中讲政治、顾全局，高度重视基层法律服务及人民调解工作，从自身专业出发，切实把基层工作做实做好，以服务为民的理念营造和谐稳定的社会环境，多次参与化解重大集体性案件，受到社会各界高度

评价。2018 年 10 月成功化解“7·26”重大群访性欠薪案。该案涉案人数 216 人，涉案金额 1200 余万元，案情极其复杂。刘华明带领团队提出“法律援助与人民调解”相结合的办案策略，办案过程中无畏酷暑、悉心调解，为涉案职工将工资全额索回，且企业被盘活，职工得到了新的岗位，办案结果受到各界高度认可。“法律援助 + 人民调解”的矛盾化解模式在全区重大群体性案件中被推广。

创新工作机制，不断提升人民调解水平

刘华明创新建立海事纠纷诉前“一站式”调解机制。在海事纠纷诉前调解中，由海事局出具责任认定书，第一时间引导当事人申请人民调解，调解组织受理后，邀请保险公司、司法鉴定机构一同参与调解。保险公司与鉴定机构的参与直接节约了时间和资金，有效节约了当事人的诉累和司法资源，被渔民誉为“海上党旗红”。他探索“诉调对接”新模式。2017 年 5 月，成立以法律服务所为依托的区法院委托调解中心，专门受理法院诉前委托调解的民商事案件。委托调解中心 2018 年接受委托 6885 件，成功调处案件 3020 件，为当事人节约诉讼费 400 余万元，此调解机制被最高人民法院、山东省高级人民法院在全省推广。推动形成“人民调解与劳动稽查联动”机制。2018 年 6 月，刘华明与区人力资源和社会保障局建立“人民调解与劳动稽查联动”机制，运用执法办案平台、微信平台功能“智慧办案”，加大对企业的监管力度，从案件源头着手纠纷调解，将大量劳动用工纠纷化解在劳动督察及仲裁受案前。机制运行以来，成功化解纠纷 400 余件，其中 10 人以上群体性案件 12 起。

服务基层，做群众身边的“普法员”

近年来，刘华明在做好调解工作的同时，还总结出背靠背调解法、熟人说理法、逆向思维法等“调解工作八法”。2015 年他撰写的论文《基层法律服务在人民调解工作中的作用》被山东省基层法律服务工作者协会评为一

等奖。刘华明经常深入高校、企业和社区，针对不同群体的特点和需要，扎实开展多种形式的法律服务。在青岛琅琊台集团、圣元乳业集团、黄海学院、港湾学院、隐珠街道办事处、六汪镇、大村镇、宝山镇等机关、企业、高校开展普法专题讲座20余场次；多次与司法所、社区、区知名企业共同组织大型普法宣传活动；在红色革命老区设立法律服务点，定期与老党员座谈、为老区民众送法律服务，通过精准普法提升群众的法律意识，真正将法律服务送到群众身边。

初心使命记心间　人民调解为人民

牛秀丽

1975 年 11 月出生，河南卫辉人，1996 年 7 月加入中国共产党，1998 年 5 月参加工作，本科学历。现任卫辉市唐庄司法所、汲水司法所所长，兼任唐庄、汲水两镇调解委员会主任。2012 年被司法部评选为“全国人民调解能手”，2014 年 4 月被河南省人民政府授予“河南省先进工作者”荣誉称号，2016 年被河南省司法厅评为“河南省最美人民调解员”，2019 年被河南省司法厅评为“河南省人民调解员专家”。

扎根基层，服务人民

牛秀丽把群众当亲人，为群众化怨言，帮邻里添和谐。2019 年的一天傍晚，她接到一村干部请求调解该村一村民的工伤死亡赔偿纠纷电话后，随即带领调委会工作人员赶赴现场，先后组织双方当事人进行调解，她首先对死者家属进行心理疏导和耐心安抚，充分考虑双方当事人利益，做到“情”通。与此同时，她又向双方当事人讲解相关法律法规，通过讲法析理，做到“法”通，“法”与“情”的结合使随时可能激化的矛盾得到化解，双方最终达成赔偿协议。在工作中主动服务，她经常深入田间地头、当事人家中，现场调查了解情况。服务对象是老弱病残孕幼的，她格外用心，电话说不清又无法借助线上沟通的，她总是说，“你等着，我马上过去。”总是让人民群众少跑路、不跑路。为加快办案进度，她顺应当事人的生产生活规律，利用中午或者晚上到当事人家中进行调查。遇疑难复杂的矛盾纠纷，为防止事态或损失扩大，往往夜以继日，连续工作。2018 年 8 月因村委换届选举期间选民因病在选举时突发死亡引发的群体性纠纷，她为方便做工作就住在乡政府，与乡、村干部共同连续协调处理 9 天 8 夜，直到协议达成才回家。

注重宣传，预防为上

因地制宜，坚持以宣传抓预防。牛秀丽经常利用农村集市、庙会等时机，采取散发宣传页、便民服务卡、现场咨询服务、植入文艺演出等形式，以《人民调解法》和常见涉农法律法规的宣传为主，不断提高人民群众对调解工作的知晓率、首选率和满意率。当前防控新冠肺炎疫情期间，则主要通过微信群等形式为人民群众解疑释惑。广泛深入的法律宣传，从源头上起到了预防作用，有效减少了矛盾纠纷的发生。

创新调解，成效显著

不断创新调解方法，用新形式解决新问题。牛秀丽将传统文化运用到化解婚姻家庭和邻里纠纷中，创新“情景回放”调解方式，有效调处赡养、抚养等亲属成员间矛盾纠纷。探索“互联网 + 人民调解”，创立了“秀丽帮帮”微信公众号，作为热线电话的补充，随时随地方便人民群众联系咨询。实行网格管理，定期组织排查，发现矛盾纠纷苗头，及早介入，抓住最有利的时机，掌握处置事件的主动权，“灭火于初起”，最大限度地降低事件“烈度”。调解条件不成熟的先采取稳控措施，防止事件激化、升级。巧妙通过电视媒体，借助道德舆论力量，推动调解进展，扩大人民调解的社会效益。先后成功调解了崔某与石武高铁施工方征收补偿纠纷、郭某遗弃婴儿抚养纠纷、张某家人抬棺到企业要求死亡赔偿纠纷、刘某信访9年的合同执行纠纷、九旬老太与6个子女的赡养纠纷等。当事人十分满意，人民群众深受教育。

牛秀丽以高度负责的精神、过硬的法律知识、入情入理的分析、热情周到的服务和富有成效的工作，赢得了当地群众的高度信任，被当地人民群众亲切地称为“奔走在乡间的和事佬”、人民的“牛”调解。经常有当事人点名要求牛秀丽调解。她大量成功的人民调解实践，正如“春风化雨”，使矛盾纠纷双方尽释前嫌、握手言和，最大限度把矛盾纠纷尽早解决在基层，实现矛盾不上交，对构建平安和谐社会起到了“活血化瘀”的良好作用。10多年来，哪里有矛盾纠纷，她就出现在哪里。围绕人民调解需要，她的足迹踏遍了工作范围内3个镇的64个村庄，共调解各类矛盾纠纷2300余件，其中化解重大矛盾纠纷98起，处理信访纠纷136起，防止民转刑纠纷56起，调成率98%，履行率100%。

一张“婆婆嘴” 让司法所“能”起来

亢 铃

1971年6月出生，中共党员，1989年到青山区司法局工作至今，现任青山区司法局钢花村司法所所长。2015年被司法部评为“全国模范司法所长”；2015年荣立省司法厅二等功；2016年荣获武汉市总工会武汉“五一劳动奖章”荣誉称号；2017年被武汉市委、市政府授予全市“百佳优秀公务员”荣誉称号，并记三等功一次；2018年被评为湖北省先进工作者；武汉市2018年第二季度时代楷模；2018年武汉市首届十大基层法治人物。

8万多人的大型居民区，人多、事多、纠纷多。如何实现“矛盾不上交、问题就地解决”？全省先进工作者、武汉市青山区钢花村司法所所长亢铃用30年实践，摸索出一套独有的司法行政工作“阳光三重奏”：以情动人、对症下药、心理调节，将矛盾、纠纷化解在萌芽状态。

一张“婆婆嘴”，巧解基层纠纷

一头干练短发，一脸阳光笑容，47岁的亢铃看起来亲和力十足。在同事眼里，她是化解矛盾、调解纠纷的“高手”。“社区小事看似鸡毛蒜皮，却关系着群众苦乐。”亢铃每天要面对的是诸如拆迁纠纷、打架斗殴、邻里纷争等矛盾。钢花村下辖 12 个社区，辖区一有点“风吹草动”，她总是第一时间出现在现场。但有时，这位司法所所长出面，并不起作用。“你们又没有执法权，调解有什么用？”纠纷发生时，有居民把她往门外推，认为她多管闲事。但她始终笑脸相对，讲解法律，以理服人，以情动人。此前，辖区一所学校几个学生欺负一名同学，被欺负学生的家长带着一群人冲进学校欲殴打学生。面对剑拔弩张的场面，她沉着冷静，义正词严，最终把几乎失控的激化事态，巧妙化解。辖区海绵城市工程施工中，不慎造成一名七旬老人意外受伤，其家属情绪激动，亢铃耐心讲法说理，劝说阻挠施工的家属，又做通施工方思想工作赔偿老人医疗费用，保证了施工顺利进行……经亢铃之手，没有一起纠纷因调解不及时或不合法引起上访或民转刑案件。她希望，通过自己的一张“婆婆嘴”，让基层司法所“能”起来。

让社区服刑人员感受关爱

社区矫正是基层司法所的主要工作之一。钢花村辖区居住着青山区近 1/3 的人口，共计 2.8 万户。司法所社区矫正对象里，有不少是高学历企业高管。“这类人群因职务犯罪获缓刑后到所里接受社区矫正，心理落差特别大，需要帮助他们及时调整。”亢铃说。武钢集团下属子公司的副总姜某，因受贿被判刑。初到司法所接受社区矫正，他很少主动开口与人交流。亢铃得知，姜某很疼爱女儿，但“出事”后女儿觉得父亲丢了自己的面子，不爱理他。为打开姜某“心门”，亢铃做通了其女儿的思想工作，使她接受犯了错误的父亲。经亢铃努力，姜某逐渐想通：积极改正才是今后人生目标。后来，姜某被重新聘用到一家合资企业工作。2018 年肝癌晚期的矫正对象李某，因没有医保，医疗费需全部自理。而李某父母均已退休，家庭困难，准备放弃治疗。得知情况后，亢铃立即联系区社保局、民政局、钢花村街道办事处协调，当月就为李某开通医保卡。

亢铃的举动，让李某深受感动，李某自愿办理了遗体捐献手续。临终前，他对儿子叮嘱：“一定要吸取我的人生教训，好好做人，回报社区矫正机关对我们一家人的关怀和帮助。”

铁肩担道义　妙手化纠纷

唐亮满

1961 年 4 月出生，新邵县第八届政协委员、酿溪镇第六届人大代表，从事人民调解工作 26 年，先后被评为全国优秀人民公仆、全国人民调解能手、湖南省防止民间纠纷激化工作先进个人、湖南省刑释解教人员安置帮教工作先进个人、湖南省优秀人民调解能手、湖南省司法厅二等功、湖南省十佳司法所长、邵阳市优秀共产党员、邵阳市法制宣传教育先进个人、邵阳市人民调解化解矛盾纠纷年先进个人、邵阳市首届十佳司法所长、邵阳市十佳法律工作者、邵阳市司法行政系统先进个人、邵阳市十佳孝子、邵阳市第四届邵阳好人、第二届情动新邵道德模范。其优秀事迹被《人民日报》《法治日报》《湖南日报》《邵阳日报》以及湖南省、市、县电视台多次报道。

他是“全国优秀人民公仆”，用耐心与责任诠释为人民服务；他是“全国人民调解能手”“湖南省优秀人民调解能手”，用法律知识与真情帮助化解矛盾纠纷。他就是新邵县酿溪镇人民调解委员会主任唐亮满。

息纷争，他勇捞白骨

从事调解工作需要良好的心理素质，有时需要忍受包容当事人的怒言相向与恐吓，有时则需要几分“胆色”。每有这些情形，唐亮满总是挺身而出。

2011年5月21日下午，某造纸厂女职工杨某某在向洗浆池倒硫酸铝时，不慎跌入池中，被硫酸无情吞噬。企业一时找不到敢下池捞尸骨的人，死者亲友悲痛之下呼天抢地，场面极为混乱。必须要尽快将尸骨捞出来，否则矛盾将升级。束手无策之际，唐亮满套上防护手套和胶鞋，跳入硫酸池中，从红色黏稠的浆液下打捞出一根根白骨，按人体模样拼接好，用白布盖上，这一幕让死者亲友无不动容……在他的主持下，调解顺利进行，最终受害人家属与企业老板顺利达成赔偿协议。几天后，企业老板特意给唐亮满送去一只公鸡和一个厚厚的红包：“唐所长，感谢你关键时候的挺身而出，送只公鸡给你祛祛邪气。”“都是应该做的，我是共产党员，不信邪、不怕邪。”唐亮满谢绝了企业老板的好意。

帮维权，他奔波千里

“百姓找上门的事就是我的事，再累再苦再难也要想办法帮忙解决。”唐满亮经常这样说也这么做。2010年10月，酿溪镇居民余某某在桂林某建筑工地做工，不慎从四楼摔下来，造成重伤，该工程7个合伙承包人在支付了40,000元医药费后再无踪影，余某某索赔无门。要帮余某某拿到伤残赔偿，第一步就是要找到这些承包人。唐亮满通过当地司法部门帮助，查到7个承包人家庭地址，分布在桂林周边6个县。他历时10多天，几经周折后才将7名承包商找齐，并召集到一起进行调解，为余某某争取到38万元的伤残赔偿。余某某提出按20%的比例支付他这段时间的辛苦费和生活补贴，他一口拒绝。2017年7月某天，唐亮满所辖长滩社区居民王某某在新疆某化工公司工作时，因造气炉发生燃爆事故，造成王某某等5人死亡、13人重伤、12人轻伤的重大安全事故，引起了国务院的关注。唐亮满应邀远赴新疆参与事故调解，为受害人维权，最后帮受害人王某某家属获得赔偿110万元。死者家属同样要向唐亮满表示酬谢，也被唐亮满以自己已拿了国家的工资而拒绝。

化矛盾，他把调解搬进病房

作为一名调解员，唐亮满不仅有高水准的法律知识，坚韧的工作毅力，更有一颗维护公平正义的心，走到哪里就将工作做到哪里。2014 年 9 月，唐亮满调解纠纷后回家途中遭遇车祸，左脚和鼻子多处骨折，许多老百姓跑到医院来找他调解，2 个月的住院期间，他在病房调解了 15 件矛盾纠纷。与他同病房的几名病友，都是因车祸、工地摔伤等事故住进医院，正在为医疗费及赔偿款追偿未果而发愁。他看在眼里，急在心里，主动向病友宣传《工伤保险条例》《侵权责任法》等知识，对前来咨询的病友，他都一一耐心解答，病床前围满了来咨询的群众。同病室的老廖因为土地纠纷和别人打了一架，受伤住院，刚住院时情绪激动，一心只想找对方“复架”，唐亮满苦口婆心地开导他不要用暴力解决问题。伤情稍微稳定后，唐亮满不顾伤口的线还没拆、腿上的石膏还没卸，立即去走访了解老廖打架纠纷的情况。后来，他在医院主持调解了这一纠纷，使矛盾妥善解决。此外，他还撑起拐杖入户，成功调解了石某某离婚后的小孩探视权纠纷。其他几名病友的工伤纠纷、人身伤害赔偿纠纷案也在病房得到圆满解决。

走到哪，就调解到哪。从事调解工作 25 年来，唐亮满共调处纠纷 2937 件，其中重大纠纷 328 件，调解成功率达 98% 以上，使 727 对濒临破裂的夫妻重归于好，650 个矛盾邻里握手言和，150 个重点工程建设项目顺利进行，他在平凡的岗位上用责任和担当守护着一方平安，用真情和真心赢得当地党委政府和老百姓的交口称赞。

凝聚正能量　在平凡岗位奉献光和热

肖　俊

1985年11月出生，湖南澧县人，大学本科。2007年加入中国共产党，现任澧县司法局城头山司法所所长。2017年被评为澧县盐井镇先进工作者；2017年被评为盐井镇委员会优秀共产党员；2018年被澧县人民政府授予嘉奖；2018年被澧县综治委评为“澧县基层平安建设先进个人”；2019年被常德市人民政府、澧县综治委评为见义勇为先进个人荣誉。2019年1月被湖南省司法厅授予二等功；2019年2月获得湖南省文明办“湖南好人”荣誉称号；2019年2月在共青团常德市委“向上向善常德好青年”评选中，荣获“崇义友善好青年”称号；2019年5月荣获“常德青年五四奖章”；2019年7月被评为常德市优秀共产党员；2019年10月被评为常德市第四届道德模范。

澧州大地上，在方圆134平方千米的盐井镇，为了邻里和睦、家庭和谐，一个帅气的身影经常穿梭于全镇16个村（社区）的各个角落；为了法治建设和百姓的幸福安宁，一双忙碌的脚步丈量着镇里的每一条路。他用汗水浇灌着司法行政之花，让绽放的花朵开满园；他用真情描绘着法治画卷，用多彩的画笔绘宏图；他将初心铭刻在人生道路上，把正能量的使命担在肩上。他就是肖俊，一位澧县司法局盐井司法所的干部。

冰水救人 英勇事迹传遍神州

1985年出生的肖俊，2007年就入了党。毕业后曾在商海打拼过，因不忘入党时的誓言与梦想，毅然放弃了高薪待遇，通过公务员招考进入澧县司法局，分配到城区北部20千米处的盐井司法所。2019年1月7日晚，一段冰水中救人的视频在网上迅速传播开来。手机的另一端，网友们的点赞与转发刷亮了当日的夜晚。所有人都被肖俊的见义勇为之举感动。瑞雪刚化，仍是天寒地冻。1月7日下午4时40分左右，在澧县梦溪镇缸窑村路段附近池塘边，一辆白色越野车因躲避一辆对面行驶而来的电动车而冲进旁边的池塘，翻身落水，途经此地前往县局送资料的肖俊见状立刻将车停在一旁，毫不犹豫地跳入了冰冷刺骨的水中。经过肖俊的奋力抢救，父女二人被顺利救上了岸。而肖俊却在“120”救护车到来后，悄悄离开了现场。之后，施救现场的视频在网上疯狂传播，肖俊也随之被认了出来。短短一天时间，《人民日报》、央视新闻、《中国日报》、《湖南日报》、湖南卫视等40多家权威媒体对肖俊见义勇为的英勇事迹进行了报道。英勇的事迹传遍了神州大地，为寒冷的冬天增添了几分温暖。

用“心”调解 诠释法理情 巧解千家结

自从加入人民调解员队伍的那一刻起，肖俊就爱上了人民调解这份工作，他用“心”调解，全心全意为群众办实事、解难事。2018年2月19日，位于盐井镇的某公司采卤2采区50号井发生地质变动，导致盐井村6组马某、张某两户房屋不同程度受损。事情发生后，马某与张某找到涉事公司负责人张某利要求赔偿房屋受损损失。双方的谈判在前期都很顺利，可两方针对房屋损失赔偿的具体数额却始终无法达成一致。4月5日，刚休年假准备陪爱人去旅行的肖俊得知情况后，立即返回司法所。肖俊得知因双方有过争吵，公司负责人和农户不愿意坐在一起商谈，于是他两边跑，分开协商。经过8个月的时间24次走进农户家对马某、张某释法明理、耐心劝说，7次来到涉事公司总部与负责人沟通。最终在9月和12月，张某和马某才与公司成功签下和解协议。一场旷日持久的纠纷终于在肖俊的坚持下圆满落下帷幕。在盐井司法所近3年时间，肖俊一直坚守在工作岗位的第一线，全心全意为群众办实事、解难题，诠释法理情，巧解千家结。他参与调处的社会矛盾纠纷达300余起，调处成功率100%，涉案金额达280余万元，每年盐井司法所在全县司法行政工作的排名都名列前茅。

叹息青青长不改，岁寒霜雪贞松枝。在基层平凡的岗位上，肖俊始终坚持着梦想，践行着当初入党时的誓言。一如既往以一个司法行政干警、一名共产党员的精神风貌踏踏实实为群众服务。在工作中自始至终践行司法为民理念，埋头苦干、勤勤恳恳，扎实进取，默默地散发自己的光和热，用青春与热血擦亮了头顶那枚珍贵的司法徽章！

走街串巷化矛盾
坚守基层调解第一线

何永钊

现任广州市南沙区大岗镇人民调解委员会副主任。2002年被广州市司法局授予“人民满意的基层法律工作者”荣誉称号；2018年5月荣获司法部颁发的“全国调解工作先进个人”，2019年4月获得“广州市最美法律服务人”荣誉称号，2019年12月被司法部评选为“新时代司法为民好榜样”。

何永钊1986年参加工作，多年来一直坚守在调解工作第一线，是一位“老调解人”，丰富的工作经验和扎实的工作作风，为他赢得了当地群众的广泛信任好评和上级各部门的充分肯定。多年来，何永钊一直坚持“群众反映问题无小事，件件必调解”的原则。

甘当和事佬　善解千千结

“还我血汗钱……”2018年10月29日，外来务工人员肖某在南沙区大岗镇庙贝村一在建工地5层高楼上拉出了这样触目惊心的横幅，并扬言得不到解决就从高楼上跳下去。作为大岗镇人民调解委员会调解员，接到调解任务后，何永钊往返工地和调解委员会极力安抚肖某情绪，教育肖某即使是为工友讨薪、为自己讨要工程款也要依法维权，采取极端手段严重影响了社会治安，造成了不良社会影响，理应受到教育和处理，肖某经教育后认识到自己行为的不适当，积极承认了错误。何永钊同时严肃告知分包商罗某和业主单位拖欠农民工工资应当承担的法律责任，在 10 月 29 日当晚加班加点调解，最终促使双方达成协议。“这是我们的工作群，全镇调解工作一盘棋，我们的调解经验也在这上面交流，很多疑难案件也在这上面共同研究分析，每个调解员都在上面学到了很多东西……”镇调解委员会为每个村居都建立了一个调解微信群，同时还建立调解工作统筹群，把村居法律顾问和调解主任、司法所工作人员以及镇各单位部门负责人都拉进了群里，群策群力解决大岗镇的矛盾纠纷。因为何永钊的尽心尽责，一心为民，大岗镇的干部群众都亲切地称他为“钊哥”。

“调解员是为人民服务的”

“和群众打成一片，把自己融入群众。”何永钊把大岗镇当作自己的家，把居民当作亲人。他走街串巷化解矛盾、坚守在调解工作第一线……为辖区居民解决一件件小事儿，以自己热情和优质的服务赢得了群众的赞誉和支持，被群众称为安全稳定的保护者，群众的贴心人。南村坊村的村民梁某，因与前妻家人素有积怨，为此一直对前妻领取女儿的低保金耿耿于怀，甚至于 2016 年诉请法院判决返还，得知梁某前妻身患精神分裂症，没有稳定的经济来源，靠 80 多岁的寡母照顾，生活也很是困难。何永钊得知情况后，组织调解委员会的同志主动联系上村村委和南村坊村村委发起执行和解的斡旋。最终将心比心获得了梁某的体谅，主动放弃了向前妻追索低保金的权利。“调解员就是为人民服务的。”虽然一天内连续两宗调解案耗尽了他的精力，但是他由衷觉得自己的付出是值得的。

“干戈化玉帛　调解花开别样红”

一名花甲老人冯某来到大岗镇调解委员会，恰好遇到何永钊在值班，冯某看到何永钊时犹如在沙漠中抓到一株“救命草”。他连忙和何永钊诉说他的委屈。冯某是大岗镇某村的村民，在2019年5月租赁同生产队郭某的土地耕种，当时大家认为均是同一村民小组的成员，并没有签订相关的土地使用权租赁合同。冯某在耕作该土地期间，因该村需要改善农村生活水的需要，要调整相关土地规划，恰好冯某所耕作的土地就在水改项目范围内。“本以为土地调整有补偿是一件好事，但却因此给我的生活带来一大困扰”，冯某哭诉道。因补偿费如何收取的问题，冯某与郭某发生了激烈的纠纷，冯某与郭某两位均是70多岁高龄的老人了，却经常为此争吵得脸红耳赤。何永钊倾听了冯某的哭诉后，耐心向冯某解答有关政策以及法律法规，同时联系郭某，请郭某到调解委员会里进行协商。分头通过耐心劝说，终于取得了进展，冯某同意将补偿金中9000元给郭某，结果缠扰两人多天的纠纷何永钊只用了两小时就让双方化干戈为玉帛了。

健全组织，探索打造商事纠纷化解平台。何永钊同志在区司法局指导下，结合南沙区自贸区发展，打造国际化商事纠纷化解平台。一是成立大岗镇商会人民调解委员会，助力商事纠纷化解。大岗镇商事调解委员会由大岗镇商会理事会成员担任调解委员会主任及调解员，区司法局指派律师担任调解委员会副主任。商事调解委员会的成立为化解企业之间及员工与企业之间的劳资纠纷和经济纠纷提供了平台。二是探索设立外资企业人民调解委员会。2017年12月，何永钊同志与多家外资企业初步洽谈成立外资企业人民调解委员会。

正是有着对调解工作的热爱和强烈的事业心、责任感，何永钊人在基层、心在基层，并能全身心投入到基层调解工作中去，他工作多年来，参与调解各类矛盾纠纷800余起，代写法律文书2000余份，参与全区重点项目10多个，协办辖区各类事项1000余件。

守护山里的人民调解员

莫洪林

1967年5月出生，壮族。1994年11月走上基层司法行政工作岗位，1999年5月至今任加方司法所所长兼人民调解委员会、法律服务所主任。2016年12月被广西壮族自治区党委、政府评为全区第三届“人民满意的公务员”，2018年5月被司法部评为“全国人民调解工作先进个人”，2019年1月被中华全国人民调解员协会评为“全国最受欢迎人民调解员”。

莫洪林从事司法行政工作多年，始终以一个人民调解员赤诚之心和无私奉献精神，心系群众，不计得失，潜心工作，把全心全意为人民服务当作一个人民调解员崇高的人生追求。马山县是国家级贫困县，加方乡是深度贫困山区，自然环境艰苦，九分石头一分土，一场大雨变汪洋，三天无雨地冒烟。群众思想观念比较落后，法律意识比较淡薄，常常为了一寸地、一滴水、一块石头、一棵树、一句话发生矛盾纠纷，莫洪林一直把化解矛盾纠纷工作担当起来。

“有纠纷，找老莫”是群众对莫洪林最大的信任

多年来，莫洪林成功调解了矛盾纠纷2875多件，没有一件矛盾纠纷复

发，没有一起“民转刑”案件发生，把600多件矛盾纠纷消除在萌芽状态，挽救了500多个即将破碎的家庭，为当事人挽回经济损失10,250万元，全乡从未有群体性事件及越级上访的案件发生。有一些矛盾纠纷本来可以在村里解决掉，但村民还是直接找到了莫洪林调解，因此“有纠纷，找老莫”在全乡传为佳话。

“舍小家，顾大家”是莫洪林对工作的高尚情怀

农村矛盾纠纷的发生不分节假日，调解工作也不分白天黑夜、刮风下雨，为了调解纠纷，莫洪林很难能跟家人吃上一顿团圆饭，甚至还留下了终生的遗憾。1995年5月，莫洪林4个月大的女儿发高烧，乡卫生院叫他立刻带女儿去县医院接受治疗。可就在这时，村里发生了一起林地纠纷，双方即将打架，需要莫洪林立即去调解。去医院？还是去纠纷现场？当时莫洪林想都没想就作了一个选择。由于交通不便，步行往返需要9个多小时，当第二天下午莫洪林调解结束，赶回家时，女儿已经被烧坏了。如今女儿已经25岁了，却一直躺在床上，生活不能自理，失去同龄人应有的快乐，也从未听她叫过一声爸爸、妈妈。孩子的妈妈哭得莫洪林不敢面对，但家里的事情她从来不要莫洪林操心，从来都不让家事打扰莫洪林的工作。这么多年来，莫洪林的家人一直在背后默默地支持他，鼓励他在人民调解工作岗位上无怨无悔地付出。

“立足基层，守护和谐”是莫洪林的责任担当

人民调解员要有责任担当，更要有奉献和情怀。农村的宅基地纠纷、坟山纠纷、损害赔偿纠纷等，非常难以处理。要在讲法的基础上动之以情，晓之以理，才能化解矛盾纠纷。有些疑难复杂的矛盾纠纷，莫洪林反复到现场调解了10多次。2017年5月16日，加方乡水洞采石场发生了一起农民工工伤死亡事故，死者家属和业主因赔偿问题争执不下，并扬言如业主不赔偿不到位，坚决不把尸体搬走。在场有的人说，如果调解不成功，就让他们走法

律途径吧。但莫洪林认为走法律途径并不是最佳的选择，因天气炎热，尸体很快腐烂，这将导致群体性事件，造成严重的社会后果。他以“逝者为大”作为调解重心，耐心调解劝说。终于在次日14时达成了调解协议。这时，莫洪林已经在调解纠纷现场度过了整整22小时，中间没有停歇过，也没吃上一口饭，只喝了几瓶矿泉水。调解成功的喜悦，让莫洪林忘记了饥饿。近几年，县里组织和人事部门领导多次找莫洪林谈话，想把他调往县城，提拔重用，换个工作环境。有的领导劝莫洪林，“你应该走出加方乡，让更多的人认识你”。但都被莫洪林拒绝了，他舍不得乡亲们，因为有了乡亲们的支持才有他今天的成就。莫洪林因为工作经验丰富、实践性强，被邀请到区司法厅、市政法委、市司法局以及邻近市、县政法委、组织部、党校、司法局、妇联等单位为政法维稳队伍培训班授课100多堂次，为全区维稳工作传递正能量。

莫洪林坚信没有最好，只有更好。他不忘初心，牢记使命，让“枫桥经验”在调解工作中开花结果，为维护社会稳定、人民安居乐业做出突出贡献，为推广人民调解工作树立了榜样。

不忘初心　调解为民

李新华

1972 年 8 月出生，现任海南省三亚市道路交通事故人民调解委员会（以下简称交调委）主任。从事调解工作 5 年来，参与调解纠纷 3500 余件，涉及当事人 8000 多人，调解成功率 99.3%，达成调解协议金额高达 6000 多万元。在他调解的案件中，从未发生一起因调解不及时而引起的民转刑案件或群众上访案件。

秉持热情、专业和耐心的态度，化解纠纷

进入交调委，可以看到一位声音爽朗、话语朴实，脸上挂着憨厚笑容的调解员，那便是李新华。说起李新华，那可是道路交通事故纠纷调解的一把好手，熟识他的人无不心生敬佩，都纷纷竖起大拇指点赞。三亚市属于国际旅游城市，游客众多，因此每年发生的交通事故很多。李新华每天都要处理多起交通事故调解案件。他经常在中午下班准备离开办公室时看到前来调解的当事人，为避免当事人等候而加班，顾不得吃午饭和午休。无论遇到什么样的当事人，他始终秉持热情、专业和耐心的态度。遇到蛮横无理的当事人，他会释法说理去劝解；遇到身处困窘处境的当事人，他会在自己能力范围内积极提供帮助。

“和”字放首位，为当事人搭建说和平台

中国人讲究以和为贵，李新华的办公室墙上挂了一个大大的“和”字，旁边是“你让一点，我让一点，舒心的笑容便多一点”的标语。由此可以看出，他秉持的调解原则是将“和”放在首位。1月2日6时，在三亚市天涯区回新村路段，符某驾驶摩托车与杨某（程某丈夫）驾驶的电动车相撞，事故导致杨某右腿部骨折。为此，程某向符某索赔丈夫的治疗费、误工费及后续费用49,000元。在调解室内，双方对赔偿金额争执不下，谁都不愿意让步。随后，越吵越烈，使安静的调解大厅异常嘈杂。李新华晓之以理，采取“背靠背”的调解方法，分别与两方当事人沟通。在李新华耐心释法引导下，双方达成调解协议，符某当场向程某支付2万元赔偿款。“谢谢李主任，这段时间给您添很多麻烦，实在抱歉。”临走前，符某向李新华表达感谢。

“情”字融其中，用情理解决群众纠纷

2018年6月10日，是一个周末。他突然接到民警电话，称一起交通事故案中的死者家属在事故处理大队情绪激动亟须调解，他二话没说立刻赶往现场，见到当事人正用激烈的言语对骂，死者家属要求肇事方赔偿50万元，双方就此僵持不下。调解不仅要讲“理”，也得讲“情”。李新华意识到，此刻若不及时调解，矛盾

很容易激化，于是先与死者家属进行谈心："你们有什么需求可以跟我说，在合情合理的范围内，我都会尽量帮你们争取。对方家庭情况也不算很好，如果赔偿50万元，他们以后的生活要比你们过得更加艰难。"交谈中，李新华通过引导双方换位思考，逐渐让他们明理明法，初步达成肇事方赔偿25万元的共识。死者林某共有7名子女，当天只有2名子女到场参与调解，另外5名子女在家中守孝。为达到案结事了，李新华尊重当地风俗习惯，于当天中午到死者家中和他们5人沟通，在反复协调和耐心细致的劝解下，7名子女最终同意接受肇事者25万元赔偿，并签署了调解协议。"其实，在这起事故中，双方都是受害者，依照法律条文处理当然容易，但我觉得调解工作更应该有'温度'，这样人心才不会'冷'，结果才'暖'。"李新华说。

定分止争，化解矛盾，是李新华每天都在做的事情

作为一名人民调解员，他在调解工作中想群众所想，急群众所急，以一颗细腻的心去倾听群众的心声，以谦和、耐心的工作方式化解了每一件纠纷。在李新华的带领下，三亚市交调委坚持节假日值班常态化，做到案件随到随调。5年来，三亚市交调委共调解事故纠纷11,400多件，涉及当事人25,200人，达成协议金额1.389亿元。2017年5月三亚市交调委被司法部评为"全国模范人民调解委员会"。

退休法官闲不住　甘做居民调解人

陈和初

1953年5月出生，1972年参加工作，1984年被四川省总工会评为“优秀工会工作者”；1999年被重庆市高级人民法院评为“优秀法庭工作者”；2002年被重庆市精神文明建设委员会评为重庆市文明市民；2002年、2003年连续两年被重庆市高级人民法院评为“优秀工作者”；2004年被重庆市委政法委、市人社局评为“公正执法树形象”先进个人；2013年退休，2016年被社区聘用为“和为贵”调解室专职调解员，后在重庆市渝北区龙山街道公共法律服务工作站任副站长兼人民调解员至今；2018年被重庆市司法局、市人力资源和社保局评为优秀调解员；2019年被重庆市渝北区司法局评为“办案能手”。

安全事故引冲突　人民调解化干戈

2018年3月23日，建筑工人杨某在施工时，被高处掉落的木工丝杆击中左眼球，经鉴定为七级伤残，杨某家中共4人，妻子患病多年基本丧失劳动能力，妻弟系先天智力缺陷，儿子13岁刚读初一，陈和初判断，若不妥善处理，极可能对其家庭造成不良后果，同时也为社会增添负担，决定采取“背靠背”分开说服的方式，从情、理、法入手，逐步将建筑公司说服，最终为伤者争取到较高的赔偿金额。同年6月同一工地，工人凌某在工作时，被建筑工地塔吊落下的石头击中头部，当场死亡，其配偶、子女以及20余位家属与建筑公司发生激烈冲突，拒绝将尸体火化，并扬言不赔偿300万元就将尸体抬到大街上游行。陈和初当即拟定调解方案：一是要以质朴贴心的话语进行安抚，安抚当事人情绪；二是先要查清事实，明晰双方争议点以及当事人的权利义务，依照法律法规合情合理对症下药。通过三天两夜的连续调解，最终双方达成120万元的和解协议，并当天兑现。最后，该工地直至施工结束，未再发生群体性矛盾纠纷。

发扬“三千”精神　助人冰释前嫌

陈和初调解的案件涉及婚姻家庭、邻里纠纷、债权债务、追索劳动报酬、肖像权纠纷、人身损害赔偿、工程质量、合同纠纷等多个复杂领域，在调解时，他有一套自己的“三千”法宝，即“想尽千方百计、说尽千言万语、尝尽千辛万苦”。2018年年底，王某承包某业主委员会小区内部分改造工程，其偷工减料，未按合同约定要求施工，后小区业委会不予验收结算，王某遂组织数十名社会闲散人员准备与业委会的成员闹事，陈和初了解后直奔现场，将双方召集起来，对照合同内容，一处一处察看，对不合要求的20余处施工标的分别进行标记，并对王某进行游说及普法，最终王某同意返工，2019年年初工程通过小区业委会验收，双方握手言和，这次调解获得全小区业主的一致好评。

疫情期间显本色　年老志更坚

陈和初年近古稀，但每天依旧与年轻人一同上下班，并不比退休前轻松，作为一线工作人员，他每年要参加法治宣传活动 10 余场，作为调解专家，他每年要为 100 余名调解员进行培训；疫情防控期间，他在家线上办公，通过电话为居民远程化解矛盾；复工复产后，他第一时间返回调解岗位；老百姓来法律咨询，尤其针对年龄较大、文化水平较低的群众，他总要将法律法规转化为通俗易懂的话语，予以释明讲清利弊关系，将可能的纠纷消灭在萌芽状态；有居民需要调解，他做到“听、查、细、和、善”，以情为依托，以理为依据，以法为底线，公平公正，得到人们的信任和上级部门的认可。

守初心担使命
做一名扎根高原的司法所长

刘　萍

1969年12月出生，藏族，现任阿坝州理县司法局薛城司法所所长，2013年被康巴卫视以“山路上的司法所长”为题宣传报道，2016年被四川省司法厅评选为“四川省人民调解能手”，2017年被司法部授予“全国模范人民调解员”光荣称号，2018年5月被四川省总工会授予“四川省五一劳动奖章”，2018年8月被四川省司法厅聘请为“四川省人民调解专家”，2019年由四川省人民调解协会推选为“四川省人民调解协会理事”。

因为初心不改，所以始终热爱；因为热爱，所以就踏踏实实地干，风里来、雪里去，跋高山、涉远寨，不摆“花架子”，不打“太极拳”，刘萍始终坚持做五种人：

坚持做群众学法、尊法、用法、守法的“引领人”

基层司法所直接面对群众，她所在的薛城镇，大多是高山远寨，辖区藏、羌、汉各占1/3，群众文化素质较低，法治意识淡薄，少数民族群众粗犷性格导致一旦切身利益受到侵犯，不是缠访就是闹访。在普法工作中她把群众的诉求放在首位，通过换位思考，再结合阿坝州开展的“两联一进”工作，深入开展“法治文化进村寨、法律服务送上门”活动对症下药。在普法宣传工作中，利用辖区藏羌群众善歌善舞特点，组织成立了2支法治文艺表演队，每年组织进村入寨开展法治文化巡演，既普及了宪法和法律法规、禁毒、扫黑除恶等宣传内容又丰富了群众业余生活。后来又组建了“普法小分队”，上门为群众开展法律援助、法律咨询、法律宣传。通过不断努力，“办事依法、遇事找法、解决问题用法、化解矛盾靠法”的良好法治秩序基本形成。

坚持做重点人员回归社会的“引路人”

针对社区服刑人员，既要坚持原则、严格管控，做到不脱管、不漏管，又要刚柔并济、真情帮教、耐心感化，帮助他们解决生活、就业等问题，帮助他们重树信心，顺利回归社会。刑释解教人员马某，因故意杀人被判刑12年，2016年刑满释放，刘萍得知其属“三无”对象，便主动联系相关部门为其解决临时困难救助，帮助申请修建住房，马某深受感动，向她表示一定重新好好做人，用实际行动回报社会。

坚持充当矛盾纠纷双方当事人的“知心人”

群众的事无小事，在调解工作中，她坚持用“四心”（说服教育要耐心，梳理矛盾要细心，排忧解难要诚心，评判是非要公心）来服务群众。20多年来直接参与调解各类矛盾纠纷3000余件，没有一件因调解不及时、方法不得当、引用法律条文不正确导致矛盾激化或民转刑案件的发生，取得了定分止争的良好社会效果。在旁人看来她做的或许都是些鸡毛蒜皮的小事，但看到获得帮助的群众终于露出笑脸，她都发自内心地享受这份工作带来的喜悦。

坚持做社会弱势群体的“贴心人”

近年来，辖区重点工程增多，在法律援助工作中常常遇到外来外出务工人员，他们文化程度不高，理解能力不够，加之作为外来人员，人生地不熟，遇到事情常常束手无策。她常常以“四步走”来解决。第一步，合理引导，让当事人有目的地倾诉；第二步，积极倾听，注意共情和换位思考；第三步，分析总结，客观陈述争议的核心；第四步，合理认同，促使当事人放下对立，配合化解。2018年某天，汶马高速工人在施工中引发山火将韩某的果树烧毁，在前期协调中，因未能达成一致赔偿，韩某就经常到工地阻工。她引导韩某这件事必须通过法律途径解决，不能野蛮阻工；细心倾听韩某想法；给韩某讲政策，讲征地拆迁标准；通过对韩某和汶马高速项目负责人双方沟通，最终由之前1.8万元的赔偿款增加到赔偿了5万元，矛盾得到妥善解决。

坚持做维护社会大局稳定的“守护人”

出生在藏区的她，深知维护藏区社会稳定是基层司法所的头等大事。针对藏区寺庙多、信教群众多的特点，利用阿坝州编印的“藏汉双语”普法教材，她有意识地引导信教群众擦亮眼睛、明辨是非，抵御宗教极端思想渗透侵蚀，牢牢把握意识形态领域斗争主动权，筑牢反对民族分裂、打击暴力恐怖犯罪的铜墙铁壁。针对辖区登记在册的11名邪教人员，坚持每月上门开展帮教转化，通过教育引导，已有2名邪教人员认识到错误，主动写了悔改保证书，承诺今后不再参与，目前通过教育已经转化3名。

“不忘初心，方得始终”，在党的十九大精神和习近平新时代中国特色社会主义思想的指导下，只有始终牢记为民服务的宗旨，才能更好地实现个人价值，为司法行政工作增添光彩。

群众的感谢就是对我最好的褒奖

杨再锋

1974 年 3 月出生，土家族，中共党员，1996 年 9 月参加工作，1999 年从事司法行政工作，先后在沿河县中界司法所、官舟司法任所长，现任沿河土家族自治县司法局沙子司法所所长。2004 年被县委政法委授予“双十佳政法干警”称号；2006 年被沿河县委、县政府被评为“四五”普法依法治理工作先进个人；2007 年被沿河县委、县政府评为社会治安综合治理先进个人；2011 年被省司法厅评为优秀调解员；2012 年被沿河县委、县政府评为政法工作先进个人；2017 年评为县司法行政工作“先进个人”；2018 年获得全省司法行政先进个人等。

杨再锋出生成长在贵州农村一户普通农家，靠着读书一步步从大山里走了出来。1996 年从学校毕业时，他本来有机会留在沿河县城工作，但他惦念着曾经养育自己的故土，毅然放弃城市工作机会，回到乡镇做了一名基层司法所工作人员，这一干就是 20 年。20 年来，他始终坚持奋斗在维护农村社会和谐稳定的第一线，被群众誉为农村疑难矛盾纠纷的“克星”，农村普法宣传的“行家”。

农民心中的“明白人”

2019 年夏天，乌江湿地公园白泥河段施工现场，白泥村青龙组聚集老人、妇女、小孩等 100 多人，因征地补偿费用未到位而阻工。得知情况后，杨再锋与街道综治办工作人员迅速赶往现场。到场一看，村民们有的躺在铲车下，有的围在挖机旁，场面十分混乱，暴力冲突随时可能发生。他连忙叫大家先保持冷静，把领头村民叫到一边了解情况。原来，该处施工土地属于青龙组和坟山组的争议地，两方都向施工方主张补偿，但都不能提供合法的土地使用手续。虽然目前坟山组已经申请土地确权复议，但因为还没有最终裁定，施工方也不敢贸然向村民兑现征地补偿费用。但工期是有计划的，总不能一直等着，施工方本想先施工，等弄清权属后再行补偿，却被村民误以为要强行施工，这才闹成了群体性事件。了解情况后，杨再锋向村民现场讲解《土地管理法》等法律法规知识，告诉大家征地补偿费用必须等土地确权后才能兑现，村民们不能因为土地权属不明而暂未兑现补偿款就阻碍国家重点工程建设。通过他动之以情、晓之以理与大家交心，一位 70 多岁的组织者当即表态：“既然是这样，我们听你的，到时候得不到补偿款就找你杨司法！”大家这才放心散去。

群众口中的“杨司法”

从事司法行政工作 20 年来，杨再锋学习掌握了大量的法律知识，积累了丰富的工作经验，对当事人体贴关心，化解了大量的民间疑难纠纷。很多群众不知道杨再锋这个名字，只知道他叫“杨司法”，他长期扎根基层，哪里有群体事件，哪里就有他忙碌的身影，哪里有矛盾纠纷，哪里就有他调解的脚步，无论是多大的矛盾纠纷，只要通过他介入，都能得到有效控制和平息。与村民打交道多年，大家知道杨再锋的话“靠得住”。按当地村民的说法，有些突发事件如果换个人去处理，可能和大家话都说不上。2018 年 6 月的一天，沙子街道板桥村周某和杨某因相邻通道产生争议，双方各纠集十几人手持木棍铁锹，一场群体性事件一触即发。他接到情况后第一时间赶到现场，并耐心劝说着：“我们大家都是乡里乡亲的，有什么事情咱不能坐下来好好说，要这样大动干戈，冲动是魔鬼，要是造成严重后果，后悔莫及呀！”听见他说话，在场所有人都看到他，不约而同喊着：“杨司法来了，先听他说！”激愤的情绪也逐渐平息，他趁热打铁，把双方当事人分开劝导，晓之以理，动之以情，特别是针对“相邻关系涉及的通行权”进行详细的讲解和沟通，赢得双方的认同理解，路通了，一场即将爆发的群体事件得到妥善处理。“谢谢你，杨司法”，一句再也平常不过的话，但却是对他工作的最佳认可。

化解纠纷的“好帮手”

2018 年 1 月 9 日，沙子某石厂在生产过程中，石厂工人张某操作失误导致工友何某死亡。闻讯赶来的何某家属情绪非常激动，聚集亲朋好友几十人围攻石厂，并扬言“张某是故意的，我们要以命抵命”。他得知后，及时与街道相关人员赶到现场制止骚乱，并迅速召集涉事各方展开调解工作。人命关天，由于当事双方对死亡事故责任认定和赔偿方式分歧很大，如果问题处理不当，很可能引发群体性事件。为了不让事态恶化，他一步也不敢离开现场，带领大家一起不分昼夜做工作，一拨又一拨地面对双方众多亲戚朋友的质问，耐心细致地开展说服工作。经过 6 天的努力，双方终于达成调解协议。

20 余年来，杨再锋先后主持、参与化解各类矛盾纠纷 700 余起，调解成功率在 98% 以上，预防民转刑案件 20 多起，化解群体性械斗事件 8 件。在自己平凡的岗位上，杨再锋凭着对事业的执着和对百姓的热情，日复一日奔走在坑洼泥泞的乡村路上。而今，他虽然青春不再，但仍却初心不忘。他说，虽然这条路上没有鲜花与掌声，但群众一句发自内心的感谢，就是对他最好的褒奖。

积极创新调解机制
真心爱民促进和谐

许 华

1977年9月出生，现任瑞丽市姐相乡党委委员、姐相司法所所长、银井涉外矛盾纠纷调处中心负责人。她扎根基层，从事司法行政工作22年，于2014年获得德宏州司法行政系统先进个人，2018年6月她负责的银井涉外矛盾纠纷调处中心被云南省人民调解员协会授予"全省人民调解工作先进集体"称号。

深入走访群众，陌生人变贴心人

刚到姐相乡银井涉外矛盾纠纷调处中心负责时，她想深入到群众中去，可村民们见到她大多态度生冷，有时还关门拒客。面对群众冷硬的态度，许华情况都不了解，更不用说调解了，这让她百思不得其解。后来她从其他人那里得知：原来村里群众多年来一直认为矛盾纠纷调解员去谁家，这家肯定是出了什么事，谁也不想成为别人的话柄。得知情况后，她开始尝试换上便装，走到田间地头，看见群众劳动就上去搭把手，拔草、施肥、打药，边干边聊，互相沟通。村民岩某家的拖拉机坏了，许华主动联系农机站的人来修。帅某恩老人上瑞丽民族医院看病，许华联系熟人帮忙挂号、拿药。久而久之，群众们渐渐熟悉了这个美女调解员，也知道了小许来村子里面是来帮助他们解决困难和问题的，所以大家有什么话都愿意同她聊聊，有什么事都愿意找她帮忙解决。有了群众的帮助和支持，开展工作顺利多了，许华也深切地体会到从走进村寨到走进民心的转变。

大力开展法律宣传，“糊涂人”变“明白人”

要减少和调处好矛盾纠纷，就要引导边民懂法、守法，许华同志始终把普法宣传作为治本之策来抓，积极创新普法形式，大力开展普法宣传，让群众从法律上的“糊涂人”变“明白人”。她充分整合人力资源，建立边境普法宣传网络，将各边境村寨的人民调解员同时聘任为普法宣传员，将他们培养成法律明白人，成为边境一线的普法宣传骨干力量。定期邀请缅方村社头人，民族长老到我方进行民间形式的会晤，采取座谈交流、赠送图书、实地考察等形式向其宣传介绍我国法律法规，以达到“宣传一类人群，影响一片边民”的宣传效果。同时，充分积极利用缅方边民到我方赶集的时机，经常性地在各边境通道、集市设立宣传点，通过播放宣传片、发放宣传册、现场解答等方式宣传我国法律法规。结合中国姐相乡中小学都有一定数量的缅甸籍学生借读就学的实际，有针对性地进校园开展法制宣传，将每一名缅甸籍学生都培养成为“边境小小普法宣传员”，让其将学到的中国法律知识带回缅甸，带到父母亲朋身边，影响周围人群。

创新中缅联调机制，积极化解边民纠纷

瑞丽市姐相乡是一个典型的以傣族为主体聚居民族的边境乡。该乡与邻国缅甸接壤，国境线长 22.73 千米，中缅两国 20 多个村寨分布在国界两旁，形成了“一寨两国”“一家两国”等独特的景象。特殊的地理区位加上近年来瑞丽经济的不断发展，中缅双方边民各类矛盾纠纷呈现发生频率高、调解难度大、解决不彻底等问题。针对这一情况，许华同志认真弘扬和践行

“枫桥经验”，发动和依靠群众，创新建立了“调解员、中缅两国村社干部和老年人”三方联调机制，使传统的调解方法逐步转变为有组织、依法律、多部门联合调解方式，矛盾纠纷调处成功率大幅提升。涉外矛盾联合调处中心建立以来，共调解边境边民矛盾纠纷201件，成功率达97%，边境边民纠纷呈逐年下降趋势，没有一件因矛盾纠纷调处不当引起群众不满的事件，该中心也被边民亲切称为“边境线上的国际小法庭”。结合强边固防的开展，建立健全了党、政、军、警、民五位体矛盾纠纷排查预警机制，有效控制了各类矛盾纠纷的发生。真正做到小事不出村，大事不出乡，矛盾不上交。

缅甸芒秀村村民弄依见证了多起中缅边民矛盾纠纷的调解过程，他逢人就竖起大拇指说：“很公平、很公正，小许和调处中心解决了很多事情。”在这些成绩的背后，是许华数年如一日的辛勤工作和不懈努力，她把最美的青春献给了挚爱的司法工作，用执着的信念守望着中缅边境的和谐与安宁。

守护羌塘草原一方平安的和谐使者

朗　扎

1965 年出生，藏族，1980 年加入中国共产党，1980 年开始担任村“两委”，2013 年 12 月从西藏自治区优秀村（居）党支部书记中脱颖而出，成为后备公务员。目前担任白嘎乡喜江村党支部书记驻村工作队队长。在担任村“两委”班子成员长达 37 年的工作实践中，他积累了丰富的基层工作经验，业绩突出，多次荣获各级党委、政府“优秀共产党员”荣誉称号，2013 年荣获西藏自治区委员会颁发的自治区级先进工作者，2014 年荣获西藏那曲地委颁发的“五一劳动奖章”，2017 年荣获司法部颁发的“全国模范人民调解员”荣誉称号，2019 年 9 月 4 日由西藏司法厅制作选送的以西藏那曲比如县白嘎乡“朗扎调解工作室”为主题的《不忘初心牢记使命　羌塘草原上的和谐使者》荣获司法部微视频优秀奖，2019 年 12 月 20 日荣获西藏自治区司法厅颁发的西藏首个“十大法治人物”荣誉称号，2019 年 12 月 27 日被司法部评选为“新时代司法为民好榜样”。

他以自己的实际行动赢得了广大群众的信任和拥护

朗扎勤恳耕耘，在藏北草原白嘎乡这片土地上洒下了青春和热血，在2008 年等影响社会局势稳定的特殊时期，朗扎同志立场坚定，一心一意跟党走，自觉加入反分裂斗争的队伍。关键时期挺身而出，积极带领广大农牧民群众，旗帜鲜明地反对分裂，用实际行动诠释一名优秀共产党员的政治品格。竭尽全力为党的事业而努力奋斗，在他身上体现出了一名共产党员“不忘初心、牢记使命”的崇高使命，践行全心全意为人民服务的宗旨矢志不渝。

倾心维护社会稳定，带头守护一方平安

在长期反分裂斗争中别人不敢说的他敢说，别人不敢管的他敢管，朗扎用法贡献力量，坚持政治路线，积极参与舆情引导，维护法律权威和社会稳定。2011 年起，按照自治区的决策部署，在全区推广成立了寺庙管理委员会，白嘎乡作为反分裂斗争的前沿阵地，工作推进难上加难，社会局势非常不稳定。当时白嘎乡达钦村里一些不明事理的群众被不法分子利用蛊惑，聚集想要出村“闹事”，得知消息后，朗扎同志站在大局的高度，从党的事业和群众的利益出发，为阻止事态扩大和恶化，他身体力行，独自一人主动在通往乡政府电站桥头上“站岗”，劝返聚集想要“闹事”的群众回村，坚决阻止村内农牧民群众参与违法犯罪活动。11 月的高原隆冬寒风刺骨，高原的天空早已经浓妆素裹、冰天雪地一泻千里，桥上没有火炉、没有临时设岗处所，连最为简陋的避风处都没有，他一个人死看硬守在桥头上，那些日子里多少个日日夜夜，不论是刮风飘雪，他都不离不弃地坚守在桥头上，阻止了“闹事”人员。有人过来了，朗扎就认真对他们进行教育，由于在村中威望高，很多群众都愿

意听他的话，每个想通过桥的人经过他再三教育后，最终都自觉地返回了村中，最后达钦村没有一个人出去参与“闹事”。那段时间，虽然家就在不远处，但朗扎同志吃住都在桥头，没在家安安稳稳地吃过一顿舒心饭，没有睡过一天安稳觉，整天一门心思守好桥、看好人，长时间的焦虑，致使当时50余岁的老人身体体重减轻10余斤，用他时常挂在嘴边的话说就是：“是共产党给我带来了希望，我是党的儿子、我永远忠于党，热爱自己的祖国，谁也不许给组织添乱。”事后达钦村村民旦增紧握朗扎双手说道：“如果不是你及时劝阻我，我现在已经在监狱里悔改和悔恨去了，衷心地谢谢。”那段守桥的岁月，虽然已经远去，站在桥头上，如今我们仿佛还能在脑海里清楚地浮现出那个守桥人的身影，仿佛还能听得到他那掷地有声的说词。

化解纠纷只为民，为邻里千家万户添和谐

时间追溯到1980年，朗扎光荣成为一名中国共产党党员，他回想着说：“那段时间欣喜如狂，每一天都很骄傲、很自豪，干工作有使不完的力气。”谈论时常常还会洋溢出当时的那股劲。往后的日子里，他虚心向老同志学习，开始学习矛盾纠纷调解，年复一年，短短几载时间里，大大小小的纠纷他都参与调解，积累了丰富的经验，掌握了调解技巧。愿意学习创新，村里工作积极主动，受群众尊重，渐渐地在老百姓中建立起了威望，后来被选进村“两委”班子当村长。他深知被选上当村长是群众的支持和信任，更是党委政府的重托，责任重大，使命光荣，全身心地投入到了工作中，他倍加努力为村里工作，全力为当地党委政府排忧解难，几十载如一日。

化解矛盾、宣传法律，守护一方国土的安宁与和谐

“羌吞泼念”是人民群众对他的“尊称”，汉语意译为“和谐使者”。自担任人民调解员以来，朗扎带着真情，为群众解疑释惑、帮群众之困、解群众之难，化解了宅基地、草场、婚姻、土地、老赖等各类纠纷，经他调解的矛盾纠纷有记载的就多达200余件，调解成功率达96%。在调解之

余还孜孜不倦对群众进行法治宣传教育，特别是加大《人民调解法》的宣传力度，通过以案说法形式大力宣传人民调解工作的地位和作用，正确引导纠纷当事人主动寻求纠纷当事人的帮助，朗扎始终坚持在调解纠纷中深入开展法治宣传和道德教育，充分发挥了人民调解员直接面对普法对象的优势，提高了群众面对纠纷的理性程度，使人民调解获得信赖并深入人心，以最好的业务成绩推动创建美好和谐的社会环境，也推动了依法治县在基层的开展。

这是一次办实事解难事的历史性见证；这是一次密切党群干群关系具有划时代意义的飞跃；这是一次接续走好党的群众路线解决“最后一公里”的成果拓宽。昌都市边坝县尼木乡与那曲市比如县白嘎乡墨荣村因草场界限不明，每年虫草采挖期，两村发生纠纷是绝对免不了的，曾多次发生过械斗事件，为此还伤过人，死过牲畜。2017 年 4 月，两村又因草场界限问题引发纠纷，得此消息后，2017 年 4 月 22 日白嘎乡党委书记同朗扎同志到昌都市尼木乡解决此事，朗扎赶到现场后，认真听取纠纷事实，双方群众之间的见解，苦口婆心地向村民们讲法律、讲政策、讲利害关系，本着以事实为据，以法律准绳的原则，依法依规办理，促进两乡人民和睦相处，重新理清草场勘界。数小时后，村民们的情绪终于稳定下来，表示愿意接受调解。在朗扎主持下，经过为期 3 天的调解，双方签订了调解协议书，一场尖锐的矛盾、一场可能引发械斗事件的历史遗留纠纷终被平息，为羌塘草原带来和谐之风。一场遗留 31 年的草场纠纷画上了圆满句号。在此事件后朗扎同志通过不同的方式宣传《草原法》，加强对群众的法律知识及党和国家的方针政策的宣传教育，让更多的人知法、懂法、守法和用法。朗扎经常因公忘私，废寝忘食，有时家人会有情绪，有怨言，他总是解释道：“作为一名党员干部，要有牺牲和奉献精神，只要群众的问题解决了，他们高兴了，就什么都值。”

勇于探索、积极作为，谱写基层法治工作新篇章

为发动和依靠群众，坚持矛盾不上交，充分借鉴发扬“枫桥经验”，在各级党委、政府大力支持下，自治区司法厅、那曲市司法局、比如县司法

局等有关部门的正确指导下，比如县司法局以群众威望高，调解经验丰富的“全国模范人民调解员”获得者朗扎同志命名的“朗扎调解工作室”，2018年6月在比如县白嘎乡正式成立，填补了我区人民调解工作个人调解室的空白点，成为西藏首个以个人名字命名的品牌调解室，标志着人民调解工作迈向了新的征程。朗扎同志清醒地意识到要干好这份工作，成为一名合格的基层人民调解员，就必须用法律知识武装自己的头脑，明确思路后，朗扎同志边学边干。功夫不负有心人，朗扎同志成为一名精通人民调解知识和法律知识的人民调解员。从2013年至今，边学边干的朗扎同志经常对农牧民进行宣讲人民调解知识和法律知识，开展形式多样的普法宣传活动，提高村民法律素质，从源头上预防和减少纠纷，其间共进行法律宣讲活动达百场次，所宣讲内容包括《宪法》《人民调解法》《婚姻法》《继承法》以及“扫黑除恶”“四讲四爱”等与群众息息相关的法律知识。结合自己多年从事人民调解工作的经历，他总结出了“认真、灵活、公正、亲切”八字调解法，大大提高了调解成功率。促进群众自觉形成与邻为善、以邻为伴、守望相助的良好氛围。“朗扎调解工作室”成立以来，调解了30年未能调解的历史遗留纠纷2起，调解5年以上未曾调解的矛盾纠纷2起，调解各类经济纠纷、邻里矛盾、家庭纠纷、劳务纠纷等矛盾纠纷共38起，调解成功率达96%。

“为群众服务没有止境，只要我还可以干，我就会把这项工作进行到底。”40多年来，朗扎把自己的人生与人民调解工作、法治宣传工作紧紧地连接在了一起，尽职尽责，无怨无悔。“羌吞泼念”“有困难找朗扎，他真情济困、乐于助人，有纠纷找朗扎，他调解有方、咱信得过。”是广大人民群众对朗扎本人最大的肯定和最受欢迎的致辞。朗扎，作为新时代的一名优秀共产党员，他不辱使命，全心全意为人民谋幸福，秉持一颗平凡的心，在平凡的工作岗位上书写出了人生一个个美丽而动听的故事。他犹如一颗红星在藏北高原上闪闪发光，在人民心中这颗“红星”夺目闪亮，照亮了白嘎这片大地。这位平凡的共产党员牢牢守住了初心，没有忘记来时的路，注定在祖国边疆载入史册，成为我们身边一颗璀璨的明珠。“朗扎调解工作室”也必将成为一望无际的羌塘草原最为闪烁的那颗红星。

余热化作正能量　调解为民谱新章

郝润英

1958 年 11 月出生，中共党员，陕西渭南人，现任渭南市临渭区医患纠纷调解委员会主任。工作期间，先后荣立个人三等功 6 次。2014 年被评为渭南市金牌调解员、十佳调解员；2015 年 12 月被评为渭南十大法治人物；2017 年 12 月被评为全省社会治安综合治理先进个人；2018 年 7 月被评为全省十大调解能手；2019 年 7 月被评为全省人民调解专家。

郝润英多年奋战在八百里秦川东部的渭南市医疗纠纷调解战线上，她开拓创新、大胆探索，是为百姓维权、为医院解难、为政府分忧的“暖心人”，是辖区医疗纠纷“零上访”、调解工作“零投诉”、医患矛盾“零上交”的人民调解标杆人物。

临危受命勇担当

2012 年以前，临渭区医疗纠纷频发，医闹事件已成为影响社会稳定的热点问题。为此，2013 年 2 月，决定成立医调委。刚从公安战线退下来的郝润英，在公安战线调解矛盾纠纷 30 余载，是个行家里手，屡立战功。她响应党委政府召唤，临危受命，挑起了医调委主任这副重担，带领调解员经过

3 个月的连续奋战，调处了长期缠访、闹访的积案 23 起。

民有求之必应之

调解中，郝润英坚持凡是由医疗纠纷引起的矛盾一并调解的原则。产妇王某因羊水栓塞死亡，事态升级，患方家属情绪激动，百余人聚集在医院摆花圈、拉横幅、堵门、围攻医务人员。郝润英看在眼里，心急如焚，苦思良方。一边是失去女儿的父母昏了过去，一边是失去母亲的婴儿嗷嗷待哺，还有一群失去理智的家属大闹不休，更有一伙别有用心的人掺杂其中。她沉着应对，敏锐地发现有 3 个小伙故意挑唆煽动闹事。她立即与公安机关取得联系，查清 3 人是患方雇的“闹托”，依法将其行政拘留。进入调解程序后，郝润英主持召开医学专家分析会，分清责任。经过 20 多天的“拉锯战”，医患双方终于签订了赔偿协议书。刚想松口气，第二天，死者娘家父母又到医调委哭闹：“赔偿款分配说不好，尸体不能埋。”面对这突如其来的家庭纠纷，她没有推脱，家庭矛盾解决不了，不安静因素依然存在。她在村级组织中了解情况，亲自主持，按法律规定继承顺序给予了满意的调解。正准备埋葬尸体时，“闹托”前来索赔“损失”。闻讯，她立即联系辖区派出所，并严正警告“闹托”，敲诈勒索要承担法律责任。这起纠纷，一波三折，终于案结事了。

研究总结成“八法”

郝润英善于思考，勤于总结。她把亲身经历调解的几百起案件进行综合分析、判断、归纳，结合医疗纠纷的新趋势、新特点，总结探索出了8种调解法：分类调解法，提前介入法、先处后调法、明确责任法、联合调解法、延伸调解法、模糊调解法、暖心调解法。还探索出了调解医疗纠纷的“七步工作法”：受理登记、听取陈述、研究制订调解方案、调查核实、认定责任、协商调解、签订协议。几年来，她带领医调委调处、化解、咨询、引导法律诉讼医患纠纷500余起。

“枫桥经验”结新果

学习传承“枫桥经验”，在实现矛盾不上交活动中，郝润英开拓创新，力求打造“枫桥经验”升级版。组织调解员学习全国各地调解工作经验，研究分析医调工作的实际，总结探索出具有操作性的“一三三八三医调工作模式”，健全机制一平台（医调委）；防控纠纷“三个早”（早预防、早发现、早介入）；访调案件三对接（信息对接、导入对接、办案对接）。八法七步办案；调解效果“三个零”（医患纠纷“零上访”、调解工作“零投诉”、医患矛盾“零上交”）。实施“一三三八三医调工作模式”后的两个多月，排查调解矛盾纠纷35起。2018年11月8日，《法制日报》对“一三三八三医调工作模式”进行了专题报道，介绍了她在工作实践中总结出来的经验做法。

——当医护人员被谩骂殴打时，她挺身而出；

——当患者痛苦诉说时，她陪着流泪；

——当医患双方握手言和时，她露出了欣慰的笑容。

郝润英同志带领临渭区医调委荣获“全国模范人民调解委员会”荣誉称号，曾被中央电视台、《光明日报》、《陕西日报》等媒体进行宣传报道。她先后多次受到有关部门的表彰奖励。

抓早 抓小 抓了

南平市医患纠纷调解处理中心(以下简称中心)成立于 2009 年 8 月,是福建省首家医患纠纷专业性调解机构。多年来,中心坚持“预防在先、发现在早、处置在小”的原则,创新全国独特的集预防宣传、现场处置、依法调解为一体的工作机制。中心先后被中央综治委、人力资源和社会保障部授予“全国社会管理综合治理先进集体”,被中央综治委和中组部通报嘉奖,被中共中央授予“全国先进基层党组织”荣誉称号。2015 年 10 月《医患纠纷第三方调解机制》获全国“社会治理创新优秀案例”;2018 年 12 月医患纠纷“南平解法”获福建省改革开放 40 周年“福建影响力”优秀案例。

10 年间,南平市医患纠纷调解处理中心共接受各地来电来访咨询 33,650 人次,经过沟通交流、专家咨询、说服疏导,不需要受理立案就达到化解矛盾效果的有 3237 件,调解成功率和协议履行率均为 100%。全市医患纠纷的激烈程度、参与人数也大为减少。所调解的纠纷最快的 3 天调结,最长不超过 1 个月,没有一件反复,做到了“案结事了人和”,医患纠纷处置步入了法制化、规范化、常态化轨道。“南平解法”最显著的特点是“坚持以人民为中心”;最成功的做法是“抓早抓小抓了”;最正确的方向是“探索创新发展”。

坚持创新引领

着力探索建立医患纠纷处置长效机制,是南平市处置医患矛盾、构建和谐医患关系的出发点和落脚点。他们创新领导体制，建立了县（市）、乡镇、村居三级联合参与，司法、卫生、公安、医患调处中心等部门密切配合，建立医院内部沟通调解、医患纠纷应急处置联动、医患纠纷第三方调解、医疗责任保险和社会救助机制的“三级联调、四方联动、五位一体”工作机制。他们科学设置组织架构。中心内设调解指导部、医学专家部、法律援助部、心理咨询部、警务室、医学咨询室、仲裁室、审判法庭等职能科室。成立了医患纠纷人民调解委员会、医学专家咨询委员会、法律专家咨询委员会和心理咨询委员会，形成了与调处工作相适应的组织机构体系。率先在全国建立了医学专家视频网络系统，实现了市县两级医学专家库的共享，解决了县级医学专家咨询难的问题。同时，充分发挥基层司法所、调解员的作用，形成覆盖全市的基层调解信息网，及时收集医患信息，引导纠纷当事人首选人民调解方式解决纠纷。他们实现职能转变。党的十八大后，成立全国首家医患纠纷调解协会，采取政府购买服务的方式，突出了医患纠纷调解协会的第三方性质，避免了党政机关与群众发生直接冲突。

突出源头预防

创新全国首家“派驻医院调解室”新模式，即选派医调人员进驻医院开展工作，突出源头预防。一是建立常态巡查通报制度。制定《医院医患纠纷隐患巡查排查制度》，定时间、定内容、定重点，巡查医院、巡查科室医患纠纷苗头情况，并且根据巡查结果，采取相应干预措施，及时处理。医院对医患纠纷定期进行分析、通报、改进和教育，做到“三不放过”：不通报的不放过、不处理的不放过和不改进的不放过，达到“处理一起医患纠纷，杜绝一类医患纠纷”。二是建立重点患者告知制度。制定了《医院重大手术等告知视频录存制度》，对重点科室、重点患者、重点疾病等，实行视频录存管理，时限一年，以确保告知制度的严肃性，让证据来调处纠纷。三是建立预防考核制度。医院把医患纠纷预防工作纳入科主任、医务人员的绩效管理体系中，在医院非薪酬绩效管理制度中，医疗安全、质量管理、服务态度等指标的权重需要达到一定水平，并且与经济效益挂钩，对负有责任的重大医患纠纷实行一票否决制。四是建立患者参与预防建设。制定《医院病人委员会管理制度》，建立医院病人委员会，由患者和患者家属组成，由派驻调解室等召集，定期召开会议，收集意见建议，倾听患者心声，改善医患关系，提升服务水平。

同时，将医患纠纷相关法律法规政策的宣传纳入“五五”“六五”“七五”普法规划，制定了医患纠纷法制宣传方案，利用每年“12·4”法制宣传日、综治宣传月在城市展出宣传图板、发放宣传资料、接受群众咨询等形式开展医患纠纷法制宣传。通过建立调处工作分析、信息通报、纠纷排查预警等制度，从源头上预防和减少医患纠纷发生，改变了人民调解常常只能事后调处、事前无能为力的状况，使调处中心的工作覆盖到纠纷发生的事前、事中、事后。通过送法下乡、入户宣传和专家咨询等方式开展有针对性宣传，提高群众法制意识，引导患者及家属自觉依法依规处理医患纠纷，现在95%以上的纠纷都是患方主动到中心要求调解的。

讲好中国故事

让“南平解法”走向国际舞台，最充分地在国际上展示中国力量、中国精神、中国法治。多年来，南平市医患纠纷调处中心主任龚选民潜心致力于医患纠纷调解理论和实务研究，频频在国内高校和科研院所交流。2015年8月，龚选民应早稻田大学邀请，出席在日本东京举办的“第四届东亚法社会学会议”，在这次会上，《中国医患纠纷调处模式研究》向国际组织和国际友人发出了响亮的“中国声音”。2016年8月，受韩国医疗纠纷调解仲裁院邀请及中国消费者权益保护法研究会委派，龚选民前往首尔协调处理中国同胞与韩国医疗美容机构的纠纷，并在韩国医疗纠纷调解仲裁院发表《医疗纠纷·调解·仲裁制度介绍》的演讲；2016年8月，龚选民由中国卫生法学会委派，参加在美国洛杉矶举行的第22届世界医学法学年会，并发表《中国医患纠纷人民调解模式研究》演讲；2018年11月，龚选民作为中国代表团团长，率队到以色列耶路撒冷，参加联合国“第十三届世界生命伦理大会”。医患纠纷“南平解法”频频亮相国际舞台，得到国际同行的广泛认可和一致好评。10年来，中心应邀到美国、英国、法国、德国、日本、韩国、以色列、塞浦路斯等国以及我国台湾地区、香港特别行政区进行演讲交流，把“人民调解”东方一枝花向世界传播。

“到中流击水，浪遏飞舟”，这是一种何等的自信；“踏平坎坷成大道，斗罢艰险又出发”这是何等的豪迈。南平市的探索、创新、发展轨迹充分说明，在以习近平新时代中国特色社会主义思想的引领下，医患纠纷“南平解法”一定能为世界各国探寻医患纠纷调解的正确路径贡献开放包容、合作共赢的正能量。

门源县东川镇“365”调解工作室

门源县东川镇人民调解委员会“365”调解室于 2018 年 1 月设立，有专职人民调解员 3 名，均为当地老党员、老书记、老乡贤，平均年龄 63 岁。调解室名称“365”取“调解空间全覆盖，调解时间全天候，随时随地进行纠纷调解”之意，自成立以来已调解矛盾纠纷 195 起，调解成功 189 起，调解成功率达 96.9%，为当地的社会和谐稳定做出了突出贡献。

“感谢你们热情与耐心的调解，帮助我们婆媳之间化解了矛盾。”东川镇塔龙滩村村民马某紧紧握着调解员的手，感激之情溢于言表。这是门源县东川镇人民调解委员会“365”调解工作室成立以来化解的第 12 起婚姻家庭纠纷。一起起矛盾纠纷的成功调处，有效发挥了“365”调解工作室在推动辖区社会和谐稳定、服务保障民生中的作用优势，印证了邻里有了纷争，家门口就能解决；家人受了委屈，有地方倾诉；村民有了利益冲突，调解员主动上门主持公道的建室诺言。

立足地域实情，倾力打造调解工作品牌

东川镇位于门源县境南部，面积 209 平方千米，下辖 12 个村民委员会。辖区内居住着汉、藏、蒙、土、回等多个民族，人口近 3 万人，是海北州人口大镇。近年来，随着东川镇经济社会的发展，辖区内婚姻家庭、邻里关系、山林土地、债务等矛盾纠纷日益增多。针对此情况，东川镇人民调解委员会在县司法局、东川镇党委政府的大力指导下，立足镇情，研究分析矛

盾纠纷发展变化规律，不断总结预防化解各类矛盾纠纷的有效途径和方法，选聘了 3 名党性觉悟高，思想素质强，群众基础好的老党员、老支书成立了“365”调解工作室，倾力打造适合辖区矛盾纠纷需要的人民调解工作品牌。调解室成立后，推行“纠纷预防、纠纷排查、纠纷调处、纠纷回访、纠纷解决、心态调理”工作法，引导村民合理表达利益诉求，有力促进了当地社会的和谐稳定，真正成为党委政府的“减压器”、为民解忧的“和事佬”。

小小调解室，调出了家庭和睦

婚姻家庭纠纷在东川镇的各类纠纷中占比很大。俗话说，“清官难断家务事”。可在东川镇，村民只要找到“365”调解工作室，各类婚姻家庭纠纷都会迎刃而解。2018 年 12 月的一天，“365”调解工作室接到来自东川镇孔家庄村调委会的电话，该村村民赵某与妻子孔某因家庭琐事发生争吵，孔某一气之下回了娘家，多日不归，村调委会经多次调解未果，遂请求“365”调解工作室协助调解。得知情况后，调解室指派调解员赶到孔家庄村与该村村调委会成员一起对该起纠纷展开调解。在孔某的娘家，面对调解员劝导，孔某情绪十分激动，表示与丈夫赵某无法过日子，坚决要求离婚。对此，参与调解的调解员并未气馁，从维护家庭和睦的角度反复讲解维系婚姻的重要性，使孔某意识到离婚对家庭所带来不利影响。与此同时，为做通孔某的思想工作，调解员分别召集赵某和双方当事人父母进行了坦诚说服教育，以“宁拆十座庙，不拆一桩婚”通俗易懂的比喻，讲清离婚对家庭对子女不利后果以及要承担的民事责任，最终做通了夫妻俩的思想工作，冰释前嫌。

情理法并用，解开当事人心中疙瘩

最大限度地将矛盾纠纷化解在基层，解决在萌芽状态，确保“小事不出村、大事不出镇，矛盾就地化解”是“365”调解工作室坚持的工作目标。为实现这一目标，调解室坚持情理法并重，既坚持依法调解，又注重解开当事人的心结。2018年4月14日，“365”调解工作室接到麻当村村民张某的调解申请，请求调处与叔叔张某某的纠纷。接到申请后，“365”调解工作室调解员及时赶往麻当村进行调解。经现场了解，20年前张某父亲不幸去世，因当时年幼，随母亲外出打工维持生计，所属草原由其叔叔张某某代管，2018年张某回来后向叔叔索要草原，却发现草原权属已归其叔叔所有，张某多次向其叔叔提出返还草山的要求，均遭到拒绝。在了解到纠纷概况后，调解员并未及时进行调解，而是通过东川派出所查看了张某户籍档案后证实张某户籍仍然保留在原地。随后又请县草原监理站工作人员携带原始图纸等资料到实地现场进行查看，证明张某的草原确实被其叔叔侵占。在大量证据面前，张某某认识到自己的错误，同意将草山返还给他侄子。

“365”调解工作室成立后，日益得到党委政府的重视和社会的关注，“有矛盾找365调解工作室，有纠纷找365调解工作室调解员”目前已成为东川镇各族群众的共识。截至目前，共调解矛盾纠纷195起，调解成功189起，调解成功率达96.9%。

扎实做好基层人民调解工作为社会和谐稳定增光添彩

阿克苏市南城街道办事处人民调解委员会成立于 2000 年 7 月，是由 53 名不同民族、不同职业的街道、社区干部、普通居民组成的集体，平均年龄 40 岁。南城街道人民调解委员会坚持以习近平新时代中国特色社会主义思想为指导，深入贯彻落实党的十九大精神和十九届二中、三中、四中全会精神，认真贯彻落实党中央治疆方略特别是社会稳定和长治久安新疆工作总目标，全心全意践行为人民服务的根本宗旨，把社会矛盾化解在一线。

把握有利时机，及时化解矛盾

近年来，南城街道人民调解委员会在长期法治实践中，把握有利时机，及时化解矛盾，总结了邻里纠纷调解三步法。一是“听”，矛盾冲突后当事人双方各说各的理，只强调自身利益，争执不下，这时不妨让他们都说出来，出出气。二是“劝”，首先把握有利时机，双方都在气头上时不能劝，要耐心等待双方消气、理智后进行劝说，同时顺着各自的想法提出假设，推论出坏的结果，然后换位思考，从对方的角度分析，劝说双方各退一步，最后从影响彼此关系的角度阐述其利害。三是“调”，依照法律和人情进行调解，梳理矛盾，分清责任，解决实际问题，彻底化解纠纷。火车站社区杜某和张某是邻居，张某家中多人下岗，迫于生计，以蒸馒头养家糊口，烟囱长期飞出的煤灰影响了邻居杜某的生活，为此双方争吵后几乎发生肢体冲突，矛盾随即升级。杜某一气之下找到南城街道人民调解委员会。调委会工作人员到杜某家劝说，讲明张家迫于生计，希望杜某谅解，又找到张某建议改造烟囱，加上除尘设备，每天清理烟尘，便可解决。最终两家和好如初。居民李某和邓某也曾因李某搭建猪舍一事影响了两家关系，社区干部做了大量工作，并动员双方的社会关系做劝说工作，但都没达到预期效果。邓某的儿子在喀什部队服现役，“八一”建军节时，南城街道人民调解委员会请邓某的妻子参加座谈会，工作人员做通了邓某妻子的工作，最终同意了李某搭建猪舍的请求。

危难关头平纠纷，调解工作显威力

民事纠纷与刑事案件仅是一念之差，一步之遥，如不及时化解，矛盾瞬间就会激化。南城街道人民调解委员会在遇到突发重大纠纷时，坚持第一时间介入，迅速反应，有力控制，防止矛盾加深扩大。2016 年 6 月 2 日 19 时左右，阿克苏某焊接厂发生一起员工在工作岗位上意外死亡的事故。电焊工刘某在焊接车辆加高板的过程中，因没有采取安全保护措施，导致被加高板砸成重伤。焊接厂立即将刘某送往医院，但刘某终因伤势过重不治身亡。之后，刘某的家人与工厂因补偿问题发生纠纷。南城人民调委会第一时间介入，与安监局工作人员召集双方当事人进行调解。因工厂方不能接受 102 万元的高额索赔，刘某亲属扬言："如果工厂不如数赔偿，他们将披麻戴孝跪街道、跪政府进行上访。"因双方意见差距过大，调解陷入了僵局。南城街道人民调解委员会鲁萍主任一边耐心倾听家属们的诉求，认真分析案情，另一边向家属们宣讲有关人身意外死亡赔偿的法律条款，并向其说明扰乱政府部门正常办公秩序可能带来的法律后果。经过调解员摆事实讲道理，讲赔偿标准，借鉴类似案例的赔偿办法展开反复调解，司法所、安监局人员反复做工作，双方最终于 6 月 8 日达成了赔偿协议，并办理了赔偿公证。在本案中调委会分清责任，保护了死者家属应有的合法权益。

调解普法两结合，标本兼治见效果

调处已发生的矛盾和纠纷，只是治"标"，更重要的是治"本"。南城街道人民调解委员会广泛开展法律进社区活动，抓好居民的普法学习教育，提高了居民尊法学法用法守法的自觉性。2018 年共举办法治宣传教育课 28 场次，受教育群众 8400 人次，向居民发放新《信访条例》5000 余份。利用宣传栏刊发《反对邪教，幸福安康》，并开辟了法律知识专栏，开展经常性和有针对性的法治教育，把居民思想统一到讲稳定、讲大局、讲奉献上来，着力引导居民遵纪守法、诚信待人，减少了社区矛盾纠纷和群众集体上访事件的发生。

在南城街道人民调解委员会的不懈努力下，2018 年排查各类矛盾纠纷 1698 件，调解各类矛盾纠纷 1226 起，调解成功率 98% 以上，其中引导群众走司法程序 94 件，没有一件因民间纠纷引发的群体性上访、群体性械斗或民转刑案件，真正做到了"小事不出社区，大事不出街道"。

基层法律服务好榜样

当多数人选择去大城市发展时，他们选择了留在基层。担任法律顾问、主持调解纠纷、开展法制教育、解答法律咨询，他们的工作不仅于此。为基层百姓和弱势群体提供优质、便利的法律服务，进一步提高法律服务质量，扩大覆盖面维护当事人的合法权益。他们为维护法律的正确实施，促进社会稳定、经济发展和法制建设做出了重大贡献。他们是“扎根基层、服务群众”的基层法律服务工作者。

海阔凭鱼跃　天高任鸟飞

董奎星

1966 年 7 月 24 日出生。现任吉林省长春市基层法律服务工作者协会会长、朝阳区桂林法律服务所主任，从 2006 年担任所主任以来，他不忘初心，牢记使命，脚踏实地、开拓创新、扎根基层、服务民生。在他的带领下，桂林法律服务所发生了翻天覆地的变化。所里办公面积 220 平方米，专职法律服务工作者 10 人，年办理案件 60 余件，服务咨询当事人 200 余人，挽回经济损失近亿元。2019 年 11 月被长春市基层法律服务工作者协会评为“优秀基层法律服务工作者”，同时桂林所被评为“优秀基层法律服务所”。2016 年、2018 年桂林法律服务所先后被长春市司法局授予“五星级基层法律服务所”、长春市司法行政系统“百先培树”工程先进集体；2018 年、2019 年先后被长春市司法局荣记集体三等功 2 次、被吉林省司法厅荣记集体二等功 1 次。

坚定政治信念，基层法律服务的“排头兵”

多年来，董奎星不仅重视法律业务的学习与研讨，更注重对党政信息、国家大事的学习与领会。党的十八大、十九大以来，他组织所里专题学习会 18 次，学习领会会议精神。结合基层法律服务行业特点，带领全所人员走进社区，走进人民群众中，开展以宪法为主题的法律宣讲、扫黑除恶的政治学习，并与辖区街道、社区联动，积极配合开展信访工作。几年来，参与信访工作50余次，接待信访人员百余人，有效地维护了基层社会稳定。

服务服从大局，坚决贯彻执行工作部署

董奎星从不计较个人得失，对于上级主管部门布置的工作任务，都能本着服从大局的意识，认真贯彻执行。“123”工程活动作为全省司法行政系统助力企业发展的重点工作，他带领全所人员于2017年5月5日深入长春市临河街道桂林昆山社区，召开了“123”工程基层法律服务活动在身边的启动仪式，法律服务所与昆山社区签署了共建法制社区、文明社区协议；率先开创了“助企法律服务窗口”。他又代表基层法律服务所向全市基层法律服务所发出深入社区、深入企业倡议。两年来，共进驻企业几十次，为企业提供法律咨询百余次，审查合同近120份，出具法律意见书50多份，为企业发展保驾护航，解决了多家企业的经济纠纷，其中一起涉案金额高达几亿元，最大限度地保护了企业的合法权益。在其他工作中，董奎星也做了大量细致的工作，尤其是在基层法律服务工作者协会的筹备和运行工作上，主动沟通，协调各基层法律服务所，设计基层法律服务工作者网站，并主动邀请市仲裁委的专家为全体会员培训相关仲裁业务，在工作中迅速使自己成长为有担当、有责任心、有大局观的基层法律服务所主任。

承担社会义务，扎根基层，服务民生

在开展基层法律服务业务中，董奎星不忘初心，牢记使命，不忘承担的社会义务，带领全所人员深入社区、走进企业开展公益性法律服务。桂林法律服务所是全市第一家真正走进社区、贴近群众的基层法律服务所，也是第一家由被动式服务转变为主动式服务的基层法律服务所。2018 年，桂林法律服务所又与昆山社区继续签订了“共建法治社区、共建和谐社区”协议，每月 15 日到社区开展公益法律服务讲座，现场讲解婚姻继承、未成年人保护等关系百姓生活的法律、法规，每个星期五上午，都选派经验丰富的基层法律服务工作者进驻社区提供公益法律咨询。两年来，进驻社区达百余次，接待咨询群众近几百余人，代理各类民事案件百余件，提供法律援助 10 余次，协助调解纠纷几十余件，挽回直接经济损失上千万余元。2018 年 5 月 18 日，董奎星又带领全所人员走出城市街道，深入到长春市双阳区山河街道，与山河街道签署了共建法制、文明村屯协议。并在山河街道举办了大型公益性法律咨询服务。省内 6 家新闻媒体到会进行了采访。7 月 23 日，董奎星又带领全所人员来到百公里之外的双阳区山河街道立新村开展送法到村屯，送法到农民家门口，解决基层法律服务“最后一公里”问题。并拿出 1 万多元为立新村 26 名贫困学生买了学习用品。2018 年 8 月 31 日，董奎星又到长春市宽城区兰家镇马家村开展了“基层法律服务进村屯，助推乡村经济发展”大型法律咨询服务活动。2018 年 10 月 30 日，董奎星又到吉林省冀商商会，开展了“基层法律服务进商会 助推千家企业大发展”大型法律服务咨询活动。2019 年又组建了人民调解委员会和个人调解室，为社区居民调解各类疑难纠纷，化解矛盾。

自强、自信、自立，永葆发展动力

董奎星在桂林法律服务所取得一定的成绩后，并没有停下前进的脚步，2019 年年末当选长春市基层法律工作者协会会长后，更是不断地进行反思、探讨，深入研究和挖掘发展的潜能和动力，每一步都走得坚定而有力。

2019年12月4日上午9时，组织长春市基层法律服务工作者协会、长春市南关区红升法律服务所在长春市南关区幸福乡八一社区开展了“弘扬宪法精神　建设法治社区”活动，同时在“12·4”国家宪法日，进行宪法宣传活动；多年来，他对加强法律服务所管理，倾注了较多的心血。对内，他加强队伍管理建设，开展基础建设、业务建设，经常性的组织全员开展业务学习、理论知识学习，集体讨论案件；并实行科学管理，集思广益，加强所里规范化建设。实现了法律服务所管理规范化，学习制度化，卷宗档案化，咨询信息化。法律服务所建立了扎根基层、服务百姓的公众服务平台。并将这个平台向社会公布，方便百姓咨询和解决自己需求的法律服务和法律帮助。对外，他们在积极为服务民生、助推经济发展这个大主题上做文章，回报社会，服务百姓，维护社会和谐稳定。正是这样一个葆有自我提升意识的基层法律服务所，不断地吸引着基层法律服务工作者加入其中。同时，他还全身心投入到协会的工作中，为长春市基层法律服务工作者协会的发展做出了积极的努力和贡献。

对于董奎星来讲，基层法律服务的每一天都是一个新的开始，每一天都是一个新的契机。抓住每一天，服务好每一位当事人，是他们的政治责任和义不容辞的义务。因此，董奎星始终站在新时代基层法律服务工作的最前沿，做新时代基层法律服务工作者的楷模，书写着基层法律服务的新篇章。

法雨春声润桑梓

赵　明

赵明同志自 2001 年 3 月通过基层法律服务工作者考试，同年被哈尔滨市阿城区玉泉街法律服务所聘任，担任法律工作者职务至 2003 年 3 月。2003 年 3 月至 2005 年 3 月被哈尔滨市阿城区和平街法律服务所聘用，担任法律服务工作者。2005 年 3 月至 2007 年 3 月任哈尔滨市阿城区和平街法律服务所主任。2007 年 3 月至今任哈尔滨市阿城区通城法律服务所主任。2016 年 9 月被选任哈尔滨市阿城区交通事故调解中心人民调解员，2017 年 12 月被选任哈尔滨市阿城区人民调解委员会诉前调解室人民调解员，2018 年 6 月被选任哈尔滨市阿城区检调对接工作室人民调解员，2018 年 8 月被选任哈尔滨市阿城区信访矛盾纠纷调解工作室人民调解员。自 2006 年至今，赵明同志连续 13 年被阿城区司法局评为先进法律服务工作者或先进个人。自赵明同志任哈尔滨市阿城区通城法律服务所主任以来，该所 7 次被阿城区司法局评为先进集体，2016 年被黑龙江省司法厅评为规范化法律服务所，2017 年被哈尔滨市司法局评为先进集体。2017 年赵明同志被哈尔滨市司法局评为先进个人、先进法律服务工作者。2017 年至 2019 年先后 3 次被哈尔滨市阿城区司法局评为先进调解员，2019 年被哈尔滨市司法局评为先进调解员。

扎根一线，服务基层

赵明同志从事法律服务工作近 20 年，其间先后参与组建了哈尔滨市阿城区和平街法律服务所、哈尔滨市阿城区通城法律服务所、哈尔滨市阿城区交通事故调解中心、哈尔滨市阿城区人民调解委员会诉前调解室、哈尔滨市阿城区检调对接工作室、哈尔滨市阿城区人调解委员会诉前调解室的重要工作。自工作至今接待咨询、代理等案件人次达 7300 余人次，受理公益调解援助案件 1307 件。

克己奉公，敬业奉献

赵明同志从事法律服务工作期间，严格遵守国家政策法规，爱岗敬业、克己奉公、率先垂范。对待每一起案件，首先理清工作思路，查清案件事实、明晰相关证据，本着重证据、重常理的原则，当证据与常理矛盾时，善于用常理推断证据的合理性，为民服务，既保证案件质量，又维护了当事人的合法权益。赵明同志本着善良的工作理念与过硬的工作作风，打开了风清气正事业兴的工作局面，从事法律服务工作至今，赵明同志投诉率为零，且每年法律服务案件及人民调解案件数量都有不同程度的增长。对遭遇交通肇事等需要提供法律帮助和法律援助的困难群众，他都及时相助，热心、耐心、细心地帮助其解决困难。他坚持原则，重心理分析，重分化矛盾、协调各方当事人认可，出色地完成了工作任务。许多受害人因伤情过重无法到办公场所签署

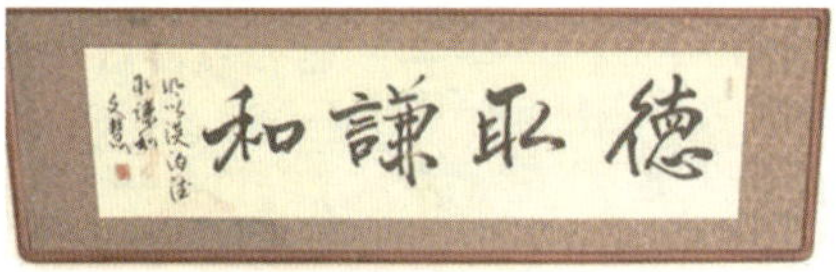

法律文书时，赵明同志无论何时均能够到达现场办公，对死亡案件，赵明同志首先平复死者亲属的情绪，讲解相关法律知识，对当事人进行普法宣传，在当事人理解的前提下，找准调解要点，耐心调解，为此，赵明同志经常加班、加点，通宵达旦写材料、做功课，任劳任怨地工作。赵明同志做到了将责任变为动力，落实在行动中，用自己的行动践行了一名法律工作者、人民调解员的神圣使命。

多年来，赵明同志讲诚信、重原则、注重实效、狠抓落实、夯实基础，本着为民服务的宗旨，接待援助咨询人次达 7300 余人次，受理公益调解援助案件 1307 件，并且出色地完成了工作任务，得到了领导的信任与好评，赵明同志心怀法律无私为人民的情怀，受到了群众的赞誉。

真情播撒法治温暖

韩士成

1957 年出生，现任铜山区天诚法律服务所主任。2016 年至今先后担任徐州市法工协会副会长、常务副会长、秘书长、铜山区法工协会会长、铜山区交通事故纠纷人民调解委员会主任，2012 年 8 月被司法部授予“全国调解能手”称号，2019 年 10 月被江苏省司法厅授予“新时代江苏司法为民好榜样”。

韩士成是徐州市铜山区天诚法律服务所主任，同时也是交通事故调解委员会主任，普法工作者。多年来，韩士成坚持忠于事实法律，心系百姓，公正执法，为数十万名群众义务普法；他为民解难，化解纷争，用真情播撒法律的温暖，为一方群众撑起法治晴空，成为百姓心中精益求精的法律服务人。

精益求精的法律服务人

2018 年 2 月，黄先生网购一批自动售货机。首次发货的五台机器出单故障率奇高，达到 48%，造成冷鲜肉变质损坏。黄先生告到法院，2019 年 7 月，一审法院认为产品仍在维修保质期内，判决继续履行合同。高昂的维修成本让黄先生苦不堪言，韩士成得知情况后，仔细梳理案情，查找法律依据，制定诉讼策略，撰写上诉状，一起陪同黄先生上诉至广东省某中级人民法院。韩士成认为，产品故障率畸高、维修费高企，产品质量低劣使合同目的无法实现，理应解除合同。最终中级人民法院支持了上诉请求，退回售货机，返还已付货款。黄先生的合法权益得到了保护。专业让当事人感激，韩士成主动要求住经济宾馆、吃盒饭、连夜返回的“抠门”更是让黄先生感动。

成功源于不懈的努力，根植于对事业的无尽热爱。他时常对同事说：“职业只是养家糊口的工具，而事业才能实现人生价值。”为了成就心中的事业，他以苦为乐，甘于奉献，以赤诚的事业心和强烈的责任感，全身心投入到基层法律服务工作中，努力实现服务尽善尽美，精益求精。

主动上门施援的好心人

2017 年 3 月，一位外地来观光的尹姓老人在铜山区路面行走时，被一辆豫照大货车撞伤，造成全身脾脏切除、15 根肋骨骨折，左侧尺骨骨折等多处损伤。住院期间，老人没钱治疗，肇事方更不愿意拿钱。老人孤身一人，又身在外乡，偶尔得知老人处境的韩士成竟主动寻上门伸出援手。为不耽误治疗，韩士成协调医院继续为老人救治，还垫付了 13 万元医药费、2 万元护工、伙食费等。怕老人住院期间意难平，韩士成经常去探望宽慰。出院后，韩士成帮助老人运用法律途径维权，对诉讼费、鉴定费等费用分文不取，先行垫付，不断奔走于法院

和鉴定机构，紧盯案件进展。官司最终胜诉，韩士成为老人争取到 57 万元赔偿款。老人紧紧抱住韩士成落泪：“你真是我的亲人哪！”

他调解的案子大家都服气。除了做好基层法律服务的本职工作外，韩士成还身担多职。自“公调对接”以来，他就担任交通事故调解委员会主任，近 10 年来，常年驻守交警大队调解室，成功调解 3691 件交通事故，其中有 1108 件死亡交通事故。在调解过程中他依法、依理、公正、廉洁，经手案件双方都服气，没有一起调解协议被人民法院撤销。2017 年 9 月 3 日晚上，一辆山东大货车在大许镇陇海铁路立交桥处发生交通事故，导致在此打工的一位四川小伙当场死亡。事故发生后，受害人家属聚集了近百人来到区交警大队，要求与驾驶员见面，当面讨说法。韩士成和交警坚守 3 天，日夜不休宣讲法律法规，劝慰亲属，协调斡旋，最终促使双方谈妥赔偿金额，达成调解协议。

“民间纠纷无小事”，韩士成尽心尽责对待手头每一起案件，用心用情帮助身边的困难群众。他利用调解和办案时间穿插普法宣传，及时有效地化解百余起矛盾，他经常说：“群众满意是我最大的业绩。”

行走在田间地头的法律人

朱晓林

1963 年 10 月出生，中共党员，现任浙江省武义县中天法律服务所主任。2012 年获评浙江省司法行政系统百名优秀人物提名奖，2013 年被评为浙江省优秀法律服务工作者、金华市优秀法律服务工作者，2014 年被评为第四届享受武义县政府特殊津贴优秀人才，2017 年被评为金华市基层法律服务业务标兵，2018 年被评为金华市基层法律服务公益标兵，2017 年被评为武义县最美农村法律顾问，2018 年被评为金华市功勋基层法律服务工作者、武义县司法行政系统先进个人，2018 年被评为第五届享受武义县政府特殊津贴优秀人才，2020 年被司法部评选为“新时代司法为民好榜样”之“基层法律服务好榜样”。

“基层法律服务工作者的根在农村，为农村和农民提供法律服务是我们的职责所在，要做好更要坚持做好。”他这样说，也是这样做的。兢兢业业、勤勤恳恳，是见过朱晓林的人对他的评价。耐心、负责、专业，是得到他服务的当事人对他的评价。

党建引领创新服务

30 多年来，朱晓林放下架子、沉下身子，扎根基层一线，做群众的贴心人，为群众送去法律服务。近年来，朱晓林积极探索服务所工作新机制。他首创的“中天管理模式”已成为全省行业里的一个特色品牌。2016年，中天所被评为“金华市规范化建设示范所”。2018年引领推出了“一建、两创、三提升”工作，即建立中天党支部，以党建形象提升所建新格局；创建县级文明单位，以县级文明单位创建提升服务新形象；创建省级示范所，以省级示范所创建提升发展新基调。2018年被被评为“浙江省规范化建设示范所”。通过党建引领所建，全面提升所务建设新形象。

朱晓林始终坚持“提高站位，努力创新；提升平台，规模创新；提级业务，创收创新”的办所理念，把党建融入全所职业人员队伍建设中，推动中天所各项业务持续发展和创新。在业务开展的同时，朱晓林也不断在自身专业水平上下足功夫，不断钻研学习，先后发表了多篇论文。他不断奋进的精神，也感染着其他执业人员，带动全所工作人员为社会各界提供高效优质的法律服务。

用心用情化解矛盾

朱晓林30多年致力于基层法律服务，加上10余年的村党支部书记工作经历，这使他开展“送法进户”更具优势，切实增强了农民群众法治观念、法律素养，为乡村治理融入法治力量。随着“一村一顾问”的全面推广，他先后担任了武义县58个行政村的法律顾问，通过下村走访，结合多种形式，为基层群众开展法律咨询、法律援助等活动。2017年，朱晓林被评为武义县行业最美人物，拓

展农村法律顾问工作的成功经验和可行做法在全省得到推广。

泉溪镇董源坑村前几年将村老年公寓工程委托给第三方设计。其间，双方就此工程签订过多份设计合同，涉及的设计费用数额较大，双方因对合同理解有分歧产生纠纷，遗留多年未能解决。董源坑村的村民对此事意见较大，担心村里重复支付设计费，损害村集体利益。2018 年村民求助村法律顾问朱晓林，希望能妥善解决这个多年遗留的问题。朱晓林花了大量时间、精力，仔细查阅了相关文档资料，询问众多相关当事人，核实实际设计工作量及设计费用后，与设计方达成协议，为村民争取和合法利益，为村里减少支出设计费用共计 40 余万元。当地村民谈起此事，都连声称赞朱晓林帮忙解决了大难题。

走村入户送上服务

多年的服务基层的工作经验，使朱晓林在与群众沟通、化解矛盾等方面颇有一手。田间地头常常能看到他的身影，为当地村民多次开展“法治体检”、修订村规民约、草拟承包合同、化解疑难纠纷提供了大量的法律服务，打通法律服务“最后一公里”。同时，在成为武义县人民调解协会副会长后，与县信访局签订信访法律服务合作协议，参与全县信访积案化解工作，每年都成功化解 10 多起重大矛盾纠纷，成效显著。

西联乡马口村乌坛下自然村也是朱晓林担任法律顾问的村，该村村民徐某于 2017 年 2 月在某公司工地做工时受伤致残，造成生活不能自理，一时未能获得赔付。2019 年 3 月，朱晓林接受县法援中心指派后，为徐某提供法律援助，不辞辛苦，认真负责，先后 4 次赶赴西联乡，了解案情、收集证据，并在县联合调委会的主持调解下，经过多轮协商，同年 5 月促成各方自愿达成了调解协议，案件得以妥善解决。西联乡领导及徐某家属对朱晓林司法为民的服务精神给予了高度的评价。

走进万户千家，用脚步丈量社会平安幸福；三十五载初心不变，用心用情不负群众期待。“基层法律服务者一直在路上。”对于新一年的工作，朱晓林整装待发。

用温情打通基层法律服务“最后一公里”

程茂林

1963年12月出生，1994年获得江西师范大学法律专业自学考试专科学历，现任江西省九江市都昌县惠民法律服务所主任。多年来，怀揣司法为民的使命，他脚踩泥土，身沾雨露，让数百名乡亲沐浴了法治的阳光。先后荣获都昌县爱岗敬业先进个人、都昌县优秀党务工作者，2015年被九江市司法局评为市“十佳”法律服务标兵。

不辞辛劳，为弱势群体维权

2012年9月18日，聋哑人邱某中在一建筑工地卸载钢筋现场，被机械轧断右脚。邱某中家属找到程茂林。程茂林了解到邱某中系低保户，其妻也是一名智障患者，这对残疾夫妇上有八旬老母，下有尚未成年的儿女。于是他赶紧展开法律援助工作，当天下午便赶到邱某中家中，了解情况后，迅速与都昌县特殊教育学校一位老师取得联系，请求对方帮忙做手语翻译。随后，又马不停蹄地载着这位老师再次赶到邱家，进一步了解事发经过。“放心，我一定尽我最大的努力，维护你的权益。”起身离开之际，程茂林留给邱某中的承诺掷地有声。次日，程茂林向法院提交了诉状、免交诉讼费申请书。开庭前，程茂林又替邱某中请了哑语老师，再次为庭审的顺利开展做好了必要的准备。开庭当日大清早，程茂林驱车 40 公里，将邱某中接来开庭，休庭后又将其送回家。法院判决支持了邱某中的诉讼请求。拿着判决书，邱某中脸上露出了久违笑容。程茂林特别欣慰地说：“这样的结果既维护了当事人正当权益，又维护了法律的尊严和司法权威。”

自学法律，俯身基层获殊荣

1963 年出生的程茂林，并非法律专业出身，从部队退役后自学成为都昌县较早的一名基层法律工作者。所谓“工欲善其事，必先利其器”，多年来，潜心钻研法律知识是程茂林唯一的爱好，“每年新施行的法律法规、新出的司法解释，我都要买来看”。作为基层法律服务所的一名党员，他清楚地意识到，能免费为弱势群众提供法律援助就体现了司法为民的宗旨。

罗某因家庭暴力求助于程茂林，要求离婚。了解到罗某与丈夫婚姻基础系自由恋爱且结婚时间长，而多次家暴均发生在男方酒后。程茂林据此断定这个家庭有挽救的可能。通过走访当事人所在的居委会，程茂林了解到罗某家庭确实如自己所预料的那样，更加坚信了挽救他们婚姻的可能性。他先约谈了罗某。罗某认为，只要男方不再家暴，他们可以和好。随后，他不厌其烦地与男方谈了好几次，使他明白了挽救家庭的重要性。现夫妻双方家庭和谐，与程茂林也成为朋友。

这些年来，程茂林脚踩泥土、身沾雨露、不忘初心，让许多农村群众沐浴了司法公正的阳光。也正因为秉承司法为民的情怀，全心全意俯身基层，服务弱势群体，他先后荣获都昌县爱岗敬业先进个人、都昌县委优秀党务工作者、九江市十佳法律服务标兵……他所创办的都昌县惠民法律服务所也获评九江“五好”基层法律服务所。

10年法援，司法为民见成效

都昌是人口大县。婚姻家庭、交通事故、人损赔偿、劳动维权……形形色色的案件，程茂林无一不触及，“这些事件说大不大，说小也不小，小事如果处理不善也会酿成大祸。老百姓不仅需要免费的法律咨询、法治宣传和法治教育，更需要解决问题纠纷”。在程茂林看来，基层法律服务，是司法服务工作的“最后一公里”。他努力让老百姓在每一起案件中感受到司法的公平公正、感受到司法的温度。

“我每天接待的求助法律事务的群众基本上属于法律弱势人。有些人错误地认为，打官司要靠关系。因此，更要使群众认识法律、相信法律，必须从人情、法律法规、纠纷的类型等方面出发，通过释法、明理，让群众懂得法治实实在在的好处。”程茂林是这么想的，也是这么做的。10年来，他带领全所人员为当事人提供法律服务数百人次，为当事人挽回经济损失近千万元；10年间，他为困难群众提供法律援助150余人次，免除当事人费用近30万元。

奋力开创基层法律服务新局面

李荣凯

1973年10月出生，民革党员，本科学历，现任济南市中正荣凯法律服务所主任、山东省人民调解员协会会长，山东省委法律专家库成员、济南市人民政府法律顾问，济南电台经济广播《以案说法》嘉宾主持，济南电视台《有话好好说》节目特邀法律专家。2008年5月被司法部评选为"全国法律援助先进个人"，2017年5月被司法部评选为"全国模范人民调解员"，2018年1月被司法部评选为"新时代最美法律服务人"，2018年5月被司法部聘为"全国十大人民调解专家"之一，2019年12月被山东省委依法治省委员会评为"山东省首届十大法治人物"。

李荣凯从事人民调解和法律服务工作20多年来，始终坚持不忘初心，用法律扶助贫弱群体，让法律服务于民生福祉，以自己过硬的专业本领和一心为民的高尚情怀，在普法宣传、法律服务、化解矛盾纠纷等方面均有突出表现，"有事找荣凯"已经成为泉城百姓耳熟能详、妇孺皆知的法治品牌。

秉持为民理念，把握时代脉搏，探索开创基层法律服务新业态

2002年以来，李荣凯每天晚上在济南电台经济广播《以案说法》节目中担任嘉宾主持，18年风雨无阻，参与普法直播6000多小时，无偿为听众直

播法律咨询90,000多件，为上百万名群众解疑释惑、普及法律知识。带领正荣凯法律服务团队，先后组织普法进社区、进校园、进部队等活动700余场，积极开展以案说法和法规政策宣传，引导群众依法理性表达利益诉求。

执守初心使命，围绕群众关切，积极打造化解社会纠纷新平台

2006年，李荣凯加入济南电视台《有话好好说》调解团队，担任首席调解员和法律专家，无偿免费调解矛盾纠纷2000多件，曾在直播中成功规劝潜逃数年的杀人犯投案自首，成功调解方某20多年的劳资纠纷积案、“5·27”国家重大工程项目施工纠纷案和若干重大拆迁安置纠纷……被广大观众亲切地称为“身边的法律顾问、免费的调解专家”，起到了普法一次、教育一片，调解一案、影响一面的良好效果。在做好电视调解的同时，他带领正荣凯调委会，积极参与线下纠纷调解，10年来妥善化解各类矛盾纠纷2000多件，为维护基层社会稳定发挥了积极作用。为做好调解工作，他总结提炼出“九位一体”调解法，即一心为民要到位、专业水平要到位、细心耐心要到位、心理培训要到位、语言表达要到位、耐心倾听要到位、后期跟进要到位、媒体宣传要到位、依法引导要到位，得到了上级领导和人民群众的认可。

着眼中心大局，精研业务理论，生动诠释服务省委决策新作为

坚持资源共享合作共赢，李荣凯创新打造一个由法援、公证、心理咨询、法律工作者、律师为一体的“正荣凯人民调解 +”法律服务品牌和 140 余人的综合法律服务团队。该团队先后参与三联彩石山庄房产纠纷调解案等一大批重大调解案件，特别是在 2018 年，派出 15 名人民调解员作为骨干力量，参与“赵晋案涉案房地产”案调解工作，用 20 天的时间，承担近一半的调解工作量（本案共成功调解 5709 件），受到党委政府的高度评价和广大人民群众的信任。2016 年，李荣凯被山东省委聘为省委法律专家库成员，成为 30 名专家库成员中唯一一位人民调解员代表。

注重服务实绩，发挥引领质效，成功获评最美法律服务新人物。创建山东省第一家专业从事遗嘱项目工作的公益机构——齐鲁遗嘱库，面向基层，服务百姓，为 60 岁以上老人提供免费遗嘱起草、免费遗嘱登记、免费遗嘱保管。目前，已帮助 1000 多名老人起草、保管遗嘱，解答咨询 4500 人次。

打造基层法律服务“升级版”

毛　峰

1955 年 10 月出生，中共党员。现任广东省韶关市浈江区新韶法律服务所主任，兼韶关市基层法律工作者协会会长。其管理的韶关市浈江区新韶法律服务所在 1996 年被广东省司法厅评为“优秀法律服务所”；2002 年至 2012 年，其中 9 年被韶关市浈江区司法局评为“先进法律服务所”；2013 年被评为“法律援助先进单位”。多次被韶关市浈江区司法局评为“优秀法律工作者”，多年被中共韶东社区党支部评为“优秀党员”。

毛峰同志自从从事了法律行业，历年来努力完成韶关市浈江区司法局、新韶司法所等行政机关开展的法制宣传、法制教育、法律咨询、法律援助、协办公证、人民调解工作和人民调解员培训业务指导，扶贫和献爱心活动等各项义务。

为政府依法行政保驾护航

毛峰同志从 2013 年至今为浈江区人民政府、新韶镇人民政府、浈江区农业局无偿代理了近 20 宗行政诉讼案件，涉案标的达近亿元。全部案件审理法院均作出了公平公正的判决，行政机关不承担任何责任。毛峰同志主导、主办的为新韶镇约20位村民取得村民资格，该镇政府所作出的裁定，这20位村民均没有异议，有效地维护了当地的社会稳定，同时也支持了政府的依法行政工作，毛峰同志为当地政府依法行政工作作出了应有的贡献。

引导当事人依法维权，不走上访道路

毛峰同志在法律咨询过程中，发现某县五村小组与他人发生林地林木权属纠纷，该案的纠纷涉案山岭约15,000亩。自20世纪90年代至今，该村的村民不断上访，毛峰同志便多次无偿对当事人教育指导，以致当事人息访，选择通过法律途径解决纠纷。通过毛峰同志的不断努力，韶关市中级人民法院以〔2018〕粤02行初114号行政判决书判决某县人民政府履行处理该案纠纷的职责，毛峰同志的上述做法有效地维护了社会稳定，有效地提高了公民的法律意识。

廉洁自律，做好自己

毛峰同志所代理的各项民事、行政、非诉讼案件，均坚持“以事实为依据，以法律为准绳”的办案原则，遵守检察、法院、各类仲裁机构、法律工作者的廉洁自律的相关规定，从未与检察机关民事行政监督机构，人民法院的民事、行政、申诉案件业务审判庭，行政复议机关及各项仲裁机构以及相关人员做违法违纪、影响案件公平公正的事，毛峰同志所代理的案件未发生过任何投诉。2016 年至今，毛峰同志担任韶关市基层法律工作者协会会长，完成了会长的各项工作义务，从未使用过公款的任何开支。

一名党员一面旗帜。毛峰同志是中共党员，他以身作则，严格要求自己，用自己的实际行动，践行党的宗旨，使自己成为人们学习的好榜样、学习的标杆。

老百姓的贴心人

余明财

1973 年 8 月出生，海口市人，现任海南省基层法律工作者协会会长、海口市琼山区红旗法律事务所主任、海口市琼山区人民调解委员会余明财工作室主任。2006 年、2007 年、2009 年被海口市司法局评为“先进工作者”，2014 年被海口市琼山区司法局评为“先进个人”，2016 年被中共海口市委宣传部、海口市司法局评为“2011~2015 年全市法治宣传教育先进个人”，2019 年 1 月被海口市司法局聘为“海口市人民调解专家库专家”，2019 年 11 月被海南省司法厅评为“优秀村（居）法律顾问”。

余明财 10 余年如一日，以“为民服务”为宗旨，长期扎根基层，走街串巷忙碌的身影终日奔波于小路田间，耐心地倾听老百姓的心声与烦恼；他用辛勤的汗水，贴近群众，服务群众；以高度的责任心、用法律的公平与正义，维护群众的切身利益；他积极主动参与各类矛盾纠纷调解、法律援助、普法宣传，服务党委政府中心工作，为政府的重大决策建言献策，赢得了各级组织和广大群众的信赖、肯定与赞誉。

调解中普法，化矛盾于萌芽

2019 年 1 月 30 日下午，云龙镇某村几十个村民吵吵闹闹来到余明财工作室，就江东新区重点项目绕城二期农村土地征地补偿款分配问题来找余主任调解。原来，村民认为村里征地补偿款分配方案不合理，村民与村民小组干部发生激烈争执，眼看一场群体事件一触即发。余明财了解了来访村民反映的情况后，及时安抚劝导来访群众的情绪，随即根据本地具体情况进行了详细分析和讲解相关法律法规，并以“以案释法”具体案例的方式分解说明了解决此纠纷的办法和步骤。村民情绪缓和平稳后，按余明财给出的建议配合补偿款分配工作，大多数村民达成了共识，村民小组也按规定将征地补偿款逐一发放到村民手里。余明财充分发挥基层法律工作者发扬新时代“枫桥经验”维护社会稳定中的“第一道防线”作用，将一次可能爆发的重大纠纷隐患及时消除，实现矛盾不出村，不出乡镇，化解在一线。

公平兼正义，维护弱势群体

早在2007年，余明财成为一名“送法进村”基层农村法律顾问。10余年共办理法律援助案件800多宗，为民办实事的例子多不胜举。如姓吴的19岁农村青年，于2007年到琼山区府城的一个塑料厂打工才6天，右手被机器碾断了一截，他在走投无路的情况下，向琼山法律援助中心申请援助，中心指派余明财代理此案。余主任多方面努力调查取证，经过市仲裁和法院4次审理，2年后，最终赢得了官司，当事人获赔45万元，经过10年执行，差不多每年都能执行到一些款，终于在2019年12月全部执行完毕，所经历的辛艰，只有他知道。余明财还利用空暇时间积极联合镇政府、司法所深入到各企业、建筑工程工地等，对农民工工资支付情况进行拉网式排查，建立完善欠薪案件台账，畅通相关投诉渠道，做到快受理、快调处、快结案。多年来，先后帮助200多名农民工讨薪近600万元。

热心于公益，回馈服务社会

余明财主任时刻不忘自己的社会责任和使命，为人民群众解难题。他热心公益事业，多次组织基层法律工作者积极参与各类义务普法活动，10余年共参与法治宣传200多场次，义务宣讲及开展法律咨询100多场次。法律事务所辖区居住有许多来海南过冬的老人“候鸟群”，他们远离亲戚朋友与子女，每当他们遇到法律难题时，老人们第一时间就会想到余明财，余明财每次都耐心聆听他们的烦心事和诉求，及时给出合理的分析意见和法律建议，贴心热心为他们“解疙瘩”，让老人们满意而归。如周大妈是云龙镇某小区的业主，2019年11月开发商想在一楼架空层准备建活动中心，周大妈因其没有出示施工批文而不同意施工，后小区的广告栏板上张贴了她两口子的照片。“我们两口子都是80多岁的人了，他这不是明摆着欺负人吗?我活这么大，只知道犯罪分子的信息可以被公之于众，我们两口子是犯了什么法?”周大妈气愤地说。“您别着急，气坏了也解决不了问题”，余明财一边安抚周大妈，另一边引导其表达自己的诉求。经过近1小时的解析，周大妈两口子心里有了底，临走时，周大妈两口子紧握着余明财的手表示感谢。

许多群众纷纷称赞道，因不懂法，遇到问题想解决，却苦于找不到有效的途径和方法，常常会采取极端偏激等手段，导致村民邻里之间矛盾激化、或违法犯罪的事情发生。通过余明财的教育引导让他们明白了，平时要学法，遇事要讲法，解决问题要靠法。

余明财作为一名基层法律工作者，用实际行动践行了“司法为民”理念，他一路默默为和谐琼山、法治海口，为海南全岛自由贸易试验区和中国特色自由贸易港建设奉献自己的一份微薄力量。

践行志愿服务社会使命

罗劲松

1969 年 6 月出生，现任重庆市綦江区通惠法律服务所主任，基层法律服务志愿者。

此前不久，綦江区人民法院一审宣判村民胜诉，裁定租用土地的欠款方须偿还村民所有租金。欠款方在败诉后决定继续上诉，所以罗劲松又开始重新研究案情，制定应诉方案。但此案，他认为自己信心十足。罗劲松是綦江区通惠法律服务所的一名基层法律服务工作者。这起案件，只是他帮助、保障基层群众合法权益的众多案例之一。做了 20 多年基层法律服务，专门帮助困难群众，罗劲松的理由很简单：我来自基层，所以服务基层。

小案件？这是大事情

2018 年，电视上热播了好几部律政类剧集。作为法律从业者，罗劲松闲暇时也会感兴趣看一看。罗劲松说，他无法评判影视作品中西装革履的律师、检察官的生活与现实是否契合，但他却明白，至少自己的工作与动辄巨额的资金纠纷、严重的刑事案件，几乎没有什么交集。通惠法律服务所是一所扎根基层的法律机构，拿罗劲松的话来总结，就是为基层人民解决民事法律问题。而他自己，更是从1999年，就干上了这个“行当”，至今已有20多年。

每一年他都主动承接法律援助中心提供的法律援助案件，开头的案件，便是此前他接下的一桩法援服务。对于困难群众，他和通惠的同事还常常主动采取免费义务法律援助，这样的案子，他不仅收不到一分钱的报酬，往往还要自掏腰包。而罗劲松法律援助的覆盖范围，包括綦江区永新镇、赶水镇、通惠街道、石角镇等街镇的64个村和居委会。“也许很多人看来，我接的都是小案子。”罗劲松说，和大家想象的有所不同，在基层农村，他遇到最多的是老人赡养的案件。如2018年的一起案件，求助者是綦江区石角镇的一位70多岁的老太太。老太有2个儿子，1个女儿。大儿子与二女儿都没住在綦江本地，老太太跟着小儿子一家生活。

前几年，两个子女都还时常到小儿子家中来看望她，给她一些赡养费。但这1年多以来，大儿子和二女儿都没了踪影，赡养费也断了。几次联系，都没把事情掰扯清楚。老人一气之下，便想起诉两个子女。“打官司是不是要很多钱哟？”老人家没有经济来源，最担心的便是费用问题。“找罗劲松帮忙嘛！”在当地做了20多年的法律援助，让罗劲松小有名气，很快便有人向老人推荐他。罗劲松得知情况后，当即决定免费做老人的代理人。

为什么子女不探视老人？罗劲松向老人的3个子女一一了解了情况。原来，二女儿和大儿子表示，老人虽然跟着小儿子居住，但他们一直都不定期地给老人赡养费。但小儿媳妇却认为他们管得少，赡养费也拿得不够。所以每次去看望老人，都要明里暗里地数落他们，最后甚至因此发生了口角。一气之下，两人干脆就不去探望了。罗劲松用《老年人权益保障法》中的规定，给两人进行“普法”，并告知若不履行赡养义务，他将代表老人进行起诉。之后，他又动之以情，让他们好好想想老人含辛茹苦抚养他们长大的艰辛。最终，母子双方达成和解。

“这是家长里短的小案子，但对老人来说，却是天大的事情。”罗劲松说，如果处理不当，即使法院判决老人胜诉，强制要求子女探视，但老人最后能得到的是什么？他曾经处理过一起赡养费案例，最终老人胜诉，每位子女每月给他支付了 500 多元的赡养费，但不愿去探望，亲情变味便再难恢复。

基层法援，不只是打官司

“处理这样的小案子，往往需要坚持不懈的努力。”罗劲松说，或许帮助老人胜诉并不困难，但要帮老人家真正解决赡养问题，甚至让他们重新获得最看重的亲情，却不是那么容易，甚至有时候一件案子，要当作长期的工作来做。早在 2002 年，罗劲松还在原綦江县三角法律服务所执业时，就开始解决老人赡养的纠纷。那年夏天，三角镇塘垭村一位 80 多岁的老奶奶因为赡养问题找到了法律服务所办公室寻求法律帮助，罗劲松热情地接待了这位老奶奶，倾听她的诉求。原来，老奶奶在十几年前因丧偶和某企业的一位老工人再婚，在 2002 年夏天这位老工人因病去世，老伴的子女不愿再对老奶奶尽赡养义务。而她自己的亲生儿子和女儿认为，按照农村风俗，子女不再对外嫁再婚的母亲尽赡养义务，所以拒绝赡养她。面对这种情况，老人无计可施，才想到诉诸于法。听了老奶奶的情况后，罗劲松立即决定向她提供志愿者法律援助服务。随即和老奶奶子女取得了联系，并晓之以理，希望他们对老人尽赡养义务。在遭到拒绝后，罗劲松自掏腰包，给老人捐助了 1 个月生活费。在征求老奶奶意见之后，又向法院提起民事诉讼，经过法院多次调解达成了支付协议。但是情况并没有好转，老人的子女总找各种理由，不按时支付赡养费用。罗劲松主动承担起催缴赡养费的责任，不厌其烦地找老人的子女催收费用。在子女没有按时支付赡养费时，他又总是先行垫付给老奶奶。后来，虽然罗劲松因工作关系离开三角法律服务所，但还是照常承担催收老奶奶的生活费用的责任，直到老奶奶去世，方才停止。

当然，罗劲松的基层法律援助，远不止老人赡养纠纷一种类型。从 1999 年至今，他为困难群众提供志愿者法律援助服务不低于 300 人次，花去的办案费用在 50,000 元左右。綦江区通惠街道及附近几个乡镇的居民很多都知道，弱势群体遇到难题，可以去找罗劲松。2019 年，永城镇一位残疾人何大爷也曾找他帮忙。何大爷前年给自己办了一次生日宴，其间收了一些贺寿朋友的份子钱。但就在当天，一位朋友就开口找他借钱，何大爷当即同意了对方的请求。对方写下借条，拿走了3万元现金。但到了约定还款的日子，对方却拒绝还款。何大爷多次催债，均没有结果。罗劲松随即为何大爷提供了志愿者法律援助服务，帮助何大爷通过法律程序起诉。最终，何大爷胜诉，由法院强制执行拿回了钱款。第二天，何大爷便给罗劲松送来了锦旗，上面写着四个大字——“公平正义”。

志愿者，是一种信念

“隆冬时节，我们穿着厚厚的棉衣，但面前的孩子，却身着破旧单衣，脚穿满是泥巴的胶鞋，甚至没有一双袜子。”这是罗劲松回忆中，1999年他在赶水镇岔滩中心小学看到的场景，正是这一幕，让他开始了长达20年捐助困难学生的经历。从1999年开始至2003年，作为团市委的一名志愿者，罗劲松和一批与他一样的志愿者一起，在赶水镇农村看到了贫困学生们在艰苦条件下求学的一幕。从那年开始，罗劲松就和志愿者们一道，每年两次为赶水镇的贫困学生们捐赠衣服、学费、生活费，还帮助学校建立图书室。

2002年至2007年，他又和志愿者团队一起，在綦江的永新镇、中锋镇等地的贫困山区考察，寻找需要帮助的贫困学生，先后为永新镇罗家中心小学、中峰镇中心小学、乐兴镇中心小学等学校的学生捐赠衣服、学费、生活费。“只有有书读，孩子们才有可能改变未来。”罗劲松说，近年来，在国家扶贫政策的帮助和指引下，綦江农村的贫困学生读书的情况好了很多。但他仍没有放弃寻找需要帮助的孩子进行资助。每一年，罗劲松都会深入农村进行考察，之后再以通惠法律服务所或个人名义对贫困学生进行资助，每一年资助的学生都有10多人，捐助的学费、衣物、学习用品超过20,000元。

如果说志愿者法律援助，还算罗劲松的本行，那么其他的，他为什么要去做？有人曾问过罗劲松这样的问题。他回答说，志愿者不是一种身份，而是一种信念。

坚守阵地十三载　服务群众忘名利

杨　芳

1979年1月出生，仡佬族，硕士研究生，中共党员，现为贵阳市花溪区中心法律服务所的一名基层法律服务工作者。

打牢基础，提升自身工作能力不懈怠。作为一名基层法律服务工作者，一名共产党员，她始终牢记职责，不忘初心，按照规定的业务范围和执业要求开展法律服务工作，维护当事人合法权益，为推进社会稳定、经济发展和法治建设贡献力量。

风雨兼程，13年服务群众忘名利

13年的法律工作，她作为基层法律服务工作者，共代理了法律援助100余件，诉讼、非讼案件300余件，调解案件600余件，为20余家企业担任法律顾问，并担任花溪区久安乡（小山村、吴山村、镇山村）3个村的法律顾问。她淡泊名利、爱岗敬业，维护当事人合法权益及法律正确实施。她用心倾听民情、民声，为当事人化解矛盾、调解纠纷、维护社会稳定，历年来取得了不少好成绩。2017年，她代理了非讼农民工讨薪纠纷案件，涉案农民工给房地产开发公司做工10个月，每月只拿到生活费2000元，房地产开发公司欠薪达70,000余元，涉案农民工不知如何讨要薪酬，一筹莫展。由于房开商工程存在违法分包等情况，案情错综复杂。据她回忆说，当时新春佳节即将来临，贵州的冬天阴雨绵绵、寒风刺骨，看着衣衫单薄、手上满是血泡和冻疮的农民工，她心里不是滋味。在了解过程中，她从农民工的倾诉中听

出了因为压力过大，想要放弃生命的苗头。她意识到当务之急是安抚他们受伤的心灵和不安的情绪，她递上一杯热茶耐心安抚。经了解，5名农民工是贵州省黔东南人，经本村张某介绍到贵阳市花溪区某房地产开发公司做油漆工，口头约定月工资9000元，每月支付生活费2000元余款年终结算。由于该工程存在非法分包，至今老板是谁也不知道，讨薪1个多月只拿到一张欠条且内容不详，刘姓欠款人还准备“跑路”，无奈之下，涉案农民工抱着最后一线希望找到了当地基层法律服务中心。在查明事实和理清法律关系后，杨芳带领涉案农民工找到花溪某房地产公司负责人处进行协商，经多次协商无果后又申请当地人民调解委员会调解。在准备申请劳动仲裁时，她抱着再试一试的想法与房地产公司负责人进行了再次沟通，最终房地产开发商负责

人认识到自己错误，不但将工人工资一次性付清，还支付农民工家属部分生活费，并赠送新年礼物。几经周折，终于维护了涉案农民工的合法权益，看到农民工憨厚的笑容，杨芳说这一切都值得。

百尺竿头，不忘初心砥砺前行

从事基层法律服务工作 13 年，她把青春奉献给法律服务工作，通过自身扎实的法律功底和踏实的工作作风，取得了不少好成绩。她是一个谦虚好学的人，她常说取得的这些成绩与律师及其他法律工作者比起来微不足道，学无止境，要不断在学习上和工作上多磨炼，向前辈多请教，要把平凡的岗位化作奋斗的舞台，倾洒心中最真挚的热情，不忘初心、牢记使命、砥砺前行。

公证为民好榜样

“维护好每一位当事人的合法权益是我们义不容辞的责任，我们要始终对得起这份信任。”——有这样一群人，他们常把同一句话挂在嘴边。从合同到继承，从财产分割到证据保全……他们常年工作在公证为民的第一线，不断推进减证便民工作，确保公证案件质量。他们就是“忠于法律，维护公证”的公证人员。

公证为民的追梦人

杨伟朦

法学研究生，三级公证员，二级心理咨询师，现任河北省沙河市公证处党支部书记、主任，沙河市妇联第四届执委会委员，沙河市人民政府法制专家咨询委员会成员，2019 年被共青团河北省委、省“双服双创”活动领导小组办公室联合授予“冀青之星”荣誉称号；2019 年被沙河市政法委、宣传部授予“最美政法干警”荣誉称号；2018 年被沙河市妇联授予“三八”红旗手；2018 年被沙河市市直工委评为“优秀共产党员”；2018 年、2019 年连续两年获沙河市委、市政府嘉奖。

不畏艰辛，守得公证公信力

“当事人来办理公证是因为信任公证，我们要维护好每一位当事人的合法权益，要守得住这份信任。”杨伟朦是这样说的，也是这样做的。在工作中，她时时处处做好表率和榜样，每一件公证，她都会全心投入，每一个细节，都力求完美。2018 年 11 月，沙河某企业因环保设备不达标将对方企业诉至法院，为有效保护自己的合法权益，该企业申请保全证据公证。她带领公证团队不惧寒风，不畏粉尘，反复攀爬垂直高度 45 米高塔 6 次，持续工作 6 个多小时，对全过程进行了监督和记录，高质量完成了此次公证任务，有效保障了当事人的合法权益。正是由于杨伟朦严把案件质量关，沙河市公证处至今没有发生一起上访案件和行政复议、诉讼案件，案件合格率达到100%，她经手办理、审核的公证事项近万件，没有一例错证和假证。

真诚为民，做群众的“贴心人”

杨伟朦始终秉承“把群众当成家人”的理念，始终把群众的获得感和满意度作为出发点和落脚点，赢得了百姓的好口碑。2018 年 1 月，来自西部山区的张某，申请办理领取其父亲丧葬费及遗属抚恤金的公证。经了解，其父亲生前有过两次婚姻，共育有 6 个孩子，互相之前矛盾极深，公证难度极大。年关将至，杨伟朦急当事人之所急，当即带着还在哺乳期的女儿，率队冒雪驱车百余里前往山区，反复奔走于张某兄弟姐妹家里做工作、讲政策，上门调解纠纷、办理公证，最终，使所有继承人达成协议，完成了公证办理。这只是杨伟朦公证为民的一个缩影，在工作中，她十分注意公证工作为民解忧，畅通便民“绿色通道”，对于年老或行动不便、经济困难的当事人，积极推出上门办证、减免公证费等服务举措。杨伟朦从事公证工作10 年来，共免费为当事人起草法律文书千余份，上门入户，到监狱、医院、养老院等开展服务百余次。

创新创业，深挖“放管服”潜力

杨伟朦在服务经济社会发展工作中，为营造良好法治环境和营商环境，大胆创新，在全省率先提出并建立“民营企业公证顾问”新机制。她率领公证团队，主动走进企业，义务担任企业公证顾问，提供“妈妈式”的法治体检服务和专项公证法律服务。杨伟朦敢向“惯例”开刀。结合贯彻深化“放管服”改革，实施公证流程再造，在邢台市率先提出“办理公证不再提供身份证复印件”的举措，进一步实现了司法部倡导的减证便民承诺。

科技探索，致力打造智慧公证

科技是第一生产力，网络是第一公证助力。为更好服务群众，杨伟朦引领公证处创新服务模式，蹚出了一条条以科技为支撑的便民、利民、为民的新路子、新举措。她积极探索“互联网 + 公证”新模式，牵头完成“指尖公证”等多项便民系统建设，在邢台市市首创“预约延时服务”，让老百姓在掌心上、指尖上就能享受到全时空、最高效的公证服务。为解决非工作时间取公证书难等问题，2019 年创新研发了全国公证行业首例“24 小时自助取证系统”，有效打通了公证服务“最后一公里”，被《法治日报》评为“2019 全国政法智能化建设优秀创新案例”。

筑梦新时代，奋斗绽芳华。杨伟朦始终坚守公证为民理念，挥洒汗水，奉献智慧，谱写新时代公证人奋力追梦的青春赞歌。

不忘初心　砥砺前行

万军海

现任齐齐哈尔市鹤城公证处党支部书记、主任。1990 年从黑龙江省中医学院毕业后，弃医从法，毅然选择了从事司法行政工作，一干就是 18 年，他做过纪检委员、劳教处科员、副大队长、大队长、劳教工作管理处处长、办公室主任，曾获得优秀共产党员、三等功、二等功，多次在社会上见义勇为受到新闻媒体的报道。2008 年 9 月至今，在他热爱的公证事业上一干就是十几年，他以“敢为人先，争创一流”的气魄推动了齐齐哈尔市公证事业的快速发展。先后获得全省政法系统先进个人、全省老年维权工作先进个人、黑龙江省优秀公证员、齐齐哈尔市新长征突击手、全市优秀共产党员、全市司法行政系统十佳司法行政工作者和十佳法律工作者等荣誉称号。

筑牢基础，才能扬帆起航

没有规矩不成方圆。万军海从制度入手，制定了 77 项工作制度，实现用制度管人管事；他采取“请进来”“走出去”的学习方式，聘请专家、教授解读“国学”“服务礼仪”等来提升全员的“德行”修养；开展帮扶活动、设立委屈奖、文明窗口等奖项，打造“微笑”服务品牌；与当地大学法学院、外语学院建立实习基地，先后派人到省内外近百个处去考察学习，每周固定时间开展学习培训活动；他提出班子成员实行大厅总值班制，解决服务群众“最后一公里”问题；他带头成立业务委员会，出台《公证事项指导意见》，规范公证业务流程；他坚持以人为本，解决了职工编制、工资、绩效等问题，每年定期为员工健康体检。

心怀为民，才能赢得百姓赞誉

万军海关爱公益事业，成立了“党员爱心基金会”。为所在小区铺设步砖道，改善出行环境；与梅里斯公证处开展同业互助，捐赠办公用品；帮扶拜泉县上升乡治安村，为该村患病村民支付万元的医药费、为残疾事业捐款、为克东县乾丰镇展望村贫困村民捐衣物、为贫困地区建立图书馆捐书籍；每逢春节，他组织班子走访慰问退休人员、遗属、社区贫困户、残疾人共80多人次，去慰问金、大米豆油等生活必需品；重阳佳节时，他走进老年公寓宣传公证法律，解答老人们内心的疑惑，并送去水果及洗漱用品等；当他看到报纸上有一个孩子身患白血病，没钱医治时，他组织捐款2000余元，并带上营养品前去看望；在广播中听到贫困学子无钱上学，他带头在全处进行捐款；了解到四川律政公证处一名公证同仁身患白血病需要帮助时，发动全处为其捐款3000余元；每年到齐齐哈尔市SOS儿童村看望孩子们；自己还帮扶着一名家庭困难的小学生。几年来，在他的带动下，公证处共计为弱势群体和贫困家庭捐款捐物折合人民币达20余万元。工作中，要求公证员每年每人必须为弱势群体免费办理五件以上公证；在每年“敬老

月”，为老年人免费办理遗嘱。共计为符合条件的当事人减免公证费60余万元；自2011年就实行了365天无假日等便民利民服务；与社区共建帮扶对子，定期组织公证员讲解公证法律知识。

开拓创新，才能成为时代的领航者

与时俱进，万军海亲自挂帅，抽调专业人员组成一网通队伍，现在已与公安、民政、不动产等10个部门、48家单位、28个端口进行了对接，受到了群众的拥护，同时也得到市委、市政府书记、市长和省营商局领导的高度认可，在2019年全省深化机关作风优化营商环境工作会议上，作为经验将该处“一网通”的做法予以介绍；几年前，他就提出了取消由社区出具的《亲属关系证明表》的证明；率先开通公证业务网上受理平台，将原来20几项让群众最多跑一次的公证事项，拓宽到现在的9类97项；在全省率先上线《华夏正元公证业务综合办证系统》；与市区60几个社区书记主任建立微信群；开展“绿色继承”家事法律服务，抽调6名人员成立了调查核实部专人负责；成立公证业务产品研发团队，与金融部门合作开展了赋予债权文书具有强制执行效力公证业务。

十几年来，万军海主任始终没有放弃追求“卓越”这个理念，他常说的一句名言“如果我们停下了脚步、世界不会等我们”，如今鹤城公证处由全省落后单位，一跃成为全省公证行业的“排头兵”，先后荣获全国优秀公证处、省级文明单位、黑龙江省司法行政系统集体二等功等各种荣誉称号。在他的带领下，鹤城公证处不断创新发展服务理念，在新征程上必将再创新辉煌。

在平凡的岗位上创造不平凡的人生

忻凌娜

1971 年 11 月出生，大学本科，现任上海市杨浦公证处业务一部部长，上海市公证协会女公证员委员会副主任委员。2012 年被上海市公证协会授予“上海市优秀公证员”称号；2018 年被上海市司法局评为“人民群众最满意的新时代司法行政人”称号；2019 年被上海市杨浦区总工会评为“第二届杨浦区最美劳动者”，同年被中共上海市杨浦区委授予“杨浦区第十批拔尖人才”，被司法部评为“全国公共法律服务工作先进个人”。

忆曾经，公证绝无小事，你用热爱将平凡做到不凡。

看现在，挑战如影随形，你用激情不断攻克公证难题。

望将来，公证前路光明，你秉持为民初心勇往前行。

2018 年 3 月 11 日，《解放日报》头版刊登了《公证员背着电脑追竞标》的报道，在社会上引起很大反响，让公证员忻凌娜一下子成为公证圈“网红”。从业 26 年来，她始终坚持“把每一件简单的事做好就是不简单，把每一件平凡的事做好就是不平凡”的理念，在平凡的岗位上创造出不平凡的人生。

认真勤勉，用极致口碑提供服务

忻凌娜一直把“求精细、求严谨、求细节，用极致口碑提供法律服务”作为座右铭，在办理公证案件时，勇于挑战、敢于担当，用细节检验工作质量，用细节检验服务水准。说到她的这份认真勤勉，就不得不提她背着电脑追竞标的经历。

2018年2月某天，忻凌娜接到建工集团的求助电话，该公司亟须办理京港澳高速相关标段施工招标所需的法定代表人身份证明、授权委托书公证，由于招标方从购买标书到提交招标预审文件只给了他们7天时间，该公司已经被一个又一个类似“来不及”的电话拒绝。忻凌娜获知企业需求后，当即作出“今天办，明天拿”的承诺。为了和时间赛跑，她上演了一出公证版的“速度与激情”。从接到电话的那刻起，她就调整工作安排，一边利用去该公司的在途时间核实材料，另一边与助理携带办证所需设备赶往该公司，利用该公司法定代表人会议休息的时间，运用她娴熟的办证技巧，办理了相关公证手续。第二天，也就是建工集团提出公证申请的次日，“滚烫”的公证书就送达该公司工作人员手里。收到公证书的那刻，该公司激动万分，对公证机构能如此想企业所想、急企业所急，以实打实的行动将公证服务做到位，做到企业的心坎上，给予了高度评价及由衷感谢。

辨法明理，让公证更有温度

贴近当事人的所思所想，把公证办得更有“温度”，这是忻凌娜长期以来坚持的办案原则。曾有一位居民拿着祖母过世的证明来找她，代理其身患精神疾病的父亲申请继承其祖母的住房，用于为亲人筹钱治病。在审查核实过程中她发现该居民的父亲并非独子，过世的祖母还有另外两次婚姻并育有多位子女，还有建立扶养关系的继子女。对于这些情况申请人表示毫不知情，一筹莫展。眼看这个公证无法办理了，但她偏偏“多管闲事”，她和调查人员利用仅有的线索向公安机关求助，通过同名同姓的人员年龄比对，查找原始户籍迁移资料，最终抽丝剥茧找到了其他遗产继承人，她动之以情，晓之以理，上门说法时还吃了多次闭门羹。整件案子历时3个月，在她的不懈努力下，其他遗产继承人最终签署了放弃继承权声明，患者得到了治病的救命钱。该监护人特地向公证处送来锦旗。忻凌娜常说：“当事人有需求，我是不会推辞的。有的当事人办理公证时会情绪激动，我就安静地听他们讲，讲完以后看公证能为他们提供哪些服务，将公证办得更有温度。”

自2008年以来，忻凌娜共办理案件2万多起。在这样高强度的工作之下，秉持对公证事业的激情，忻凌娜数十年如一日无怨无悔坚守着。在忻凌娜看来：“公证员其实是法律的宣传者，负责让老百姓理解法律、接受法律，并调解他们的纠纷。老百姓咨询的过程也是普法的过程，我要尽自己的努力去做好这个法律宣传者，每个人的成长过程中，都会有不同的身份变化，但总会有一些原始的东西沉淀在人生中，成为每个人生命中最珍贵的底色，作为一名奋战在公证第一线的公证员，我只想踏踏实实地做好每一件事，用赤诚的心诠释一个公证员的形象，在平凡的岗位上创造出不平凡的人生。”

敢为人先　公证为民

苏国强

1960年3月出生，中共党员，一级公证员，现任福建省厦门市鹭江公证处党委书记、主任。1997年3月被司法部评为“全国优秀公证员”；2002年12月被福建省司法厅评为“福建省公证行业文明公证员”；2004年8月被中国公证员协会评为“全国优秀公证员”；2016年9月被厦门市委宣传部、厦门市司法局、厦门市依法治市领导小组办公室评为“2011~2015年全市法治宣传教育先进个人”；2019年12月被司法部评为“新时代司法为民好榜样”等。

2000年，顺应着公证体制改革的春风，苏国强以“敢吃螃蟹”的精神牵头组建了福建省首个合作制试点公证处——福建省厦门市鹭江公证处。在公证行业兢兢业业奋斗近四十载，他凭借着对公证事业的热爱、对为民服务的满腔热忱、对公平正义的不断追求，扎根公证工作，做出了许多不平凡的业绩。苏国强感慨说：“作为一名党员公证员，更应该把人民群众的小事当作我们的大事，努力打造有温度的公证法律服务，让人民群众有更多的获得感。”

恪尽职守，带头落实“365 天不打烊”

在苏国强的带领下，早在建处之初，鹭江公证处就将服务作为立处之本，切实践行公证便民利民惠民宗旨，极大地满足了群众的办证所需。无论是在周六、周日，还是在春节、国庆，只要群众带着需求来到鹭江公证处，总能在第一时间获取满意服务。有一年，一位退伍老兵在卧病期间因财产分配问题备受困扰。他打通了鹭江公证处的电话，希望尽快办理遗嘱公证，解决后顾之忧。获知老兵的需求后，苏国强和同事马上赶到医院，为其办理遗嘱公证。从起草遗嘱到核查材料再到出具公证文书，办完公证已到晚上 10 点了。虽然牺牲了休息时间，但苏国强觉得，既然向社会承诺了“365 天不打烊”，那就得去做，公证没有什么惊心动魄的案例，需要的就是脚踏实地地做好本职工作。

潜心探索，为便民服务插上信息化翅膀

在“放管服”改革的背景下，如何通过服务方式方法的创新提升公证法律服务的附加值，成为苏国强思考得最多的一个问题。在苏国强的大力推动下，鹭江公证处推行证明材料清单制，将原来办理公证业务所需的证明材料进一步精简，同时，在确保公证质量的基础上，努力缩短办证时限，让“放管服”改革真正惠及每一位当事人。苏国强还积极参与国内首个公证行业“专有云”建设，在他的努力下，在线公证平台、“公证云”手机

App、“公证签”及“微公证”小程序等一系列公证科技产品进入寻常百姓家，让“足不出户，公证到家”由梦想变为了现实。

热心公益　践行公证社会责任

苏国强认为，公益是公证的一扇窗，通过公益可以更多地体察和关怀社会。因此，他始终把热心公益、投身公益作为自己义不容辞的责任。多年来，苏国强始终坚持无偿为广大群众提供法律咨询，为困难群众开展法律援助，为社区群众开展普法宣传教育。在他的领导组织下，鹭江公证处自2009年起，率先全国在重阳节的当月为65周岁以上的老人免费办理遗嘱公证，11年来已累计办理免费遗嘱近万件，这一活动现已在全国得到推广。2016年台风“莫兰蒂”发生后，苏国强便立即号召全处人员参与灾后救援活动。除带头参与道路清障外，苏国强还在公证处开通了便民绿色通道，组织党员公证员争分夺秒地为受灾民众和企业办理保全证据公证。

创新服务模式　扎根公证公益

黄　勇

1967 年出生，1989 年 8 月参加工作，现任南昌市洪城公证处主任。工作 30 多年来，始终以严谨的作风、务实的态度，坚守在一线公证岗位上，带领洪城团队积极推动公证机构体制改革，探索公证服务模式创新转型，在践行公证为民公益价值等方面做出了积极贡献。2013 年获南昌市"全市政法先进个人"、2015 年获"江西省优秀公证机构负责人"、2016 年获"南昌市劳动模范和先进工作者""江西省优秀公证员""江西省最美公证员"并记二等功、2017 年获"江西省十佳法律服务工作者"等荣誉称号。

2012 年 6 月，黄勇担任南昌市洪城公证处主任，他一上任就积极谋划公证机构改革思路，风尘苦旅奔往各地取经，最终在内心确定改革基本思路。功夫不负有心人，党的十八届三中全会通过《全面深化改革若干重大问题的决议》，在市司法局的支持下，黄勇主动申请将公证机构从行政体制变为自收自支的事业单位，并于 2015 年上半年获得市政府批准。

敢为人先，推动体制改革

机构性质改变，公证员的身份相应不再隶属公务员序列，黄勇这位从事公证工作20余年的老公务员，自己打破了自己的“铁饭碗”。开弓没有回头箭，不改革就不会有出路，黄勇从未打过退堂鼓，他团结带领洪城公证处群力群策，着手开展配套的机构管理、工资薪酬分配等一系列机制改革，他熟悉的公证模式即将在他手上经历颠覆性变化，身上背负的压力可想而知，黄勇一度累倒了，但他仍带病坚持参加各项改革会议，所有的付出都是为争取尽早彻底完成改制目标，提供公证机构改革样板，吸引专业法律人才，盘活南昌公证行业资源。探索出“产品研发、市场拓展、客户维护”发展模式，通过开拓新体制、新理念、新模式，促进发展进入快车道。到2017年年底，全处人员由10多人发展到近50人，办证数由不到1万件增长到3万余件，为江西公证改革提供了鲜活样板。

攻坚克难，撬动服务转型

公证常被人看作“盖章收费”，当事人若不能取得对价的服务，公证迟早会被其他法律服务主体取代，因此公证必须从经验为基础守回法律专业本身。黄勇深刻反思了自身20多年来的执业之路，感慨道：“如果不能突破传统服务模式的窠臼，公证真正意义上的转型就不可能实现。”他认为公证要以社会需求为导向，提出“不是所有群众的申请都可以出具公证书，但所有的群众的申请都可以有法律服务”。

理念更新必然要带来服务模式的转型，黄勇创造性地提出“方案服务”新模式，并先行在公证债权文书强制执行业务探索推进，他带领金融业务团队研发形成了以强制执行为核心的“1+N”金融公证服务产品，实现“资信核实—项目论证—合同签订—违约追偿”全程跟进“定制化”服务。他的努力得到认可，建设银行江西省分行、江西银行等10余家金融机构办理强制执行公证7000余件，涉及金额100多亿元，出具执行证书近30件，全部进入法院强制执行。在拓展业务的同时，他认为不同法律服务主体有不同的专业优势可资借鉴，并陆续与律所、司法鉴定、中介机构共40余家建立合作关系，打造全方位、多主体联合法务平台，开拓了专业领地内新型发展空间。目前已形成金融、婚姻家事、建筑施工领域一系列“方案服务”、多个主体网状服务体系推动着洪城公证处可持续发展，打造着南昌样板公证服务模式。

深入群众，扎根公证公益

以改革的成果增强人民群众对法治的获得感，这是公证行业最温暖也是最本质的属性。在黄勇主持和推动下，洪城公证处自2014年始，常年开展为70周岁以上的老年人免费办理遗嘱公证活动：不限户籍、时间，深受社会好评，年均办理免费遗嘱近200件。

“你妈是你妈”亲属关系证明一直饱受诟病，当前公民登记信息没有完全共通共享，导致群众办证多头跑腿受累，但身份信息真实也关系着群众的切身利益。在黄勇主持下，洪城公证处自2015年就着手解决这一矛盾，推出免费亲属关系信息存档服务，通过公证证明使亲属关系档案化，既推动家庭、家族人文关怀、传承，又借助公证形式法律化，避免在今后办理继承、探亲、减免税等事务证明亲属关系“人在证途”的被动。

良好的口碑，激励着洪城公证处不断升级公益服务，将二项免费公证服务，升级为常年开展免费婚姻家事顾问服务，在财产继承、财产管理、婚姻等六大项为顾问家庭提供顾问服务，为顾问家庭法律需求规划、设计方案，为顾问家庭提供法律事务电子档案管理，对接保姆式顾问服务。黄勇最常说的一句话就是：公证人不是等着群众过来找你，而是你要去到群众身边。他带领团队跑遍了南昌的社区，在群众身边提供咨询、顾问、代书、调解、法援、办证服务，让公证的温暖荡漾在百姓心中。

唱响革命老区的"兰山公证之歌"

马丽达

1964年4月出生，从1993年开始从事公证工作，现任山东省临沂市兰山公证处主任。2016年1月被山东省司法厅评为全省司法行政系统2015年度人物。

公证为民，一枝一叶总牵情

作为沂蒙革命老区的县级公证处的领头人，马丽达在服务百姓的道路上不忘初心，坚持公证为民的原则，全力打造传统金融公证兰山品牌，年办理金融公证7万余件，有效防范金融风险。以百姓实际需求为公证服务目的，践行"最多跑一次"的承诺，为全市、全区"放管服"改革跑出服务"加速度"。她带领公证处，努力创新，积极开拓，以便民服务为举措，购置2000多平方米沿街便民服务大厅，依托金融机构、公共资源交易中心，政务大厅设立了便民服务点。依托乡镇（街道）司法所，设立公证联络站，在村（社区）和市场设立公证工作联络点。打破节假日和正常作息时间，为路途较远、行动不便的困难群众提供上门服务，实施"最多跑一次"公证事项40余项，将服务下沉到群众身边。专门成立家事公证服务中心，根据当事人提供的信息，帮助当事人收集有关证据并调查核实，为当事人提供“跑腿”服务，节省当事人的时间和精力，实现“我们替你跑”。她大力推行“互联网+公证”服务，开通网站在线受理平台和微信公众号在线受理平台，对平台已支持的公证事项，实现申请、受理、审核、缴费“全程在线”。2019全面推广使用3款手机App，有效提升了公证效率，更好地保障了当事人的合法权益。大力推行电子档案信息化建设，对群众再次申办学历、证书等简单公证事项的，可以在系统内直接查询，快速出证。为更好服务当事人，让服务更有温度，开通涉外公证书代办认证服务，开通房产证代办业务，对于不能现场取证的当事人，邮寄公证书，确保满足当事人的不同需求。积极参与司法辅助事务，2018年5月，兰山公证处与兰山区人民法院签订公证委托送达协议，约定“对于诉讼过程中经现场送达、邮寄送达后仍然送达不能的案件，案件承办人可根据具体情况采用委托公证处公证送达的方式送达”，促进了“公证+诉讼”的融合发展，缓解了基层法院“案多人少”的矛盾，在一定程度上化解了“送达难”的顽疾，保障了当事人的合法权益。

这一系列举措的落地实施，践行着“一次办好”庄重承诺，彻底改变了“足不出户、坐堂办证”的被动式服务模式，使公证服务真正走下去、沉下去。而随着网络平台建设的不断完善，“一次不跑”将成为她带领兰山公证处实施放管服改革的下一个目标。

公证为民，春风化雨润无声

“临沂是革命老区，不仅仅要牢记使命和传统，有一颗责任心，做到公证为民；更要发扬传统，有一颗爱心，做到公证惠民。”随着公证处公证事业的快速发展，作为“班长”的她坚持公证为民的原则，将为民惠民的脚步从公证服务大厅迈向学校、社区、乡村深处，由单一的法律援助，扩展为与贫困村结对帮扶，与社区、农村困难群众和孤寡老人结亲连心等公证便民惠民的具体行动。在结亲连心的西安庄村，有多户极其困难家庭。马丽达走访了解情况后，购买了基本的生活用品帮助改善家庭条件，逢年过节为困难群众送米面油，送钱。为村里修路、安装治安监控、为学校购买桌椅，建学生食堂。为孤寡老人献爱心，她说“好”；为流动留守儿童创建爱心家园，她捐钱出力说“值”；为贫困农村学生捐资助学，她说“应该”；为困难当事人减免公证费，她说“行”。一件件，一桩桩，几年来该处共计捐款捐物 70 余万元，办理各类法律援助事项 2000 余件，减免公证费 50 余万元，受援助群众达到万余人。

马丽达从事公证工作 20 多年来，把全部的精力和热情都放在了拓展公证事业，服务百姓上。她用大爱无言，春风化雨的行动真正做到了润民心田，唱响了“为民服务是你的天职，永远与老百姓结伴同行”的兰山公证之歌，带领兰山公证处走出了发展的新路子，主要业务指标均位居山东公证行业前列，2016 年 1 月被中国公证协会授予“全国优秀公证处”称号。

心怀公证　执着追梦

贾　寅

1974 年 2 月出生，中共党员，现任武汉市琴台公证处公证员、湖北省公证协会理论研究委员会委员，武汉市公证协会监事。入职 20 余载，始终兢兢业业，业务工作与质量均位于全市前列。2011 年被武汉市司法局委员会授予“优秀共产党员”称号，2012 年被武汉市司法局授予“全市公证理论调研先进个人”称号，2012 年被湖北省公证协会授予“湖北省优秀公证员”称号，2016 年被武汉市委组织部、武汉市人力资源和社会保障局评为“年度考核优秀”。

“路是闯出来的，本领是磨炼出来的，诚和善是公证的核心！”公证是贾寅热爱的事业，他心怀公证，执着追梦。奔走在追梦的路上，不变的是他对职业的信仰和对人民的承诺！

勇当改革弄潮儿

12 年前，湖北琴台公证处作为首家行政机关改制事业公证处试水成立时，贾寅毅然放弃了公务员身份，主动选择当一名普通的公证员。改制初期，琴台公证处办公租用地不到 100 平方米，基本工资制度都还在摸索建立阶段。贾寅利用现有条件大力拓展业务，积极协助领导搭建公证处框架。改制第一年，他的业务收费数全处第一。在他和同事的共同努力下，琴台公证处很快站住了脚跟，公证业务收费实现了翻番。如今琴台公证处已实现年收费 1700 万元，规范化办公面积达 2000 平方米。

勤做公证钻研者

贾寅原来在区属公证处工作，没有正式办理过涉外公证业务。当琴台公证处获批开展涉外公证业务以后，他深感知识的不足。为弥补涉外公证业务空白，他主动看卷宗、练英文、勤请教，加班加点、快速充电，逐步打开了涉外公证工作局面。在一例当事人拟赴美交流相关公证中，因签证原因，当事人急需当天取证，贾寅现场翻译，一口气拟出多个中英文公证书，赢得当事人啧啧称赞。中专学历起步的他不甘落后，始终钻研苦学，通过自修取得了武汉大学法律本科文凭，先后取得国家涉外公证员资格和三级公证员职称资格，并于 2016 年当选湖北省公证协会理论研究委员会委员，在全市知识产权保全证据公证领域享有较高的声誉。此外，他在现场监督公证领域也大有作为，他办理的武汉市经济适用保障房集中统一摇号，小升初电脑派位，“最牛副食店”依法动迁办理评估机构选择抽签，以及湖北省和武汉市高速公路招标、武汉地铁线路、汉阳区政府采购等一大批公证也影响广泛。

敢为事业初心人

从 2013 年起，因为肾结石旧疾恶化至肾病综合征终末期，贾寅每周须进行两三次血液透析。每周的血液透析，给他的身体带来了很大影响。为了能够更好地完成工作，他一边积极治疗，另一边继续工作，顽强与病魔抗争。龚太婆丈夫早亡，两个儿子均为智力残疾人，房子无产权证，面对拆迁束手无策，最终找到贾寅求助。刚走下透析病床，贾寅便赶往拆迁现场做记录保全，向拆迁单位提供完整证据，充分保障了太婆权益。

为表感谢，太婆坚持同街坊一起，把写着“公平正义、廉洁高效”的锦旗送到了公证处。

他忠于公证事业　倾心为民

李益见

1971 年 7 月出生，中共党员，法律本科学历，现任重庆市忠县公证处任主任。2005 年被重庆市司法局评为公证质量优秀公证员、教育规范树形象先进个人；2006 年被重庆市司法局评为公证岗位训练活动先进个人；2018 年被重庆市委宣传部等评为第二届“重庆市十大法治人物”候选人；2019 年被重庆市政法委评为“辉煌 70 载·政法新时代—奋斗百分百”100 名政法系统先进典型人物。

在全国唯一以“忠”字命名的县城，有这样一位公证人，他忠于公证事业 20 年，在公证岗位奉献他最美好的青春年华，他始终坚守公证“服务为民、执业为民、诚信为民”，他始终奋斗在公证基层第一线，把百姓对公证的满意作为心中的目标。他就是重庆市忠县公证处的主任李益见同志。

他心系安置群众，用公证让群众安心顺心

忠县是三峡库区移民大县，移民涉及忠县 10 个乡镇，李益见带领公证团队共办理三峡移民安置合同公证 2 万余件，涉及移民 6 万余人（其中，外迁移民 1.7 万余人，内安 4.3 万余人）；办理工业、城镇、新生港、高速公路

等建设项目的征地安置合同公证 3 万余件，涉及安置人员 3 万余人。移民和征地工作涉及人员多、任务重、时间紧，关系群众最切身利益，他和团队人员放弃休假、顶严寒、冒酷暑，下乡到村社上门办证。在办理沿江高速、梁黔高速公路的征地安置协议公证中，根据高速公路沿线涉及的区域广、地点散、人员多、路途远，安置群众外出务工多的情况，他带领团队抓住春节大量外出务工人员返乡过年的时机，放弃休假、起早贪黑、不畏严寒下乡到洋渡、磨子、乌杨、金鸡、马灌、拔山等乡镇的 30 多个村居委的院坝、操场搭起临时办证点，现场为征地农民办公证。在公证中严格审查安置补偿金额，耐心向群众解释征地政策，让群众明明白白每笔安置补偿款，使群众支持国家建设安心顺心。他严格审查的敬业精神和上门服务的热情态度受到安置群众的盛赞。

他心系老年人，当老年人权益的守护者

尊老敬老是中华民族的传统美德，爱老助老是全社会的共同责任。李益见经常讲，要将公证在解决老年人赡养、婚姻、财产等方面的独特优势充分发挥出来，倾力维护老年人的合法权益。他倡导在公证处专门设立“老年人公证服务岗”；在敬老院、福利院、老年公寓建立公证服务点；在金宝、倒灌等村社讲涉及老年人的遗嘱、继承等法制课；为老人开辟“绿色通道”，对老人提供优先受理、优先办理、优先出证的“三优服务”；对行动不便、病残老人实行电话预约、上门服务。近几年来，他为 60 周岁以上的老人办理遗嘱、继承、赠与、财产协议、赡养协议等公证 900 余件，有力地维护了老年人的合法权益。在他的影响下，公证人争做老人的贴心人，权益的守护者，公证处在 2016 年荣获“全国敬老文明号”称号。

他心系基层，把公证送到村村户户

让群众在家门口就能享受公证法律服务一直是李益见的心愿。他带领团队深入村社，担任“村社法治副主任”，定期到村社上门为群众答疑解惑、

上法制课、调解纠纷、办理公证，把公证送到群众家门口。近些年，他在担任“村社法治副主任”岗位上接受群众咨询、调解纠纷和办理公证200余件，让群众深切感受公证就在身边。

他心系美丽乡村建设，让公证在新时代建设中出彩

忠县是重庆市唯一的首批国家级田园综合体试点县，忠县近两年加快美丽乡村建设，打造三峡橘乡，助力乡村振兴。在美丽乡村建设中要保护一批历史老宅，而部分老宅的主人已离世多年，面临子女年迈、分散各地、权证遗失、继承复杂等种种难题。李益见带领团队勇破重重困难，积极为老宅办理继承权公证，为老宅的传承与保护提供法律保障，推动美丽乡村建设。在美丽乡村、三峡橘乡核心区的新立镇双柏村，在柑橘环抱的美丽村庄中央有一幢老宅子，是老村支书邹为成的老宅，宅子依然保留青瓦土墙，风雨侵蚀得斑驳的门窗、台阶……讲述着这处宅子里外发生的许多往事。

政府在打造美丽乡村、三峡橘乡时要求将这处宅子原样保护起来，并将在宅子里陈放一些历史物品供游客参观。然而政府在完善相关手续时遇到了难题。邹某成夫妇已去世10多年，其膝下有5个子女，子女们生活在甘肃、四川、重庆等地，还有1个女儿已去世并留有3个子女。这处老宅由谁继承，政府应该和谁谈保护的事成了难题。政府部门将情况告诉了邹某成的后人，邹某成的长子80多岁，居住成都，听闻政府要在老家打造美丽乡村，并要保护父母留下的老宅，甚是高兴，当即决定把各地的子女、孙子女招集回乡，李益见及时为邹某成的后人们办理了公证。年过八旬的邹某成长子拿到公证书时，激动地说他人生80年，见到李益见一心一意为民服务的精神是最棒的，他返回成都后向公证处寄来感谢信，信里大大地书写着“积善成德”四个大字。这是李益见忠于公证事业、谱写新时代出彩公证人的最好写照。

公证为民济苍生　践行初心助发展

李　勇

中共党员，现任四川省成都市律政公证处党委书记、主任，四川省司法厅直属机关党委委员，四川省第十一次党代会代表，中国公证协会常务理事、业务规则委员会主任委员，四川省公证协会常务副会长，四川省法学会常务理事、学术委员会委员，国际公证联盟荣誉理事，中国政法大学公证法学研究中心研究员、西华大学客座教授、法律硕士研究生导师。2009年被中国公证协会表彰为"全国优秀公证员"；2010年被四川省直属机关工作委员会授予"优秀党务工作者"称号；2013年被四川省人力资源和社会保障厅、四川省司法厅表彰为"四川省司法行政系统先进个人"；2014年被四川省委政法委员会、四川省委维护社会稳定领导小组、四川省人力资源和社会保障厅评选为"四川省维护稳定工作先进个人"；2017年被四川省司法厅评选为首届"四川司法行政系统十大杰出人物"。

他从不去想是否能够成功，既然选择了远方，便只顾风雨兼程；他从不去想身后会不会袭来寒风，既然目标是地平线，留给世界的只能是背影。

情系社区身先行，甘为普法“孺子牛”

2009年，李勇带领律政公证处率先在全省开展社区法律服务。刚开始那几年，他时常在社区里一待就是大半天，向负责人了解社区实际，与社区居民交流谈心，被群众亲切地称为“社区小棉袄”“家庭法律医生”。每逢重大节假日，社区中都可见律政公证员们普法宣传的身影，日复一日，年复一年，这风风雨雨十几年的普法路，是用“爱”作成的铺垫，用“法”筑起的基石。

如今，律政公证处已于2014年9月成立了全国首家社区法律服务中心，成为西部地区，乃至全国范围内开展社区法律服务的“排头兵”和“主力军”。不仅如此，他身体力行，将社区普法经验推广进企业、军营、养老院、高校、寺庙等地，他坚持用自己的学识和人格去影响周围每一个同志，用真诚和热情去感动和温暖周围每一个人。

扶贫攻坚不言苦，为民解忧苦亦甜

初春的3月，康巴高原冰雪尚未融化，崎岖的山路加之湿滑的路面更是让前行的车辆举步维艰，车上坐着前往藏区精准扶贫的李勇同志。“噗……”突如其来的声响顿时令人毛骨悚然，下车查看后发现是路边坚硬的冰凌将车胎硬生生地划破了，而车子随着陡斜的山路滑到了悬崖边，生死攸关，命悬一线。鉴于这次经历，同事们心疼地劝说他，他却坚定地说道：“扶贫攻坚是一项重大政治任务，作为四川司法行政系统的一员，律政公证处是责无旁贷的！”

事实证明，律政公证处及李勇同志也一直用实际行动兑现着这庄严的诺言。多年来，李勇同志代表律政公证处10余次奔赴藏区开展脱贫攻坚工作。坚持“输血”与“造血”并重，通过捐赠生产生活物资、支援当地基础设施建设、设立“司法之光”专项教育基金、开展免费法律宣传等扶贫方式，长期资助藏族贫困学生。2016年，律政公证处联合北京市长安公证处、黑龙江省哈尔滨市哈尔滨公证处进藏扶贫，开创了省外公证机构参与四川省脱贫攻坚工作的先河。

司法辅助显身手，矢为行业献情怀

如果要问李勇同志最难能可贵的品质是什么，那就一定要数他的大视野。在国家及有关部门就构建多元化纠纷解决机制作出重要部署后，李勇同志敏锐地捕捉到公证能够在其中大有作为，果断带领律政公证处人员前往厦门、上海等地实地考察学习，随后结合四川法院和公证行业有关实际，致力于探索出了一条具有四川特色、律政特色的诉讼与公证协同服务道路。如今，律政公证处已先后与成都市 5 个人民法院签署协同合作协议，共建协同服务中心，成为全省首家开展公证与诉讼对接工作的公证机构，为四川省全面铺开公证与诉讼对接工作提供了范本，树立了标杆。

在李勇同志看来，服务司法行政中心工作是公证行业发展的应有之义，必须牢记国家赋予的职能与价值，实现公证服务法律效果与社会效果的协调统一。正因如此，各界人士都称赞律政公证处和李勇同志是在做“情怀”。

理论研究立潮头，初心不改为民生

第 29 届国际公证人大会于 2019 年 11 月在印度尼西亚首都雅加达举行。李勇同志作为唯一的亚洲公证人和专家代表，以《工业革命 4.0 时代中国公证在知识产权保护中的实践》为题发表了主题演讲，充分展现了中国公证人在优化营商环境、保护知识产权中的重要角色和创新成果。闭幕式上，李勇主创的作品《中国公证视野下脆弱群体保护的法律研究》获得首届“法律研究奖决赛者奖”并受到特别表彰，这也是中国公证员首次在国际公证联盟的学术论文评选中获奖。本次论文获奖展示了中国公证人积极作为，在维护脆弱群体合法权益中的法律研究和实践探索，同时也向国际公证同行展示了中国公证人在法律服务中以人民为中心，努力工作，勇于承担社会责任的精神面貌。

如今，李勇同志已经将自己 30 年的青春献给了这个他钟爱的事业，30 年寒来暑往，李勇带领着并见证着律政公证处从10余人的机关内设处室发展成为公证行业的领跑者，这充分印证了李勇同志常说的那句话——“有为才能有位”。李勇同志深知其中的艰辛与不易，难忘无数个辗转反侧的不眠夜，但看着全处上下焕然一新，听着前来考察交流的外地同行对律政公证处赞不绝口，李勇觉得一切都是值得的。

守望初心勤耕耘　公证为民创新风

王晓光

1970 年 1 月出生，中共党员，现任新疆吐鲁番市首信公证处主任，新疆公证协会副会长。2004 年、2011 年分别获得新疆维吾尔自治区司法厅“优秀公证员”荣誉称号；2011 年 1 月被吐鲁番地委组织部、吐鲁番地区人力资源和社会保障局记三等功 1 次；2017 年 2 月被新疆维吾尔自治区司法厅记三等功 1 次。

某天一大早，60 多岁的张婆婆便在外孙的陪伴下，为吐鲁番市首信公证处送来一面写着“尽心尽责　为民解忧”的锦旗。张婆婆十分感激地握着王晓光的手连声道谢：“你们不但减免了我的公证费，还把办好的公证书送到我的手上，是真心诚意地在为我们老百姓办实事呀！”“打造有灵魂的公证队伍，提供有温度的公证服务。”这是王晓光一直追求的目标。多年来，他的足迹遍布艾丁湖畔、火焰山下，他带领公证处全体人员，依托公证工作小舞台，唱响了为城乡群众热心服务的主旋律。

服务经济社会发展大局，是我们的重要使命

自担任公证处主任以来，他始终着眼于吐鲁番经济、社会发展大局开展服务工作，在急难险重任务面前敢于担当，充分发挥了为社会和谐定分止

争、为经济发展保驾护航的重要作用。吐鲁番新能源示范区建设是全市的重点工程，建设之初，王晓光带领公证人员积极配合市委、市政府的工作，带领4名公证员，顶着40多度的高温，在1个月内完成了住房分配活动免费现场公证。汗水湿透了衣服，骄阳晒黑了脸庞，他依旧马不停蹄地奔波在示范区建设一线。由于住房贷款现场公证时间紧、任务重，他带领公证人员到多家银行开展上门服务，为2000余名借款人现场办理借款合同公证，并减免公证费用近40万元，受到市委、市政府的好评和群众的赞扬。吐哈油田公司是驻吐鲁番市的大型国有企业，按照“走出去”战略，公司陆续在乌兹别克斯坦、哈萨克斯坦等国开展石油勘探、开采等业务。根据国际惯例，公司的资质、合同等都需要办理公证后才能在国外顺利使用。他抓住机遇，主动出击，积极拓展服务企业新领域，为吐哈油田公司办理了300余件涉外公证，有力助推其开拓国际市场、扩大生产经营。

把群众的事当作自己的事来办，就一定能办好

多年来，无论是炎炎烈日，还是数九寒天，他始终奔波在公证一线，掏心窝子为群众服务。即使满身尘土，挥汗如雨，条件简陋，他都不在乎。他唯一在乎的，是发挥公证的职能作用。在“葡萄城”吐鲁番，葡萄既是传统优势产业，又是种植规模最大、产业链条最长、农户增收最快的主导产业，因此涉及葡萄种植的公证活动也相对较多。2019年年底，高昌区艾丁湖乡也木什村村委员会主任与14名村民签订了《葡萄地承包合同》，约定把该村300亩葡萄地分别承包给14人，期限为30年。由于承包期限长、投

入大，村民们担心日后村委会主任变更会影响合同的效力，村委会又担心承包人能否按合同规定履行义务。最后，双方一同来到公证处申办葡萄地承包合同公证。王晓光对承包合同进行了认真细致的审查，去现场详细了解情况后，补充完善了合同条款。办完公证后，村民激动地拉着王晓光的手说道："你们服务热情、工作细致，办了公证我们就像吃了定心丸。公证员'亚克西'！"

公证质量提高了，群众办事才能"少跑腿"

2017年，司法部、自治区司法厅陆续出台深化公证机构改革机制创新的文件，王晓光以此为契机，不断完善公证质量、内部管理等自律机制，认真落实"放管服"改革措施，坚持"以人民为中心"的发展理念，助推公证"最多跑一次"，切实提升办事群众的获得感。"只要方便群众办理公证，公证员吃多大苦都是应该的。"他总是将心比心，站在群众的立场上想问题，积极实行减证便民措施，优化公证流程，开通绿色通道。几年来，公证处办理小额遗产继承、牛羊育肥贷款等涉及群众切身利益的公证4000余件，为老弱病残人员提供上门服务1260人次，为经济困难的群众减免公证费用17万余元。

"公证质量提高了，群众办理公证才能'少跑腿'。"王晓光用实际行动证明了这句话。

法援为民好榜样

花要叶扶，人要人帮。为困难群众送上法律的温暖，让弱势群体看到了法治的阳光，让弱势群体的脸上重现笑容。每一次咨询，承担着一份社会责任；每一次援助，足可改变人的一生。扶弱济贫、匡扶正义，他们是社会稳定的“减压阀”——法律援助工作者。

十五年坚持干好一件事
免费帮农民工维权

时福茂

1974年3月出生，中共党员，北京市致诚律师事务所副主任律师，中华全国律师协会农业农村法律委员会秘书长。2009年1月被中华全国总工会、司法部、中华全国律师协会授予“全国维护职工权益杰出律师”；2009年4月被中华全国总工会授予“全国五一劳动奖章”；2011年12月被中华全国律师协会授予“全国优秀律师”；2012年12月被司法部授予“全国法律援助工作先进个人”；2012年12月被北京市人民政府授予“慈善行为楷模”。

他对农民工有着一份特殊的感情

“我出身农民，我知道农民工背井离乡外出打工的艰辛；我也知道，农民工辛苦一年却拿不到血汗钱对他的家庭意味着什么；我更知道，农民工遭遇工伤而得不到任何赔偿，他以后的人生将面临怎样的困境。因此，我更懂得做好一名农民工维权律师的意义，帮助他们是我无悔的选择。”时福茂出生于一个普通的农民家庭，十六七岁就开始利用暑假跟随父亲外出打工。他曾当过搬运工、做过建筑工人，对农民工有一份特殊的感情。缘于此，时福茂在1998年踏上律师道路的第一天就告诫自己：一定要替弱者伸张正义。他曾是河北君合欣律师事务所的创始合伙人，被当地司法行政机关评为“优秀律师”，办案过程中，弱势群体遭遇不公平的情景常会撞击他善良温厚的心。

他是农民工维权领域的一面旗帜

2004年7月，时福茂怀着对中国法律援助事业的执着追求与梦想，放弃了收入丰厚的机会，毅然投身到北京市致诚律师事务所，负责维农民工权项目，2005年参与创建了我国首家农民工法律援助专门机构——北京市农民工法律援助工作站，成为我国最早从事农民工法律援助工作的专职公益律师。2011年11月，农民工张某学入职北京某物流公司后不足1个月便遭受工伤，公司拒绝支付医疗费用和工伤赔偿。经过仲裁、诉讼8个程序，6年的艰辛维权，在往返办案机构数十次后，终于使张某学于2017年12月26日通过社会保险待遇先行支付程序获得12万元的工伤保险赔偿费。2015年3月，孙某军入职1小时就被吊车轧伤右脚，公司仅同意赔偿2万元。因无任何证据，时福茂以退为进，指导孙某军与单位签订和解协议。最终这纸协议成为关键证据，经历2次仲裁、5次诉讼，孙某军于2018年年初获赔27万元。韩某乘坐火车时突发疾病死亡，铁路局拒绝承担赔偿责任。时福茂与

同事查询法律法规、医学知识近 20 万字，完成代理词、补充代理词等近 2 万字，最终法院认定铁路局未尽及时救助义务，延误抢救有过错。韩某的家人得到 165,529.57 元赔偿。时福茂律师创造了为农民工维权的无数个典型案例范本，成为农民工维权领域的一面旗帜。耿某京等 66 名农民工欠薪案，成为处理包工头携款潜逃案件的成功样本；“肯德基”劳务派遣案，促使“肯德基”改变了在整个中国的用工方式，使数千名员工直接受益数千万元；断臂童工于某伤残赔偿案，打造了处理童工案件的办案指引；成功调解了远赴蒙古国务工的 112 名河北籍农民工欠薪案，为出国农民工撑起了法律保护的屏障……

“我特别理解在外面辛苦干了一年，就等着过年带着钱回家呢，这时候没钱了，这不跟要了他们命一样吗？”时福茂说。

无悔付出收获了无数信任与感动

尽管遭遇过很多危险和波折，但时福茂从不言弃，他相信公正会在不懈的追求中实现。时福茂曾多次接到过“别管闲事”“请喝茶”“卸只胳膊、卸条腿”“活腻了”之类的恐吓威胁电话，而他从未因此而退缩。他总是给自己打气：“单位再坏都不能让农民工拿不到钱！我们的后台是人民和政府，我们的武器是法律和政策！”15 年来，时福茂共办理了 1300 余件农民工维权案件，讨回工资、工伤赔偿金近亿元。他不仅帮助成千上万农民工维护了权益，而且化解了大量社会矛盾，为维护社会和谐稳定做出了重大贡献。作为全国律协法律援助委员会秘书长，时福茂积极参与推广公益法律援助新模式，一支专职、专业的农民工法律援助律师队伍正在形成。鉴于此，他获得“全国五一劳动奖章”“全国优秀律师”“首都精神文明建设奖”“首都慈善行为楷模”“北京青年五四奖章”等荣誉。

多年公益律师的辛苦，渐渐也让时福茂品出了甜。人与人追求不同，不是所有的人都在追求票子、房子、车子，还有一些人心怀高远，安然倾听内心的声音。他说：“选择做专职公益律师，也许失去了很多，但数以万计的农民工因自己的工作而受益，每天都在收获信任与感动，还有什么比这更快乐的呢？”

不忘初心　坚守正义

付国强

1971 年 12 月出生，现任蓟州区司法局公证律师科副科长、蓟州区法律援助中心负责人。自 2003 年开始从事法律援助工作以来，他始终坚守作为一名共产党员的初心与本色，带领区法律援助中心工作团队，出实招，求实效，努力为各类受援人提供优质、高效、便捷的法律援助服务。2013 年荣获“天津市五一劳动奖章”“天津市十佳维护职工权益杰出律师”称号；2016 年被司法部评选为“第五届全国法律援助先进个人”；2018 年被蓟州区委员会评为“星耀蓟州·党旗飘飘”优秀共产党员。

搭建网络、创新机制，法律援助接“地气”

付国强带领区法律援助中心工作团队结合辖区乡情、民情，因地制宜，积极探索创新法律援助工作新模式，实现应援尽援。一是构建立体服务网络，实现法律援助网格化。他带领区法律援助中心工作团队在区公共法律服务体系建设中打造全方位法律援助维权网络。在区总工会、区残联、区人武部等部门分别设立了法律援助工作站，以 27 个乡镇（街）司法所为依托成立了乡镇（街）法律援助工作站，在全区 949 个行政村、31 个居委会全部设立了法律援助联系点，设有法律援助联络员 1000 余名，在全区形成整体联动、上下一体的区乡镇（街）村（居）三级法律援助服务网络，实现了法律援助“村村通”，为弱势群体就近申请，快速办理各类法律援助案件提供了便利条件。二是创设援助律师点援制，实现利民、亲民。为给受援人提供融洽的法律援助服务，从2017年年初开始，受援人可以根据自身案件特点以及对援助律师的认可程度，在法律援助律师数据库中可以优先自行选择律师，选谁当律师，由受援人自己说了算，增加了受援人与援助律师之间的亲和力和信任感，有效地提升了法律援助案件质量，受到了受援人的一致认可。三是实行“周六工作制”，实现便民、惠民。区法律援助中心在每周六全天安排律师、法援中心工作人员到区公共法律服务中心法律援助咨询窗口值班，方便群众法律咨询和办理法律援助事项。区法律援助中心实行的“周六工作制”与区法律援助电话热线、“蓟州司法”微信、微博等新媒体、“12348天津法网”和“掌上12348”App移动终端一起，构建了全方位、多元化的法律援助服务平台，为广大群众提供了精准、便捷的法律援助服务。

强化法律援助全流程管理，实现法律援助标准化、规范化

为更好履行法律援助职责，付国强带领团队成员创新体制机制，使法律援助更贴民心。为进一步缩短法律援助案件审批、指派时间，蓟州区法律援助中心率先实行将法定时限改为承诺时限，对于受援人所申请的法律援助案件做到当日审批，当日指派，3天内实现受援人与援助律师对接，避免了受援人多次往返奔波之累。为确保法律援助案件质量，强化法律援助案

件申请、受理、审批、指派、承办、结案归档等环节标准化、规范化管理，实行法律援助案件承办质量全程监督。加强法律援助案件案前、案中、案后管理，案前实行首问负责制，谁最初受理法律援助案件，谁负责全程跟踪监管；案中对援助律师实行重大、群体案件办案思路协调、指引，旁听庭审等痕迹化管理，案后对办结的案件都要进行跟踪回访，主动征求主审法官和受援人对法律援助工作的意见、建议，进一步改进工作作风，提高办案质量。蓟州区法律援助中心通过不断完善法律援助标准化、规范化建设，确保了法律援助案件质量逐年提高，法律援助成为群众可信赖、依靠的品牌。

乐于清贫、甘于奉献，做法律援助的“老黄牛”

付国强在基层法律援助战线已默默耕耘了 16 个年头，跟他同龄的同学、朋友、同事，有的做了律师、有的成了商人，早已发家致富奔小康了，朋友、同事劝他做社会律师，凭现有的能力、水平，完全可以挣大钱，他微笑婉拒了，因为他自己知道，通过自己的努力，使众多受援人从最初的沮丧、愤怒、无助到最后的心情舒畅、笑逐颜开，就是一名法律援助工作者最大的收获！他在承办法律援助案件过程中，始终坚持“清清白白做人，踏踏实实做事”理念，严格恪守法律援助执业道德，想当事人之所想，急当事人之所急，不忘初心，牢记使命，以自己的实际行动生动诠释着作为一名基层法律援助工作人的信念与坚守。

让生命在服务群众中绽放光彩

陈　红

1968 年 4 月出生，中共党员，法学硕士，高级律师，现任吉林省吉林市法律援助中心主任。2015 年 3 月被吉林市司法局授予"江城十佳律师"荣誉称号，2015 年、2019 年被吉林省司法厅分别评为吉林省律师行业优秀共产党员、优秀律师，2016 年 9 月被司法部授予第五届全国法律援助先进个人，2017 年被吉林市政府授予"吉林市第二届法治建设十佳法律服务工作者""吉林市三八红旗手标兵"等荣誉称号，荣立个人三等功 3 次。

忠实履责，誓做困难群体的忠诚卫士

"为社会困难群体提供法律援助，不仅是一名援助律师的工作，更是一种社会责任。"这是陈红始终坚守的信条。2015 年，杨某等 9 名外地农民工受雇在祝某承包的建筑工地施工，被祝某长期拖欠工资。由于年关临近，祝某又居无定所，杨某等人无奈之中向吉林市法律援助中心求助。在承办此案的陈红看来，该案从形式上看并不复杂，但在实际办理过程中其难度却大大超乎了想象。由于被告祝某居无定所，经常出没不特定的建筑工地，再加上讨债的人又很多，所以，给被告送达公告文书就成了难题。为了让农民工兄弟及时拿到工资回家过年，取得最好的法律效果和社会效果，陈红放弃公告送达申请，她翻遍吉林市大大小小工地，经过 10 余天的寻找，最终在吉林一中附近的建筑工地找到了祝某。当法院把钱交到这 9 名农民工手上的时候，他们脸上的激动与喜悦，让陈红感到无比的欣慰。凭借过硬的专业能力，热忱的助人情怀，陈红忠诚地守护在困难群体的身边，她帮助七旬老人孙某解决了困扰多年的房屋产权证问题，让老人从绝望中走了出来，老有所依；帮助残疾人徐某依法维权打赢因医院误诊造成其眼部伤残索赔案件……在她办理的刑事案件中，有 8 人经辩护无罪释放，近百人被减轻刑罚或判处缓刑。陈红代理的民事援助案件胜诉率达 70% 以上，实现“零投诉”。

热心公益，为维护妇女权益付出心血

作为吉林市法学会妇女权益保障法学研究会副会长，吉林市妇联“巾帼法治讲师团”成员，陈红通过举办“反家庭暴力法”系列讲座、开展“法律援助进社区”、为离退休和下岗妇女送法上门等活动，大力宣传维护妇女权益方面的法律法规。她还代理了陈某霞、李某萍等大量女性当事人的法律援助案件，为她们讨回了公道，使公平正义的阳光温暖了她们的心田。

坚持创新，不断拓展法律援助新路径

陈红认为，“创新”是法律援助事业发展的动力。多年来，陈红组织全市法律援助机构大力推进法律援助工作的改革创新，破难点树亮点补短板，在服务大局实践中创新发展。开展脱贫攻坚法律援助专项行动，通过研发“法律援助便民智能卡”，有效地破解了法律援助与司法救助衔接难的问题；立足便民利民，通过建立网络维权中心，有效地破解了特殊群体法律援助申请难问题；筛选 15 家优秀律师事务所、195 名社会律师，通过组建法律援助资源库，有效地破解了法律援助机构人员不足问题；通过创新培训机制，有效破解法律援助机构管理能力薄弱问题；在本市没有列入试点地区的情况下，通过主动与法院合作共同开展了刑事案件律师辩护全覆盖试点工作，为破解刑事案件辩护率低的问题探索了经验。此外，陈红通过深入推进法律援助向城市低收入人群、向五类重点弱势群体、向关系人民群众切身利益领域、向社会和谐稳定等方面的延伸工作，实现了困难群众法律援助需求的全覆盖。同时，通过建立法律援助示范窗口，加强便民服务网络平台建设，完善法律援助三级网络，打造城市半小时、农村一小时、偏远山区两小时的网络化管理法律援助服务圈，有效推动了吉林市法律援助服务的效率以及服务水平的提升，使吉林市法律援助工作实实在在地跃上了一个新台阶。在她的带领下，吉林市法律援助工作以服务党和政府工作大局为主线，以“便民、利民、为民”为宗旨，成为吉林市司法行政服务民生的响亮品牌。

胸怀大局，主动在息访维稳上担当作为

面对许多人不愿触及的信访问题，陈红胸怀大局，迎难而上。多年来，她以帮助信访群众解决问题、维护社会稳定为已任，先后协调、处理相关部门委托的信访案件120余件，接待信访咨询千余人次，协助相关部门成功处理逸海花园小区200余户因供热问题多年上访案件、198名松花湖坝上船员追索船舶租赁费纠纷及执行案、56名烟达木村村民土地征用补偿纠纷案等35起涉及民生的群体信访案件，有效化解矛盾纠纷，努力让困难群众在每一个案件中都感受到公平正义，维护了社会和谐稳定。

“让生命在服务群众中绽放光彩，我无悔自己的选择。”陈红说。作为东三省率先成立法律援助机构的带头人，执业的20余年来，她始终坚守在吉林的黑土地上，以女性的炽热情怀，彰显着援助律师的慈爱之心，用温暖的双手，奉献着一次次无私的援助，更以一名援助律师的使命，铸就着社会公平与正义的保护之盾。

法援路上　不断奔跑的追梦人

章蓓蓓

1984年4月出生，中共党员，现任浙江省温州市瓯海区法律援助中心主任。2013年6月、2014年6月被温州市司法局评为全市法律援助工作先进个人；2016年2月被瓯海区“两办”评为司法行政工作先进个人；2017年11月被温州市妇联评为平安妈妈；2018年8月被瓯海区委、区政府记个人三等功1次；2019年12月被瓯海区委宣传部等评为感动瓯海十大人物。

让老百姓在“家门口”获得法律援助

从每年169件到2501件，从劳动报酬、交通事故、盗窃等简单案件到涉外纠纷、集团诈骗、涉黑等疑难复杂案件，短短10年间，法律援助案件数量不断攀升，难度也不断加大。章蓓蓓深知，仅以一人之力难以撑起整个法律援助事业，在她的带领下，援助中心努力探索法律援助工作新格局，不断推动法律援助体系建设，实现全区14个镇街（开发区）、151个村居全部设立公共法律服务站，和妇联、残联、工会、法院、看守所等多部门联动设立法律援助工作站，瓯海区公共法律服务体系建设不断完善，真正实现老百姓在“家门口”就能获得法律援助。多年来，瓯海区法律援助中心共接待来电来访 40,290 件，受理法律援助案件 11,555 件。

让法律人成为法援路上的“主力军”

单弦不成音，独木难成林。章蓓蓓说：“我想让优秀的律师，凝聚成一个团队，帮助更多有困难的群众。何为优秀，有专业知识、有社会责任意识、有一颗热爱法律援助事业的心，更要有良知。”多年来，她主动引导广大律师和法律工作者参与援助事业，不断加强法律援助队伍建设。组建以专业律师为主，大学教授、志愿者为辅的“多元”法律援助志愿者队伍，实现民事案件“应援优援”，刑事辩护“高效承接”，推动法援“正能量”不断辐散，形成强大合力。为充实壮大法律援助律师团队，中心为志愿律师建档备案，定期进行团队成员调整。与浙江嘉瑞成律师事务所、浙江浙合律师事务所签约，打造一支业务精通、相对稳定的援助律师队伍。同时，与公检法、劳动仲裁委等单位合作，邀请资深法官、仲裁员、大学教授不定期开展业务培训，为志愿律师提升业务能力，促进共同发展。至今，全区共有法律援助志愿者律师 150 余人。

对每一位困难群众伸出“援助之手”

章蓓蓓常说：“当生命中关了一扇窗，上帝会为你开启另一扇窗。我希望在贫弱者陷入绝境时，法律援助就是那一扇窗。‘我们’被需要，‘我们’被期待，这是一种社会责任感。”她投身法律援助 10 年，不断完善法律援助“一次性告知”“免经济审查”“容缺受理”“经济困难承诺”等服务举措，实现全区刑事辩护全覆盖，始终坚持为长者、为幼者、为残者、为弱者，维护权益、伸张正义。

在追求正义的道路上她永不停歇

从事法律援助工作 10 来，章蓓蓓凭着娴熟的法律服务技能，共接待来电来访法律咨询 10,000 余人次，代写法律文书 100 余件，办理刑事、民事法律援助案件 100 多件。在见义勇为人员家属心中，她是正义的匡扶者。因见义勇为被刺身亡的张某父母就刑事附带民事判决书上的赔偿款申请强制执行，因时隔 13 年，时效已过，法院无法立案。她了解后，却不愿就此放弃，多方协调，最终为其争取到了 11.8 万元司法救助款。在遭受家庭暴力的妇女眼里，她是权益的捍卫者。胡某因常年遭受家暴，被迫离家在外躲藏还是遭到了丈夫的暴打，绝望下求助法律援助中心。她接待后第一时间为其申请人身保护令，并经多方取证，助其解脱婚姻枷锁，摆脱家暴阴影。在讨薪的农民工心中，她是公平的维护者。在众多的群体讨薪案件中，她总是冲在前线，赶赴现场，开通绿色通道，上门为讨薪农民工办理法律援助手续。

“法律无情，法援有爱”，章蓓蓓说，做好法律援助工作，不仅是一份事业，更是一份自我价值的体现。每当为受援人提供法律援助，让陷入困难的“他们”重见希望，重拾笑容，她就更加坚定信念，要在法援路上，做一名不断奔跑的追梦人。

法治阳光的播撒者

吴智尧

1967 年 12 月出生，现任赣州市赣县区法律援助中心主任。扎根基层法律服务 28 年，始终坚守为民服务的情怀、热心服务群众，为维护困难群众的合法权益和社会公平正义作出了积极的努力和贡献。2016 年荣获政协江西省委员会“2014~2015 年度反映社情民意信息工作先进个人”，2018 年荣获政协江西省委员会办公厅“2016~2017 年度反映社情民意信息工作先进个人”，2018 年被江西省司法厅评为“全省人民调解工作先进个人”“全省司法行政系统宣传工作先进个人”“全省精准法律援助专项行动先进个人”，2019 年 3 月被赣州市委宣传部评为第 5 批“赣州市岗位学雷锋标兵”。

“吴主任，要不是你给我家老头提供法律援助，他可能现在还关在牢里。马上过年了，这是大妈晒的番薯粉，一点心意你一定得收下。”张大妈握着吴主任的手说道……在江西赣州市赣县区法律援助中心，人们总能看到一个忙碌而又熟悉的身影，时而接待来访群众，时而伏案整理案卷，时而接听电话，时而调解纠纷，他就是该法律援助中心主任吴智尧。

铁肩担道义，为民讨公道

作为一名法援人，坚持以诚待人，仗义执言，求“实”、求“细”、求

“精”、求“快”，这是吴智尧的办案风格，也是他的人生信条。2017年7月19日上午，重庆籍农民工李某国在赣县区一处铁路工地做工时，不幸被一块掉落的木板砸中头部，当即昏迷不醒，随即被送往医院抢救。住院近一年，工地老板只为他支付了医疗费，对于工伤赔偿，老板对独处异乡的李某国撂下一句话：“有本事你去打官司。”无计可施的李某国，抱着试试看的心态找到了赣县区法律援助中心吴智尧请求帮助。得知来意后，吴智尧将沏好的一杯热茶端到他的面前：“李大哥请坐，先喝杯茶，有话慢慢说。”素昧平生，一声李大哥，一杯热茶水，李某国激动得热泪盈眶。听了李某国的诉求后，吴智尧知道这是一起棘手案，因为求助人两手空空，别说无法提供劳动合同，就连自己干的是什么项目，主管老板是谁都一概不知。李某国自认维权无望，起身欲走。吴智尧连忙喊道：“李大哥，请留步，您现住在哪里？在哪吃饭？”李某国听到吴智尧问得这么诚恳，便如实相告，称身无分文，只好每天深夜悄悄跑到医院住院部，寻找空床将就一宿，饿了就上街买个馒头或一包方便面充饥。听了李某国的遭遇后，吴智尧当即掏出200元钱塞到他的手中，并答应全力帮助维权。

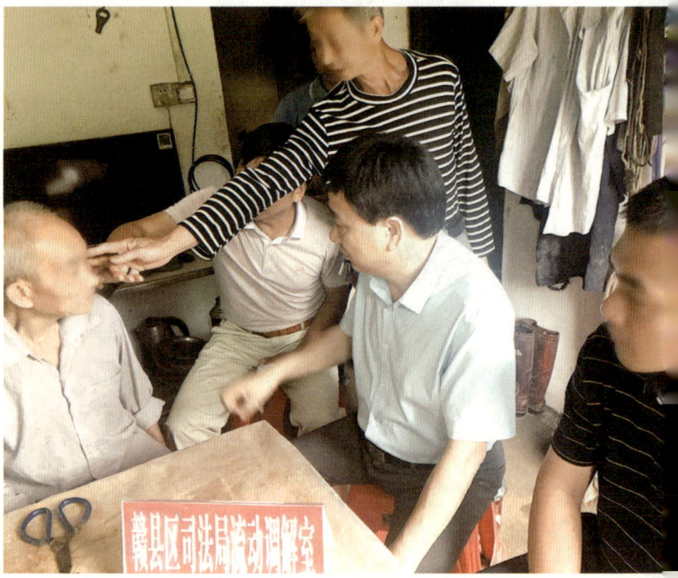

“吴主任，你人这么好，我的事就拜托你了！”话音刚落，李某国走到吴智尧面前，“扑通”一声，双膝跪地，磕头致谢。看着李某国双眼含泪离去的身影，吴智尧决定尽快为求助人讨回公道。6月的赣州热浪袭人，吴智尧数次驱车来到李某国干活的工地，找项目承包人、工地老板，对方要么拒接电话，要么以人在外地为由避而不见。吴智尧没有气馁，而是晓之以理，动之以情地与项目承包人何老板讲法、讲理、讲情。经过近两个月的不懈努力，最终何老板一次性付给李某国工伤赔偿款 99,000 元。拿到赔偿款后，李某国难掩激动，紧紧握着吴智尧的手，频频鞠躬致谢。

无私写大爱，润法细无声

捍卫法律权威，维护公平正义，促进社会和谐。从农村走出来的吴智尧，对贫困群体有一种本能的同情心。多年的坚守与坚持，为了让群众感受法律的温情，他心系法援，为民“撑腰”，积极维护困难群众的合法权益。吴智尧凭借自己的热心、细心、耐心，常年奔波于乡村一线，为边远困难群众送上法律援助，一起起存积多年的“死案”被激活，为求助人赢得了合法权益。因法援工作出色，又有良好的群众口碑，而且善于化解矛盾，2017 年 9 月，赣县区司法局以他的名字设立了“智尧释法调解坊”，以解决农民工讨薪、工伤索赔等缺乏证据案件，贯彻调解优先原则，开创援调对接新格局，慕名前来寻求法律援助的群众越来越多。当年，该中心办理法律援助案件 390 件，其中吴智尧帮助农民工讨薪、工伤索赔调解结案 156 件，追回农民工工资 209 余万元，办理其他诉讼民事、刑事类 17 件，一举成为全国示范。2018 年 2 月，赣县区法律援助中心被司法部确定为全国法律援助工作基层联系点。

数百篇建议，处处显民情

吴智尧的另一个身份是赣州市政协委员。“白天做援助做调解，晚上写提案、稿件。”吴智尧的妻子不无“抱怨”地说。《建议将农村校车打造成“黄色悍马”》《建议电视台设调解栏目》《流浪儿童救助和社会保障制度的法律思考》《农村基层民主及政权建设中出现的新情况与建议》，近年来，吴智尧向赣州市政协提交法治民生方面提案 100 余个，向江西省政协提交社情民意 300 余篇，很多被采纳。

“躬耕基层不言悔，弘扬法理写春秋！”凭着对法援事业的热爱，吴智尧 28 年如一日，他用无私仁爱之心播撒法治的阳光，驱走贫弱者心头的阴霾，用实际行动诠释了基层法援人的责任和担当。

法援服务为人民　法治阳光洒绿城

刘志丹

1975年1月出生，中共党员，三级律师。1998年获中国政法大学法学学士学位、2005年获郑州大学法律硕士学位。1998年7月中国政法大学本科毕业后在河南省郑州市法律援助中心工作，现任郑州市法律援助中心业务科长。2012年被河南省郑州市委政法委评为“政法、综治工作先进个人”；2016年1月被河南省郑州市委政法委、郑州市委宣传部评为“平安郑州”十大杰出法治人物。

刘志丹从事法律援助业务一线工作20余年，利用各种可以利用的机会广泛宣传法律援助制度；积极进取、扎实工作，办理的法律援助案件质量高、效果好，受到当事人的广泛好评；审批、指导社会律师办理大量法律援助案件，切实维护了一大批受援群众的合法权益。

工作在一线，扎实服务于每一位需要的群众

作为法律援助律师，始终把法律援助业务工作放在最重要的位置。2017年5月17日，当得知艾滋病人石某某咨询申请法律援助后，主动对接谈律师的恐惧心理进行疏导，并亲自接待石某某和其父亲，向他们详细讲解法律援助，说明法律援助是政府行为，接受援助后当事人不得再走非法信访渠道表

达诉求，并通过市律师协会联系既懂医学又擅长解决医疗纠纷的白大墉律师为其提供援助，使当事人不再非法信访而转向依法维权渠道，最终，通过协商案件得到圆满解决。

在工作中利用各种机会广泛宣传法律援助制度，让更多的老百姓了解法律援助。利用郑州市监狱法律援助工作站这一平台深入监区给服刑人员讲法律课，现场答疑解惑，稳定服刑人员情绪；利用征兵体检时间，组织志愿律师进行军人军属专项宣传活动，到驻郑部队单位举行讲座，宣传军人军属法律援助制度和志愿服务；利用高校法律援助工作站为中原工学院、郑州工商学院的在校大学生讲课宣传法律援助，引导大学生志愿者利用假期广泛深入的宣传法律援助。

引领、指导社会律师、县市区机构共同落实法律援助工作。在郑州市本级法律援助业务管理方面，近些年来，平均每年审核受理点申报的案件超过1600件，全年日平均审核、指派案件7个，做到当天的案件当天审核、指派完毕，工作琐碎、繁杂，加班成为常态；同时，还要指导办案，协调解决律师办案中遇到的各种问题，尽可能使受援人得到方便、快捷、专业的法律援助服务。

在对县（市）区业务指导方面，抓重点、抓落实、见实效

2018年，开展刑事案件认罪认罚从宽制度试点是法律援助的重点工作，作为一项全新的业务，积极研究相关规定，推动县（市）区看守所法律援助工作站进监区和设立检察院法律援助工作站两项工作。刘志丹不辞辛劳，带领督促小组，深入看守所内部，先后对5个看守所工作站进行现场督促落实，指导、规范值班律师业务。同时，积极指导与检察院的业务对接，推动荥阳市等7个法律援助机构在检察院设立工作站，当年，县市区检察院审查起诉阶段共办理认罪认罚试点案件4883件，较好地完成了试点任务。

扎实办案，维护弱势群体合法权益见实效

作为法律援助专职律师，除了业务指导和管理外，办理法律援助案件也很出彩，连续3年均有案件成功入选年度“河南省法律援助十大精品案件”。其中，办理的陈某某交通事故人身损害赔偿案件，从2004年10月第一次为其提供法律援助（每年两次诉讼索要医疗费），到2016年3月最后一次开庭，10多年时间，通过20余次援助，共为受援人陈某某争取到赔偿金200余万元，并通过执行程序将全部的赔偿款执行到位，有力地保证了陈某某的治疗需要，使残疾病人的生命有了保障。用陈某某生前自己的话说就是：“我这一辈子有两个东西离不了，一个是医院，一个是法律援助，是医院和法律援助延续了我的生命，我算真正享受到了法律援助的恩惠。”另外，刘志丹办理的司某某帝湖溺水死亡索赔案在中央电视台《今日说法》栏目播出，深受好评。办理的任某某劳动争议案被河南省军区政治部和省司法厅评为“河南省第一届军人军属法律援助精品案件”。

刘志丹同志爱岗敬业，认真履行法律援助律师的职责；积极奉献，以优异成绩为党和政府的法律援助事业增光添彩。

她为弱势群体撑起法律“保护伞”

续　辉

1963年7月出生，1980年12月参加工作，中共党员，现任通城县司法局法律援助中心负责人。先后获得全国“人民满意的公务员”、全国“三八红旗手”、全国“政法系统好干警”、全国“司法行政系统先进工作者”等全国性表彰5项，获得“荆楚楷模”等省级表彰10项，记二等功2次，三等功3次，承办的多个案例连续4年入选省十大维权案件。2017年6月29日闭幕的省党代会第三次全体会议上全票当选为党的十九大代表。2018年荣登“中国好人”榜。

满头白发，身体瘦弱，57岁的续辉看起来十分苍老，但她不紧不慢的话语掷地有声，在农民中也很有威信。在湖北省咸宁市通城县司法局法律援助中心，续辉一干就是20多年，早出晚归奔波于田间地头，为众多弱势群体赢回尊严。难打的婚姻官司，扯不清的劳动纠纷，到她这里都能得到圆满解决。

为弱势群体不倦奔走

续辉原本在通城县司法局工作，作为县政协原主席的女儿，如果留在机关，不难有一份好前途。但1998年县法律援助中心成立时，她却选择独自扛起重担，为弱势群体服务。别人笑她是捧着金饭碗讨饭，她不以为然：“我父亲是孤儿出身，扶危济困一生清贫，一次次叮嘱我‘以己之力，帮扶他人，实现价值’。”在续辉所在的法律援助中心的墙上，挂满了锦旗和奖状：“全国法律援助工作先进个人”“全国人民满意公务员”“感动咸宁十大人物”……

“这些荣誉都是续辉主任用真心和脚板换来的！”该中心工作人员桂亮明说，续辉对工作的认真、对每一名求助者的热情和负责让他钦佩。来寻求援助的往往都是老弱病残等弱势群体，无论是劳动纠纷还是婚姻问题，到她这里来求助总是能满意而归。

身患重病坚持工作至今

桂亮明记得，一名在通城一家石材厂上班的河南农民工，因插座起火被烧伤，要求按照工伤补偿；而老板认为他才上班两天半，不应该补偿。续辉接到农民工求助后，找到镇长和老板反复调解，农民工拿到了补偿。不要对方一分钱，不吃对方一顿饭，20 年来，续辉接待群众来信来访已经数不清了。她个人办理法律援助案件平均每月达 70 多件，每年接待来访者 1000 多人次。司法局有一辆破旧的摩托车，续辉骑着这辆车，走遍了通城县的角角落落。同事杨波说：“每天最早到单位、最晚离开的几乎都是续辉，她的办公室里也永远是人满为患，找她的群众一茬接着一茬。”因为劳累，续辉2015年查出患有帕金森症，但她仍然坚持办案接访。有同事劝她别这么辛苦，续辉说：“群众给了我这么多的信任，我有什么理由不尽心尽力呢？”

母子三人吃蛋炒饭过年

“我愧对儿子！”提起家人，续辉有些难受。常年忙于工作，帮群众解决各种难题，她却没有太多时间照料自己的两个儿子。小儿子方奇回忆，有一年过年父亲没回家，母子3人就吃3碗蛋炒饭过了个年。关于此事，续辉说：“吃蛋炒饭过年，我心里也不是滋味。可是有什么办法？来找我帮忙打官司的群众，可能比我们条件更差。”2015年，大学毕业的方奇在上海和人合伙开公司，生意正火的时候，母亲在电话经常讲着讲着就哭了起来。后来他无意从检查单上发现，母亲患了帕金森症，手脚颤抖。“要是母亲骑车出了事怎么办？”方奇想了又想，决定回老家来照顾母亲。

如今，方奇经常开着车，送母亲奔波在下乡的路上。有了儿子的支持，续辉服务群众的信心和力量更足了。

助民解困的法律援助人

廖付生

1963年8月出生，汉族，现任桂林市司法局公共法律服务管理科二级主任科员（法律援助律师），长期从事法律援助管理工作和办理法律援助案件业务。1997年被桂林市司法局评为先进工作者；2013年被桂林市司法局评为桂林市法律援助优秀标兵；2016年被司法部评为第五届全国法律援助工作先进个人；2017年被桂林市妇女联合会授予桂林市维护妇女儿童权益先进个人荣誉称号；2019年12月被司法部评选为“新时代司法为民好榜样”。

廖付生同志始终坚持以习近平新时代中国特色社会主义思想为指导，牢记司法为民的工作职责和使命，以维护弱势群体的合法权益为服务宗旨，工作认真负责、爱岗敬业、敢于创新，为桂林市法律援助工作制度规范化建设和创新服务做出了应有的奉献。

敢于开拓创新，积极探索建立公开透明的法律援助规范服务模式

为让困难群众享受实实在在的法律援助服务，廖付生同志作为法律援助工作管理负责人，组织人员不断创新服务规范化措施，先后组织制定或完善桂林市法律援助咨询接待、申请和受理、案件审批和指派、案件档案管理、重大

案件集体讨论工作制度，办案规范化管理量化标准、案件分类管理和案件补贴办法等工作制度并上墙公示，接受群众的监督。负责组织推进法律援助临街一楼窗口建设、制度建设和标准化建设，推行法律援助咨询接待、受理、审批、指派、质量标准、投诉处理、经费管理等“六统一”的公开承诺服务制度。“桂林临街一楼法律援助服务”作为经验模式在广西壮族自治区推广。

积极拓展援助服务，让更多困难群众享受法律援助

廖付生同志在负责组织实施国务院《法律援助条例》和《广西壮族自治区法律援助条例》规定的同时，积极推动和组织法律援助中争取专项彩票公益金法律援助项目资金，通过签订《项目执行责任书》方式，开展农民工、老年人、妇女、未成年人和残疾人专项降低法律援助门槛的法律援助服务活动。在本级政府没有增加财政预算经费投入的情况下，每年度约350人享受扩大援助事项范围的专项法律援助服务。同时，桂林签订《项目执行责任书》的中央专项彩票公益金法律援助项目工作经验，在安徽召开的中央专项彩票公益金法律援助项目经验交流会上作书面介绍。

注重质量服务，切实维护受援人的合法权益

在办理法律援助案件实践中，廖付生同志始终注重法律援助行政管理和具

体办案实践的结合，通过办案实践摸索引导受援人依据事实和法律规定合理合法主张权利，节约时间成本和诉讼成本以及注意收集证据等情形，最大限度地维护合法权益，为提高全市法律援助办案质量，促进行政管理措施趋于合理性、有效性、科学化。2014年，他办理的黄某与某法院长达12年之久的执行赔偿纠纷一案，由于案件经过一审、二审、再审，诉讼程序终结。但是，黄某认为执行程序存在瑕疵，自己的合法权益受损理应获得赔偿。因此，黄某不间断地申诉和上访。他在阅读研究所有的案件资料认为黄某因法院执行行为瑕疵导致合法权益受损的事实客观存在，但是，黄某提起赔偿诉讼请求并不符合《国家赔偿法》（未修改前）的规定。因此，建议黄某主张损失补偿请求，通过协商的方式和解解决，在6个月内出具3份法律意见书，促进双方达成非诉和解协议，既解决矛盾纠纷，也让黄某自愿终结申诉和上访。近几年来，他共办理诉讼案件和非诉案件共61件，为受援人挽回或避免经济损失191余万元。他在办理具体案件的过程中，注重组织协调相关机构联合办案，以快捷方便的方式，维护受援人的合法权利。2017年，永安乡贫困户韦某某因打工摔伤导致肢体二级残疾，其儿子因多方面原因未能户口登记，属于无户口人员，不能享受居民最低生活保障金待遇。根据《广西壮族自治区人民政府办公厅关于做好无户口人员登记工作的通知》规定，需要提供亲子司法鉴定证明，才可以办理其儿子的户口登记。但是，韦某某无力承担近4000元的司法鉴定费和交通费，希望能获法律援助帮助解决儿子的户口登记和享受居民最低生活保障的困难问题。廖付生同志获悉韦某某的具体要求和基本信息后，组织桂林市法律援助中心和中国人民解放军第181司法鉴定所工作人员开通“绿色通道”，深入贫困户家中，采取现场受理援助申请、现场核实申请事项、现场办理给予司法鉴定援助、现场采集血样、送亲子鉴定报告到家的免费上门服务的特事特办方式，给韦某某办理了司法鉴定法律援助事项。同时，协助韦某某家属到永安乡公安派出所和民政办办理完毕户口登记和最低生活保障待遇事务，解决韦某某的现实生活困难。

廖付生同志始终牢记法律援助为民服务宗旨，恪尽职守，爱岗敬业，为维护公平正义，促进社会和谐，默默奋斗在法律援助助民解困的平凡岗位上，因为他始终坚守着“努力提供更好的法律援助服务”这一承诺。

做真心真情的法援人

吴　敏

1989年1月出生，海南海口人，2011年毕业于西南政法大学，大学本科学历，文学、法学学士，民进会员，现任海南省海口市琼山区法律援助中心主任。2019年6月获得海口市司法局授予的“2018年度先进个人”称号，2019年12月被司法部评选为“新时代司法为民好榜样”。作为一名法律人，她坚持遵纪守法学法尊法、弘扬正气传递社会正能量、工作积极主动热情服务群众，努力做好群众的法律贴心人。

积极开展宣传活动，将法律带到群众身边

哪里需要法律服务，吴敏就把法律服务带到哪里。她带领工作人员走遍全区多个乡镇开展法律援助宣传活动，开展或参与“绿岛法援走进新农村”“法援惠民生助力残疾人”“法援惠民生关爱老年人”“年终岁末帮助农民工维权”“法律援助下基层‘巡回受案’暨‘以案释法’”等法律援助宣传活动共计19场次。多次组织律师、法律援助工作者等参与其中，提供法律咨询并受理法律援助申请，让群众存着疑惑而来载着满意而归。为了让法律援助惠及更多的村民群众，她多次深入脱贫攻坚帮扶村庄开展法律援助宣传，让法律援助走进农村、贴近农民，引导村民群众学法守法、遇事找法，增强村民群众在法治领域的获得感、幸福感、安全感。

应援尽援能援尽援，全力化解矛盾纠纷

在她的带领下，海口市琼山区法律援助中心共办理各类法律援助案件 2147 件，解答群众法律咨询 7056 人次，为受援人挽回或避免经济损失 1323.7 万元，充分发挥法律援助职能作用。吴敏耐心服务来访来电群众，积极提供法律咨询和指导，坚持一次性告知绝不让群众多跑，当场受理当场办理“一站式”审批。她经常加班加点为群众办理法律援助服务事项，披星戴月回家已经成为常态。在参加扶贫工作期间，她把法律知识宣传到帮扶村庄，并多次受理村民的法律援助申请。在与贫困户一同观看脱贫致富电视夜校期间，吴敏了解到贫困户颜大哥在一起交通事故中受了伤，但却没有得到赔付，她便建议颜大哥通过法律途径维护自身合法权益，考虑到颜大哥行动不便往返困难，她多次帮助颜大哥传送案件资料并敦促承办律师尽快办理案件，颜大哥在随后的庭审中拿到了肇事方保险赔付。贫困户颜大哥的成功案例在当地给法律援助打响了品牌。

真心真情服务群众，办好法律援助案件

在吴敏的带领下，海口市琼山区法律援助中心共收到群众送来 11 面锦旗，锦旗所题内容分别为“法律援助为民，心系弱势群体”“为民办事关怀备至，为民排忧热心周到”“法律援助伸援手，公平正义解民忧”“法

律援助真给力，保障劳动者权益”“法律援助保驾护航　捍卫妇女儿童权益”“法律援助惠民　保护祖国花朵”等内容。题为“法律援助惠民，保护祖国花朵”这面锦旗是受援人的母亲李女士代表女儿送来的。李女士一家是河南省某县的贫困户，李女士的女儿在一起交通事故中受伤但讨要医疗费无果，便来寻求法律援助。了解到这是一起涉及未成年人的交通事故人身损害赔偿案件，吴敏在指派律师办理该案件的同时，还积极联系琼山区人民检察院建议对该案件提供支持起诉的帮助，琼山区人民检察院审查了该案件材料后做出了支持起诉的决定。随后在庭审调解中李女士的女儿获得了肇事车主及所在保险公司的共同赔付。

构建公共法律实体平台，完善律师值班制度

琼山区司法局建立健全区、镇（街）、村（居）三级公共法律实体服务平台，吴敏协助做好服务配套工作，推动各级公共法律实体服务制度建设，集中受理和解决群众的法律诉求。在区级公共法律服务中心建立公益律师值班制度，每周安排公益律师值班不少于 3 个工作日。她继续深入开展琼山区人民法院法律援助工作站律师值班工作，每周安排值班律师为刑事被告人提供法律帮助不少于 1 个工作日。她积极推动琼山区司法局与琼山区人民检察院联合开展刑事案件认罪认罚从宽制度提供法律帮助工作，每周安排值班律师为认罪认罚的犯罪嫌疑人提供法律帮助不少于 1 个工作日。

吴敏在开展法律援助工作的同时，积极充当法律知识的实践者和传播者，主动与琼山区法院、区检察院、区公安分局、区残联、区妇联及区劳动仲裁院等单位联系，形成工作联动、信息共享的工作格局，进一步扩大法律援助的社会影响力和群众知晓率，积极捍卫人民群众的合法权益，真心真情为群众提供优质、便捷、高效的公共法律服务。

无悔法援　青春可鉴

何　蓉

1982年7月出生，大学文化，中共党员，现任广元市法律援助中心主任。2006年被省司法厅评选为四川省法律援助先进个人；2013年被广元市政法委授予广元市“群众满意的政法干警”荣誉称号；2015年被广元市委办评选为广元市“一述三评”优秀基层党组织书记；2017年被广元市妇联授予广元市“三八”红旗手；2017年获得省司法厅颁发的四川省司法行政系统十大杰出人物提名奖；2017年被四川省妇联表彰为四川省维护妇女儿童权益先进个人；2018年被四川省妇联授予四川省“三八”红旗手；2019年被司法部评选为“新时代司法为民服务好榜样”。

淬炼本领，做困难群众的守护人

何蓉至今还能清晰地记得2004年大学毕业来到广元市法律援助中心报到的场景，走出校门经验不足、业务不熟曾经让她心里打鼓，但责任心又促使她在心上学，在事上练，15余年下来，3000多人得到了法律咨询，2000余件案件受理无差错，30多件援助案件维权成功，一只“菜鸟”也成长为法律援助战线的行家里手。

2018 年 8 月，广元 “12348” 法律服务热线接到一位 19 岁的外地少女打来的求助电话，她身患先天脑积水，年幼父母离异后随母改嫁他乡，遭遇继父多次性侵，成年后逃离家庭到广元务工，却无法摆脱继父的跟踪恐吓，少女万念俱灰决意自杀。在最后时刻，她鼓起勇气打通了 “12348”，希望有人可以倾听她的心事。

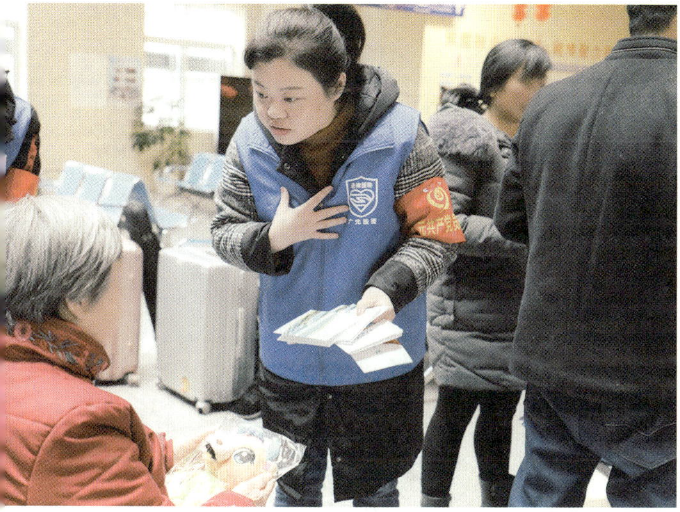

何蓉在确认她暂时安全之后，就开始了漫长的电话谈心，耐心倾听得到了女孩的信任，将心比心舒缓了女孩悲愤的情绪，释法析理让孩子看到了希望，1 小时的守护终于得到了姑娘放弃轻生的承诺。女孩一再表达为了保护母亲，不愿意举报继父罪行，何蓉引导她要相信法律，勇敢面对，法律援助会帮助她依法维权。放下电话后，何蓉又与市妇联取得联系，为女孩协调联系一名心理医生，帮助小女孩解开心结，勇敢走向新的生活，因为何蓉深知对于这类群体不能简单地一援了之，呵护生命需要细致入微。

担当作为，做农民工的“护薪人”

广元市是农民工劳务输出大市，每当听到老乡在异地遭遇欠薪维权困境，何蓉就深感揪心。为了快捷便民，2012 年何蓉开始运用微博、微信新媒体推行在线服务，率先启用全省法律援助微博受理通道，面向社会在线受理法律援助申请和咨询。8 余年来，微博、微信在线解答咨询 1000 余人次，办理多起农民工维权案件，线上线下联动服务打通了服务群众的 “最后一公里”。

2013 年春节前夕，广元 17 名农民工滞留山东烟台，他们在冰天雪地的异乡多次索要血汗钱无果，绝望之中他们看到广元法律援助中心微博受理讨薪维权，成功为189名在异乡务工的广元籍农民工追回欠薪360万元的报道，于是通过“广元法援”微博求助。信息传来，何蓉联系上老乡核实了情况，迅速启动法律援助异地协作机制，与当地法律援助机构沟通衔接，共同协调维权。年关将近，何蓉坚持通过电话交流安抚老乡情绪，引导他们依法讨薪；坚持与用工单位释法析理反复沟通协商。终于在除夕前夜，老乡们在法律援助的帮助下终于拿到了7万余元的欠薪。微博网友“漫天飘雪”评价说：“从这件件帮助农民工讨薪成功的案例当中，感觉出来了，法律援助帮助农民工，维护农民工的权益不只是一句空话，而是真真正正地落到了实处。为付出辛勤工作的法律援助工作人员表示敬意。”

真情相待，做弱势群体的“暖心人”

何蓉知道前来寻求援助的群众本身可能就遇到了很多冷眼不公，法律援助是温暖他们的最后一丝希望，因此对于前来求助的群众，她尽其所能提供法律帮助，还时常给予力所能及的经济帮助，长期坚持资助受援人家庭，为留守老人和儿童捐赠物资，为乡村小学捐建图书角，在她的带动下“人文关怀”成为广元法援日常工作的标配。

那还是2018年年末的一天，何蓉加班到晚上10点，深冬的街头人稀车少，突然有辆的士停在她面前停了下来，司机开口就问：“何主任，你还在那个单位吗？”何蓉闻言很诧异，司机师傅却热情地回应：“我老远就看到你了，你帮过我的，还记得不，我是王某强，我现在成家了，娃娃也六个月了，日子过得还可以了。”原来几年前王师傅退伍后没有找到工作，受雇搬运玻璃，突遇安全事故，脸部被玻璃严重划伤，雇主置之不理，伤情严重无钱医治，未来生活无着，一时间陷入绝境。后来王先生辗转找到何蓉求助，依靠法律援助3次诉讼维权，不懈努力最终胜诉获得雇主赔偿，还找到一份的士司机的工作，生活由此有了转机。没有想到几年过去以这样的方式相遇，有幸听到王先生诉说生活近况，亲耳见证他从逆境走向新生，何蓉的内心被突如其来的幸福感填的满满的。或许，成为雪夜里的一盏希望之灯，正是何蓉努力追求的价值所在。

司法鉴定好榜样

一个脚印、一枚指纹、一根毛发就能让证据“开口说话”。细微痕迹，揭秘暗藏究竟；抽丝剥茧，扭转案件乾坤。几乎每一桩扑朔迷离的案件背后，都有这样一群人，他们个个身怀绝技、神秘莫测；独具慧眼、洞察始末，他们得出的结论被称为“证据之王”。

是他们，穿越时间空间；是他们，让证据还原真相。“拨开云雾见青天”，他们就是捍卫公平与正义的幕后英雄——司法鉴定工作者。

精进求索　以科学捍卫公正

王　旭

1968 年 4 月出生，现任中国政法大学证据科学研究院院长、党委书记、教授，法大法庭科学技术鉴定研究所所长，兼任中国法医学会法医医疗损害鉴定专业委员会副主任委员，临床专业委员会委员；北京司法鉴定业协会副会长；中国合格评定国家认可委员会 CNAS 法庭科学专委会委员；中国刑事技术标准化委员会委员；法医学杂志、中国司法鉴定杂志编委。2011 年获得由司法部授予的“全国司法行政系统劳动模范”荣誉称号。2012 年获得北京市教委授予的“北京市教育系统优秀共产党员”荣誉称号。

王旭有两个职业身份。第一个身份是大学教师，教书育人，在五尺讲台上追寻自己的学术成就。她的第二个身份是司法鉴定人，她非常热爱这个职业。在这张名片下，她用专业技术还原事实真相，鉴别案件真伪，为司法诉讼保驾护航。工作 20 余载，王旭的职务不断升迁，但她始终奋战在鉴定工作一线。多年来，她一直以一种“如临深渊，如履薄冰”般的审慎的态度，处理和审查着每一桩案，20 多年来，共出具鉴定文书 6000 余件，参与鉴定逾万件，无一错案，这其中不乏媒体广泛关注、具有重大社会影响的案件，如“2000 年的 OK 镜集体维权诉讼案”“2010 年伊春空难案”“原重庆市副市长王立军听力鉴定案”等。

她是“刀尖”上的“舞者”

科学与公正是司法鉴定的灵魂。鉴定工作者就是刀尖上的舞者，需要良好的职业素养和过硬的鉴定技术，特别是在处理一些群体突发事件时，良好的职业素养和过硬的鉴定技术显得尤为重要。2011 年的大兴火灾案，有 20 余名伤者需要她所进行伤残等级评定。他们伤情轻重不一，重的全身 90% 以上皮肤瘢痕、绝对卧床、重度残疾，轻的仅巴掌大的伤疤。当地政府希望能够尽快拿到她们的鉴定意见以便妥善处理纠纷。当时，她检查的一名伤者因呼吸道烧伤做了气管切开，佩戴着气管套管。此人全身皮肤完好、行动自如且已出院，这种情况看上去已具备评定伤残等级的条件。但是，她仔细检查伤者，发现他发热、双肺干湿啰音明显，推测他呼吸道烧伤严重、肺内感染没有治愈，需要继续留京住院治疗，不能进行残疾评定。当时，无论是伤者本人还是政府工作人员，都希望尽快地拿出鉴定意见。但是，她始终坚持职业操守，最终还是作出了“需继续治疗”的初步鉴定意见，区政府工作组不太情愿地接受她的建议，送伤者去医院继续治疗。结果，就在鉴定检查的第二天，该伤者突然病危、呼吸心跳停止，由于伤者抢救及时，生命得以延续。倘若此案她妥协了，作出了伤残鉴定意见，伤者很可能已死于返乡的列车上。这件事件发生后，区委工作组的同志特地来向她致谢，感谢她以过硬的鉴定技术化解了一次潜在的百姓与政府的矛盾冲突。

她在建立行业标准的道路上不断探索

长期以来，法医临床学的司法鉴定工作受到鉴定标准缺乏的困扰，使案件的处理呈现复杂化的趋势，同时也引发司法不公等现象。为解决上述难题，王旭多年来致力于法庭科学的技术发展及法庭科学标准研究。截至目前，作为第一起草人已制定并颁布公共安全行业技术标准 1 项、司法部行业规范 2 项，为确立首都司法鉴定的行业引领地位作出了一定的贡献。

她用实际行动维护司法鉴定的权威

在司法实践中，一个案件存在两个以上司法鉴定意见的情况时有发生，严重损害了司法鉴定的严肃性，给司法行政机关的信访、投诉带来压力；也导致（一些）案件久拖不决，影响诉讼效率。她积极借助司法鉴定业协会的平台，组织行业内广泛研讨、达成操作共识，有效地维护了司法鉴定的权威性。最为典型的是，各类伤残鉴定标准中，关于伤残晋级原则的实施，使此类鉴定案件在北京各个司法鉴定机构中，操作标准达到统一，大大降低了相关案件的投诉率。

公正需要完善的法律制度保障，更需要科学的技术手段来捍卫，有科学陪伴的法律是智慧的、灵动的。作为一名司法鉴定人，她愿以“科学公正、勤勉务实”的执着，彰显新时代司法鉴定人的新担当。

用实际行动维护司法公正

马士昌

1952年10月出生，回族，现任廊坊爱德堡司法医学鉴定中心机构负责人、法医临床鉴定人，中国法网名录知名专家。

从事法医鉴定工作多年来，马士昌始终保持良好的政治本色和服务于民的执业理念，秉承对法医这个神圣职业的无比热爱、满腔热血，以高度负责的精神和过硬的业务能力，完成了万余份法医鉴定案件，用实际行动维护了司法公正，赢得了群众赞誉和同行的认可。

技术精湛、作风严谨

司法鉴定是执法的重要证据，鉴定差之毫厘，审判失之千里。一线的司法鉴定工作，不仅需要责任担当，更需要公证严谨。马士昌同志用行动证明了这一切。他和他的鉴定人团队注重鉴定人专业技术水平的提高，自我加压，在多年的司法鉴定实践中练就了过硬的司法鉴定技术。面对疑难复杂的鉴定案例，他总是迎难而上，别人不敢做、怕承担风险的案件他不怕；几次鉴定拿不下来、出不了结论的硬骨头他来啃。李某某因伤脚骨骨折，先后两家鉴定机构均以骨折不符合损伤标准、创口及变化处于临界状态为由不予受理。伤情无处鉴定，就意味着相关案件只能停滞，人民群众合法权益不能保证。伤者急，委托机关也急！委托机关带着一线希望来到廊坊爱德堡司法医学鉴定中心。马士昌同志带领鉴定团队，对被鉴定人进行了细致的查体，仔细审查病历及影像资料，对伤情和送检材料进行反复推敲，并翻阅了大量的专业资料，召开了数次的研判、会鉴，以客观翔实的鉴别、分析"以理服人"，出具了轻伤二级的鉴定意见，使案件得以尘埃落定，得到了委托机关和当事人双方的认可。这样的事例在马士昌同志执业经历中不胜枚举。

心细如发，避免了冤假错案的发生

众所周知，司法鉴定行业责任重、风险大。鉴定实践中，经常会有被鉴定人为一己私利篡改病历、伪造伤情的情况。不加审查地鉴定，往往会造成错判、错鉴，直接影响司法公正。一次，马士昌同志在对被鉴定人查体中发现，其已缝合的创口创缘有异，5cm 的创缘与致伤器不符，有伪造伤口的嫌疑。对被鉴定人请吃饭、送红包、拉关系的各种暗示，马士昌同志严词拒绝，并将他的怀疑立即反馈给委托机关。经核实，验证了他的判断，成功避免了一起错鉴的发生。"5cm"的故事由此在廊坊爱德堡司法医学鉴定中心流传，成为中心鉴定人执业教育的典型案例。

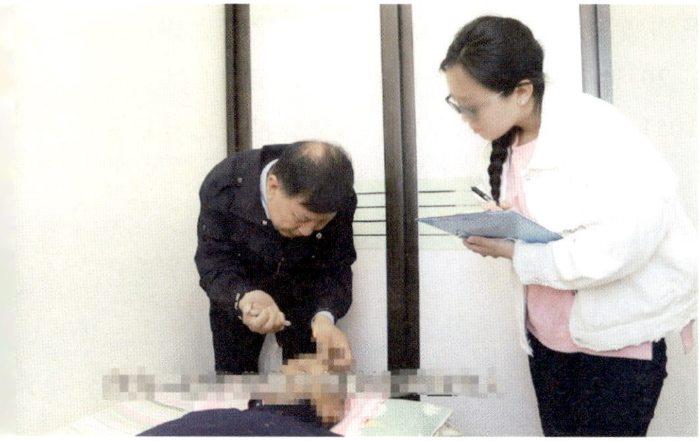

公道正派，廉洁自律

有许多当事人为了达到自己的目的，想方设法与鉴定人拉关系、走后门、请吃饭、送红包，遇到这种情况，他总是坚决拒绝并耐心解释，阐述违反法律的危害性，维护了司法鉴定人的职业声誉。他常对鉴定中心的同志们讲：我们的工作不仅仅是鉴定一件事，它还是司法工作的一个窗口，严格鉴定标准、不徇私枉法是本职，服务为民更是分内工作。2018 年至 2019 年，他接待各类鉴定咨询 306 件次，每次都是尽可能地简单、明了做出解释。针对部分被鉴定人收入低、行动不便等情况，马士昌同志作为机构负责人，想群众之所想，急群众之所急，在鉴定中心开通了为民绿色通道，配置了轮椅等辅助设备、设施，制定了减免鉴定费用等援助制度，对瘫痪行动不便的被鉴定人在条件允许的情况下尽可能地开展上门鉴定服务，已累计为群众提供上门服务 88 余次。

作为一名从业数十年的资深鉴定人，马士昌同志坚持以敬畏之心认真对待每一例鉴定，有责任意识、有底气担当。2018 年廊坊爱德堡司法医学鉴定中心共完成法医临床人体损伤及伤残评定 1200 例，法医毒物鉴定（人体体液中乙醇定性定量分析）216 例；2019 年廊坊爱德堡司法医学鉴定中心共完成法医临床人体损伤及伤残评定 1051 例，法医毒物鉴定（人体体液中乙醇定性定量分析）1761 例，所出具的鉴定意见全部被委托单位采信。

让人民群众对司法鉴定充满信心

侯德福

1963年出生，中共党员，副教授，硕士研究生导师，现任辽宁大学司法鉴定中心主任、辽宁大学司法鉴定研究院院长、辽宁省司法鉴定协会副会长、文件鉴定公安部重点实验室学术委员会委员。长期从事物证技术学、司法鉴定学、证据法学等课程教学和司法鉴定工作。在《社会科学辑刊》《法制与社会发展》等省级和国家级刊物上发表学术论文10余篇。2013年被辽宁省司法厅评为“司法鉴定先进个人”；2019年入选辽宁省高校“校园先锋示范岗”。

在我们身边就有这样一个人，从业10余载，始终如一地践行司法鉴定人的使命和担当，锲而不舍地追逐毫厘方寸间的正义和真相，坚定不移地维护司法鉴定的公信力。他就是辽宁大学司法鉴定中心主任、司法鉴定研究院院长侯德福。

司法鉴定行业的践行者

2006年9月，他凭着对中国司法鉴定体制改革的敏锐洞察力和对司法鉴定行业的挚爱，克服诸多困难，在省司法厅和学校的支持下，牵头创办了“辽宁大学司法鉴定中心”。为了引来“金凤凰”，他把建设优秀的鉴定人队伍作为重中之重，坚持打造“辽大品牌”、提供良好的人文环境和技术条件，营造相互信任、共同发展的氛围。在他的感召下，中心先后从校外聘请到全国著名鉴定专家5人、省内知名鉴定专家8人，校内鉴定人也达到了32人。同时，他高度重视鉴定人梯队建设，先后招聘中国刑事警察学院、中国医科大学等院校的毕业生14人到中心做鉴定人或助理，为中心发展储备后备力量和发展后劲，鉴定队伍不断年轻化、专业化。

加快中心基础设施建设也是他关注的重点，10年来共投入1000万元用于鉴定用中心建设、鉴定仪器购置等。办公和实验室条件的不断改善，为中心鉴定业务拓展和质量提升奠定了基础。

他高度注重制度建设。他认为不办人情案、关系案、金钱案，仅靠“善意”或“道德操守”是不够的，必须用制度约束机构管理者和鉴定人，努力做到每个环节都有法可依、有章可循。10多年来，中心没有发生过一起有理投诉和缠访案件，鉴定质量受到委托单位和案件当事人及同行的好评。2017年，中心被辽宁省司法厅评为“全省司法行政系统十佳团队”、授予“最佳示范鉴定机构”称号，并成为司法部首批中国法网驻场鉴定机构，2019年被司法部授予“全国公共法律服务先进集体”。

司法鉴定理论的传导者和鉴定行业发展的推动者

2005年至今，他作为省司法厅司法鉴定培训工作特聘教授，先后为司法鉴定人岗前培训、继续教育、转岗培训、专题培训等讲授诉讼法、证据法学、司法鉴定学、鉴定人出庭与鉴定风险防范等课程60余次，培训人数超过万人次，为辽宁省司法鉴定行业的规范发展做出了重大贡献。

作为文书和痕迹司法鉴定人，他鉴定、复核案件4000余件，无一错案发生；作为省鉴定协会物证鉴定专业委员会负责人，他组织和参与二十多起疑难和投诉案件的研讨，多次参加省厅组织的鉴定机构和鉴定人的评审工作，为办案机关和行政管理机关提供专业意见。

2018年10月，《辽宁省司法鉴定条例》通过并公布。他作为条例的主要起草人之一，全程参加了条例的论证、起草、修改过程，并随省司法厅、法制办、省人大到省内鉴定机构、相关部门及江苏、江西、青海、宁夏等地调研考察，他提出了多项建设性建议和意见，被立法所采纳，为辽宁省司法鉴定法治化、科学化做出应有贡献。

司法鉴定人才培养模式的创新者

为了贯彻中央《关于健全统一司法鉴定管理体制的实施意见》，他经多方位多角度调研论证、抢抓改革创新机遇，辽宁大学司法鉴定研究院于2018年2月5日挂牌成立；2018年7月，他依托司法鉴定中心和司法鉴定研究院双向互动平台，整合学校理工类和法学类的教学人才资源，设置司法鉴定学交叉学科硕士点，填补了国内综合性大学尚无本学科硕士学位授权点的空白，并在全国第一个设立了“环境损害类”鉴定方向，在全国开启了司法鉴定人才培养新模式。

10余载风雨兼程，辽宁大学司法鉴定中心在侯德福的带领下取得了累累硕果：2014年、2016年和2018年，在司法部三届“宋慈杯”优秀司法鉴定文书评选中获得一等奖和优秀奖；2015年，通过国家CNAS实验室认可；2016年，通过国家级鉴定机构资质认定；2018年，获得学校最高奖项——辽宁大学振兴奖。

一路走来，中心从司法鉴定行业的一个新兵成长为辽宁省该领域的主力军和品牌机构，鉴定案件数量由最初的每年几百件发展到2019年鉴定各类案件12,000余件，案件辐射省内外40多个城市。

巾帼司鉴先锋

李秀荣

中共党员，现任黑龙江省医院病理科主任，省医院司法鉴定中心主任，哈尔滨市司法鉴定人协会副会长，黑龙江省司法鉴定人协会常务理事，资质认定国家级评审员。1989年毕业于哈尔滨医科大学医疗系，毕业后从事病理诊断工作。2005年获病理学与病理生理学硕士学位。2013年以来，连续6次被评为哈尔滨市优秀司法鉴定人，先后6次荣获黑龙江省医院优秀党务工作者、优秀共产党员称号，2018年荣获省委宣传部、省司法厅表彰的“龙江最美人物”（法律服务人）、“最美司法鉴定人”称号，2019年获“黑龙江省医院最美医生”“哈尔滨市普法宣传公益大使”“哈尔滨市首届个人诚信之星”称号。

不忘初心、牢记使命、真抓实干、勇于担当

李秀荣同志作为党支部书记，严格要求自己，不断提升政治境界、思想境界、道德境界，她时刻提醒自己要做到不忘初心，牢记使命。把党中央的决策部署和司法鉴定工作科学有机地结合起来，用党的创新理论武装头脑、指导实践、推动工作。在工作中做到以身作则，全力维护司法公正。鉴定中心的每一份鉴定书她都坚持亲自审核签发，保证鉴定质量，在她的带领下，鉴定中心建立了完整的质量管理体系，于2015年9月顺利通过了初次评

审并获得了国家资质认定及审查认可证书。2014年鉴定中心在全国“宋慈杯”优秀司法鉴定文书评选活动中获“优秀奖”，2017年在哈尔滨市中级人民法院年终规范检查评比中，黑龙江省医院司法鉴定中心以优异成绩排名第一。

刻苦钻研、任劳任怨、恪尽职守、精益求精

在工作中，面对每一个案例，李秀荣同志都一丝不苟，时常提醒自己，法医鉴定事关人民群众利益，每一桩、每一件都不是小事，哪怕花再多的精力和时间，都必须客观地做好每一次鉴定。

从事法医工作14年来，主检法医病理死亡原因鉴定360余例，参与法医临床鉴定3000余例，她不放过鉴定中的每一个可疑问题。有一例医疗纠纷案件，死者家属认为是医院救治不当导致感染性休克死亡，而医方则认为患者对各种抗感染药物均不敏感，死亡原因不明。但她凭借自己近30年的病理诊断经验，认为还存在疑点，经过对淋巴结组织切片反复多次的特殊染色

及免疫组织化学检查，最终明确诊断为生前患有淋巴系统恶性肿瘤，继发感染，感染性休克死亡。作为一名技术精湛的女法医，有着常人难以体会的艰辛历程，无论是狂风暴雨，还是酷暑严寒，哪里有委托，就得奔赴哪里，而且有时工作的环境常常难以用语言来形容。记得有一次，受建三江公安局委托，一农民工在稻田地里意外死亡，正值夏季，尸体出现了高度腐败，即使这样，她还是坚持完成了尸检。多年来，她对自己主检的每个案例都亲自主写和校对，2017 年以来多例由她主鉴的死亡案例被选入国家司法行政（法律服务）案例库中。

公平公正、取信于民、服务社会、百姓满意

司法鉴定机构是司法鉴定活动的组织者和执业平台。确保鉴定质量，坚持以质量树品牌，以品牌促效益。她不但严抓管理，提升全体鉴定人员整体鉴定水平，同时也积极参加司法鉴定诚信教育活动，全体人员均都建立了诚信档案。她认为鉴定质量是司法鉴定的生命和灵魂，也是司法鉴定公信力的源泉和保证，保证鉴定意见客观、公正，对委托人及当事人来说就是最好的诚信服务。她组织建立及完善机构内部管理制度，规范了案件受理和告知等工作流程，同时也明确规定，所有案件必须由法医和具有临床相关专业的鉴定人共同做出一致性的鉴定意见，若出现鉴定意见不一致时，再组织多名专家共同研究讨论形成一致性意见。这一系列举措让广大人民群众看到了法鉴工作新变化、新气象，使司法鉴定工作真正做到公平公正，取信于民。李秀荣同志始终将做一名“让社会信任，让百姓满意”的司法鉴定人当作自己终生追求的目标。

她不是“法医秦明”
却有本事让毒物“说话”

严　慧

1984年12月出生，博士，副研究员、副主任法医师。2008年开始从事法医毒物司法鉴定工作，承办案件超过10,000件，完成了大量重大复杂疑难案件的鉴定工作，并致力于科研创新，参与撰写《法医毒物学手册》等多部专著，被《法医学杂志》、*Forensic Science Research* 等多部杂志聘为专家审稿人。主持和参与多项国家级和省部级科研项目，在国内外有影响力的专业期刊上发表科技论文50余篇，2013年、2014年分别获得上海市科技进步奖，2017年获评司鉴院优秀司法鉴定人，2018年被遴选为首届进博会唯一驻场服务的司法鉴定人。

英国哲学家罗素曾经说过：“没有科学，爱是无力的；没有爱，科学是破坏性的。”成为一名司法鉴定人，就是要心怀大爱，以科学捍卫公正。而这一点，严慧做到了。2008年，出生医学世家的她从复旦大学医学院法医学专业研究生毕业，进入司法部直属司法鉴定科学研究院，专门从事法医毒物化学科学研究和司法鉴定工作，成为一名女法医。

法医毒物鉴定领域的科研型鉴定专家

严慧在工作中要面对的是成千上万种化学毒物，通过科学的检测和鉴定查明毒物种类，促进学科发展，还原案件真相。多年来，严慧饱经科学研究和鉴定实务的双重历练，已经成为法医毒物鉴定领域的专家。她主持和参与国家自然科学基金、上海市自然科学基金、国家重点科技研发计划等科研项目，获得省级科技进步奖 2 项，在国内外著名专业期刊上发表论文 50 余篇（其中 SCI 论文 20 余篇），参与撰写《滥用物质分析与应用》《法医毒物学手册》《毛发分析基础及应用》《液相色谱－质谱联用技术在药物和毒物分析中的应用》等多本专著，还担任了《法医学杂志》、《中国司法鉴定》、*Forensic Sciences Research* 等多家杂志的编辑和专家审稿人。复旦校园投毒案、海归女投毒案、百名女性遭迷奸案……这些轰动一时的大案告破背后，都有着严慧忙碌的身影。

用大爱做有温度的司法鉴定

2016 年“六一”前夕，周先生 2 岁的女儿和 5 岁的儿子突然出现呕吐、腹痛等症状，送医抢救无效先后死亡。医院初步诊断疑似食物中毒，医调委委托司法鉴定科学研究院鉴定。病理法医检查后发现病理切片无法确定是否中毒以及毒物种类。于是，查明死因的重担落在了负责毒化鉴定的严慧身上。“孩子的母亲哭喊着，‘一定要给我个明白’”。回忆起当时的情

景，严慧依然有些动容，“我也是两个孩子的母亲，我能深刻感受到她的丧子之痛”。可是，事情进展并不顺利，进行了100余种常规毒物的筛查检测结果均为“阴性”后，案件陷入僵局。严慧百思不得其解，无意中得知孩子家隔壁是一个私营粮仓，“该不会是磷化氢吧？”粮仓为了防鼠防虫，一般会使用磷化铝或者磷化锌作为熏蒸剂来灭害。这两种化学物质在吸收空气中的水分后，会缓慢发生化学反应释放出磷化氢（PH_3）有毒气体。可是如何确定？磷化氢并不属于法医毒物化学专业常规检测项目，且生物检材中气体毒物的检测是个世界级的难题。严慧并没有放弃。她冒着气体中毒的风险，连续1个多月，不眠不休地进行实验比对，一套全新的检测方法和数据模型出炉了。通过这种检测方法，在小兄妹的肝、肾组织中检出磷化氢代谢物成分。这份鉴定报告给警方指明了方向，最终粮仓的老板和2名小工因为危险品肇事罪被追究了刑事责任。严慧千辛万苦摸索出来的检测方法被发表在国际学术刊物上，与全世界的同行共享。成果还制订成司法部部颁技术规范，在全国范围内推广，各地许多类似的案件得以圆满解决。

与犯罪分子“角力”，与“死神”赛跑

同样也是2016年，一名患者因牙龈出血、吐血、便血症状而在浙江就医。医生检查后怀疑患者有中毒的可能，委托上海的司法鉴定科学研究院进行毒物鉴定，严慧很快鉴定出该患者是鼠药中毒，然而事情并不简单。该患者远在安徽的老家，村里还有20多人都出现了相似症状。难道是村子集体中毒？当地警方将村民用过的食用油、水、面粉和血样统统给严慧送来。“早一分钟找到毒源，就能减轻一分毒害。”严慧争分夺秒对送检的近百种标本进行检测比对，最终在食用油里找到了鼠药成分，投药的罪魁祸首终于到案。

多年来，严慧在法医毒物研究和鉴定方面的成就有目共睹，但她却说，“毒物种类成千上万，但目前有明确检测方法的才500多种”，严慧说，“我希望尽最大的努力破解未知的毒物之谜，这是一名司法鉴定人的使命！”

鉴定为民守初心

沈晓林

1969 年 11 月生，汉族，高级工程师。曾获司法部全国优秀司法鉴定人（2009 年），江苏省十一五“333 高层次人才培养工程”中青年科学技术带头人（2007 年），多次（1993 年至 2006 年，江苏省人民检察院）被评为优秀共产党员（5 次）、先进个人（4 次）和嘉奖（2 次），荣立个人三等功 1 次（2000 年，江苏省人民检察院），被江苏省省级机关工委、共青团江苏省委授予“省级机关优秀青年公仆”（1999 年、2000 年）和“爱岗敬业争奉献先进个人”称号（2001 年），获 2019 年度（江苏省司法厅）“新时代江苏司法为民好榜样”。现任南京东南司法中心主任，南京市司法鉴定协会副会长、江苏省司法鉴定协会会长，国家认证认可实验室技术评审员，东南大学、南京师范大学硕士研究生校外指导老师，江苏省人民检察院院外专家。

“沈老师，你们出具的鉴定意见非常准确，之前送检的《劳动合同书》确实是后补的。” 2019 年 10 月 24 日，黑龙江鹤岗市某区检察院检察官致电南京市东南司法鉴定中心主任沈晓林，对其出具的鉴定意见为该院侦办一起虚假诉讼案提供的技术支持深表感谢。像这样的感谢，对从西南政法大学侦查学院毕业至今从事证据调查、司法鉴定、证据法方向实践和理论研究工作多年的沈晓林来说俯拾皆是。

让人民群众在鉴定中感受公平正义

2019年6月4日，苏州某市人民法院委托对一起公司间的借款合同纠纷案中《借款协议》的实际形成时间进行鉴定。所涉《借款协议》有3份，标称日期不同，沈晓林团队决定采用先分后统的方式切入，先把每份协议看成独立系统，再将3份协议看成一个综合性系统，利用多种鉴定方法得出3份《借款协议》的实际形成时间与原告起诉的时间较接近的鉴定意见。这份意见进而印证了破产清算管理人怀疑的原被告股东合谋虚构债权的行为。作为司法鉴定人，沈晓林和他的同事就是这样，在每一起案件的鉴定中，始终坚持科学客观、独立公正的原则，采用系统性的鉴定方法一次次“抽丝剥茧”，最大限度地还原案件的事实真相，让人民群众在每一个司法案件中感受到公平正义。“事实上司法鉴定与法学、社会学、伦理学等学科密切相关，对执业人员的综合知识和系统技能要求极高。”沈晓林一直这样认为，让人民群众在鉴定中看得见公平正义是新时代司法鉴定人鉴定为民的神圣职责。

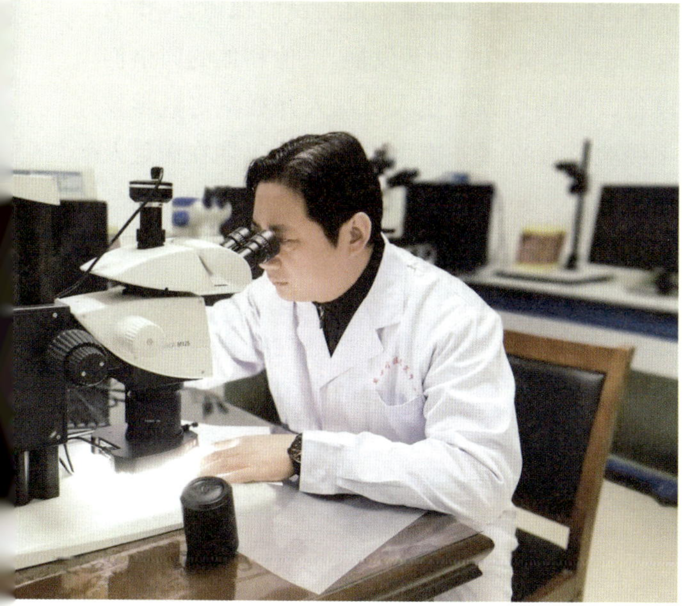

彰显司法鉴定温情

司法鉴定一直在为法治国家建设提供鉴定保障服务。一位合格的司法鉴定人在鉴定活动中除首先要坚持鉴定的科学性和法律性外，还应在服务群众的鉴定活动中彰显司法鉴定的公益性和人民性。“司法鉴定是有温情的。”沈晓林认为，有些案件当事人申请鉴定或基于面子或赌一时之气而故意抬高诉求。因此，他注重并要求团队在鉴定工作中对案件当事人进行必要的技术释明，每年都有10多起案件当事人在技术释明后主动撤诉或降低了诉请。2018年，某县法院委托鉴定李某与某村委会之间劳务费发放表上的签字是否李某本人所签。在通知李某交鉴定费时，李某多次强调“签名不是我写的”，而鉴定初检认为发放表上的字就是李某所签。考虑到李某多年在村里任教，可能有面子上的顾虑，沈晓林对其进行了耐心细致地技术释明，并温和提醒他“李老师回去再好好回忆一下，不用急着交鉴定费！”李某回去后，过了一段时间，主动撤诉了。他还带领团队积极响应江苏省司法厅司法行政服务全覆盖的要求，从最大限度地满足人民群众的司法鉴定需求出发，持续推进在距离主城区较远的区县定时定点开展集中鉴定式的便民服务。同时还积极开展司法鉴定援助，每年为经济困难的鉴定申请人或减或免各项鉴定费用数十万元，为解决纷争、维护社会和谐发挥了积极作用。

织密鉴定为民的专业保障

好的鉴定制度、好的鉴定技术和好的鉴定机构是鉴定为民的保障。作为南京东南司法鉴定中心主任，他十分注重机构的创新发展。他和他的同事们制定科研奖励制度、引进先进设备，鼓励引领鉴定人员深入开展鉴定科学技术研究。设立了用于学术和办案经验交流的《东南大讲堂》，以期在满足人民群众对司法鉴定科技创新的需求方面多做实事。他本人先后发表数十篇颇具影响力的专业学术论文，并参编了多部司法鉴定学教材。在司法鉴定实践中，他主张把人民调解制度和司法鉴定进行有效衔接，撰写的《鉴调对接制度研究》被司法部的主管部门以简报的形式转发；他主张建立符合我国国情的独立第三方职业司法鉴定人制度，由他主要倡导发起的全国首家独立第三方职业司法鉴定机构联盟即将成立，织密鉴定为民的专业保障。

如今，他怀着对鉴定为民的热爱，继续书写着法治国家建设进程中一名司法鉴定人的责任与担当。

勇做海洋环境权益的守护者

马启敏

1960年2月出生，中国海洋大学教授，山东海事司法鉴定中心主任，山东省司法鉴定协会会长，司法部环境损害司法鉴定专家库专家，教育部学位论文评审专家库专家。主要从事海洋环境污染物溯源研究与环境损害司法鉴定评估工作。主持参与海洋环境损害鉴定案件500多起，发表学术论文100多篇，参与出版研究专著3部，获国家发明和应用专利7项。

马启敏从事司法鉴定工作20余年来，主持参与海洋环境损害鉴定案件500多起，无一错鉴事故，为司法机关办案、海洋资源开发、区域经济发展提供了科学依据，为化解海洋环境、海事纠纷、促进社会稳定发挥了重要作用，为维护国家海洋权益和人民群众合法利益做出了积极贡献。

忠实履行职责，维护国家和集体权益

海洋环境损害司法鉴定专业性强、技术难度高、涉及利益重大，每一次鉴定都是对鉴定人员职责、意志、能力的极端考验。2010年5月，两艘散货船在山东威海偏北海域发生碰撞，大量燃油溢出，对事故海域造成严重污染。事发后，当地海洋与渔业局委托山东海事司法鉴定中心对该事故海域所造成的海洋环境质量、天然渔业资源损失、生态环境损害进行司法鉴定。对马启敏来说，这样的案子很平常，但他从不敢掉以轻心。事故海域水深约 65 米，海流速度较大，海洋环境复杂，往返时间长，给调查勘验带来极大困难。他一边调集技术过硬的专家组，对事故海域海洋环境进行分析，详细制定工作方案，科学布设重点调查站位，另一边调集大功率抗风浪调查船，携带各类设备仪器，向海洋深处进发。海上风大浪急，情况多变，经过几次往返，终于完成海上现场勘验调查与采样工作。历时 4 个多月的实验、比对与分析，最终出具了 3 份内容翔实、论证充分的司法鉴定意见书，被法院直接采信，获赔海洋生态环境损失 3000 多万元，成功维护了海洋权益。此案成为我国海上溢油污染鉴定案件的典型案例。

坚持公正鉴定，维护群众合法利益

2013 年，沿海某区域输油管道发生爆炸，大量原油流入海湾，造成海洋环境严重污染。当地政府和肇事方联合委托马启敏专家团队进行海洋养植物损害司法鉴定。事发区域的众多养殖渔民情绪激动，对司法鉴定委托心存疑虑。为此，马启敏决定暂停实施调查，组织专家与渔民现场交谈，耐心细致地解释司法规则、鉴定原则、鉴定程序和鉴定技术，建议渔民全程参与鉴定过程，随时咨询专家。最终，渔民消除顾虑，主动配合工作，现场调查得以顺利进行。马启敏专家团队采用油指纹技术进行污染溯源，对水质、沉积物和养殖生物油污损害等

进行科学比对、分析和计算。在科学客观的司法鉴定意见面前，肇事方与渔民养殖户就溢油事故污染损失达成和解，渔民养殖户及时拿到了养殖经济损失赔偿，较好化解了海洋污染纠纷，维护了群众的合法权益。

积极发挥作用，为沿海经济发展提供科学参考

多年来，马启敏率领山东海事司法鉴定中心专家团队，为国家海洋经济发展和建设做了大量工作，如核电站建设和国家重大海洋工程建设中的海域征用使用鉴定，海洋生态赔偿与补偿评估等，做出了应有贡献。2016年，山东在全国率先启动蓝色海湾整治行动，重新打造蓝色海湾建设。近海海域征用鉴定和海洋经济生物和设施的价值评估工作，落到了马启敏团队的肩上。该鉴定工作数量大、范围广，涉及海岸线数百多公里，环境条件差异大，养殖户和养殖各类众多，处理不好就容易引发群体性事件。马启敏团队严谨求实、顽强拼搏、连续作战，最终出具近百份司法鉴定意见书，众多养殖户依次获得了应有的经济补偿，蓝色海湾整治顺利推进。

马启敏及其鉴定专家团队，凭借对国家和人民群众高度负责的态度，对科学、对真相执着追求的精神，认真用心完成了一个又一个鉴定评估任务。正是一份份报告的守护，使海洋矛盾纠纷得以解决、海洋环境更加美丽。

拨开迷雾的“白衣法官”

王高华

1964年2月出生，湖北天门人，中共党员，医学博士，一级主任医师、三级教授。湖北省人民医院法医司法鉴定所机构负责人。现任武汉大学人民医院（湖北省人民医院）党委常委、院长，兼任中国医师协会精神科医师分会会长，中华医学会精神医学分会司法精神病学组组长（2014年）。2007年被国务院批准为享受国务院特殊津贴专家，2011年、2017年被湖北省委保健委员会授予“湖北省保健工作突出贡献个人”荣誉称号。

他是“压舱石”，承担多起重大影响司法鉴定

王高华教授从事法医精神病鉴定工作近20年来，有着丰富的司法精神病鉴定工作经验。面对每年大量的重大、复杂、疑难案件鉴定，他善于总结和研判案例，尤其是带队主持参与了多起重大事件的鉴定，如轰动全国的“邓某某案件”“火车站砍头案”“精神病人杀医案”等。他作出的鉴定意见获得了司法部门及卫生健康行政主管部门高度认可，为案件审判和维护社会安定提供了充分、有力的依据。他带领湖北省人民医院法医司法鉴定所，严格遵守法律法规，规范执业，树立了科学规范、客观公正的良好社会形象。

他是“排头兵”，主持制定多项司法鉴定技术方法

王高华教授积极参与各级精神卫生相关法律法规的讨论和制定，呼吁全社会应当尊重、理解、关爱精神障碍患者，积极维护精神障碍患者的合法权益。2009年，主持制定了《湖北省法医精神病司法鉴定程序规则》，得到司法部充分肯定并向全国推广。2012年，他牵头组织湖北省法院系统、检察院系统的有关专家和司法精神病鉴定专家讨论并形成了毒品所致精神障碍者刑事能力认定的专家共识意见，为规范这类当时在全国争论比较大的司法鉴定案件起到了很好的指导作用。2014年，王高华当选为中华医学会精神医学分会司法精神病学组组长，指导全国司法精神病鉴定工作。作为法医精神病鉴定领域的资深导师，他每年主持全国及湖北省司法鉴定业务的专项培训工作，为国家培养了大量的专业人才。

他是“领头雁”，探索法医精神病司法鉴定理论前沿

王高华曾连续多年担任湖北省司法鉴定协会领导，目前是协会法医精神病专业委员会名誉主委、武汉大学人民医院（湖北省人民医院）精神科学科带头人。他对精神医学学科领域的钻研与研究从未停止，也正是他勤奋钻研、孜孜以求的精神，为他在司法鉴定卓有成效的工作奠定了深厚的理论和实践基础。王高华教授在全国司法精神病鉴定界享有盛誉，学科连续9年入围全国精神医学排名榜前10名，在专业技术领域具有很高的造诣。2016年8月，王高华教授被司法部司法鉴定科学技术研究所选为能力验证技术专家（法医精神病学鉴定）。

砥砺前行近廿载，继往开来启新程。王高华正带领湖北法医精神病司法鉴定队伍，继续发扬“敬业求是、埋头实干，不畏艰难、勇于超越”的精神，积极发挥榜样和引领作用，为拓展法医精神病鉴定理论与实务研究，为构建社会和谐稳定作出新的更大贡献。

身体的信息是不会说谎的证据

邓振华

1963年出生。四川大学华西基础医学与法医学院教授，四川华西法医学鉴定中心主任法医师。现任中国法医学会 法医临床学专业委员会副主任，中国法医学会医疗损害鉴定专业委员会副主任，四川省法医学会常务理事；CNAS法医临床学能力验证技术专家；司法部司法鉴定高级专业技术职称评审委员会委员；四川省公安厅外聘法医鉴定咨询专家、国家检察院四川分院检察教官；中华医学会、四川省、成都市医疗事故鉴定专家库专家。作为课题负责人主持国家重点研发项目子课题、国家自然科学基金面上项目、国家支撑计划项目及省部级科研项目10余项，作为第一起草人完成两项公共安全行业标准的制定，在国内外专业杂志发表论文200余篇。

解决难题是他工作的乐趣

秉承“实事求是、客观公正、鉴定为民”的工作理念，邓振华始终坚守在司法鉴定的第一线。35余年的司法鉴定生涯中，他参与主持的鉴定案例近3万例，并多次完成重大、疑难案件的鉴定。从业30多年里，他最喜欢的就是挑战难题。2015年年底邓振华接办了一起投毒案，这起案件让不少同行望而却步。2015年4月，成都市高新区某公司的曹女士发现自己体毛变密，嗓音变粗，4个月没来例假。于是去医院检查，检查结果显示其体内的雄性激素水平偏高，而且出现严重的肝功能损害。就这样又过了5个月，一天曹女士的同事提醒她，说发现其部门主管周某，在曹女士的水杯和食物里面用针管“加了东西”。曹女士赶紧调取了单位监控，发现周某于2015年9月16日早上9时许拿着一个针管向曹女士的豆浆和冒菜里注射不明液体。报警后，成都市高新区公安分局委托四川华西法医学鉴定中心进行检验，其（药）毒物分析鉴定报告显示，在送检的检材中检测出甲睾酮成分。甲睾酮是一种雄性激素，它带来的不仅是体貌的变化，长期服用将导致肝功能受损，包括体内转氨酶升高。此案中，曹女士身体的损伤程度对周某的定罪量刑和民事赔偿有着重要影响，但如何判断曹女士身体的损伤程度却让大家很伤脑筋。在我国人体损伤程度鉴定标准中，对损伤程度的规定更多是机械性损伤的条款，如伤口有多深多长等，对于这种投毒造成的身体损害却没有明确的规定。邓振华接案后，根据案情调查情况、病历资料以及现场检材样品的毒物分析结果，并查阅了大量相关文献资料，最终作出曹女士存在以肝损害为主的综合性伤害，构成轻伤二级的鉴定结论。为了这一鉴定结果让法庭确信，邓振华还多次作为专家出庭质证。2017年5月，周某被法院以故意伤害罪判处有期徒刑1年，周某上诉至成都市中级人民法院，成都市中级人民法院于2017年11月17日作出二审判决，维持原判。

还原现场是他对真相的追求

2015年12月，邓振华接待来自四川省泸州市的公安干警一行，此次到访的公安干警是为一起疑难复杂案件寻求技术支持。这是一例发生在乡村的邻里纠纷所引发的事件，伤者是一名67岁的老人。受伤老人向公安干警寻求帮助，称被邻居打伤，但是犯罪嫌疑人辩称是老人自己摔伤。由于伤害过程中没有目击证人，前期证据收集遇到阻碍，成伤机制的鉴定有时是极为困难。为此，邓振华团队与委托单位多次沟通，一方面指导鉴定材料的收集，另一方面，邓振华团队将老人损伤后的影像学资料进行了元数据转换、三维重建、生物力学分析等处理，经过艰苦地工作，最终得出了老人肘部骨折系打伤所致的结论，圆满完成了委托单位的鉴定要求，为公正、合法解决老人被伤害的事件提供了最重要的证据。

识别骨龄是他对公正的坚持

法医是一项需要不断学习，勇于进取的职业。随着“利用多元影像学技术构建中国18周岁汉族青少年骨龄评价指标体系”“基于深度学习和骨CT影像推断成人年龄”等国家自然科学基金项目的立项，近年来邓振华跟骨龄较上了劲。这些研究有什么司法实践意义？2018年5月4日，阿某在凉山州因抢劫被公安机关抓获后，向公安干警声称自己未满14周岁，但其身份证却显示已经年满18周岁。阿某说的是真话吗？还是为了逃脱刑事责任而撒谎？邓振华对阿某的左手腕、左膝关节、盆骨、口腔颌面等进行了拍片检查。根据阿某骨骺和牙龄的影像学改变，最终得出结论，阿某的骨龄相当于13.9岁可能性大。跟阿某一样，要求鉴定是否年满14周岁的还有德阳女孩小晴，小晴不幸被他人强奸，她没有出生证明也没有上户口，对于小晴是否年满14周岁，连她身边的人都各执一词。但受害人是否年满14周岁是强奸罪加重情节的重要认定，也是量刑的重要依据。为此，邓振华对小晴进行了骨龄检测，结果显示小晴骨龄仅10.8岁。这一鉴定结果为刑事案件的认定和司法审判提供了有力支撑。

在多年鉴定工作中，邓振华多次接过百姓递送的感谢锦旗，他总说：“不要感谢我个人，要始终相信法律是公正、客观的。”这就是邓振华，一名普通的法医类司法鉴定人，他在平凡的岗位上默默的贡献自己的力量。

学用结合不忘民　司法鉴定立新功

吴元明

1972 年 11 月出生，安徽东至人，中共党员，教授，主任法医师，博士研究生导师。现任空军军医大学基础医学院 DNA 分型中心主任，陕西省临床遗传重点实验室主任，军人生物特性分析检测实验室主任，陕西省司法鉴定协会副会长。2007 年荣立集体三等功 1 次，2016 年被评为陕西省三秦人才，2017 年荣立个人三等功 2 次，2018 年被评为十大“全国最美司法鉴定人”，2019 年被评为陕西省科技创新领军人才。

多年来，吴元明承担各类鉴定达 5200 余件，未出现 1 例差错，在法医学司法鉴定工作中取得了突出成绩，是世界上首次成功应用 DNA 技术进行“同卵双胞胎 DNA 鉴定”，成为司法鉴定指导案例。

爱岗敬业，勇攀高峰

吴元明用扎实的理论知识和执着的钻研精神，解决司法鉴定实践中公认的世界性难题。2012 年 6 月，陕西省岐山县一名 12 岁小女孩失踪。经公安机关侦查，锁定邻居张大（化名）为犯罪嫌疑人。然而张大还有一个同卵双胞胎兄弟张二（化名），该案陷入了僵局。岐山县公安局委托陕西军大法医司法鉴定所，对犯罪现场遗留下来的物证检材进行鉴定。经过近一个月的工作，终于鉴定出现场物证是张大所留。这是世界上首次利用 DNA 鉴定技术成功甄别同卵双胞胎犯罪嫌疑人的案例，填补了同卵双胞胎不能通过 DNA 来进行区分的空白。2013 年 5 月 31 日，该案例受到中央电视台《走近科学》采访报道，相关方法在法医领域权威杂志“*Forensic Science International、Genetics*”发表。2016 年 1 月 28 日凌晨，吉林省安图县白河镇一女孩上班途中被一男子暴力强奸。白河森林公安局迅速成立专案组，根据监控和物证锁定犯罪嫌疑人孙某。把孙某血液 DNA 基因密码输入吉林省犯罪人员数据库，竟意外发现孙某的基因密码与另外 3 起强奸杀人案现场遗留物的基因密码一致。从 2003 年 5 月发案到 2016 年 1 月锁定犯罪嫌疑人，这场历时近 13 年的系列强奸杀人案引起了公安机关高度重视。然而在案件侦查过程中，发现孙某还有一个同卵双胞胎弟弟。这 4 起强奸甚至杀人案是孙某一人所为？还是两人共同作案，或者分别作案？还有没有其他案件？2016 年 3 月 17 日，吉林省公安机关到陕西军大法医司法鉴定所，要求对 4 起强奸杀人案现场物证进行鉴定。吴元明组织高通量测序团队，对该案同卵双胞胎进行全基因测序，运用前沿生物信息技术在海量数据中找到细微差别，确定这 4 起案件系犯罪嫌疑人孙某所为。2017 年 6 月 19 日，该案例在中央电视台《走近科学》播出。

心系人民，服务群众

吴元明用渊博的知识努力让人民群众在每一个司法鉴定案件中感受到公平正义，用自己的绵薄之力尽力帮助困难群众。2012年，陕西市场出现了很多不明动物来源的肉制品，西安市、榆林市工商局等单位向陕西军大法医司法鉴定所提出鉴定需求。吴元明带领团队根据肉制品之间的基因差别，全部检测出了肉制品的动物来源。2015年5月初，西安市莲湖区一清真水产店被举报，长期把猪肉当牛肉售卖，当地政府、伊斯兰协会，食监局，当事人双方等都急切需要一个公正的结果，陕西军大法医司法鉴定所查明了事实真相，及时化解了纠纷。吴元明带领团队经常上门为偏远地区群众提供鉴定服务。2016年6月，免费为镇巴县53户贫困家庭办理入户DNA，费用达2.65万元。为一对连着生了两个早衰症孩子的父母查找病因，孩子母亲拉着吴元明的手激动地说："没有你的基因诊断，也没有我们后来生出的两个健康孩子，没有健康的孩子，我们在农村永远抬不起头！"

教书育人，乐于奉献

在三尺讲台，吴元明教授用饱满的激情和渊博的知识为年轻学子授业解惑，讲授《法医学》课程。2010年开始为陕西省"公安机关刑侦技术培训班"学员讲授《法医DNA技术最新进展》，目前已经完成18期共5800余名学员的授课。培养博士后3名，博士3名，硕士7名。作为分管司法鉴定质量建设的司法鉴定协会副会长，他尽职尽责，狠抓鉴定机构规范化建设和鉴定人继续教育培训，各项工作规范有序发展。

从军以来，吴元明立足岗位、忠诚履职。面对军队编制体制调整，服从大局，不计个人得失，始终保持着饱满的工作热情，在法医学教学、科研和司法鉴定工作中做出了突出成绩。

仲裁为民好榜样

是非曲直的争议由他们来评判，公平正义的结果由他们来裁决。有这样一群人，他们所作的决定一裁终局，他们一直在提升仲裁制度的公信力，努力让每个公民（企业）在案件中感受到公平正义。公正办案，清白仲裁，他们就是维护公平与正义的仲裁工作者。

不忘初心砥砺前行
谱写仲裁事业新篇章

张彤军

1973 年 8 月出生，中共党员。现任沈阳仲裁委员会沈阳国际仲裁院（沈阳国际调解中心）副院长、党支部书记，沈阳仲裁委员会仲裁员。

张彤军同志作为沈阳仲裁委员会的第一批工作人员，见证了沈阳仲裁走过的 22 余年风雨征程。22 余年来，他志始终在思想上、政治上同党中央保持一致，积极拥护党的路线方针政策，模范遵守国家法律法规，坚持学习党章和党的创新理论，积极参加组织教育活动，不断提升自己的党性修养和政治辨别能力水平。特别是担任案监处党支部书记以来，积极带领支部一班人，不忘初心，坚定共产主义理想信念，深入学习党的十九大精神和习近平新时代中国特色社会主义思想，不断增强宗旨观念和公仆意识。

牢记宗旨，倾力服务民营企业

张彤军急人民之所急，解人民之所需，以实际行动维护民营企业合法权益。他多次主动协助仲裁庭走访、勘验现场，协助仲裁庭查清案件事实保证了案件的及时公正审理，兼顾了公平与效率。多年来，他共办理仲裁案件591件，为大量民营企业当事人挽回经济损失，赢得了广泛赞誉。在某租赁合同纠纷案件处理过程中，他积极协助仲裁庭了解案件背后的真实情况，抓住本案的争议焦点，耐心细致地做双方当事人的调解工作，并向双方当事人释明法律利害关系，最终使这起案件得以圆满解决。在案件处理过程中维护了民营企业的合法利益，当事人为了感谢他的辛勤工作，专程给仲裁委员会送来了一面“廉洁公正、维权高效”字样的锦旗。

崇尚正义，恪守职业道德底线

为捍卫法律的公正，维护当事人的合法权益，张彤军不疏忽任何一道程序，把程序正义做到了极致。从现场调查取证，到开庭质证；从鼓励当事人充分行使自己的答辩权，到聘请法律专家会诊疑难案件；从逐字推敲合同文本，到精心书写裁决书，他始终秉承公平与正义这一法律精髓，确保案件经得起人民、社会和历史的检验。坚持自重、自省、自警、自励，严守仲裁纪律、保守仲裁秘密，恪守法律人的良知和底线，面对各种复杂的社会关系，他始终做到堂堂正正办

案，干干净净做人。

业务精通，努力打造精品案件

张彤军负责仲裁案件的监督评价工作，在这个岗位上，他坚持研究学习现行法律法规和最高人民法院司法解释，充分发挥自己的业务特长，仅2018年就累计评查仲裁案件171件，并为63份仲裁裁决提供修改意见，均被仲裁庭所采纳。面对待评查案件数量大，评查人员少的实际情况，张彤军经常起早贪黑阅卷，有时甚至通宵达旦，但他从不叫苦叫累，始终默默地坚守在工作岗位上。通过对仲裁庭制作待发的仲裁案件卷宗和仲裁法律文书进行程序和实体的必要审核，及时发现仲裁案件卷宗和仲裁法律文书中存在的问题，商仲裁庭及时予以纠正，确保了仲裁案件质量，2018年仲裁案件无一被法院撤裁或不予执行。为服务社会经济发展，为定分止争，促进社会和谐，为维护社会稳定作出了自己应有的贡献。

接轨国际，创新发展仲裁制度

作为沈阳国际仲裁院（沈阳国际调解中心）副院长，张彤军积极研究探索国际仲裁发展趋势，探索国际仲裁调解机制，参与制定了《沈阳仲裁委员会中国（辽宁）自由贸易试验区仲裁规则》，充分发挥仲裁程序灵活、当事人自主性强等优势特点，使案件办理更快捷、更高效、更经济，在解决涉外争议纠纷中优势更明显。积极筹建网络仲裁平台，参与制定了《沈阳仲裁委员会网络仲裁规则》，为解决互联网争议纠纷打下制度基础。此前，沈阳国际仲裁院在辽宁自贸区沈阳片区政务服务中心设立了咨询窗口，为自贸区内企业提供就近的法律服务，通过多种形式对外宣传，在自贸区内进一步提升区域影响力和认可度。

张彤军同志见证了沈阳仲裁委员会从22余年前的艰辛创业，到如今的事业初成，作为一个仲裁人，他也从蹒跚学步，历经风雨，到渐入佳境、砥砺前行。他将不忘初心，继续前行，以更加出色的成绩使自己无愧于人民的信任，为推动仲裁事业的发展而奋斗。

创新仲裁服务方式
高效化解群众矛盾

翁宁军

1980 年 7 月出生，中共党员，现任温州仲裁院审理二处副处长。2008 年 8 月被温州市人民政府评为温州市政府信息公开工作先进个人，2018 年 1 月、2019 年 4 月被温州市知识产权纠纷人民调解委员会分别评为 2017 年度、2018 年度温州市知识产权纠纷优秀调解员，2020 年 1 月被浙江省司法厅评为“百名司法为民标兵”。

作为温州仲裁事业的一名老兵，翁宁军始终坚持以人民为中心思想落实到具体行动上，为群众提供专业高效的仲裁法律服务，同时又极具改革创新意识，勇于突破，既仰望星空，又脚踏实地，兢兢业业，勤恳专研，默默奉献。

开发掌上微仲裁小程序，领跑仲裁“最多跑一次”改革

掌上微仲裁是温州仲裁委与科研公司合作研发的微信小程序。在线立案、送达、调解、开庭、人脸识别、在线视频、语音留言、电子签名、多方视频等新技术保障了仲裁程序的合法性、正当性。作为具体负责人，翁宁军

鼓足干劲，压缩开发周期，多次赴杭州与科研公司共同研发、测试，2018 年 10 月 11 日，掌上微仲裁正式上线。10 月 21 日，掌上微仲裁成功调解了一起被申请人在意大利罗马的跨国纠纷。

助力温州知识产权仲裁院创建工作，化解民企知识产权纠纷

2017 年 9 月起，最高人民法院对专利及其他知识产权案件管辖进行了调整，温州市域内的专利、技术秘密、计算机软件、植物新品种、集成电路布图设计、涉及驰名商标认定及垄断纠纷的第一审知识产权民事案件，以及诉讼标的额为 800 万元以上的其他知识产权案件由宁波市中级人民法院管辖，温州本地企业维权就要去外地，增加了成本。针对这一情况，经过前期调研，翁宁军撰写了《知识产权纠纷仲裁制度研究——以温州调整知识产权纠纷司法管辖后为视角》一文，为设立知识产权仲裁院提供理论参考依据。为降低企业仲裁维权成本，翁宁军提出解决方案，并起草《关于知识产权案件仲裁收费特别规定（试行）》，该规定审议通过后于 2018 年 8 月 10 日起施行。2018 年 9 月 29 日，温州知识产权仲裁院成立，目前已受理 20 多个专利侵权案件，其中一个系全国首例知识产权侵权仲裁案件，该案仅耗时 52 天，就完成了案件的审理，双方对结果都表示信服，大大节约了时间及维权成本。

打造网络金融专业仲裁平台，起草配套规则

2017 年 9 月，翁宁军开始起草《温州仲裁委员会网络仲裁规则》《温州仲裁委员会网贷纠纷网络仲裁专门规则》《温州仲裁委员会信用卡纠纷网络仲裁专门规则》（以下简称网络仲裁“1+2”规则）草稿，并向温州网贷行业人员、银行负责信用卡专业人员及金融专业仲裁员、专家咨询委员会成员，以及温州市人大法工委、市中院、市银监局、市金融办等部门征求意见。在各层面反复讨论研究后，网络仲裁“1+2”规则于 2017 年 12 月 12 日审议通过，《温州仲裁委员会网络仲裁收费管理办法》同时通过。经过与科研公司近 6 个月 10 余次面对面讨论，于 2017 年 12 月确定网络仲裁平台总体需求，通过将近一年的开发周期，温州网络金融专业仲裁平台于 2018 年 8 月 8 日正式上线运行，为银行等金融机构小额金融借款业务提供新型纠纷化解渠道。

为当事人提供优质高效的仲裁法律服务，翁宁军一直在路上，他创新方式方法，方便当事人维权，让当事人追求公平正义过程中有充分获得感，也为提高仲裁公信力贡献了自己的力量。

二十年披荆斩棘　仲裁园地吐芬芳

徐　芳

1976 年 1 月出生，中共党员，1998 年 6 月参加工作，现任合肥仲裁委员会副主任兼秘书处秘书长、党支部书记。曾 3 次被评为合肥市直机关优秀党员；2012 年被合肥市妇联授予“三八”红旗手称号。

坚守初心，严把仲裁案件质量

1998 年夏天，徐芳从安徽大学国际经济法专业毕业之后，选择到刚成立的合肥仲裁委工作。那时，办案环境简陋，4 名工作人员 1 年办 20 余桩案子。外界不了解合肥仲裁，时常与“劳动仲裁”搞混淆。面对这一尴尬局面，徐芳想，那就一桩一桩案件地认真去办，力争把每一桩案件办成合肥仲裁的口碑，力争让每位当事人成为合肥仲裁的义务宣传员。担任合肥仲裁委秘书长之后，徐芳觉得责任重大，每一桩仲裁案件，她都会一页页审阅裁决文书，并细致推敲。她认为，办案质量是仲裁的“生命力”。先要确保仲裁案件的程序合法，还要确保裁决的专业公正。她常说，“我们既不能辜负了当事人的信任，也不能有违法律的尊严”。正是因她这种严谨、负责的办案作风，合肥仲裁委的公信力一天天树立起来。

自成立至 2020 年 1 月，合肥仲裁委共受理各类民商事纠纷案件 10,895 起，涉案标的 247.93 多亿元，仅 2019 年，就受理案件 1040 件，涉案标的 37.3 亿元，仲裁案件范围不断扩大，案件平均办结时间，与 2018 年相比缩短了 44 天。合肥仲裁已成为法院之外当事人首选的纠纷解决方式，在全国 260 余家仲裁机构中，跻身第一方阵。

建章立制，锻造一支优秀仲裁队伍

徐芳参与制订了一整套办案规范流程，从软件、硬件两方面建设，实现了办案各节点全程监控。2019 年，合肥仲裁委秘书处重新修订了《合肥仲裁委员会仲裁规则》，新增了《网络仲裁电子书面审理仲裁规则》，为规范合肥仲裁委员会各项工作及人员管理、为网络金融仲裁发展及提供更加完善的仲裁服务打下坚实基础。

合肥仲裁委现有仲裁员 425 人，秘书处工作人员 31 人。为管好、用好这支队伍，徐芳结合工作实践，探索、创新出科学、有效的管理措施。一是动态管理。每年合肥仲裁委仲裁员都会优胜劣汰，管理实现了“能进能出”，仅 2019 年第四届换届工作，就淘汰了 23 名仲裁员，不断优化仲裁员队伍。二是强化培训。仅 2019 年合肥仲裁开展各类专项培训 15 次以上，各类专家论证会达 50 次。在新冠肺炎疫情防控的特殊时期，合肥仲裁借助互联网技术平台，开展疫情防控和培训学习两不误的“线上培训”，取得非常好培训效果。三是完善绩效考核。案件节点控制更加细化，并确定责任人

定期督促案件进程。将绩效考核融入每项工作中，激励仲裁员、办案秘书提高办案效率，2019 年平均个案办理时限比上年缩短 44 天。四是强化监督。从立案、送达、组庭、开庭、合议、出裁等各个环节时时监控，常抓不懈。以党建工作为抓手，剖析典型案例，开展形式多样的廉政教育，以案说法，正风肃纪。合肥仲裁委自成立以来，未发生一起因办理仲裁案件的违法违纪案件。

不计个人得失，点滴铸造仲裁公信力

多年来，合肥仲裁委在法院的撤案率远低于全国平均水平。2015 年 11 月，全国仲裁工作年会在合肥隆重召开，合肥仲裁委在全国 178 家仲裁机构参会代表中作经验交流发言；2015 年 12 月，在“纪念仲裁法实施 20 周年首届仲裁公信力论坛暨颁奖典礼”上，合肥仲裁委荣获“仲裁机构开拓进取奖”，仲裁委的 2 名同志还获得“特别贡献奖”和“优秀仲裁秘书奖”。

随着合肥仲裁成长壮大的 20 余年，徐芳倾注了大量的心血。在家庭生活中，她因工作忙而错失了孩子很多成长的重要瞬间。她曾因坚持原则而受到恐吓、威胁甚至是诬告……害的一家老小为她担惊受怕，这让徐芳心中愧疚，觉得太对不起自己的孩子和家人，不是一名称职的妈妈及妻子。在工作中，她强化对仲裁员和办案秘书的管理，完善绩效考核，对仲裁员和办案秘书采取优胜劣汰，即使会得罪不少人，她也顶住压力，坚持办案质量第一位。20 余年来，徐芳为合肥仲裁委的发展牺牲了大量的个人精力和时间，但她从不计较。面对合肥仲裁 20 年取得的种种荣誉，徐芳觉得一切的辛劳和付出都是值得的，一种献身仲裁事业的成就感和自豪感油然而生。

专业为本　仲裁为民

林文阳

1977年5月出生，中共党员，现任厦门仲裁委员会副秘书长。2000年开始从事商事仲裁工作，2015年12月在中国政法大学、法制日报社联合举办的“仲裁公信力奖”活动中被评为“全国优秀仲裁秘书”；2019年10月被厦门市委、市政府评为“厦门市拔尖人才”；2019年12月被司法部评选为“新时代司法为民好榜样”；2020年1月被司法部评选为“全国公共法律服务工作先进个人”。

朴素初心　庄严坚守

“挥法律之利剑，持正义之天平，除人间之邪恶，守政法之圣洁，积人文之底蕴，昌法治之文明。”聊起仲裁工作，林文阳经常会提及中国政法大学的这段入学誓词。中国政法大学系统的法学教育，不仅为林文阳奠定扎实的法学功底，这段入学誓词更是深深影响他在厦门仲裁委员会20年的仲裁工作。在厦门仲裁委员会发展的道路上，他守护着这份朴素的初心，付出了异于常人的努力。厦门仲裁委员会成立20多年来，累计受理案件14,000余件，受案标的超800亿元，仲裁受案标的始终排名全国前列。核阅裁决书，接待当事人，与送达人员沟通案件送达问题，等等。上万个案件背后的这些工作累加起来是个巨量数字。巨量数字背后的艰辛，换来厦门仲裁委员会一个个案件的高质量裁决。很多接触过林文阳的仲裁员都会由衷感叹：要我坚持对十个、百个案件的每个细节进行认真审核，我可以做到，但要做到对千个、万个案件这样，确实是难上又难，苦上又苦。没有对法律公正的绝对追求，没有对当事人的高度负责，没有对仲裁工作的无比热情，不可能做到这一点！

精耕细作 仲裁为民

正是凭着这份对法律的信仰，林文阳对仲裁工作投入极大的热情。他充分认识到，要为当事人提供专业、高效、便民的仲裁服务，仅有法律信仰和工作热情还不够，还要精耕细作，精益求精，制订出一套完善的办案制度并加以落实。他博采众长，因地制宜，对仲裁规则进行大幅度的修改和完善；他精敲细打，制订严密的办案流程管理办法；他化繁为简，建立体系化的立案审查标准；他抽丝剥茧，绘制可视化的送达流程图；他字斟句酌，梳理仲裁案件管理中的每个细节，制作80多个标准化的仲裁文书模板。在他的努力下，厦门仲裁委已形成一套专业化、规范化、精细化的案件质量管理体系，为保障当事人的合法权益提供了坚实基础，公平正义、仲裁为民的宗旨得以很好的体现。

积极作为 提升作用

在仲裁工作之余，林文阳牺牲无数个晚上和周末的时间，将案件审理所遇到的各种问题进行系统梳理和归纳总结，并查阅大量书籍，制作专业翔实的课件，给律师协会、行业协会和各大企业授课，

讲授内容涵盖法律文书、合同法、融资租赁、建设工程、金融纠纷等，仅2018年一年就讲授超过20次，听课人数超过5000人，场场爆满，反响很好。在讲课中，林文阳不仅讲解各类型案件中的疑难问题，更多时候站在市场主体的角度，分析如何制订更加规范的合同文本，如何更好地对履行合同的过程进行风险把握，如何设计更为有效的纠纷解决方案。早在2009年，在给金融机构授课准备课件的过程中，针对金融机构反映的诸多案件债务人恶意躲避送达的问题，林文阳在传统仲裁条款的基础上，设计专门的送达条款，引导当事人在合同中签订。实践证明，这种做法大大提高送达效率，案件办理时限从原来的平均80天提前到45天。这种尊重诚信，在合同中预先约定送达条款的做法，从金融领域已逐步推广到其他领域，大大提高纠纷解决的效率，其效力也为法院所普遍采纳。

多元机制　依法治国

2015年12月6日，中共中央办公厅、国务院办公厅联合印发《关于完善矛盾纠纷多元化解机制的意见》，从顶层设计对多元化纠纷解决机制建设进行战略安排。仲裁是多元化纠纷解决机制中的重要组成部分，是依法治国的重要力量。厦门是全国多元化纠纷解决机制建设的先行者，在全国首次通过立法的方式，推进构建多元化纠纷解决机制。林文阳是厦门多元化纠纷解决机制建设的参与者、践行者，不仅全程参与《厦门经济特区多元化纠纷解决机制促进条例》的制定，还在实践中积极推进仲裁与诉讼、调解的衔接机制，为构建完善的多元化纠纷解决机制进行着不懈的努力。

勇做仲裁工作的“开拓者”

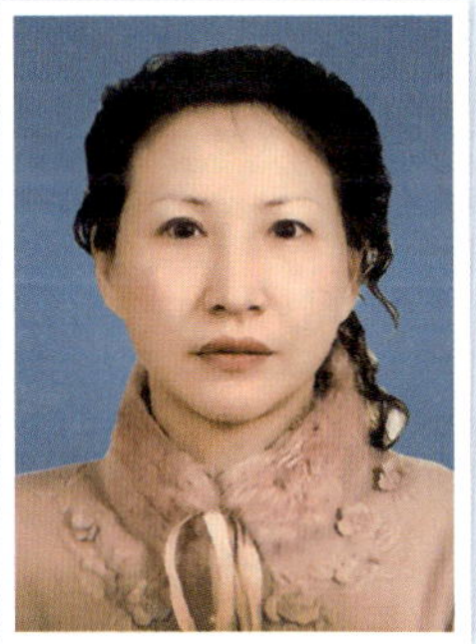

刘健勤

1962 年 11 月出生，1984 年 3 月参加工作，中共党员，现任武汉仲裁委员会常务副主任，武汉仲裁委员会办公室二级巡视员。曾任武汉市人大常委会委员，武汉市人大法制委员会副主任委员，武汉仲裁委员会办公室主任、党组书记。中国共产党武汉市第十三次代表大会代表；武汉市第十四届人民代表大会代表。2014 年、2017 年被武汉市委组织部授予“年度考核优秀”；2017 年荣获中国政法大学与《法制日报》主办的“纪念仲裁法实施 20 周年首届仲裁公信力论坛”卓越贡献奖。

发起组建“一带一路”（中国）仲裁院；服务“走出去”的央企，打出“武汉国际仲裁中心”品牌；策划出版《中国仲裁史稿》……提起武汉仲裁委员会常务副主任刘健勤，国内仲裁界无不竖起大拇指。在她的带领下，“武仲”品牌不仅在全国叫响，而且填补了中国仲裁史上多个空白。

脚踏实地，一股干劲全国叫响“武仲”品牌

2018 年 11 月 17 日，中国仲裁法学研究会 2018 年年会暨第十一届仲裁与司法论坛在武汉召开；11 月 24 日，第三届东湖国际法律论坛在武汉召开；11 月 30 日，武汉仲裁委员会互联网仲裁院揭牌仪式暨互联网仲裁专家论坛

在武汉举办。短短半个月时间，三大盛会纷纷在武汉召开，全国仲裁领域的“大咖”齐聚江城，无疑是对武汉仲裁事业发展的高度肯定。“仲裁委员会不同于政府的行政部门，想要在全国250多家仲裁机构脱颖而出，比的就是服务和口碑。”刘健勤说。

在2015年举办的全国“首届仲裁公信力论坛暨颁奖典礼”上，“武仲”开展的确认仲裁工作被授予“仲裁公信力十大创新奖”；2016年，“武仲”案件受理再创新高，全年受案28,324件，标的额194.21亿元，受案数量连续15年全国排名第一；2018年，“武仲”完成《商事仲裁》到《武汉仲裁》的改版更名工作……在刘健勤的努力下，武仲品牌在全国知名度不断提升。

不断创新，一股韧劲填补国内仲裁史上空白

2018年12月10日，中国首部仲裁行业大型纪录片《仲裁在中国》在中央电视台社会与法频道正式播出，这是我国仲裁史上一件具有里程碑意义的事。这部历经两年制作完成的5集纪录片，自开拍以来足迹遍布30个省、市、自治区和香港特别行政区，远赴柬埔寨、俄罗斯、美国进行拍摄，行程近30万公里，拍摄采访了100多位专家学者，200多位当事人，拍摄素材近500小时，形成近50万字的多语种采访资料。“纪录片中‘武仲’‘戏份’很多，这是对‘武仲’发展的肯定。”刘健勤颇有感慨地说，这部纪录片凝聚了仲裁人的心血，“武仲”以此片表示对中国仲裁事业的敬意，

更是对法治中国的献礼。

2018年12月，“武仲”将《中国仲裁史稿》一书交付法律出版社正式出版。作为国内第一部对仲裁法颁布后中国仲裁发展历程进行系统研究的著作，该书的出版填补了我国仲裁史研究的空白。作为该书的主编，刘健勤非常自豪：“‘武仲’虽然身在武汉，但是填补的却是整个中国仲裁史上的空白。”

服务大局，一股闯劲助力“一带一路”

“眼睛紧盯市场经济发展，心中始终围绕党和国家的中心工作。”刘健勤认为，仲裁作为市场经济“晴雨表”，与经济发展密不可分，国家重大经济战略出台，仲裁一定要身影相随。得益于服务央企经验，2015年，武汉仲裁委员会就开始着手考虑如何更好地为走出国门的企业做好法律服务，围绕国家“一带一路”倡议，刘健勤带领着武仲主动思考，超前作为。在她的积极奔走下，2016年10月28日，由武汉仲裁委员会发起并主导组建的“一带一路”（中国）仲裁院在北京宣告成立。聘请76名国际贸易和投资领域的专家担任“一带一路”中国仲裁院仲裁员，组建“一带一路”专家咨询委员会，如今“武仲”已办理“一带一路”沿线国家的商事纠纷14件，总标的额超过10亿元人民币。此外，“武仲”还汇编“一带一路”沿线60多个国家相关法律制度，出版了《“一带一路”国家工程与投资法律制度及风险防范》图书，为中国企业在“一带一路”沿线国家从事工程和投资法律活动提供指引。

领导武汉仲裁委员会近10个年头，带领“武仲”创下了一个又一个新纪录，刘健勤自豪地说：“我们‘武仲’人将一直秉承‘敢为人先、追求卓越’的发展理念，完成从武汉‘武仲’到中国‘武仲’乃至国际‘武仲’的精彩一跃！”

我与仲裁有个心灵之约

黄译弘

1967年12月出生，湖南常德市鼎城区人，中共党员，大学学历。1989年7月参加工作，1995年12月任常德仲裁委员会秘书处秘书长至今。因工作表现突出，曾多次被评为市级优秀共产党员和先进个人；在2018年度全市社会治安综合治理（平安建设）工作考核中荣立三等功。

“我与仲裁有个心灵之约，不管什么样的纠纷，促成和解是我义不容辞的责任。”作为常德仲裁委员会秘书处秘书长，黄译弘常常这样说。在她的努力下，常德仲裁从无到有，从弱到强；她将全部心力都交付给了仲裁事业，与常德仲裁一起成长。

她是一个“执着”的人

自西南政法大学毕业，黄译弘便进入了常德仲裁委员会。从青年到中年，她把最美好的青春年华都奉献给了常德仲裁事业。“仲裁是为经济发展保驾护航的，公平高效是我们仲裁人终身的追求，要让当事人亲身感受和谐仲裁的氛围，为营造和谐社会贡献自己的微薄之力。”黄译弘是这么说的，也是带领团队这么做的。常德仲裁委从成立第一年仅受理1起案件，发展到近几年每年稳定在1500件案件以上；2017年案件受理数在全国253家仲裁机构中排名第23位，在全省排名第一；充分发挥仲裁的调解优势，调解和解率常年稳定在80%以上，极大地促进了社会和谐稳定；着力提升案件办理质量，司法监督改判率近乎为零……这些成绩的取得都与她的“执着”分不开的。在她的努力下，常德仲裁从无到有，从弱到强，如今走在了全省前列。据统计，自成立以来，常德仲裁委累计受理各类案件12000多件，争议标的额112.5亿多元，涉及20多个案件类型，当事人范围辐射全国20多个省、市、自治区。

她是一个“纯粹”的人

“只知仲裁，不打牌、不打扮、不逛街”，这就是黄译弘给同事们的印象。作为常德仲裁委员会秘书处的秘书长，黄译弘将常德仲裁一力扛在自己的肩上，将全部心力都付诸仲裁事业，大胆奋进、开拓创新，助推常德仲裁事业不断壮大发展。黄译弘十分重视宣传工作，利用媒体优势，她组织在《常德日报》刊发仲裁专栏，开展“大走访、大宣讲、大服务”活动，免费向公众发放《仲裁法》《仲裁指南》等宣传资料，在常德市各类普法培训班和业务培训班上讲授仲裁法律知识等。通过这些仲裁宣传工作，极大地提升了常德仲裁的知名度和影响力。此外，她还规范格式条款，抓好重点行业、中小型企业合同文本中仲裁条款的订立工作，着力提高各类民商事合同中仲裁条款约定率，并主动加强与公证处、律师事

务所、消费者协会等多个部门的交流合作，拓展仲裁案件新领域。2018 年 4 月，常德仲裁委召开“全市金融系统推行仲裁制度大会”，并开班讲授仲裁知识，在全市金融系统全面推行仲裁制度取得明显成效。

她是一个“忘家”的人

对黄译弘来说，加班加点是常事，节假日也经常开庭和调解案件。她说：“仲裁委的召唤是第一命令，当事人的纠纷是第一信号，风雨挡不住，牛虎拉不回。”几年前，常德某建筑工程有限公司与常德某开发有限公司因拖欠工程款发生纠纷，施工方和小区业主在 3 年多的时间里先后向政法委、住建局、房管局等部门上访反映情况超百次，后向常德仲裁委申请仲裁。黄译弘带队反复研究案件事实，经过 10 多次开庭与调解，最终做出了长达 35 页的法律文书，将案件“一裁终局”。类似问题楼盘的案件有十多起，都得到了圆满的处理。这些案件的处理都倾注了她的辛勤汗水。在黄译弘的领导下，常德仲裁委员会以“维护公平正义，促进和谐稳定”为己任，开创了常德仲裁事业的新局面，为常德“开放强市、产业立市”战略做出了积极贡献，得到了常德市委市政府的充分肯定。2015 年，常德市委市政府向湖南省编办申报将常德仲裁委员会秘书处机构升格。2016 年 11 月，湖南省编办下文将常德仲裁委员会秘书处升格为副处级事业单位，下设 3 个科室。黄译弘作为秘书长，更是得到了组织的肯定。

二十年如一日，黄译弘始终战斗在仲裁工作的“第一线”，视仲裁为自己毕生的事业，始终致力于调解社会纠纷，化解社会矛盾，维护社会稳定，维护法律权威，践行仲裁公信力，她用自己的青春和热血谱写了一曲荡气回肠的仲裁之歌。

仲裁人在路上

黎晓光

研究生学历，博士学位，法学研究员，现就职于中国国际经济贸易仲裁委员会/中国海事仲裁委员会（以下简称中国贸仲委/中国海仲委）华南分会，任秘书长。社会兼职有中国首席法务官研究院与中国法治企业研究院的兼职研究员、深圳市政协开展立法协商工作咨询委员会委员。

仲裁初心

黎晓光从小就热爱涉外法律学科。立志研学法律的她，在1986年高考时毫不犹豫地选择了中国政法大学经济法系国际经济法专业，本科毕业又以优异的成绩被保送该校攻读国际私法专业研究生，后来的博士学位也是国际法（WTO方向）。实务工作的选择方面，黎晓光仍然是一以贯之选择她所热爱涉外法律领域。1994年研究生毕业的她，面临很多高大上的从业选择，但她义无反顾地选择了涉外仲裁行业。在中国贸仲委/中国海仲委从事仲裁工作25余年来，她从见证中国第一部仲裁单行立法的出台作为中国第一代的仲裁人，到践行仲裁理念为中国多元化纠纷解决机制构建与完善做出贡献的资深仲裁人，她以一己之力，散发了所有的光和热。

成绩斐然

1994~1995 年中国贸仲委的涉外案件达到了阶段性的峰值——902 件，并且全部是涉外 / 国际案件。黎晓光如鱼得水，乐此不疲。作为办案秘书，她经办的案件在 500 件以上。1999 年年底，作为第一批年轻的仲裁员，她开始作为仲裁员办理案件。2002 年 8 月，由于工作需要，她又带着刚上小学一年级的女儿离开了教育资源优渥的北京，毅然南下深圳，司职中国贸仲委华南分会副秘书长。2006 年，她被评定为法学研究员。之后，她又被几家仲裁委员会聘请为仲裁员。近 20 年来，她作为仲裁员办理的案件在 500 件以上。2015 年 1 月 1 日，中国贸仲委重组华南分会，她被任命为新华南分会秘书长。重组伊始的前两年，是中国贸仲委华南分会比较艰难的创业期，她硬是从 2 个人做起。2016 年 2 月，中国海仲委华南分会在深圳落地，与中国贸仲委华南分会合署办公，她同时兼任了中国海仲委华南分会的秘书长，工作的担子更重了。经过几年的努力，新华南分会以崭新的姿态、升级的服务、更高的效率，为华南地区、我国港澳台地区法治化营商环境的完善与提高做出很大贡献！

仲裁为民

回想起分会的工作，让黎晓光感触颇深的两个案件是：一家大型民企买了70多套商品房，已过了户，但后来由于商业上的考虑又不想要了。开发商是一家有名的地产商，也愿意回购上述商品房。双方达成了和解协议，和解金额高达人民币16.7亿元，双方均同意提交分会依和解协议作出裁决。分会只用了12天时间就作出了和解裁决书，双方均非常满意，随即就依裁决书办理完成了过户回转手续。当事人很激动，直说没有想到这么快这么好，以后要多多选择仲裁，尤其是贸仲的仲裁！另一件案件是，双方当事人都是地处河南，一方是民企建筑公司，另一方是政府部门，建设高速路的合同纠纷，涉案金额20多亿元，当事人在合同中选定了中国贸仲委华南分会，据当事人讲是一个FIDIC专家给推荐的……真的是没有比得到当事人的信赖更开心的事啦！这凸显了仲裁不设地域管辖和级别管辖的特征、当事人的意思自治为先！还有一件是她自己做独任仲裁员的案子，也被她津津乐道：那个案子仲裁时效表面上已经过期，第一次开庭双方剑拔弩张，都无和解诚意，辩论焦点在于仲裁时效是否能被认定为中断？第一次开庭后，黎晓光经过慎重考虑，专门跑到北京开了一次调解庭，向双方陈明利害，释理说法……最后，双方背对背给她的方案都超过了和解方案，双方获得了意料之外的满意，握手言和，皆大欢喜！

不忘初心再出发

25余年的仲裁生涯，精彩的故事很多，无法一一而足。她一向主张要对当事人好些，要好好解决当事人商业肌体之痛，要法者仁心，要一身正气走天下……这些年来，她还一直注重自我专业水平的提升，一直在努力，追求进步的脚步从来没有停歇。2018年国家统一法律资格考试，她重试牛刀，一考而过。她笑言，学习永远在路上……她对仲裁工作的热爱和精神品质，鼓舞了很多人，也收获了不少仲裁员和当事人以及仲裁（法律）同行的赞扬！如今，国家建设粤港澳大湾区的宏图深深激励着她，黎晓光又信心满满再出发了，誓为仲裁制度在新时代更流行、更优化而努力前行！

不忘初心　服务为民
坚守仲裁本色

刘冬冬

1982年8月出生，壮族，现任南宁仲裁委员会委员、秘书处副秘书长。2008年8月至今，一直在南宁仲裁委工作，先后担任秘书处立案部工作人员、综合部副部长、审理部副部长、审理部主任科员、副秘书长等职务。

刘冬冬投身仲裁事业10多年来，从最一线的办案秘书做起，从最简单而又最琐碎的咨询、立案、送达、开庭记录、裁决书校对等工作做起，经历多个岗位，扎根仲裁10年，从多角度的体验了仲裁工作的酸甜苦辣，无论在哪一个岗位，均能工作不论巨细，始终不忘服务与奉献的初心。

坚守初心，扎根最前线，强化服务意识

在最初担任立案部工作人员时，她只是一个初出校园的毕业生。虽然多年学习法律，但是在一个个具体案件中，接触到不同行业背景、不同知识水平、性格各异的当事人和代理人时，还是遇到了诸多挑战。10年前，老百

姓对“仲裁是什么”“仲裁和法院有什么区别”这些最基本的概念都知之甚少。每次接待没有委托专业律师的普通民众当事人，各种对仲裁程序、仲裁规则的疑惑甚至是质疑、挑衅，总是在所难免。有的被申请人在接到仲裁机构发出的仲裁文书时，甚至会带着比较激动的情绪前来咨询。每次有这样的当事人上门，即使不是她负责的案件，只要当事人有需要，她总是积极热情地上前接待，耐心地讲解法律和规则的规定，解答当事人的各种问题，为当事人指明解决办案和救济途径。

4 年立案部工作，她接待过各种各样的当事人。曾经有七八十岁的老奶奶拿着字迹模糊的手写材料来“请求主持公道”，老人家听不懂普通话，不懂法律，她就用方言与老人家慢慢交流，安抚她的情绪，耐心向她了解情况，想办法用最通俗、最简单的词语向她解释艰涩的法律概念，告诉她如何准备材料，如何寻求法律援助。接待这位老人花费了整整一个下午的时间。老人家从来时大声哀呼，到临走时却再三感谢。

坚守初心，艰苦朴素，不畏艰难，坚定理想信念

工作岗位转到审理部后，担任办案秘书，负责推动案件程序、记录开庭、校对裁决书，再到担任副部长后，肩负起裁决书初稿审核的工作，忙起来时手头可能同时有几十个案件在同时开展。有的案件需要在非工作时间开庭，有的案件要跑现场送达，有的案件当事人矛盾尖锐冲突激烈，有的案件当事人又需要仲裁庭和办案秘书花费大量时间居中调解。对分配到手中的

案件，她不怕案情疑难，不怕程序繁杂，更不怕加班加点，不怕多做分外工作。为优质高效的服务仲裁当事人，亲自现场送达，加班开庭，加班校对裁决书是家常便饭。有一年春节前，一个案件的当事人急需拿到裁决结果，为此她在审理过程中各个环节都随时跟进尽量加快，拿到裁决书初稿后加班校对，加班打印装订，到春节前最后一个工作日已经下班了仍然坚守在办公室，等仲裁员前来签字。到放假前的最后一个晚上，她在办公室一直等到当事人赶来领走了裁决书。

不忘初心，牢记使命，谨记仲裁为民的理念

担任仲裁委副秘书长后，她更是时刻谨记仲裁为民的理念，想办法从管理的角度更好地服务社会民众，为追求时效性的金融等特定类型案件构建“快速通道”；提出各项举措加快裁决书审批发放程序，提高裁决质量；坚持贯彻和谐仲裁，耐心调解，亲自接待各种当事人的信访。随着南宁仲裁委员会的案件受理数量近年大幅提升，案件类型日益多元化，总会有当事人在诉求得不到法律支持时产生不愉快的情绪。每次遇到当事人对案件审理、办案感受或裁决结果提意见，她始终坚持，只要能腾出时间，一定和办案秘书一起亲自接待，倾听当事人的意见和建议。有的当事人或代理人确实对事实和法律存在误解，这种时候她就在不违反工作纪律、保证客观中立的范围内，尽量给当事人或代理人解释清楚事实认定、法律适用和仲裁流程的各种问题。有的当事人或代理人只是情绪过激，思想一时钻了牛角尖，这种时候她就给予他们充分的倾诉和发泄的机会，不论当事人如何怒骂，甚至拍桌子，她也不与其发生冲突。当事人在尽情地表达之后，往往情绪已经释放一大半，这种时候再做解释工作，指明解决途径，很多矛盾就能得到化解。

仲裁为民吐芳华　植根边疆写初心

杨金勤

1967 年 12 月出生，现为云南勤业律师事务所主任、云南省律师行业党委副书记、云南省律师协会副会长。受聘担任云南省人民政府法律顾问、云南省人大常委会办公厅法律顾问。1999 年、2000 年被云南省司法厅、云南省律师协会评为"先进个人"。2011 年 6 月被云南省司法厅党委会评为"云南省司法行政系统优秀共产党员"。2011 年 12 月被中华全国律师协会评为"2008~2010 年度全国优秀律师"。2015 年 11 月被昆明市司法局、昆明市律师协会评为"昆明市第二届十佳律师"。2018 年 7 月被全国律师行业党委评为"全国律师行业优秀党员"。2020 年 1 月被司法部评选为"新时代司法为民好榜样"。

2003 年 10 月，做了 10 年律师的杨金勤收到昆明仲裁委员会的聘任书。从此，他多了一个身份——仲裁员。多年来，无论自己律师业务有多繁忙，杨金勤仍积极参办仲裁案件——他将履行仲裁职责看作自己人生价值和意义的重要凸显，他在边疆云南吐露着自己的芳华……

仲裁为民化纠纷

在杨金勤看来，仲裁作为解决民商事纠纷的重要形式由来已久。把民间的矛盾、纠纷化解在仲裁庭上，是仲裁的价值所在！他担任首席仲裁员的一批开发商逾期交房案中，上百户业主群情激愤，双方争端和摩擦持续扩大，严重影响社会安定。眼看冲突一触即发，杨金勤一面循循疏导购房者情绪，向他们晓之以理，另一面反复劝导开发商关注民生，对其动之以情，终让双方重回谈判桌。通过耐心、透彻地释法、说理，他将剑拔弩张的对抗转化为崇法循理的对话，主导提出的调解方案最终得到双方认可，促成了和解。一起涉及众多群众利益的社会纠纷在仲裁庭上就此圆满化解。

注重调解促和谐

“调解是最能促进社会和谐，最能在不伤和气的同时又快速解决纠纷的仲裁手段。”正是有着这样的理解，杨金勤办案时特别注重耐心组织双方调解，也为此花去很多工夫。他每次接到仲裁工作任务后都会至少在开庭前10天到仲裁委调阅全案材料认真“备课”，从不临阵磨枪裁无准备之案。办案过程中，他仔细甄别核查每一份证据，抓取每一丝案件细节，尽力还原事实全貌与真相。加之精深的法律专业知识和丰富的办案经验，他提出的调解方案既公平、合理又具专业水准令人信服，认可度较高，作为首席仲裁员办理的绝大部分案件都能调解结案，履行情况也非常好。

公正效率齐保障

多年仲裁经历让杨金勤相信：当事人选择仲裁解决经济纠纷，源于仲裁具有法律认可的公信力和效率优势。办案过程中，面对各种旁敲侧击希望得到照顾的请托，杨金勤回答很直接：“清廉、公正是所有裁审人员的基本素质和要求。如果你们的请求在事实和法律上都站得住脚，法律会给你们关照。”为提高办案效率，杨金勤严格遵循案件办理时限要求和规定，果断严辞拒绝办案过程中的不合理诉求，紧凑推进案件办理进度，办案从不超期。“杨老师裁案很利索”，和他经常搭档的书记员这样说。

讲法讲理有温情

“一个好的仲裁员不应‘一裁了事’，而要‘一裁事了’。这要求我们讲法讲理还要心存温情。”杨金勤这样说，也这样做。庭审中，除严格在法律界定范围内进行裁量，杨金勤十分注重倾听当事各方的声音，善于透过纷繁复杂的表象去把握住各方的核心利益和根本诉求。在一批很有社会影响的合同违约案中，他作为其中部分案件的首席仲裁员作出的裁决较好地兼顾了法、理、情，成为该批案件的“示范文本”。为减少当事方诉累，杨金勤总是设身处地为各方着想，合理安排开庭时间，有效整合争议焦点提高庭审效率。为节省外地当事方的行程期，他还常搭上自己的休息日，也因此广受称赞。

植根边疆写初心

时至今日，杨金勤任首席仲裁员办理的200余起案件没有任何一件被当事人向法院申请撤销，办案质量和效果都经受住了法律与时间的检验。作为一名仲裁员和资深法律人士，杨金勤植根边疆宣讲法律、扶困帮贫、服务环保、传递民音。他往返云南多地宣讲保障国家和人民根本利益的2018年新修《宪法》30余场，受众数万人；他深入边境苗村、彝乡捐资助学、精准扶贫，在田间地头传播法治理念；他在大理洱海水边参加专家论证，为保护生态积极建言；他向信访部门转达失地农民上访诉求，推动问题解决。他还利用不同平台形成的工作契机宣传仲裁，扩大仲裁便民的影响面和覆盖面；献策昆明仲裁委员会为受理西南边境各邻国的投资贸易纠纷做好人、财、物储备，让仲裁更好地服务于“一带一路”建设……

多年来，杨金勤一直铭记仲裁员的职责和担当，用自身行动不断续写“仲裁为民”的初心。

律师服务为民好榜样

有这样一群人，手握正义之剑，穿行在繁华的都市，行走在偏远的山村。庄严的法庭，社区的调解室，复杂的案情，不公的判决，是他们，拿起法律的武器维护当事人的合法权益。在守护公平与正义的道路上，永不停歇——他们就是匡扶正义的律师工作者。

只身走边疆　法援万里行

马　兰

1966 年 11 月出生，现任北京市高通律师事务所合伙人，“1+1”中国法律援助志愿律师。2015 年 12 月被中央电视台授予 CCTV2015 年度法治人物称号；2016 年 3 月被全国妇联授予“全国三八红旗手”称号；2019 年 11 月被全国妇联授予“全国维护妇女儿童权益先进个人”称号。

马兰系北京市高通律师事务所律师，自 2010 年 7 月起报名参加“1+1”中国法律援助志愿者行动。9 年来，马兰分赴甘肃省山丹县、西藏自治区拉萨市城关区、云南省西盟佤族自治县、新疆维吾尔自治区巴楚县、青海省果洛藏族自治州、内蒙古自治区赤峰市敖汉旗等七省八地开展了为期 9 年的“1+1”中国法律援助志愿工作。马兰始终严格要求自己，以“扶弱济困、法援苍生”为己任，以“法援大门朝难开，有理无钱请进来”为理念，努力为各族群众提供优质、高效的法律服务，展现了首都律师爱岗敬业、无私奉献、服务人民、不求回报的时代风采。截至目前，马兰共办理各类法律援助案件 500 余件，也把法治的种子播撒在了西部大地上。

“二十万分之一”铸就了无悔初心

2010 年 7 月，马兰被分配至甘肃省山丹县服务，她发现 20 万人口的山丹，竟然只有 1 名执业律师。一起 6 名未成年人故意伤害（致人死亡）案，大部分律师需到外地指定。正是由于看到了西部律师资源的匮乏和百姓对法律援助的渴求，让马兰下定决心在法援路上走下去。

在山丹代理的第一起案件是交通肇事赔偿案，马兰代理死者妻子蔡某。蔡某的丈夫在收工结束后骑摩托车回家途中，与对面摩托车发生碰撞，致蔡某的丈夫在送医院途中死亡。蔡某的丈夫系酒后驾车，被认定承担交通事故的主要责任。蔡某对此耿耿于怀，怀疑其丈夫被当时在现场人多势众的对方亲属打死。没有多少文化的蔡某选择了上访，但当她听说山丹县来了一位北京的志愿律师时，蔡某第一时间找到马兰，握着马兰的手说看到她就看到了希望。“希望”这个再平常不过的词，让马兰读出了异样。随后，马兰不辞辛苦多方取证，终于让案件在最短的时间内立案。立案那天，蔡某哭了，她说，自她丈夫去世以来，她几乎没吃过一顿好饭。如今终于能立案了，她觉得成功距离自己又近了一些。案件最终调解结案，对方放弃了反诉，蔡某一次性拿到赔偿金 2 万元。只有马兰和蔡某知道，她们说了多少宽慰的话语，做了多少说服和解工作。

立志要做扎根在祖国西部的一株胡杨

这个案件，让马兰读懂了法律援助的意义——救人于危难。同时也让她意识到，在有 2 万多名律师的北京，自己或许可有可无，但在西部律师资源缺乏地区，她却是不可或缺的顶梁柱，是人们可以依靠的大树。此后，无论是在海拔4300米的高原，还是在风沙肆虐的南疆，无论是办理佤族母子被害案，还是帮助布依族青年维权，她像一台永不疲倦的机器，忘我工作着。面对年底因欠薪群情激愤围堵政府大门的农民工兄弟，她劝其理性维权，并主动拿出吃的给农民工兄弟；针对情绪激动想要以暴制暴的被害人亲属，她动之以情，晓之以理，自掏腰包帮着联系居住宾馆。她不仅做了一名律师分内之事，更将律师的作用扩大到帮助被害人火化尸体等分外之事。

从“大律师”到“亲妹子”是心的距离

2018年7月，马兰被分配到国家级贫困县内蒙古赤峰市敖汉旗服务。在那里，马兰只能居住在办公室。屋里简陋的只有一张小床，一台旧办公桌，她需要自己做饭，无法洗澡，夏季天气炎热，连觉也睡不着。马兰还是克服了生活中的所有困难，一心扑在工作上。

刘某（女）是一名60岁的老人，因为非法占用农用地罪被检察院起诉到法院。刘某是上访多年的老上访户，曾被行政拘留两次，甚至有一年在拘留所里过的年。敖汉旗把这个棘手的案子交给马兰办理，马兰不敢怠慢，到刘某居住的村委会了解案情，认真阅卷，因为材料纷繁复杂，仅阅卷研究案情就花去马兰半个月的时间。经过和刘某多次沟通，刘某渐渐打消了顾虑，知道马兰不仅免费帮她辩护，还办理得这么认真。所以，刘某对马兰的称呼也逐渐从马律师到大妹子，从情绪对抗到态度缓和。经过认真研读法律，研究案情，开庭时，马兰做了刘某不构成非法占用农用地罪的辩护，让马兰和刘某的关系也达到和谐之高峰。看守所民警说：“这个被告人运气真好，能碰上马兰这个大律师，如果花钱请，都未必能请到这样的北京律师。”

9年的法援经历，让马兰对律师的价值和意义重新定义。能在有生之年，深入祖国西部，为广大的弱势群体服务，是马兰的荣幸。她说如果条件允许，她愿意在这条路上一直走下去。

公益为心　法即信仰

佟丽华

1971 年 6 月出生，满族，中共党员，现任北京市致诚律师事务所主任、北京青少年法律援助与研究中心主任、北京致诚农民工法律援助与研究中心主任。2007 年 4 月获得中华全国总工会授予的“全国五一劳动奖章”；2007 年 5 月获得共青团中央、全国青年联合会授予的“中国五四青年奖章”；2010 年 4 月被国务院授予“全国劳动模范”称号；2001 年 3 月、2004 年 9 月、2008 年 5 月、2016 年 9 月先后 4 次被司法部授予“全国法律援助先进个人”称号。佟丽华被称为“中国公益律师领军人物”，他探索出的一条通过公益法律服务开展社会建设的新模式，受到党和政府以及国内外社会的广泛认可。

毅然投身公益，创立“致诚公益”

1995 年，佟丽华从中国政法大学毕业，做过系学生会主席、创建过两个独立的学生社团、获得过一等奖学金并且已光荣入党的他进国家部委工作应该是很好的出路，但是，对律师职业的向往和一种使命感最终使佟丽华下决心到位于丰台区的北京市致诚律师事务所工作。由于佟丽华的优异表现，在进入致诚所 3 年后，他被推选为律所主任，成为当时北京市最年轻的律师事务所主任之一。在从事商业律师的几年间，佟丽华律师积累了丰富的工作经验并在经济上获得了不错的收入。但是，在学校期间就热心公益的佟丽华想为未成年人、农民工等弱势群体做些实实在在的事情。于是，在1999年，佟丽华律师创立了全国第一家青少年法律援助与研究中心，6年后又创立了全国第一家农民工法律援助与研究中心。

为了让更多的人参与到公益法律服务中来，在佟丽华律师的倡议和推动下，全国律协未成年人保护专业委员会和青少年中心于2003年推动成立了遍布全国的“中国律师未成年人保护志愿协作网”，权益受到侵害的孩子们可就近向当地律师寻求帮助，他们将不再感到恐惧和孤单。近些年来，佟丽华探索的北京农民工中心的创新模式得到了推广，已有40家农民工工作站在全国20多个省市成立，并培养了160多名专业、敬业、有爱心、愿奉献的第一代农民工专职律师！现在，“致诚公益”已成为一个在国内外享有盛名的公益品牌，佟丽华也被大家称为“中国公益律师领军人物”。

积极维护弱势群体合法权益，有效化解社会矛盾

多年来，佟丽华律师带领同事们摸索出了一整套化解社会矛盾的制度与方法，形成了相对成熟的“三级矛盾化解机制”。以A、B、C三级社会矛盾为基础，佟丽华律师带领大家制定了详细应对方案，最大限度地维护未成年人和农民工等弱势群体的合法权益、有效促进首都社会和谐稳定。到过北京致诚公益机构的每一个人都会为那像晾衣服一样挂起来的几百面锦旗发出由衷的赞叹：“怎么会有那么多呀！”要知道，每一面锦旗后面都有一个沉甸甸的故事，都牵系着受援人和他的家庭在获得公正对待后的感恩情怀。

山东省滕州市17岁的少女李某来北京打工失去了右臂，但是由于法院的判决无法执行，她至今没有拿到一分钱的赔偿，生效判决竟然成了一纸空文，专程到致诚公益寻求帮助的李某抱着残缺的右臂在佟律师的办公室里号啕大哭。佟律师对案件进行了详细了解，并指派时福茂等律师一定要替李某拿回工伤款。为了这个案子，佟律师多次参与讨论，在办案律师奔波3年后，李某终于拿到了一次性补偿20万元！案件获胜后，佟丽华律师又鼓励李

某坚强面对生活、成为社会有用之才，在佟律师的指导下，李某又重返校园参加学习，现在她已经大学毕业参加工作。

多年来，佟丽华律师带领团队始终坚持“不让老实人受欺负”的朴素法治追求，在理性沟通中向弱势群体传递法律与正义的力量，取得了良好的社会效果。以农民工法律援助为例，自2005年成立以来，佟丽华律师所带领的农民工专职公益律师队伍共办结5人以上群体性案件500余件，涉及近万人，使很多尖锐疑难社会矛盾得到有效解决。

个案推动进步，从实践到理论的不断升华

一个案件只能帮助一个或几个当事人，而一个好的法律条款却让更多的人受益。佟丽华律师认为，像致诚公益这样的社会组织处在为弱势群体提供服务的最基层，对情况比较了解，能够站在客观中立的立场开展实证研究，积极为完善相关法律和政策建言献策。

多年来，佟丽华律师带领青少年中心的律师和研究团队就未成年人流浪救助、性侵害、少年司法制度等热点问题开展了专题性研究，先后出版了《未成年人法学》《谁动了他们的权利——中国农民工权益保护研究报告》等70余本书籍，流浪未成年人救助研究等还被新华社写成内参。除此之外，佟丽华律师还深度参与了《未成年人保护法》《社会保险法》等法律法规的起草和修订工作，将实践中遇到的问题进行法律上的梳理和规范，从立法层面不断加大对维护弱势群体的维权力度。

佟丽华，一个踏下心来为弱势群体提供高质量公益法律服务的律师，将带着他的团队继续播洒正义的阳光，让社会和弱势群体都能感受到法治的力量！

十年坚守　在平凡岗位上践行为民承诺

吴凤颖

1973年5月出生，天津澍泽律师事务所律师。2019年2月被天津市司法局评为"天津市新时代司法为民好榜样"；2019年6月被天津市和平区律师行业委员会评为"律师行业优秀共产党员"；2019年7月被中国共产党全国律师行业委员会评为"全国律师行业优秀党员律师"；2019年9月被天津市和平区司法局评为"和平区公共法律服务之星"；2019年12月被司法部评选为"新时代司法为民好榜样"——律师为民好榜样。

努力奋进争寸阴，终偿所愿律师梦

和许多法律人不同的是，吴凤颖所学并非法律专业。大学毕业后，她在一家大型建筑企业负责项目管理工作并考取了国家注册建造师资格。一年夏天，工地上一名年轻的农民工突然发生车祸被撞身亡，单位领导指派她陪同家属去协商赔偿问题。当时的她对法律懵懂无知，进入交通队，走廊上挂着大大的数字表格，是每年更新的一些统计标准，现在她经常会在工作中和这些数字打交道，但是当年她却像看天书一样看着他们，即便知道它们可能会左右她的谈判结果，却束手无策。经过艰苦卓绝的谈判，最终男孩父母拿到了满意的赔偿款，并对吴凤颖表示了由衷的谢意，但是这件事还是让她陷入了深深的自责。她问自己：身处这样一个日新月异的社会，竟然对国家的法律一无所知，这何尝不是一种悲哀？

考取律师执业资格！让更多的人了解法律！这个想法一出来，就不可遏止。“人生各有所乐，余独好修以为常”，通过刻苦的学习，她终于实现了美丽的梦想，成为一名执业律师，从此她义无反顾地在法律的道路上行进。

爱岗敬业无尽时，星星之火闪微茫

吴凤颖说，她更愿意做一名诉讼律师，能够接触到众多的普通百姓，用自己的能量温暖他们。一起非法吸收公众存款案件的被告人小马，家庭困难，为了减轻父母的负担，学历比较低的他选择了在一家投资公司做理财顾问。案发后，小马父母天天以泪洗面，怕情绪抑郁的儿子在看守所轻生，他们把希望寄托在了吴凤颖身上。吴凤颖在数次会见完小马，已经了解了案情以后，为了安抚不能相见的小马和父母，她继续抽空就往看守所跑，给小马疏通心结，让他的父母安心。到审判时，她已经会见了小马30多次，连看守所的警官都对她挑起了大拇指。法庭庭审结束后，得到轻判的小马冲着她深深地鞠了一躬。小马的妈妈抱着她泣不成声。当初因被害人殴打，一时没有忍住怒气用刀捅伤被害人致其死亡的小尹，一审、二审都被宣判死刑，他万念俱灰。吴凤颖继续为他努力，在案件发回重审

后，小尹被改判死刑缓期执行，最后一次会见时，小尹的面容第一次有了血色，他感谢吴凤颖一直以来为他付出的努力，并保证会好好改造，争取早日出去孝敬单身的妈妈（他的妈妈曾被父亲严重家暴而离婚）。

吴凤颖常说，每一个案件的背后有可能就是一个家庭的生死存亡，因此她不但用自己的专业知识认真梳理每个案件的证据，还用自己做企业管理积攒的心理知识为当事人理顺不良情绪。她说自己的星火虽然微小，但是如成燎原之势，则法律人对社会稳定发挥的作用将不可估量。

司法为民践承诺，心连百姓谱心曲

吴凤颖始终认为自己是带着使命感执业的。她热爱并忠诚于这份职业！在天津市、区司法局领导的号召下，她参加了公益法律援助工作。无论多忙，她都坚持到援助中心、司法所以及社区定期值班，用法律为困难群众答疑解惑、到多家大中小企业宣讲法律、积极参加人民调解工作，并利用业余时间编写法制剧本指导在校学生参加模拟法庭活动。她认真承办每一个案件，无论是援助案件还是收费案件，她一视同仁，力求尽自己最大的能力，不让案件留下遗憾。她的敬业和责任心让越来越多的当事人像信任家人一样信任她。炎炎夏日，霜雪严冬，从业 10 年，她没有一例投诉，却收获了一面一面红艳艳的锦旗和越来越多的朋友。他们中有企业家、有年迈的老人、有青年男女、更有改过自新的服刑人员……

“为天地立心，为生民立命。”这是北宋思想家张载的一句名言，也是吴凤颖的座右铭。展望未来，吴凤颖信心满满，她说：“我的下一个律师十年，一定会更充实更精彩！”

执业为人民　热血铸丹心

李　超

1980 年 6 月出生，现任河北方允律师事务所主任、邯郸市律师协会副会长、河北省律师协会青年律师工作委员会副主任。2011 年被邯郸市司法局评为“邯郸市优秀律师”，2016 年被河北省律师协会评为“河北省优秀律师”。

在成语之都邯郸，有这样一名律师：无论寒暑，他总是独自背着背包，奔波在城市乡村之间，为基层群众送法上门，解答法律咨询，开展律师调解，提供法律援助，帮助困难群众，却从来不计较个人得失，不收取任何费用，人们亲切地称他为“咱家里头的律师”。他就是“新时代司法为民好榜样”李超。

送法下乡证初心

在参加工作之初，李超发现有的案子原本事实清楚，因为当事人缺乏法律意识，不仅案子败了诉，严重的甚至还会造成家破人亡的后果。基层群众对法律的迫切需求，深深触动了李超的心：律师的天职在于维护公平正义，提高公民法律意识则是实现公平正义的前提。从那时起，他就开始走进大大小小的社区乡村，义务为居民宣传法律政策，解答群众法律咨询。为增强宣传效果，李超把晦涩难懂的法律条文，转换成易于理解的通俗语言编辑成册，通过一个个案例帮助大家了解法律规定，引导大家学法、用法积极性。群众们常笑着说："有这么好的'法律翻译员'，咱们再也不怕吃不懂法的亏了！"十几年间，李超走遍了全市的社区乡村，累计解答群众法律咨询上万次，年复一年践行着一名律师的执业初心。

法律援助守公平

"李律师，我老伴儿长期治病，家里实在没钱请律师，您能帮帮我吗？"为了不让普通群众打不起官司，李超毅然担负起法律援助的职责，为困难群众免费代理各种诉讼仲裁。为了扩大援助群体，李超主动下沉到贫困乡村、建筑工地和养老机构，发宣传单、送明白纸，让群众充分了解法律援助政策。为了提高案件质量，李超创新案件办理流程，借助大数据检索和多元化解决纠纷机制等方法，让困难群众尽早拿到赔偿款，合法权益得到及时维护。李超及团队在10多年的时间里，共办理各类法律援助案件近千件，以实际行动维护了社会公平正义，让人民群众切实感到公平正义就在身边。

化解矛盾促和谐

李超总说：“人民群众的法律需求在哪里，律师的服务就要跟到哪里。”基层群众之间小矛盾得不到及时化解，很容易升级为恶性事件，人民群众都热盼矛盾得以公平合理地解决。为满足人民群众的调解需求，李超积极探索出了“基层调解三六九工作法”，有效化解了群众内部矛盾，帮助恢复和睦关系。在一起离婚案件中，女方透露出调解不成她就带着女儿一起寻短见的想法。李超冒着酷暑多次奔走在当事人之间，摆亲情、讲道理，终于让当事人改变了想法，避免了一场恶性事件。近5年里，李超充分发挥律师调解在基层治理中的职能作用，成功地化解矛盾100余次，有效促进了群众生活的安宁和谐。

人民群众无小事

“律师职责的边界绝不仅是一纸委托代理合同，而是全心全意为人民群众解决实际困难”，李超是这么说的，也是这么做的。在帮助一位90岁的孤寡老大娘打赢了一起继承官司之后，老人往后的生活困难却牵动着李超的心。他总是想办法抽出时间，为老人送去生活物资，帮助打扫卫生，维修家用电器，让孤寡老人感受到亲人的温暖。老大娘不顾高龄亲手缝制了一副绣花鞋垫，介绍说她十几岁时曾经跟随母亲为八路军缝制鞋垫，今天她又找回了当年鱼水情深的感受，律师与人民群众真真切切是一家人！

李超就是这样一位普通基层律师，把人民群众的事当作自己的事，把人民群众的小事当作自己的大事，把自己的青春年华全部投入到为人民群众解决困难、谋求幸福的事业之中，在平凡的岗位上书写出不平凡的人生篇章！

铁肩担道义　擎法惠民生

单宗辉

1966年2月出生，中共党员，河北省深州市人，自1993年起从事律师工作，现任河北冀和律师事务所主任、党支部副书记，河北省律师协会民商委员会副主任，衡水市律师协会副会长，河北省人民检察院人民监督员。2003年7月被河北省律师协会评为河北省“全省律师防治非典先进个人”；2003年11月被河北省司法厅、河北省妇联评为河北省“维护妇女儿童合法权益先进个人”；2011年7月被河北省司法厅党委授予“全省律师行业优秀共产党员”称号；2011年11月被司法部授予“党员律师标兵”称号；2019年12月通过一级律师评审。被衡水市人大常委会聘为立法顾问，并担任衡水市委、市政府，深州市政府等20余家行政、企事业单位法律顾问，在当地享有广泛盛誉。

热心投入公益，积极开展普法宣传

一是送法进学校。单宗辉律师以高度的社会责任感，坚持义务普法，通过“法律知识进校园”等活动为深州几千名师生送上法治大餐，他还带领律所与深州市团委联合印制青少年安全法制教育手册10,000册，在各中小学发放，受到了广大中小学生、教职员工、家长的热烈欢迎。二是送法进机关。

在深州市委领导干部理论学习中心组学习（扩大）会议上和各部门开展的“尊崇宪法 学习宪法 遵守宪法”的20余场的培训活动会上，单宗辉律师讲解了宪法的修改时代背景，修改的重大意义，修改前后的宪法条文对照等知识。三是送法进企业。在深州市政府会议室，单宗辉律师为80余家企业代表解读了“习总书记关于民营企业座谈会重要讲话精神”，现场解答企业代表法律咨询。编纂印制《民营企业风险防范及实战攻略》1000余册，向深州当地30余家企业免费发放，带领骨干律师成立了“民企法律服务团”，为企业量身定做法治套餐，主动当起了民营企业“法律守门人”，为企业发展保驾护航。主导起草的《民营企业法治体检操作指引》，被衡水市律师协会、河北省律师协会采用。

勇担社会责任，化解疑难复杂纠纷

某公司宿迁分公司招用周某等百十余人在深州市某工地施工，因长期拖欠工资，导致民工到市政府上访，单宗辉律师依法为讨薪民工提供法律援助，经过数次往返深州、广东等地办案，最终法院判决该公司给付农民工工资并实际执行，维护了当地社会稳定，2014年12月20日《燕赵都市报》进行了采访报道专版刊出。

业务技能精湛，尽显律政先锋本色

深州某热力设备公司与某检测公司检测费纠纷一案中，检测公司业务员离职后未及时告知，热力公司按照之前合同约定将80余万元的检测费用全部支付到了原来约定的业务员账户内。检测公司没收到检测费用，将热力公司告上了法庭。单律师以“被告按约定支付了检测费用，原告业务员有变动，未通知被告，由此产生的责任只能由原告自行承担”为由应诉，法院判决检测公司败诉。

在从业生涯中，单宗辉不断进取，作为衡水市律协代表，带队参加“第三届京津冀破产审判研讨会”“京津冀国际商事法律论坛”，“处理涉农纠纷经验交流会”和“全国土地权益保护交流会”，提升自己的法律素养。在为乔屯面业有限公司、衡水春雨园林工具有限公司等办理破产清算案中，依照法律规定通知债权人、统计债权、解决争议、破产分配，做到了程序合法，处置得当，职工满意。

党员律师服务为民贵在真

郎满红

1975年6月出生，中共党员，山西阳城人，现任山西君宜律师事务所主任、晋城市律师协会副会长、晋城市七届政协委员、山西省律师协会常务理事。2015年11月被山西省律师协会表彰为“诚信执业 坚守法治先进个人”，2016年4月被山西省律师行业党委表彰为“全省律师行业优秀党员律师”，2018年7月全国律师行业党委授予“全国律师行业优秀党员律师”荣誉称号。

牢记党员身份，筑牢初心，用真心把法律知识传入千家万户

他常说：“我虽然执业在前、入党在后，但我的第一身份是党员。”他担任律所党支部书记3年间，始终坚持以党建引领律所工作，每周组织全所律师开展“政治理论学习半小时”活动，本人也记录了20余本30余万字的学习笔记；他要求律师在办案中要自觉拥护中国共产党的领导和社会主义法治，努力让人民群众在每一个案件中感受到公平正义。他卸任支部书记后，仍以党员标准严格要求自己，处处起到了党员律师的先锋模范作用。他看重法治宣传“润物细无声”，3年多来，通过现场说法、讲法等“以案释法”的方式，深入乡村、学校、单位开展宪法和法律宣讲活动60余场，现场解答

法律咨询 2500 余人次；到晋城市法援中心、法院、司法所参加值班活动 200 余次，参与化解涉法涉诉信访案件和各类矛盾纠纷调解 100 余起，取得了良好的社会效果。2015 年 11 月该所被山西省律师协会表彰为“诚信执业 坚守法治先进单位”。

勇于担当负责，勤勉敬业，用真情践行全心全意为人民服务宗旨

为民服务，维护当事人合法权益，实现自己的人生价值，是他矢志不渝的追求。2015 年，晋城市开展“一村（社区）一法律顾问”工作，他选择到路途最远、条件最艰苦的陵川县马圪当乡担任法律顾问，并提出了“五个一”工作要求，即每月到乡镇工作一天，每月一次法律宣传、每季度一次法治讲座、所有村每季度至少走访一遍，群众法律问题一天内回复。3 年多来，他共为乡党委政府和村“两委”开展法治讲座 10 余场，提出法律意见建议 30 余次，解答群众咨询 600 多人次，参与调解各类矛盾纠纷 80 余起，成功处置了武家湾景区私搭乱建、灵岩寺村旅游合作开发、古石村河道治理等突出问题。当得知村民王某因工伤，花了 4 万多元住院费用，但没有获得赔偿，他主动联系劳动维权中心，去工地找工头，最终为王某争取了 9 万多元的赔偿。他勇于工作创新，拓展服务路径，牵头组建了“太行山里红”网络服务平台，创设了“4+1”微信法律服务模式，并在抖音、快手、微视等 6 个平台注册，

引导广大律师利用微信群参与农村法律服务，让群众随时通过手机就能找到律师。平台组建以来，共为群众解答法律咨询 20,000 多人次，开展普法讲座 300 多场，制作普法微视频 150 多部等。使越来越多的群众感受到了公共法律服务的温暖。2019 年 8 月他又牵头创建了“晋城职工法律维权”网络服务平台，较好地满足了职工网络法律服务需求。他还创办了律所云法务，使当事人在手机上就可以及时掌握法律事务进展，提高了当事人法律体验感和获得感。

热心公益事业，无私奉献，用真诚树立律师服务群众良好形象

作为党员律师，他始终认为其社会责任与职业使命高于经济利益，他先后组建了党员律师志愿者服务队和青年律师志愿者服务队，定期开展志愿活动。他个人捐款 6 万余元，对数名因病导致生活困难的律师，2 名无力支付医疗费的当事人和 1 名生活困难大学生伸出援助之手，帮助他们渡过难关。他为陵川县贫困村捐款 2.6 万元，用于修建日间照料中心；为陵川县寄宿制小学捐赠 2 万元物资，改善学校教学条件。当得知张某儿子外出务工已 10 多年没有音讯后，他安排律师上门提供法律帮助，并多方打探消息，最终使张某父子团圆。3 年多来，他还承办了 50 余起法律援助案件，维护了 100 余名当事人的合法权益。同时，君宜所在他的带领下，成立了山西省劳动维权工作站，晋城市残疾人维权站、晋城市总工会法律维权站和新的社会阶层人士服务站，共接受相关法律咨询 700 余人次，先后办理了 26 起劳动争议案件，对 8 家企业完成了工人工资集体协商，为残疾人提供法律帮助 60 余人次，为维护社会弱势群体权益做出了积极贡献。

不忘初心　司法为民

李选生

1982 年 11 月出生，山西省乡宁县人，现任山西省律师协会常务理事、临汾市律师协会秘书长、山西华尧律师事务所党支部书记、主任。2017 年 10 月被临汾市司法局评为“优秀律师”、2019 年 6 月被中国共产党全国律师行业委员会评为“全国律师行业优秀党员律师”。

他一路风尘仆仆，一路勤恳务实，一路葆有初心，一路心系百姓。他从大山深处走出，走进法律基层，走进群众深处。他是李选生，一位大山深处走来的亲民律师。从事法律服务工作以来，他始终坚持有一分热，发一分光，坚持用自己微薄的绵力为真理和正义服务，不忘初心，司法为民。

不忘初心，服务父老乡亲

李选生律师的老家在大山深处，要走 60 多公里的山路才能到县城，但这并没有阻挡他成长的脚步，他通过自强不息的拼搏，一路拿下山西大学法律硕士学位，无论有多少困难，他始终明白：业精于勤，只有让自己的专业知识更加丰富充实，工作才能得心应手，才能更好地为百姓服务！

如今，李选生律师担任临汾市律师协会秘书长、山西华尧律师事务所党支部书记、主任，但他仍然惦记着大山深处的父老乡亲，他的心里始终挂念着那片热土。为了能够有更多时间为老百姓提供法律帮助，他经常夜以继日地工作，白天接待当事人，办理开庭事务；晚上整理案卷，书写法律文书，每天的工作时间至少 14 小时。无数次的大山之行，无数次扎进老乡中间讲解法律知识，无数次深入群众进行普法教育，无数次走进百姓生活处理村民纠纷……每年进山的行程上万里，开展普法教育讲座 30 余次，给上万名父老乡亲普及了法律知识，帮助 800 多名村民解决各类纠纷。这些经历，让他更加懂得从群众中来，到群众中去的真理，始终不忘司法为民的初心，为全面推进依法治国贡献自己的绵薄之力。

深入基层，助力民营企业

他 10 多次奔赴古县对接部署“一村一法律顾问”法律事务，开展法律知识讲座，受益群众上千人；数次前往家乡乡宁县“文明法治建设村”——龙鼻村及其他村委开展法律知识专题讲座，解答 2000 余名村民对法律的困惑和疑问。这些都是李选生律师组织律所骨干律师对山区县的诚挚服务与回报。

全国开展扫黑除恶专项斗争以来，李选生律师积极贯彻文件精神，深入参与专项斗争，先后奔赴临汾戒毒所、华晋明珠煤矿、龙鼻村委会、浮山农村商业银行、乡宁县纵横集团、信德小额贷款公司开展“扫黑除恶专项斗争”法律知识讲座，动员各单位共计上千余人员积极投身扫黑除恶斗争，取得良好的社会反响。

他深入贯彻习近平总书记在民营企业座谈会上重要讲话精神，密切关注转型中的重点民营企业，根据省司法厅、市司法局的部署要求，带领骨干律师深入山西华天基纸业有限公司，对企业进行法治体检，深入了解实际情况，为企业量身定制了一套完善成熟的法律方案，大大减少企业经营的法律风险。像华天基纸业这样的民营企业，李选生律师每个月至少会实地了解服务 5 家。他始终坚信“赠人玫瑰，手有余香”，在服务群众的同时，也在不断磨砺自己的业务能力，提高自己的执业水平。

作为一名法律工作者，李选生律师始终精益求精，兢兢业业，他本着对法律最初的本心，对自己的本职工作尽心尽力，以最严谨的态度处理任何一件法律事务，做好公平与正义的守护者，做好法治建设的助力者！

勇于奉献，承担社会责任

李选生律师除了坚持“司法为民”的工作态度，做好自己的本职工作之外，还始终秉持“奉献社会”的人生理想，自觉承担社会责任。当他得知某县一中学生家庭困难，学业受阻时，便主动联系家长，了解情况，资助该学生顺利完成高中学业，并负责其大学期间全部5万多元学费和生活费。他一直明白：人生的价值不只是实现梦想，成就自己，更多的是奉献社会，成就他人。他愿将自己的光和热洒向社会的各个角落，帮助更多人实现梦想！

“桃李不言，下自成蹊”，李选生律师对业务精进，对工作严谨，对百姓诚挚，对社会担当，从业10多年以来，几乎零出错，他的工作受到同业领导和社会的一致好评。心系百姓，方能不忘初心，司法为民，贵在善始善终。李选生律师深知未来的道路会十分艰辛而又漫长，但他仍将义无反顾，坚定前行。

新时代律师服务为民好榜样

张嘉良

1973 年 3 月出生，吉林长春人，九三学社第十四届中央委员会委员，中华全国律师协会青年律师工作委员会委员，吉林省第十一、十二届政协委员，吉林省律师协会副会长，吉林大学法学院客座教授、硕士研究生导师，长春市普法志愿者协会会长。曾荣立司法部个人一等功，获“全国优秀律师”、“全国法律援助工作先进个人”及吉林省“五五”普法先进个人等多项荣誉称号。

他爱国爱民、善理说法，自 2001 年执业至今，带领法律服务团队累计为上万名群众提供公益普法宣传，为近 10 万名群众提供免费法律咨询等法律服务，为近千名农民工、残疾人等提供法律援助。他热心公益、执业为民，倡导律所每周六上午为“公益法律咨询日”，一做就是 13 年，免收法律服务费近千万元；他勇于担当、主动作为，为有 120 万人口的农安县提供公共法律服务。他就是张嘉良，一个普通却不平凡的法律工作者，凭借着自身一丝不苟精益求精的工作态度，刚正不阿、克己奉公的品格，得到了广大人民群众和业界同仁的认可和赞许。

利民之事，丝发必兴

2006年，张嘉良创立良智律师事务所之初，就建立了省、市第一家民生法律咨询呼叫中心“嘉良热线”。2014年，他组织律所开通了“963123”电话咨询短号，每年解答各类法律问题4万余人次。2016年受长春市司法局委托成立“12348公共法律服务热线良智分中心”，每天保证8名以上资深律师接听法律咨询电话，热线开通以来，接听各类法律咨询电话5万余件。张嘉良常说：“法律是没有温度的，但普法完全可以做到有温度，当法律深入人心，使尊法、学法、守法、用法成为全体人民的共同追求，法律才更有尊严。”

同心为民服务群众

2011年5月，吉林省成立“同心，民生律师服务团”，张嘉良扛起“同心·民生律师服务团”这面旗帜，累计为困难群众提供免费法律服务1.5万余人次，为下岗职工提供现场“法律义诊”253人次。他坚持以科学发展观为指导，以志愿者精神爱岗敬业为本职，以服务民生为宗旨，克服在工作中的种种困难，扎实工作、勤于调研，不断为维护弱势群体合法权益、维护社会稳定、构建和谐社会做出了努力和贡献。

以人为本普法为民

2015年，他参与筹备成立长春市普法志愿者协会。作为第一任会长，组织开展了形式多样的普法宣传教育活动。他还通过中央、省、市主流新闻媒体，向广大群众开展公益普法宣传，担任中央电视台《法律讲堂》主讲律师，常年担任长春交通之声广播电台主持嘉宾和《百姓与法》主讲律师，以一颗赤子之心勤勤恳恳弘扬法治精神，传播法律知识。与此同时，张嘉良主动参与公共法律服务体系建设，带领法律服务团队承担农安县22个乡镇、377个村的一村一法律顾问工作，他们走进田间地头、村民炕头，深入各村镇615次，开展法律讲座115次，通过现场咨询、微信群互动等方式，解答并解决土地、邻里等各类法律纠纷2千余人次，农民足不出村即可享受到优质高效的公共法律服务。

在普法助民的工作中，他始终对困难群众有着不变的关注与牵挂，在他办理的法律援助案件中，有被高压电打成残疾的年轻人，有身体被烧伤97%的小孩子，有因医疗事故造成肾衰竭的重病人，还有年老体弱、亲人遗弃的孤寡老人……一天，一位来自四川的女大学生打通“嘉良热线”，哭诉自己妹妹被撞了，正在ICU病房抢救，但肇事方置之不理，妹妹生命危在旦夕。张嘉良第一时间伸出法律援助之手，前后10余次与肇事方艰难谈判，最终通过法律劝导使肇事方态度转变，支付了相应医疗费用并赔偿。

恪尽职守筑梦前行

针对农民工权益经常受到侵害的情况，他组建了农民工专项法律援助工作站，免费为农民工解答法律咨询，挽回经济损失近百万元。针对社区群众法律需求多的实际情况，他开设社区法律讲堂、开办法律超市，义务当起了社区群众的“法律管家”，让居民们在家门口就免费解决赡养、物业管理等涉法问题。他带领法律服务团队，主动上门为民营企业开展法治体检，精准答疑解惑，挽回经济损失上千万元，赢得企业广泛赞誉。

侠骨护弱者　爱心促和谐

王　帆

现任黑龙江鹏帆律师事务所主任，王帆律师常年战斗在群众维权、化解邻里矛盾的岗位上，竭尽全力捍卫公平正义，维护社会和谐，被弱势群体真心当作“娘家人”，被社区亲切称呼“和谐使者”，“侠骨柔情，铁肩担道义；无怨无悔，爱心促和谐”，18 年普法公益之路，让大爱传扬。曾连续两届被评为大庆市优秀律师、连续八届被评为大庆金牌说和律师，2013 年荣获市妇联十大公益力量奖，2015 年被评为大庆好人，2016 年被评为黑龙江省优秀人民调解员、黑龙江省优秀律师，2018 年被评为优秀共产党员、黑龙江省律师行业党员律师先锋岗、黑龙江省维护妇女儿童权益优秀律师及获黑龙江省最美法律服务人提名奖。

为弱势群体撑起一把法律的伞

2007 年的陈某英医疗纠纷案，当时产妇陈某英即将分娩，生产期间，医院没有及时采取正当措施，导致婴儿死亡，婴儿尸体又离奇丢失。陈某英产后大出血，次日死亡。产妇丈夫已经 63 岁，一直失明，几乎没有劳动能力。面对产妇和孩子的不幸，陈某英的家人陷入绝望。王帆接受委托后，分文未收，打起了公益诉讼。5 年里，王帆风里雨里，多次奔赴哈尔滨收集证据、做医疗鉴定。在她的不懈努力下，案情终于发生转机。在第四次法院临时开庭时，王帆刚做完喉部息肉摘除手术，用微弱的声音，严谨周密的证据，专业的法律业务，得到了法院的认可和支持，为当事人一家争取到了最大的权益保障。但却因为在禁声期内说话，而留下终身后遗症，当律师最需要的嗓子由此变得沙哑。

2008 年 12 月 11 日，《大庆晚报》以《大庆律师为绝育夫妇讨回公道》为题，报道了她跨区域为双鸭山市宝清县凉水乡马某德妻子任某芹绝育手术后遗症维权的事迹。最初远在宝清的马某德到大庆找到了王帆，按地域管辖，马成德不是她救助的范围，但是为不使他失望，王帆为他规划了诉讼途径。半个月后，四处碰壁的马某德又找到了王帆，听了马某德详细叙述后，王帆当即决定免费为老人维权，亲自办理此案。通过 7 个多月往返大庆与宝清的游说和协调，当地计生委给予任某芹一次性经济赔偿，同时，民政部门还为任某芹及老伴办理了低保。他们 30 年的漫漫上访路，一朝得到圆满解决。像这样的案子，她每年都要被指名道姓地接上几起。

为邻里家庭搭起一座连心的桥

王帆常说："宁愿少代理几起案件，也不能贻误公益'说和'。"杜蒙县文德沟村村民兰某的丈夫开四轮车去自家承包地干活途中坠入莲花湖身亡。兰某委托王帆代理胜诉后，与其公爹在赔偿金自行分割上产生分歧，互不相让，王帆又专程驱车200多公里主动上门及时做调解工作，化解了酝酿中的纠纷。老人握着她的手说："多亏了你来得及时，不然的话一家人非撕破脸皮不可。"

自2010年市司法局与《大庆晚报》开展公益"说和"活动以来，她参与现场"说和"活动50余场次，圆满化解各类纠纷百余件，走过的普法之路数万里，《大庆晚报》先后登载她现场"说和"的典型案例30余件。在王帆的积极倡导下，鹏帆律师事务所还通过在偏远村屯设立法律服务联系点、在所内设立法律咨询专线、参与媒体析案说法、深入社区开展专题讲座等方式逐步扩大公益服务面，直接受益者多达上万人次。

自觉维护法律尊严，坚守公平正义

所里的同事曾调侃她说："不管走到哪，王主任不揽点麻烦事心里是不会踏实的。"每逢此时她总是认真地回答："我们是律师，特别是党员律师，坚守公平正义是我们的良心与责任"。就是这良心与责任，她从死神手里抢回了一条年轻的生命。2004年，被告张某民因抢劫出租车多辆且数额巨大，被市中级人民法院一审判处死刑。在等待二审开庭阶段时，她介入案件，成为张某民的辩护人。之后，在法庭上凭借法律人的专业素养和张某民立功表现的证据，促使二审法院最终改判张某民为死缓。

一面面锦旗，一封封感谢信，是王帆凭着正义和非凡的智慧与热情一次次为弱势一方维权的明证，更是她从业以来匡扶正义、奉献社会、促进和谐最好的诠释。不忘初心、牢记使命，她将继续在保护弱势群体、"说和"道路上勇往直前、矢志不渝！

把法治精神镌刻在雪域高原

朱　山

1971年出生，江苏常立律师事务所律师。荣获2016年度“感动中国·江苏年度人物特别奖”，被律师杂志社、中国律师网评为“最受关注新闻人物”，荣立个人二等功1次，被中华律师协会授予个人嘉奖1次，2019年被江苏省司法厅授予“新时代江苏司法为民好榜样”称号。

“朱山，你快醒醒！大家都很着急！”“朱山，我们等你回来！”……2016年岁末，类似的消息在微信朋友圈被大量转发，人们纷纷为这位援藏律师的精神点赞，为他的生命祈祷。大家坚信，朱山一定会像他的名字一样屹立不倒……

真情服务，他把法治春雨洒向高原

朱山，江苏常立律师事务所律师。2015年8月，44岁的朱山带着“我要把法治精神镌刻在雪域高原”的铮铮誓言，主动报名参加“1+1”中国法律援助志愿者行动，成为一名援藏志愿者，来到西藏山南桑日县担任志愿律师。

桑日县地处冈底斯山南麓，海拔4500米，这块2600多平方公里的土地常住人口不到1.7万，而朱山也成为该县有史以来的第一位律师。初来乍到，朱山跟大多数援藏人员一样，出现了强烈的高原反应，四肢酸胀，头疼欲裂，每天晚上只能睡三四个小时。面对诸多困难，朱山说：“既然来了就要坚持，只要坚持就能用法律为藏民做点事情。”

不久，有位名叫尼玛德吉藏族的学生来到县法律援助中心，寻求法律援助。原来，1年多前，尼玛德吉不幸在某施工现场遭受人身损害，由于缺乏法律常识，在没有认定双方法律责任的情况下，就草草与对方达成口头赔偿协议，甚至连施工单位都没记清楚。由于当时对方赔偿很少，为了给尼玛德吉治伤，这家藏族同胞的生活一下子陷入谷底。朱山了解到这些情况后说：“这事情我得管”。在被告主体不明的情况下，朱山与县司法局干部普布扎西一起，经过1个多月艰难调查取证，最终锁定被告并依法为尼玛德吉据理力争，迫使被告再次支付医疗费、人身损害赔偿金等18万元。这笔钱，让这个毫无法律概念的藏民一家体会了法律的力量，并点燃了生活的希望。

这起法律援助案件给了朱山很大触动，他感到：藏区与内地群众对法治的需求是共同的，作为一名援藏律师，一定要尽其所能让藏族同胞知法懂法用法，让法治种子在藏民心里生根发芽。

真诚解难，他用法治力量送去温暖

作为当地唯一的律师，朱山平时要处理的事情很多，政府的维稳事务以及当地居民的法律问题，都要找他。特别是担任县政府的法律顾问之后，忙碌便成为朱山援藏生活的唯一节奏。

“海拔高，为藏民提供法律服务的境界要更高。”他在日记中写了这么一句话。1年间，朱山参与各种值班达32天，节假日从不休息，他的足迹遍布桑日县44个行政村、83个自然村，办理法律援助20多件，累计为当事人挽回经济损失357.5万元，参与县政府信访接待40余次，化解多起重大矛盾纠纷。

1年援藏期满后，因手头还有未结案件，朱山向省律师协会提出申请，恳请延期1年，继续坚守藏区。为了处理一起藏族民工欠薪纠纷，他翻山越岭往返企业、民工之间反复协调，不辞辛劳奔走于人社局、信访局等部门调查取证。2016 年 11 月 27 日，眼看案件即将进入执行环节，朱山却倒下了——过度的疲劳和长期的高原反应严重伤害了他的身体，心肺肾多脏器衰竭，昏迷不醒，生命垂危。

真心奉献，他拿法治生命书写忠诚

“朱律师是个好人，我要为他祈福祷告，保佑他平安！”前来探望朱山的藏族群众尼某在医院大门口流着泪说，朱律师曾无偿帮他家打赢了官司，却不收一分钱，他送了一面锦旗表达感谢。

经过 138 小时的生死较量——2016 年 12 月 3 日上午 11 点，在西藏、江苏两地政府紧急协调下，在各界人士的关心祝福下，经山南市人民医院全力抢救，朱山终于苏醒，但身体落下了病根：免疫力下降，动辄感冒，一到季节更替就特别难熬。

有人替朱山感到不值，但他却视这些病痛为“勋章”。“用法律为群众提供实实在在的帮忙。我感到无比骄傲和自豪。如果现在我的身体允许，我还想再去援藏！”朱山义无反顾地说道。

一个崇尚公益法律人的初心、使命与坚守

涂崇禹

1970年2月出生。现任重宇合众律师事务所首席合伙人，福建省新阶联副会长、省国际法学会监事长、省妇儿发展基金会副理事长，民革厦门市委副主委，厦门市政协常委、市律协副会长，厦门大学法学院兼职硕士研究生导师，福建江夏学院兼职教授。2012年1月获福建省政协“省政协优秀委员”；2013年3月获中华全国总工会“全国五一劳动奖章”；2013年3月获中华全国总工会、司法部、全国律协“全国维护职工权益杰出律师”；2013年7月至2017年12月分别获统战部、司法部、全国律协“全国同心．律师服务团第一批、第二批活动优秀团员”。

初心：保持法律工作者的家国情怀

无论是1999年涂崇禹被选为建昌律师事务所主任，抑或是2002年他又创始成立重宇合众律师事务所，“勤勉尽责，高效优质”一直是其服务理念。涂崇禹曾先后担任福建省委、原国务院侨办、第73集团军、省台商投

诉协调中心、省工商联、省总工会以及厦门市政府、湖里区委、翔安区政府、火炬高新区管委会、鼓浪屿管委会、厦门日报社和汇丰、交行、戴尔、福陆丹尼尔、林德、普鲁士格、宝马、奔驰、喜力、翔鹭腾龙、厦华、厦大嘉庚学院、闽南理工、易中天等单位和个人的中国常年法律顾问、法律专家团/服务团成员或特邀律师，受聘中国台湾地区中部律师联盟的大陆法律顾问，并以菲律宾、巴拿马的共同国别协调人身份参加“一带一路沿线国家国别法律报告”的编撰。2017年，涂崇禹作为金砖会晤全程法律顾问义务服务5个月；2018年及2019年，涂崇禹所在律所又主办了《领军律师公益讲坛》和《外商投资法》高端论坛，他本人还亲赴九地市巡讲《外商投资法》；他参与中国涉外领军律师公益服务项目及涉外法律服务大讲堂，先后到西政、川外及河南郑州公益宣讲；2019年10月涂崇禹作为中国代表在亚太法律协会“2019宪法与法治大会”作专题英文演讲，12月又受邀参加“世界律师大会”。

专职律师执业25余年来，涂崇禹参与办理的部分案件曾名列最高人民法院首批“全国十大调解案件”、厦门“改革开放三十年十大知识产权案件”等，并曾入选《中国海商法年刊》《中国审判要览》等。

使命：让更多人感受到法律的温暖

1996年，涂崇禹在厦门蔡塘村开展普及《劳动法》千人讲座；同年，他成为厦门人民广播电台刚开办的法制节目特邀主持人，这一干就是23年。

“别看这些事听起来不大，可关系着当事人的切身利益。” 一位外来女工在回住地的路上遭遇车祸，被鉴定为 7 级伤残。该女工慕名找到涂崇禹，说“不会打官司，也没钱请律师”。涂崇禹义务帮她打赢行政官司，促使劳动部门撤销了不予认定为工伤的具体行政行为。

“中国博饼第一案” 的当事人小江也是外来务工人员。小江参加博饼竞赛活动接连博得两辆轿车，可是在奖品分配问题上却与单位闹翻被告上法庭。涂崇禹伸出援手无偿代理劳动者，最后纠纷双方达成调解，一方各获一辆轿车。

坚守：当好法律公益服务的播火者

“我们可以做所谓的高端服务，这是我们的价值所在；我们也可以做公益服务，这更是我们的价值所在。” 据不完全统计，迄今涂崇禹和事务所同事们累计无偿办理法律援助及公益案件 2300 余件，直接捐助款项超过 260 万元。

他们协助厦门市政协设立 “政协委员高山法律服务站”，与驻厦某旅一起两次赴江西省石城县开展 “党建 + 共建 + 扶贫” 活动，还设立了 “厦门市军人军属法律服务站”，为部队官兵捐建了 48 套法律图书角，协助部队建设和启用全军首个 “法治强军” App，通过福建省妇儿发展基金会设立 “春蕾助学班”，在多所大学设立奖助学（教）金。2018 年，涂崇禹所在律所经批准还无偿捐建设立了 “12348 法律咨询中心现场服务点”。2011 年，全国 “同心 · 律师服务团” 成立，涂崇禹成为首批签约律师到贵州省最贫困的册亨县法律支边；2017 年，律所进一步设立 “重宇 · 同心（册亨）法律帮扶基金”。

“有的老百姓一辈子可能只找你一次，他会由于你的解释，信赖或者失望于我们国家的法律。” 涂崇禹说。

司法为民好律师

彭　华

1977 年 9 月出生，中共党员，江西上栗县人，专职律师，现任江西博韬律师事务所创始合伙人，萍乡市律师行业党委委员、萍乡市律师协会理事。萍乡市第十五届人大代表、市监察司法委员会委员、市人民政府法律顾问团成员、市行政复议委员会委员，萍乡仲裁委员会仲裁员。2016 年 10 月被萍乡市委宣传部萍乡文明办评为最美萍乡人。

彭华是一名律师，是江西博韬律师事务所主要创始人之一，不仅在本职工作中切实履行职责，在业务上求精务实，为广大客户提供优质的法律服务，维护社会公平正义，而且在大量的社会兼职活动中，体现了一名法律人应有的担当和作为。

青年律师的带路人

作为一名党员律师，在担任萍乡市律师协会青工委主任期间，组织青年律师参加各类培训，开展了多期执业经验交流，组织青年律师到南昌求正沃德律师事务所、长沙金州律师事务所等名所学习交流，组织多种文体活动，律师辩论大赛，定期开展律师规范执业纪律培训和考试。带领青年律师成立了志愿者服务队，组织捐款捐物帮扶贫困学生、组织青年律师走进校园、关心留守儿童，带领志愿者进学校开展未成年权益保护讲课，进社区进行普法宣传，进工业园区进行法治体检讲座等。

法律援助的“排头兵”

他执业期间，在当事人困难时，经常伸出援助之手，在劳动工资纠纷案件中，为当事人跑有关部门，联系工资款执行和支付，在交通事故侵权案件中，为当事人联系保险公司、交警部门落实垫付医药费用，这些贫困群体民事案件中，经常减免律师代理费，每年都有多件收费代理案件转为法律援助案件。2017 年彭华律师办理一触电人身损害纠纷案件，当事人家住偏远山区，家庭贫困，该案件中为当事人减免律师代理费 6000 元；2018 年 10 月，在担任的一起敲诈勒索刑事辩护案件中，发现被告人黄某是贫困对象，孩子是残疾人，是建档立卡的贫困家庭，在核实黄某有关情况后，便将当事人家属叫到律师事务所将 18,000 元退给家属，联系萍乡市法律援助中心，担任法律援助律师帮助黄某争取从宽处理，获得了当事人的感谢和好评。

公益事业的热心肠

在从事律师职业之初，便在上栗县的农村小学帮扶贫困学生、为山村小学购买照明灯具、捐助乡村小学空调机、为急性白血病患儿捐款献爱心等。2016 年，用 330 余平方米临街店铺，投资 20 余万元创办了公益图书馆美斯书院——福田图书馆，福田图书馆位于上栗县福田镇街道，有阅读室 330 平方米，阅读室现有 11 个书架，有少年儿童读物、中小学生学习辅导资料及法律、科技等各类书籍 12,000 余册。室内有中型书桌 20 多张，可同时容纳 120 人阅读，还有毛笔字练习台，电脑、投影、会议音响系统等设备配备齐全。经与萍乡市律师协会沟通，组织青年律师志愿者对农村孩子义务辅导，与当地政府协商，解决留守儿童的阅读午餐，福田图书馆已经成为当地孩子们的读书乐园，为农村孩子们建立一个温暖的读书之家。

银龄守护人

王新亮

1976年12月出生，汉族，现任山东新亮律师事务所主任。2016年10月被司法部评为“第五届全国法律援助工作先进个人”，2017年11月被山东省委宣传部、省司法厅评选为“齐鲁最美律师”，2019年11月被全国妇联评为“全国维护妇女儿童权益先进个人”。

王新亮是一个10多年来坚持做公益，为弱势群体维权奔走的公益律师。在长期的公益法律服务过程中他创办了三大公益品牌，分别是“老年普法维权大篷车”“老年人防诈骗维权中心”“反家庭暴力建言暨维权联盟”。

创办全国首辆老年普法维权大篷车

在山东济南有这样一辆大篷车，每个周六、周日都会开进公园、社区、广场，为老年人提供公益法律服务，帮助他们免费代写法律文书、提供法律咨询、申请法律援助，发放自费印制的《老年人法律常识手册》，为老年人普及法律知识，提高法律意识，增强他们依法维权的能力。这就是山东新亮律师事务所王新亮创办的全国首个免费专门为老年人提供公益法律服务的大篷车——老年普法维权大篷车。启动至今的5年多的时间里，共计免费发放法律手册 215,000 余册、免费法律咨询 26,800 余次、法律援助 500 余起，接待上访案件 220 起，挽回经济损失几百万元，节省律师费用 500 多万元。

2015 年，30 多位老人因遭遇保健品诈骗找到律师王新亮，经了解，一家保健品公司的业务员骗走老人们购买保健品的几十万元钱款，后该业务员因涉嫌犯罪被刑事拘留，而公司却以此为由推脱与公司无关，拒绝给付老人保健品。在王新亮的维权代理下，经过长达半年的多轮谈判，最终公司同意如数给付所有老人的保健品。发放保健品的那一天，几十位老人欢天喜地的来领取自己的保健品，除向王律师道谢外，好多老人还表示要给他留下律师费，都被他婉拒，后来老人们集体给他送去了一面“伸张正义助老人　关爱弱势情谊深”的锦旗。王新亮说，收到这面锦旗时，他很激动也很自豪，这份荣誉和信任，再多的律师费用也不能与其相提并论。

创办全国首家民间老年人防诈骗维权中心

为了从源头上杜绝涉及老年人诈骗案件，教授老年人认识骗局、识破骗局，最终拒绝骗局，2016 年 7 月，王新亮成立全国首家民间老年人防诈骗维权中心，通过面向社会公布老年人防诈骗维权中心的咨询热线；开设免费的防诈骗公开培训课，组织老年人防诈骗巡回宣讲团等方式，在两年多的时间内为老年人解答防诈骗咨询 6000 余起，甄别骗局 200 余起，帮助老年人维权

100余起，为老年人挽回经济损失百万余元，得到了老年人的一致好评。

成立反家暴建言暨维权联盟

在做好老年人公益维权的同时，2012年7月，王新亮联合5家律师事务所、3所高校和多家知名媒体发起成立了“反家庭暴力建言暨维权联盟”。联盟自成立以来，长期从事《反家庭暴力法》建言和反家暴维权公益事业，提出的尊重受害人意思自治原则、告诫书制度、人身安全保护令等建议被立法采纳。在公益维权方面，联盟向社会公布反家暴维权热线，为家暴受害者提供免费法律咨询、维权支招、按照就近原则为家暴受害者申请法律援助等公益法律服务。据统计，截至2018年12月底，共计为2000余位家暴受害者免费解答法律咨询，免费为百余位家暴受害者支招维权。2017年11月，山东省妇联授予山东新亮律师事务所“山东省反家暴公益维权服务站”称号。

王新亮表示，他将牢记公益初心，始终不渝的做一名忠实的银龄守护人，继续带领全所律师把老年人维权公益长期坚持下去，不断把老年公益做大做强，帮助更多的老年人普法维权，让他们在法治的环境下安享晚年。

坚守为民服务底色
做新时代律师榜样

翟玉华

1956年10月出生，中共党员，中共十七大党代表，法律硕士，一级律师，现任湖南天地人律师事务所党委书记、主任。工作以来，秉持“做一名好律师，办一个好律所”的奋斗宗旨，以高超的业务能力、卓越的职业素养、大气的社会责任担当，走出了一条“服务为民天地宽”的大道。

“做一名好律师，办一个好律所”是翟玉华的奋斗宗旨。20多年来，他以高超的业务能力、卓越的职业素养、大气的社会责任担当，走出了一条“服务为民天地宽”的大道。

专注司法公正，守护法律底线与尊严

“刑辩律师背负的是法律的正义，生命的尊严。”翟玉华介绍，当初因为父亲蒙受不白之冤而决定学法律，帮助父亲洗清冤屈后，他意识到做律师可以避免更多人重复父亲的遭遇。从业20多年来，在翟玉华经办的刑事案件中，有20多人被宣告无罪或获得无罪处理。1995年熊某爆炸罪一审死刑改判无罪、1994年廖某故意杀人罪一审无期徒刑改判无罪等一批案件都很好地维护了当事人的合法权益，维护了法律的尊严，保证了法律的公正实施。

“谋生方式有很多，做律师不见得是最好的一种。”提起执业感受，翟玉华的观点有些与众不同，“因为做律师不仅要有法律底线，还要有更高的道德底线。一名好律师要把社会责任放在首位，要有担当，要对社会充满爱心。”

致力经济环境优化，担当“政府好帮手”

2005 年翟玉华组织成立湖南省台商法律援助中心，为企业和投资商提供免费的法律服务，也为政府相关部门提供法律参谋。据不完全统计，通过这个公益平台，翟玉华和他的同事至少为 5000 余人提供法律咨询服务，直接或间接挽回经济损失超过 5 亿元；为民营企业提供免费咨询近 2 万人次，办理法律援助案件 100 多起。

作为中共十七大党代表，翟玉华在律所建立“党代表办公室”。设立“党代表”信箱和热线，累计就 20 多起涉及行政不作为、乱作为、司法不公的案件，以“党代表”名义向有关党委、政府部门反映，并提出专业法律意见。

党的十八大以来，他两次自费举办中国民营企业权益保护长沙峰会，发起湘江法务圈公益平台，为全省各地企业免费提供法律服务。翟玉华还义务承担省政府门户网站在线法律咨询服务，从 2011 年至今已累计解答咨询 2000 多人次。

热心公益，心系弱势群体

2019年的春节，湖南邵阳隆回的农民工袁某连和他的150余名农民工兄弟，能开心地过个好年了——翟玉华的法律援助，让他们拿到了被拖欠18年之久的29万余元工资。翟玉华心中始终装着弱势群体。2002年，他发起成立农民工讨薪团，为长沙市总工会和湖南省总工会困难职工提供法律援助。17年来，他带领律师团累计提供法律咨询2000余人次，承办法律援助案件500多件，为弱势群体挽回经济损失、讨回农民工工资1.2亿元。2011年，翟玉华被司法部、全国总工会评为全国维护职工权益杰出律师提名人。翟玉华认为，“律师应该与社会同呼吸共命运，在服务社会中实现自我价值”。多年来，翟玉华通过开展与未成年犯结对子、法律服务进社区、创办大学生创业沙龙等主题活动，以自身法律知识服务社会。2017年，他带领律所党员骨干在全省进行法律扶贫，分别到湘西自治州，怀化市，永州祁阳，株洲炎陵等贫困地区，帮助企业和村镇进行法律扶贫达1000人次。

翟玉华和他带领的湖南天地人律师事务所，探索出“以业务为主体，以党建和公益为两翼”的一体两翼发展模式，构建独树一帜的“以党建促所建，以公益促效益”的发展格局，为天地人律师事务所的“为民服务”本色，提供了思想和动力的积淀。

扎根基层铸忠诚 参政议政显担当

唐国雄

1975年4月出生，现任广东国融律师事务所主任、党支部书记。2003年至2005年、2011年至2018年多次荣获中山律协授予的“中山市优秀律师”荣誉称号及“法律服务民营经济贡献奖”；2015年荣获中山火炬区党工委首届“火炬开发区十大法治人物”；2018年被中共全国律师行业委员会授予“全国律师行业优秀党员”荣誉称号，被广东律协和省法律援助基金会授予“公益爱心律师”。

广东国融律师事务所主任、党支部书记唐国雄1999年执业以来，发挥党员律师先锋模范作用，二十年如一日扎根基层，发挥专长，面向基层政府、群众和中小微企业提供法律服务，办理法援、公益奉献，参政议政、履职为民，法治护航民营企业，为推动法治化营商环境，推进基层治理法治化作出突出贡献，获得社会各界高度认可。

模范先锋 助推基层治理法治化

2006年，时年31岁的唐国雄创办国融所时，就确立“助推法治 创造价值”的使命，党团支部同时成立，高起点谋划、高规格推进律师所发展。十几年来，唐国雄发挥党员先锋模范作用，为中山市委市政府、港口镇等10

余家党政机关提供法律顾问服务；开展办法律宣讲过百次，其中宪法宣讲10余次；近年为市政府常务会议做宪法学习讲座、为村居党员干部作十九届四中全会精神专题讲座、为农村退役军人做法治讲座等，获得各界领导、基层干部群众的欢迎及肯定。

2012年开始，唐国雄带领团队为近40条村居担任法律顾问，解答咨询、起草村民公约、化解矛盾纠纷等，达500余件/年；把近百宗外嫁女权益纠纷纳入法治轨道处理，化解大量基层矛盾，效果显著；开展律所支部与村支部共建，为村居“两委”换届选举提供服务，开展退役军人普法及慰问等工作；同时，作为广东省律协村（社区）法律顾问工委会副主任，为广东省司法厅、省律协指导全省村居法律服务工作建言献策。

唐国雄在服务基层政府和村居工作中形成团队化、集约化服务的“国融模式”，先进经验获得省市有关部门肯定，本人荣获“火炬开发区十大法治人物”等称号，律所也荣获省村（社区）法律顾问工作先进党组织、广东青年五四奖章集体等荣誉。

勇于创新　专业护航民企

唐国雄在服务民营企业方面，敢为天下先，主动担当，成效明显。早在2007年就集中为中小微企业提供“企业劳资风险防控”服务；2014年带领律所率先与基层商会合作，设立基层法律服务工作站，派驻律师为近500中小微企业提供近距离法律服务；2018年受命参与组建中山市商协会法律服务团，为广东律师行业参与民营企业法律服务提供基层实践，并在当年司法部有关会议上代表广东律师作经验介绍。他还极力维护民营企业及商会合法权益，历经3年，带领团队打赢一例基层商会受工商局不当行政处罚的案件。2019年，被任命为广东省民营企业律师服务团秘书长，与全省100多位律师共同为广东民企高质量发展提供优质高效法治支撑。

公益奉献　打造法援文化律所

唐国雄不仅推动律所建立法援案件补偿机制，律师承办法律援助案件与评优推先、年终绩效挂钩，律所额外给予补贴；还亲自办理法律援助案件，以实际行动践行律师服务为民的初心。如历时5年多，经历6个程序，为原中越自卫反击战军转干部周某某因事故瘫痪提供全过程法律援助，最终为其争取100多万元赔偿，获得军队转业安置部门表扬，该案例2017年被司法部采纳，由中央电视台专题片《法治中国》报道，影响很大。在他的带动下，全体律师都争着办理公益法律服务，形成浓郁法援文化。近年来，3名律师先后荣获市优秀法律援助律师，4人获全国、省市律师行业优秀党员5次，5人5次获赠锦旗，超过10次被媒体报道，获司法部颁“全国法律援助工作先进集体”称号。

履职为民　献“智”法治中山

唐国雄积极履行政协委员职责，参政议政，当好党委政府的法律参谋。作为中共党员的政协委员，唐国雄积极参与政协党建工作，创建“党建＋护航民企”“党建＋公共法律服务”等特色品牌；撰写提案涉及地方立法、城市管理、特色学校发展等法治和民生领域。他还发挥专长，积极参加地方立法协商，如2019年8月，唐国雄参加《中山市未成年人托管服务条例》立法听证会，建议条例应增加明确政府“监督检查”、加强校外托管服务监管、开放学校资源优先校内托管等意见获得广泛关注和肯定。

唐国雄发挥专长，通过建议提案、立法协商等渠道，聚焦民生、法治领域高质量的建言献策获得有关部门和社会各界高度评价，有关部门和媒体多次以“委员风采”给予报道，彰显律师职业形象和社会担当。

扶弱解困担道义　执业为民赤子情

王锦意

1967 年 3 月出生，东方意远律师事务所主任，中国政法大学兼职教授，广西大学硕士研究生导师。2012 年获司法部“全国优秀律师”称号，2013 年获广西司法厅“广西优秀律师”“广西十佳律师”称号，2012 年获广西总工会“广西劳动模范”称号。2010 年至 2015 年多次获司法厅直属机关“优秀共产党员”称号，2019 年获广西“司法为民律师先锋榜样”。

晨曦初露时，暮色苍茫中，你总能看见他忙碌的身影。20 余载为群众利益奔忙，这就是王锦意律师，东方意远律师事务所主任。执业 23 余年来，王锦意办理案件 1000 多件。其中不乏全国性影响的刑事案件；也有卫生部与云南改水办、中国进出口公司商事纠纷案、香港某涉外公司与北海某公司（均为上市公司）股权纠纷案等著名民商案件；更有直接关系到老百姓切身利益的一些重大民生案件，如某企业改制案、某园艺场损害赔偿案，有效地维护了 1000 多名人民群众的合法权益。王锦意以卓越的业绩和为民请命的事迹，先后获得了全国优秀律师、广西十佳律师、广西劳动模范、广西十大维护职工权益杰出律师等光荣称号，出任了两届广西律师协会副会长。更在 2018 年经层层严格选拔，被广西壮族自治区党委聘为唯一律师身份的法律顾问。他执业为民的故事在八桂大地广为传颂，他的事迹充满了法律人追求公平正义的理想主义情怀。

奋战千日：解千名村民 3000 万元赔偿之忧

2015 年王锦意所面对的南宁某园艺场与黄某的承包合同案非常棘手。该案肇始 2008 年，跨度近 8 年，历经两次重审，判园艺场千名村民赔偿 3000 多万元。王锦意决定代理后，连夜成立专案小组；数月奔走于几十家单位收集证据；现场踏勘 20 多次，走访群众数百人；亲自审定近 10 万字的抗诉证据材料；炎炎夏日，他一度因疲劳过度病进医院……终于，2017 年广西高院决定再审此案。对方当事人是一个极端偏激之人，为阻止王锦意代理，多次恐吓和谩骂。甚至在再审开庭，黄某因获罪戴着手铐出庭时，仍对王锦意恶语相向，导致庭审多次中断。面对如此人人避之唯恐不及的案件，王锦意临危不惧，庭审中他辨法析理、针锋相对，彻底揭露和驳斥了黄某的欺诈和恶意索赔。

2018 年的生效判决驳回了黄某的全部赔偿请求，园艺场村民维权成功。拿到判决书的那一刻，村民们过节般庆贺，簇拥着王锦意敬酒，其中一位满头白发的老人还要对王锦意行磕头大礼……

爱心跨越川桂：为北川患病女孩点燃生存的希望。“念恩”，这是北川女孩廖某为感谢王锦意而专取的网名。这是一则律师爱心跨越川桂的佳话。2015 年年初，这位在汶川地震中失去亲人的 17 岁北川女中学生不幸患上急性白血病，巨额医疗费让这个原本贫困的家庭无法承受，经四处举债和众筹后仍差 6 万元手术费，廖某的父母在医院门口卖烤红薯、挂求助板一元二元地筹钱，亟待手术的廖某命悬一线……王锦意偶然从一北川籍法学教授处知道了此事，对花季少女的不幸遭遇唏嘘不已，立即捐款 6 万元补上手术资金缺口……直到今日，他也没见过这位已康复上学的姑娘。而在广西的一些贫困山区，王锦意更是常年资助大批素未谋面的贫困学子，帮助他们完成学业，谱写着一曲曲人间大爱之歌。

为民请命：促进法治政府建设显担当

王锦意除担任广西壮族自治区党委律师顾问外，还担任了14个地级市中10个地级市政府法律顾问，加上县区和乡镇政府及职能厅局共40余家，他不避偏远，出任了6个贫困村法律顾问，让法治的阳光照进最偏僻的村落。在业务非常繁忙的情况下，他放弃办理民商事案件挣大钱的机会，不计得失地深耕连成本都难以挣回的政府法律顾问业务，做到了省、市、县、镇、村垂直五级覆盖；他利用自己的专业威望，在各级政府中宣传灌输法治思维，近3年开设讲座100余场；他办理了近300件行政案件，以案普法，督促政府依法行政，精准地寻求政府行政权流畅行使与百姓利益的周到保护间的最佳平衡；在征地补偿、拆迁安置、重大项目促进等敏感案件中，引导政府关注民众争取双赢，最终做到政府满意、百姓称誉的良好结果，真正成为政府与百姓的桥梁和纽带。

春华秋实：播洒法律种子展情怀

王锦意不忘书生本色，自2005年就开始积极推动广西律师教育培训，历经6年艰辛将广西律师教育培训推进全国先进行列，全国律协印发专门简报推广“广西经验”。王锦意担纲讲授了十几年的《律师民事案件办案技巧》，形成了“金字招牌”，直接受众律师6000名以上。他担任中国政法大学兼职教授、广西民族大学名誉教授、广西大学硕士研究生导师，在各高校开讲座、担课程、带研究生，累计授课300余场；他为广西初任法官、初任检察官多次授课，为自治区检察院及南宁、崇左市检察院推评优秀公诉人，指导检察官辩论赛，13年几乎一场不拉，深受好评。他为党政机关、部队官兵、企业商会、村委会等各级普法宣讲，20余年来从不间断，累计800余场。他用自己的身体力行和言传身教在践行一个法律人的历史担当。

“只有一个心系天下，为民请命的律师，才是一个受人尊敬的好律师。”王锦意律师如是说。

捍卫正义　为民解忧

陈国忠

1967 年 3 月出生，中共党员，甘肃省静宁县人，三级律师。现任甘肃阿阳律师事务所主任、党支部书记，甘肃省第六届律师协会理事。2006 年和 2014 年两次被甘肃省律师协会评为“全省优秀律师”，2014 年 12 月被甘肃省人民政府法制办评选为甘肃省政府法律专家人才库入库专家，2016 年 9 月所写论文《论如何从青年律师成为优秀律师》荣获第八届西部律师发展论坛优秀论文奖，2018 年 6 月被甘肃省律师协会评为“全省骨干律师”。

在甘肃省的静宁县，有这样一名律师，他从业 22 年，把人生最美好的时光奉献给了他最热爱的事业。他，就是甘肃阿阳事务律师事务所党支部书记、主任——陈国忠。在他的办公室，悬挂着当事人赠送的“捍卫正义、为民解忧”八个大字。这八个字，正是他 22 载为政府分忧、为企业解难、为大众提供优质高效法律服务历程的真实写照。

甘当砝码正天平

对社会公平正义的不懈追求，是他律师人生奋进的力量源泉。在他代理的杨某诉静宁县某企业赠与合同纠纷一案中，某企业无论从证据上还是从法律上讲，都应胜诉，但却被一审法院在地方保护的干扰下，判决败诉。一审判决后，《人民法院报》、《兰州晨报》和《甘肃广播电视报》等报纸杂志，都对此案一审判决结果予以报道和发表评论，认为一审判决是正确的。但是，他却凭着对公平正义的神圣信仰，坚信一审判决是违法错误的判决，便坚持说服某企业要坚定信心提起上诉。二审开庭前，他三上张掖，五走兰州，为寻找一名关键证人找了10次，最后证人被他的精神所感动，答应出庭作证。二审庭审中，他通过充分举证、巧妙质证和有力辩论，二审法院采纳了他的代理意见，终获胜诉，极大地维护了企业的合法权益。

无罪辩护演精彩

他，在平凡的岗位上，一直以一个律师的名义，为当事人的合法权益而竭尽全力，不断演绎着他的精彩律师人生。与静宁县毗邻的宁夏回族自治区某村村民樊某因涉嫌强奸罪被提起公诉，其亲属慕名委托他作为辩护人。接受委托后，他经过细致阅读案卷和深入调查取证，认为公诉机关指控樊某犯强奸罪的证据不足、事实不清。在充分准备的基础上，庭审中他为樊某做了有理有据有节的无罪辩护，终使樊某被一审法院宣判无罪而释放。无罪释放后的樊某，由一个臭名昭著的强奸嫌疑人变成了一个清白人。

扶弱助残担道义

为维护弱势群体的利益而奔波和呐喊，在他看来，是一名律师的神圣价值。一名花季少女在途径某县教育局为修建办公楼而搭建的通行门洞时，龙门架的升降吊板突然下降，正好砸在她的身上，被医院诊断为椎体压缩性骨折，双下肢完全瘫痪。经鉴定构成一级伤残，需要终身护理。面对这样的悲剧，他挺身而出，以法律援助方式担任少女的代理人，将某建筑公司起诉到法院，一审法院判决由建筑公司赔偿少女各项损失 49 万余元。他作为代理律师非常清楚，这一赔偿金额，远远不能弥补受害人巨大的经济损失和精神痛苦。在提起上诉后，省高院支持了他合法有据的上诉请求，改判某建筑公司赔偿少女各项损失 76 万余元。此案判决赔偿金额，创当时甘肃省人身损害赔偿之判决最高纪录。

法治宣传报社会

2018 年 8 月，他为静宁县贫困村驻村帮扶工作队 1193 人作了《以法治思维和法治方式化解矛盾纠纷，助推扶贫攻坚战》的法律培训讲座。2018 年 10 月，被中共平凉市委全面推进依法治市工作领导小组法治宣传教育专项工作组选为“全市宪法巡回宣讲团”4 名成员中唯一一名律师专家成员，并在平凉市机关单位进行了 12 场次的宪法宣讲。在静宁县的城镇农村、企业学校里，每年都有他义务法治宣传的身影和声音，他在努力以义务法治宣传，回报社会对自己的养育之恩。

“捍卫正义，为民解忧。”当事人赠送的这八个大字，将激励他在律师岗位上，不忘初心，牢记使命，为法治中国的建设，贡献一名律师的力量！

情系弱势群众　维护公平正义

李善鹏

1986年10月出生，2011年7月毕业至今一直专注于公益法律援助事业，现为宁夏兴业律师事务所律师。2018年1月被司法部评选为“新时代最美法律服务人”；2018年11月被宁夏律师协会评选为“优秀公益律师”；2018年12月被宁夏回族自治区党委政法委、司法厅和依法治区领导小组等单位联合评选为“宁夏十大法治人物”；2019年3月在上海市法学会、上海交通大学凯原法学院、律新社联合评选中获得“2018律界公益榜单年度公益人物奖”；2019年5月在共青团银川市委员会、银川市人力资源和社会保障局评选中获得“2018年度银川市青年岗位能手”称号；2019年9月被银川市律师行业党委评为优秀共产党员；2019年12月被司法部评选为“新时代司法为民好榜样”。

成功源于不懈的努力，根植于对事业的无尽热爱

对李善鹏律师来说，律师工作不仅是谋生的职业，而是一项必须全身心投入的高尚事业。他始终视律师为崇高的职业，恪守律师职业道德，严格遵守法律法规和执业纪律，以赤诚的事业心和强烈的责任感，认认真真做好每

一件业务，最大限度地维护当事人的合法权益，让每一位当事人时刻感受到法律的公平、公正。

积极投身法律援助事业，全面提升法律援助知晓率

为了能让更多的弱势群体了解法律援助事业并获得法律援助，李善鹏律师深入建筑工地、深入劳动力市场、深入社区和在繁华街道、广场开展免费法律咨询，散发宣传材料数万份。并按照相关单位的安排到党校、司法机关、街道办事处以及企业等单位讲述法律援助和新修改的法律法规等方面的法律知识讲座，主动与银川市流动人口就业服务中心联系，联合举办普法培训讲座，参加培训的务工人员有千余人次，通过普法培训讲座，大大提高了务工人员的法律维权意识。在李善鹏律师和同事的共同努力下，越来越多的弱势群体知道了法律援助，在打工遇到法律问题需要律师帮助时，大多会来找法律援助中心寻求法律援助。法律援助中心承办法律援助案件的数量在不断增加，逐渐成为维护困难群体合法权益的一支重要力量。从 2011 年 7 月工作至今共解答法律咨询达到 4219 人次，内容涉及土地拆迁、劳动争议、人身损害、交通事故、婚姻家庭、医疗事故责任、合伙协议、涉外劳务合同以及信访涉法等等方面的法律问题。最大限度地为弱势群体提供优质的法律服务，并将办理的经典法律援助案例编辑为简报报送至相关部门及媒体，让更多人了解法律援助。

恪尽职守，认真办理各类法律援助案件

李善鹏律师从事法律援助工作 8 年以来，共接待来电来访咨询 4219 人次，免费代书 1295 份，无偿办理各类刑事民事法律援助案件 1700 余件，涉及人数 2438 人次，民事案件为受援人挽回经济损失 3116 万余元，刑事案件通过法律援助辩护使被告人的合法权益的但到有效维护。积极配合政府相关部门办理各类疑难复杂案件，配合银川市纪检委办理李某某与某镇人民政府买卖合同纠纷一案，最终李某某获得全额付款，了结了长达 13 年的涉访涉

诉，该案件成为当年为民办实事的亮点案件之一；通过为现役因见义勇为受伤军人张某提供法律援助，使其伤残等级由原来的八级提升至三级，从而依法保护了军人的合法权益，也成为宁夏开展军地法援合作共建首件成功办结具有重大影响的经典案例；通过为工亡职工汤某某的4位老弱病残和学生的亲属提供法律援助，历时3年多时间先后经历10个程序的案件办理，最终如愿以偿获得63万余元的赔偿款，此案办结后获得广泛的媒体报道和极高的社会评价，极大弘扬了法律援助的社会效果和正能量。

从2011年7月大学毕业至今，一直坚持并长期从事法律援助和公益法律服务工作，真正践行了法律效果与社会效果的统一。“再小的权益，对贫弱者来说都是天大的事，而我们律师就是为了维护当事人合法权益而生的。”为了弱势群体获得公平与正义，李善鹏律师义无反顾地走着法律援助之路。坚信法律援助是中国法律服务领域的“希望工程”，将真心为这项惠及社会、惠及普通大众的事业再多尽一份心，多出一份力，多献出一点爱心和关注，为创造和谐社会再多做一点贡献。

有思，所以明；必行，所以远。在未来的征程中，李善鹏律师将继续身怀一颗公正无私的心；一种勇于奉献的精神；一份矢志不渝的热情；继续践行一名律师的誓言，戒骄戒躁、踏实前行。

勇担社会责任 践行法治惠民

江苏漫修律师事务所设立于2006年6月，10余年来始终坚持“党建领所、制度立所、人才兴所、文化强所”发展理念，在南京、上海、苏州、常州、镇江、淮安、江阴、宜兴、昆山等地设立分所。事务所荣获“全国优秀律师事务所”（全国律协，2011年）、“‘一带一路’十佳律师事务所”（法制日报社，2018年）、司法部“新时代司法为民好榜样”（司法部，2019年）、“律师行业创先争优活动示范点”（司法部，2011年）以及“全省律师行业先进党组织”（省司法厅、省律协，2011年）、“2010~2012年度江苏省律师行业文明单位”（省精神文明建设指导委员会、省司法厅、省律协，2013年）、“江苏省优秀律师事务所”（省司法厅、省律协，2016年）、“江苏省十佳涉外律师事务所”（省司法厅、省商务厅、中国国际贸促会江苏省分会、省律协，2018年）、江苏“新时代司法为民好榜样”（省司法厅，2019年）称号并荣立集体二等功（省司法厅，2016年）。

“路漫漫其修远兮，吾将上下而求索。”10余年来，江苏漫修律师事务所在勇担社会责任、践行公益使命的道路上名副其实，积极参与公共法律服务事业，用实际行动诠释“法治惠民”真谛。

打造“一带一路”合作的法治样板

“能不能把律所开到柬埔寨？”“如果在异国他乡能有‘娘家人’提供贴身法律服务就好了！”2017年前，江苏漫修律师事务所主任王卉青在走访中，红豆集团负责人诉说在柬埔寨遭遇劳工、税务等背后蕴藏的诸多涉法难题。

距离江苏3000公里的柬埔寨西哈努克港经济特区，是中柬企业共同开发建设的国家级经贸合作区，是“一带一路”的标志性项目。在此之前，只有个别律所临时走出国门服务企业的单个项目，还没有哪个律所能常驻国外为企业提供法律服务。没有先例可循，这对王卉青和她的律所来说，是一个挑战。

面对“红豆之问”，江苏漫修律师事务所主动作为，表示愿意跟随企业“走出去”。2017年5月18日，江苏省司法厅、无锡市人民政府、红豆集团积极探索建立柬埔寨西港特区法律服务中心，服务中国企业在海外经营活动，打造“一带一路”合作的法治样板。

在江苏省司法厅和无锡市政府指导下，红豆集团与江苏漫修律师事务所共同设立法律咨询有限公司，由公司来负责中心日常运营，提供法律服务、保障江苏及中资企业合法权益、防控投资法律风险。自此，江苏在“一带一路”沿线国家有了首个法律服务机构布点。

法律服务中心成立两年多来，累计为中资企业提供法律服务近2000次，举办法治讲座10多场，帮助企业减少经济损失440多万元。江苏驻柬埔寨“一带一路”法律服务中心破解“红豆之问”的“西港方案”成为法律服务跟随企业“走出去”的鲜活注脚。

建言献策，当好绿水青山“守护神”

2007年5月29日，无锡太湖蓝藻大规模爆发，作为无锡市人大代表，王卉青认为，建设魅力无锡离不开美丽太湖，建成健康的水生态系统，才是真正的民生工程和幸福工程。她带领律师自掏腰包，多次实地调查走访，宣传生态环保法律法规。在无锡市政府制定的《无锡市水环境保护条例》草案征求意见阶段，王卉青对照政策法规，实地考察太湖流域总磷、总氮等污染物排放量，调查企业环保设施建设，了解村民生产生活情况，用法律武器破解治污难题。

2013年1月8日，在无锡市第十五届人民代表大会上，由王卉青递交的《关于进一步治理太湖水环境的若干建议》《关于加强环境保护执法力度的建议》，被相关部门悉数采纳。在2014年年初召开的无锡市人大常委会上，王卉青等人大代表与其他代表联名向无锡市人大提出《关于对太湖河流域立法保护的建议》，终成“惠民新政”，体现了“治湖先河”思路，首创“河长制”在太湖产生，现已向全国推广。

法律护企，打赢防范化解重大风险攻坚战

漫修所主动参与了“防范化解风险”专项行动。围绕“中小企业创新发展法律风险防控、中小企业股权法律风险防控”等专题，为中小企业家开设《企业法律风险防控》讲座，向公司负责人及员工代表深度解析企业用工、劳动合同签订、工伤处理等法律问题，现场答疑；截至目前，共举办风险防控专题讲座培训270多场次。

制定下发《漫修律师事务所“百名律师百千万”公共法律服务三年行动

实施方案》，不定期组织律师深入村居、企业、居民家庭，了解法律服务需求，解决涉法难题。漫修律师积极打造了“互联网+”法律服务新模式，通过“惠山司法”微信公众号、“桃娃春播”法润民生、法润企业微信群，定期推送电信诈骗、婚姻财产纠纷等风险提示，“键对键”解决各类法律问题。近年来，共推送各类法治信息2200余条，即时回答各类法律咨询3300余条。

10年时间，漫修人先后开展法治宣传570余场次，参与信访值班1300余人次，接待群众咨询26,000余人次，化解矛盾纠纷1100余件。免费提供法律意见21,000余次，承办法律援助470余件，为群众挽回经济损失数千万元。

追梦路上与法同行

新疆北方律师事务所是新疆维吾尔自治区司法厅直属的一家综合性合伙制律师事务所，成立于1993年。自创立以来，北方所一直严格遵守律师执业规则，并坚持以建立国内一流的律师事务所为目标，力求为客户提供高效率、多方位的法律服务。多年来，北方所依靠良好的服务、扎实的理论、超群的诉讼能力，承办了众多大要案，为许多国家重点建设项目如兰新复线、南疆铁路、兰新高铁等提供法律服务。1998年被自治区司法厅和律师协会授予省级文明律师事务所，2001年被授予优秀党支部；2002年被评为新疆优秀律师事务所；2007年被自治区人民政府评为“行风示范窗口单位”；2008年被评为“全国服务中小企业优秀律师事务所”；2010年被自治区司法厅评为先进党支部。2002年至2015年连续被评为自治区优秀律师事务所，2016年被荣记集体二等功。

他们是司法公正的追求者，他们是创新社会治理的法律人，他们是播撒法治阳光的使者，他们来自新疆北方律师事务所，以行动诠释使命担当——法律至上，人民利益高于天。新疆北方律师事务所创立25余年来，先后办理刑民事、行政诉讼及企业改制、兼并、重组等各类法律事务10,000余件，承办了多起在新疆乃至全国有影响的重大案件。

以法律之名　跑赢诉讼“马拉松”

一面“手握法律　为民解忧”的锦旗，见证了新疆北方律师事务所“法律至上、百姓为天”的服务宗旨。2006年5月8日，乌鲁木齐市钱塘江路一大型库房发生火灾，29家商户近1400万元的仓储货品化为灰烬，损失数额巨大，社会反映强烈。新疆北方律师事务所组成5人团队，现场固定损失证据、协调划分事故责任、诉讼立案……各类证据材料装了几个纸箱。然而，开庭时，4家被告踢起了“皮球”，相互推卸责任。“正是因为你们安全管理不到位，货物被付之一炬，面对惨重的损失，难道你们不该承担赔偿责任？”庭审时律师向被告连连发问。反应机敏、思维缜密、证据详备，5人律师团队在法庭上充分展示了精湛的业务水平和良好的职业素养。此案经一二审、最高人民法院再审，最终5人律师团队的意见被法院采纳，判令4家被告赔偿29名商户的全部损失。2013年6月，因股权利益之争，某公司股东顾某涉嫌职务侵占等罪被公安机关逮捕。曹宏律师接受委托后，经过会见、阅卷、调查取证等，认为指控的5起犯罪均不成立，提出了无罪辩护意见。经向法院申请鉴定人出庭接受质证，在曹宏询问下，鉴定人承认“鉴定的票据是复印件，且未经过核实”，许多关键材料委托方没有提供或者鉴定人不知晓。在法庭辩论中，曹宏动情地说，“公道自在人心、正义必会实现”，法院采纳了曹宏的辩护意见，2017年5月，乌鲁木齐市中级人民法院宣告顾某无罪。新疆北方律师事务所秉持“我为你辩护，只为司法公正！”的庄严承诺，跑赢了一场又一场诉讼“马拉松”。

行正义之举　为农民工“讨薪”

“你是我请来的律师胳膊肘咋往外拐？”“律师费我可以不收，但你拖欠的工资应该支付，恶意欠薪要受到法律的制裁。”这是2014年12月底在乌市某看守所会见室内，陈琳律师与因拖欠百余名农民工工资300多万元被乌市公安机关以恶意欠薪罪逮捕的某公司老板欧某的对话。陈琳担任其辩护律师，了解案情后经集体讨论决定“倒戈”，替苦等工钱回家的农民工“讨薪”，其实质也是为欧某争取合法权益。陈琳耐心释法说理，欧某最终心服口服，很快将所欠薪金支付给了农民工，法院从轻判处其缓刑，欧某的根本权益也得到了保障和实现。新疆北方律师事务所成立25年来，通过各种方式为农民工讨薪5232万元。

怀精业之心　助力经济发展

“公司的合同存在两处漏洞，一是管辖约定不明确，二是对方资质如何审查不清晰。”2018 年 12 月底，在对新疆力源投资有限公司进行“法治体检”后，律师出具了法律意见书。新疆北方律师事务所安排 10 余名律师组成 5 个小组，深入几十家民营企业开展免费“法治体检”和法治宣传活动，发挥律师在服务民营经济发展中的积极作用。新疆北方律师事务所于 1997 年在全区律师行业率先成立党支部。充分发挥党组织功能，加强对律师工作的领导，广大律师党员对党忠诚、对法律敬仰，形成了一个党员就是一面旗帜，汇聚成忠诚干净担当、敬业精业奉献的群像。

25 余年来，新疆北方律师事务所没有出现任何违法违纪问题，并先后荣获省级文明律师事务所、优秀党支部、全区行风示范窗口单位、全国服务中小企业优秀律师事务所、自治区优秀律师事务所等称号，并被自治区司法厅授予集体二等功。新疆北方律师事务所全体律师正在通过一件件个案、一次次努力，将法律正义的光明传递到人民群众需要的地方。

法考为民好榜样

从“律考”到“司考”再到“法考”，不变的是从严治考、规范管理、热情服务的工作原则。组织严密、程序严禁、标准严格、纪律严明，这是他们的工作要求。从软件到硬件，从网络到电力，从交通到安保，从测试到保密，他们全面排查，力保法考工作的顺利进行。平凡的岗位、不凡的坚守，他们就是默默付出的法考工作者。

平凡中的坚守

尹　铭

1992年12月入伍，大学文化程度，中共党员，2007年副营职转业到保定市司法局工作，现任法律职业资格管理处主任科员。

业务上的行家里手

尹铭同志不忘军人本色，时刻以一名共产党员的标准自警自励，不断加强法律、法规、技术等业务知识的学习研究，干一行、爱一行、专一行。在精心研究传统业务的同时，他不断学习各项与业务相关的新知识，积极参与国家司法考试各项新培训，深入研究各种新技术、新装备、新系统，还热心的帮助和指导同事不断学习，遇到专业问题，他总是第一时间到场出手解决，同事们也都亲切地称呼他“尹老师”，他也逐渐成为国家司法考试（法考）真正的行家里手。

赠人玫瑰，手留余香

在国家司法考试和法考的报名审核、组织实施、分数核查、资格申请每个环节中，尹铭同志都把“服务考生”作为出发点和落脚点，并持之以恒地落实在思想和行动之中。他常常说：“国家司法考试（法考）是头等大事，也关系到保定考区的形象与考生的前途，马虎不得。所以，一定要细心、耐心地做好服务。”

2012 年的国家司法考试，与以往没什么不同，但是因为尹铭同志负责、热心的工作态度，让一名即将误考的考生顺利参加了考试。原来，这名考生因装有准考证、身份证的手包被盗而未能参加第 2 场的考试。几经周折，派出所按照准考证上的信息将包送到了考点。负责该考点考务工作的尹铭同志看时间可能还来得及，便迅速从微机考试系统里找出该考生的联系电话，通知他尽快来考场参加考试；最终该考生在禁止入场时间前赶到了考场，参加了考试。省厅得知后，在当年司法考试工作总结中将此事作为热心服务考生的典型事例上报司法部。

2014 年 12 月 4 日，对于另一名考生来说却也是不平凡的一天。因为这一天，同样因为尹铭同志的一个热心举动，改变了她的一生。那是网上资格申请的最后一天，尹铭同志通过考试系统查到有 9 名考生通过国家司法考试未进行网上资格申请，他便逐一打电话告知、提醒并指导考生申请，最后，有一考生电话却一直联系不上。考虑到是网上资格申请最后一天，如果错过了这一天，就意味着该考生当年的成绩作废，来年要重新参加国家司法考试。在这个岗位上工作多年的尹铭同志，深知考生通过国家司法考试的不易，而且来年重考，还会顺利通过司法考试吗？想到这些，下班后的尹铭在繁杂的报名信息中找到该生的通信地址，并前往告知。未料考生已经搬家，尹铭没有放弃，从邻居口中联系到考生的家长。由于考生不在保定，其父母又不懂网上申请流程和操作，尹铭便与考生父亲一同又返回工作单位，协助考生完成了申请。原来该考生认为自己考试发挥的不理想，根本没有查询自己的成绩，也不知道自己已经通过了国家司法考试。如果错失了这次资格申请，该考生当年将与自己心仪的工作岗位失之交臂。考生父母十分感动，前往《燕赵都市报》编辑部讲述了尹铭同志为民服务的过程，《燕赵都市报》作了“考生家长杨阿姨特想给小尹点个赞”的特别报道，引起了社会极大的反响。

当之无愧的荣誉

尹铭同志，这位平凡而忠诚的司法工作者，用自己的实际行动诠释了“服务考生”这一句平凡的诺言，他用真心真情换来了社会的广泛赞誉，多次收到考生的感谢信和锦旗，也受到了各级领导的一致认可。

2008 年他被司法行政系统评为先进个人；2009 年至 2013 年连续 5 年被局机关党委评为优秀共产党员，2009 年至 2012 年连续 4 年被评为优秀公务员；2013 年，担任“基层建设年”下乡工作队队员，评为优秀公务员并荣立个人三等功，同年，在司法部表彰近 10 年国家司法考试工作先进集体及个人活动中，所在的保定市司法局被评为全国先进集体，被评为全省先进个人，2014 年 8 月被保定市委、保定市政府、保定军分区授予“全市模范军队转业干部”荣誉称号，记三等功 1 次。2015 年保定市司法局在全市司法行政系统开展了“向军转好干部尹铭同志学习活动”的决定，2015 年、2016 年、2018 年被评为优秀公务员，2018 年被司法部评为首次“法考”表现突出个人。

荣誉的背后是平凡的坚守。岗位也许是平凡的，但是他的热心为民、始终如一不正是一名共产党员的忠诚吗？平凡不会让他放弃，荣誉更不会让他止步。展望未来，尹铭同志依然是新时代法考战线上平凡而忠诚的追梦人。

牢记初心使命　甘为法考护航

沈育善

1972年1月出生，中共党员。他把法律职业资格考试作为一种国家责任，把考生的利益放在心里，连续两年带领辽宁省各级考试机构和考试管理干部圆满完成了考试工作任务，实现了司法部考试工作"零事故，无差错""绝对安全、绝对顺利"的工作目标。2017年、2018年连续两年被司法部评选为全国法律职业资格考试工作先进个人。

牢记宗旨，无私奉献为考试

沈育善常说，他在部队16年，别的东西没学会，唯一懂得了"为民服务"这个宗旨。在援藏的3年里，他广泛接触基层群众，了解群众的需要就是他工作的目标。

作为省级机关干部，很难直接接触基层群众。但他把加快服务型机关建设、转变机关作风作为司法为民的重要环节，积极改进工作方式，扎实做好考试过程中各项服务保障工作，努力为考生提供便捷高效、细致周到的服务，赢得了来自考生和社会各界的点赞。2018年考试制度改革，许多考生对新的政策、考试模式不了解，他提出"立体传媒宣传"的办法，通过多媒体进行集中宣传。他发微信、短信 20,000 多条；设置考务咨询台专线，每天接收咨询电话、短信 100 多个。辽宁全省的考试工作基本就他和另一名同志 2 个人做，他负责牵头。因此他不敢掉以轻心。在援藏工作期间，他身体出现隐患，回来后没有顾得上休息，就参加了司法部组织的国家考试培训。其间，突发心脏病被送医院救治后，坚持完成培训任务。2018 年考试报名期间，他连续加班，心脏病再次发作，被送到省医院，在病床上坚持电话指导，没有耽误一天工作。两年来，为组织好考务工作，沈育善周末很少休息。孩子、老人生病，他顾不得照顾，一直在各个城市、各个考点连续奔波；身体不适也很少上医院，吃着药片顶着。完成了对 430 个考场的检查检测和 2 万多人的报名审核。

细致准备，实现考试“零差错”

司法考试改为法律职业资格考试，国家考试制度改革，带来一系列变化，工作量加大，考试组织面临很多新问题新困难。为了保证考生顺利考试，他积极编写《司法考试考务工作手册》，将考试组织工作定员定岗定责，细化各部门各小组的职责和任务。他亲自与公安、保密、经信、卫健、考点学校等相关部门沟通协调，无线电管理部门为每一个考点配备了无线电监测设备和人员，卫生部门为每个考点配备了救护应急车和医务人员，公安机关共派出上百名公安干警参与考试的秩序维护、交通疏导、防恐防爆等工作，形成各部门协同配合、各负其责的组织实施和保障体系。

“司法考试考场难找。”许多学校不愿意承接法律职业资格考试，他亲自登门拜访，“求爷爷告奶奶”地做工作，多次冷遇不灰心，有的还动用战友、同学等私人关系。沈育善带领考试管理干部，采取“白加黑”、“5+2”的工作模式，完成了计算机化考试34所考点院校的选定。

辽宁全省机考报名20,802人，原来的4个考区显然不够，沈育善把考区拆分为14个。加上备用电脑全省参与考试的要有24,000多台电脑，分布于14各市34所学校。他一个一个考场地走，一台一台机器地看，组织对全省备考的电脑逐一进行了“考试压力测试”；为了达到供电安全网络畅通，提出了在没有备用供电线路的考点准备配备发电车、备用发电机，联系电力部门对考场用电进行了拉网式检查；联系三大运营商对考点网络进行排查；在鞍山组织了模拟测试实战演练和实务培训。

服务社会，司法为民的热心人

沈育善想考生之所想、急考生之所急，在严格遵守政策基础上最大限度地服务考生。他积极协调考点学校开放食堂、设置休息区，让考生中午有饭吃，有休息地。对于特殊群体，他给予绿灯。考生韩某，一级视力障碍。他建议将其安排到离家较近的考点，单独设立专门考场，安排非法律专业的机关干部专人帮助阅读试卷，专人帮助誊写试卷和专人监考，落实全程录像。对一位怀孕临产考生，他建议为其设立安全通道，并联系医院，配备了救护车，允许该考生父母在考务办公室等待。他为一位身患残疾行动不便的考生提供绿色通道，派专人接送进出考场。对于没带身份证且时间来得及的，安排专门车辆去取。对于来不及取身份证的，予以变通，先考试，考试后上门验证。他还组织工作人员分别将辽宁省33个考点院校位置图、乘车路线、住宿、就餐等信息进行详细的拍照、规整，在第一时间通过微信向考生发送，保证了考试期间无一例考生走错考点、无一名考生迟到，考生满意度达99%以上。

法考路上“急先锋”

吴震球

1974年12月出生，现任苏州市司法局法律职业资格管理处处长。2013年1月被司法部评为全国司法考试工作先进个人；2016年8月被江苏省司法厅评为2013~2015年度司法考试工作先进个人；2017年11月被江苏省司法厅评为2016~2017年度司法考试工作先进个人；2018年8月被司法部评为全国司法考试工作先进个人；2019年2月被江苏省司法厅评为首次国家统一法律职业资格考试工作表现突出个人，获“新时代江苏司法为民好榜样”称号；2019年12月被司法部评选为“新时代司法为民好榜样”。

“我这是第二次来苏州感受法考服务了，真心感觉一年比一年更贴心，江苏的法考保障设施真的很完善。”顺利通过国家统一法律职业资格考试的上海考生陈某，回忆起在苏州的考试经历，频频竖起大拇指。

近年来，国家统一法律职业资格考试制度实施牵动了千万考生的心。苏州在国家统一法律职业资格考试改革试点实践中勇闯无人区、在为民服务上打造舒适区、在考务保障上争创示范区，苏州司法局法律职业资格管理处处长吴震球勇做法考改革“急先锋”、服务考生“好管家”，为国家统一法律职业资格考试改革破局探路，打响品牌。

标准化试点探路“新考题”

2017年，在法考战线耕耘16载的老将吴震球主动请缨，申请将苏州作为司法部首批遴选的5个计算机化考试试点之一。为高标准高质量完成试点任务，吴震球广泛了解学习计算机化考试考点学校组织实施经验，全面摸排全市机考资源，上门查看候选区域，开展多轮评估筛选，制定考务工作手册，把规范化、标准化、流程化、精细化管理贯穿于全过程，顺利完成首次“试点”任务。

为提升考试体验，他热伏天蹲守机房“排雷”。有一次，他为了在两个技术设备相对接近的学校之间做出取舍，花了1个礼拜时间往返于两校机房。为减小噪声干扰，他特意在不开空调、密不透风的机房答题，以感受设备硬件的稳定性，以致常常汗流浃背地“逃”离机房。通过精准筛选，苏州考区首次机考的考点交通便利、设备过硬，获得上级和考生普遍好评。

专业化管理答好“附加题”

“凡是涉及法考的政策规定、依据出处，吴震球都如数家珍，他是法考工作的‘活字典’、疑难杂症的‘好诊师’。”这是苏州市司法局局长王侃对吴震球的印象。

正是凭着对法考政策和业务的这股钻研劲头，2018年，吴震球自加压力，率先在全国探索并实现国家统一法律职业资格考试报名、考务组织、资格申请、咨询服务、证书备案、档案调转等各环节全程信息化管理，再一次圆满完成主观题机考试点任务，形成可复制可推广的国家统一法律职业资格考试计算机化考试样板。

人性化服务践行"应用题"

2019年，主观题考试结束后，周某在考场外情绪几近崩溃。细心的吴震球上前询问，原来周某不确定自己是否保存提交考卷。了解到周某连续7年参考，去年还是全职备考，吴震球把他带到考务室，帮助他平静情绪，回忆细节。在吴震球的耐心安慰下，周某最终平复了情绪，并想起按键保存的关键细节。他对吴震球的贴心服务赞叹不已。

"考务不是一锤子买卖，服务不局限于考场。"秉持这样的情怀，吴震球把精准服务贯穿各个环节。报名期间，吴震球带头24小时值守答复考生疑问，对信息填写有误的考生逐一电话提醒纠正。协调公安、市容市政、交通、食药监、卫计等部门共同为考生创造良好考试环境。在全省率先开通"苏州微法考"微信公众号，2019年苏州共有5000多名考生通过网上备案系统完成年度备案和职业变更备案工作，其中1200多人通过手机App进行在线备案，100余人办理网上调档业务，积极争取法律职业资格无纸化办理系统落户苏州，持证人足不出户办理业务更加常态化。组织专门力量赴全市高校和10个区县举办巡回宣讲会开展政策宣讲、规范解读、考务提醒等，惠及广大考生。

近日，苏州市司法局整合资源、延伸服务，成立国家统一法律职业资格考试服务中心，中心集考试报名、考务组织、资格申请、咨询服务、证书备案、档案调转、提供就业资讯等各种功能，"这里就是法考服务旗舰店。"自诩"店小二"的吴震球"细节服务、跟踪服务、管家服务"考务理念实施有了更广阔平台。

万千考生背后的法考护航人

刘玉秋

1975 年 10 月出生，中共党员，现任济南市司法局组织人事处处长。

国家统一法律职业资格考试前身是国家司法考试，担负着为国家选拔法律职业人才的重要职能。山东省济南市自 2002 年实施首次国家司法考试以来一直是全省最大考区，刘玉秋自 2014 年负责济南市国家统一法律职业资格考试（国家司法考试）工作以来，始终以做好万千考生背后的法考护航人为己任，兢兢业业，履职尽责，为顺利完成济南考区的工作任务做出自己的积极贡献。

从零开始的考务专家

国家统一法律职业资格考试工作社会关注度高，政策性强，专业要求高。在 2014 年走上考试工作岗位之前，刘玉秋一直从事宣传、党务工作，可以说是零起点开始工作。为尽快熟悉相关政策规定和制度，她伏下身子，本着“干一行爱一行精一行”的态度，认真学习所有考试规定和制度，逐本翻阅济南市历年考试工作档案，对考试流程、考务机构设置、工作人员组成等关键环节认真思考和研究，找出工作重点、难点和弱点，迅速从“菜鸟”成长为考务专家。每年考前，她都根据上级最新要求和本市实际，制定翔实细致的《考试工作方案》《考务手册》《监考手册》《应急预案》《培训方案》等各类基础材料，对整个考试组织工作进行科学的设计和规范，合理配置工作人员，强化岗位培训和实战演练，预设各类突发问题和解决方案，确保能够有效应对考试出现的特殊情况。

始终心系考生的法考护航人

自2013年以来，济南市的报名考生数一直在八九千人高位运行，不仅是全省第一，更位列全国特大考区之一。这项考试是法律职业的入门槛，事关每一名考生切身利益。刘玉秋始终坚持管理严格、组织规范和热情服务的工作准则。每年考试报名直至考试、领证等重要节点，她都会安排专人向所有济南考区的考生普发提示短信，考前制作考点交通路线图、考试温馨提示等进行公开公示，便于考生及时准确掌握工作进程和注意

事项。2016年山东省首例视障考生在济南应试，她主动与考生沟通，了解考生需求，协调成立专门工作组为考生提供辅助服务，维护了残疾考生的合法应试权益。2018年客观题机考期间，又有一名视障考生申请在济南应试，为方便考生提前适应机考特点，她与同事提前联系考生，安排其参加仿真测

试，及时将考生的试用建议向上级机关反映并予以改进，帮助考生适应专用软件并顺利完成考试，考试结束后考生给济南市司法局写来感谢信为他们的服务点赞。

在平凡奉献中坚守初心

考务如家务，平凡见真诚。国家统一法律职业资格考试工作烦琐、细致，持续性强，每年上半年报名审核，下半年落实考点考场、组织考试、成绩核查、资格申请、证书发放以及日常档案调转等工作，头绪繁多。特别是面对2018年全面实行主客观题分阶段考试和客观题机考的新形势、新任务，刘玉秋面临设置近万台计算机考试机位和1个月内组织两次考试的艰巨任务，她不等不靠，带领处内两名同志主动走访联系市财政局、人社局、卫计委等组织过类似考试的单位，调研学习工作经验。为确保机位，他们走访驻济高校，对近万台机位逐一进行技术测试，对计算机、网络、电力等重点环节进行全面落实，积极沟通协调10余个协作单位做好保障，确保两阶段考试无缝衔接，最终圆满顺利完成考试任务。由于工作成绩突出，山东省济南市司法局近年来先后被司法部评为全国司法考试先进单位，全国法律职业资格考试工作表现突出单位等。

深圳“法考”背后的护航者

黄子彪

中共党员，1993年参加工作，1996年调入深圳市司法局，先后在政策研究室、办公室、政策法规处、律师公证管理处、法律援助处工作，现任法律援助处副主任。2005年至2019年从事司法考试（现改为“国家统一法律职业资格考试”）考务具体工作，迄今已十四个春秋，是司考（“法考”）战线的“老黄牛”。2018年8月司法部授予黄子彪同志“全国司法考试先进个人”荣誉称号；2018年、2019年连续两年被司法部评选为“法考工作表现突出个人”。

立足大局，责任心强

从2002年开始，国家推行司法考试制度，2018年调整为国家统一法律职业资格考试，是国家选拔法律职业人才、建设高素质社会主义法治工作队伍的重要制度设计和措施。黄子彪知道自己从事的工作很重要，既是为国家选拔法律人才服务，也是为每一位考生提供服务，关系每一位考生的命运前途，所以他一丝不敢马虎怠慢。2018年9月30日，是国家统一法律职业资格考试第二轮网上报名的截止日期，他看到有部分符合条件的考生未在网上报名第二轮考试，很是着急，立即发送短信通知，但仍然不放心，担心考生没看到短信错过了报名的时间，于是他逐一打电话通知。在打电话过程中，有人误认为是诈骗电话的，有人认为这是自己的事自己负责无须你们多此一举，也有“马大哈”不知道自己通过了第一轮考试的，黄子彪都耐心提醒和解释，绝大多数考生充满感激，说深圳市司法局真心为每一位考生着想，服务细心周到。

业务精通，勇于创新

深圳考区在全省乃至全国，都是一个大考区，近年的报名人数持续过万，但由于编制有限，多年来司法局考试专职公务员只有他一人，考务工作量巨大和繁重可想而知。黄子彪在压力面前不胆怯、不畏惧，他总是根据情况的变化，提出新的工作举措，通过制度建设、制作考务资料、配备科技产品等方法使考务工作不断与时俱进，把工作做专做强！2018 年，国家司法考试改革为统一法律职业资格考试（“法考”）。“法考”相对于“司考”，对考试方式进行了多项改革，考试组织面临很多困难，他本着早着手早准备的思路，年初就着手进行各项工作。包括对考点机位资源的调研，与承接机考有经验公司的接洽，到去年试点机考的地市考察学习，研究学习我市其他类型的机考实施的经验……正因为有了这些周密筹划、精密落实的工作，首次“法考”18 年的深圳考区组织实施工作圆满结束，顺利实现“司考”到“法考”平稳过渡。

以人为本，注重服务

多年来，黄子彪从考生角度出发，想法提供各种便民服务，对特殊情况的考生也尽可能给予帮助。2017年，某考点的考生罹患疾病，全身水疱，脓疮散布，部分破溃。黄子彪了解情况后，为防止发生交叉感染，提请领导立即启动突发事件应急预案，启动备用考场的实施方案，为该考生提供单独使用的备用考场。成绩公布后，该考生成功通过了司法考试，为表达感激之情，特地制作赠送题为“感谢人民好公仆、真心服务为考生”的锦旗，以表谢意。2018年，黄子彪了解到考生小Z身患残疾行动不便，马上主动联系考生，积极向上级反映。得到上级的大力支持，根据小Z轮椅出行的情况，在不违反管理要求，不损害考试公平的基础上，为其提供绿色通道。

这就是黄子彪，认真负责、任劳任怨，一直为考试工作默默奉献。

连续七年“零差错”背后的故事

吴明蕊

1967 年 10 月出生，现任海口市司法局公共法律服务科科长。2018 年被司法部授予首次国家法律职业资格考试表现突出个人；2017 年被海南省司法厅记专项工作个人三等功；2019 年被海口市司法局评为“优秀公务员”。

从 2014 年到 2018 年，海口市司法局公共法律服务科科长吴明蕊负责海口市国家法考工作，经历了司法考试到国家统一法律职业资格考试、笔试到机试的改革，做到了考务工作试卷安全保密零事故、考试组织实施“零失误”、服务考生“零投诉”，实现了海口市“法考”工作连续七年“零差错”的目标。

“从考场筛选、试卷押运到考试现场监督……各项工作吴明蕊几乎是亲力亲为。”提起吴明蕊，曾与她并肩在考务工作一线的同事们不由得竖起大拇指。吴明蕊始终把为考生提供优质高效的服务工作为己任，把保障考试工作顺利进行作为工作的出发点和落脚点。

打造标准化考场，保障司法考试“四个安全”

2014 年，对于吴明蕊来说，是一个新的挑战。海口市司法局成立国家司法考试处，吴明蕊被调任负责该处室的工作。由于处室于刚成立，配备的工作人员都没有司法考试组织的实际经验。

“司法考试就像高考一样，容不得半点疏忽。”吴明蕊为了带领工作人员尽快进入角色，以上率下，先学一步，并组织带领所属工作人员认真学习业务知识，熟悉考试操作流程，严格执行政策、规定，分成保密组、考务组、后勤组、督考组、警戒组 5 个组开展考务工作，确保海口考区各项工作顺利开展。

按照司法部规定，司法考试必须有标准的考场，从桌子的大小、间距，到空调、监控等设备，都有严格的标准。因此，在考务开展工作之初，吴明蕊首先面对的便是着手挑选新的标准化考场，认真落实考点学校筛选、确定和踩点工作。2014 年 5 月，吴明蕊带领同事们先后实地走访海口市大、中各类学校，最终确定海口市一中高中部为考点单位，并与考点学校签订合作协议。

随后，吴明蕊带着同事在 37 度的高温下，驾车一遍又一遍从考点学校到省司法厅考卷保密室计算时间，包括有多少个路口，有多少个红绿灯，经过每个路口大概需要多长时间……这一系列数据在吴明蕊心里倒背如流。

经过多次计算，发现该路线存在距离较长，试卷运输耗时多，安全隐患大的问题，吴明蕊提出在考点学校建造保密室的建议，加强考点学校安防硬件建设，贯彻落实司法部提出的国家司法考试试卷安全、考场安全、考试安全、考生安全等“四个安全”目标。

“吴科长做事比较细心，特别是在标准化保密室改造的细节上，能综合考虑个方面因素，有力保障了考务工作的顺利进行。”提起她与吴明蕊 5 年间的对接工作，海口市一中高中部教务处主任黄志林禁不住称赞起来。

反复考察实测，保障机考顺利进行

经过几年的合作，吴明蕊对海口市一中高中部考区工作得心应手，而新的挑战又迎面而来：2018 年时司法考试改革为国家统一法律职业资格考试第一年，考试方式分客观题、主观题两个阶段，客观题考试全面推行机考。

2018年面临的挑战和压力都比较大。面对全新挑战，她只能迎难而上，积极强化机位保障，对全市所有大学院校进行调查摸底，测试机位，选择机位较多，环境等条件符合的学校作为机考的考点学校。经过考察，共预备海南大学、海南师范大学、海南职业技术学院3个考点和3738个考试机位，保证每个考生“有试可考、就近参考”。

此外，吴明蕊还积极做好监考及考务人员培训工作，加强考前组织模拟演练，通过对模拟现场突发的各种情况进行演练，提高应急处置工作的能力，严密无缝防控，确保考试安全。

2018年9月22日17时，随着2018年国家统一法律职业资格考试（“法考”）倒计时最后一秒到来，海口考区机考工作圆满结束。

此时，正在考点现场巡视的吴明蕊这才长长地舒了一口气。原来，在考试前一天，考务工作突然出现了一个小插曲。

2018年9月22日上午，吴明蕊带领工作人员再次来到海南大学机房进行考试模拟演练时，部分电脑突然出现了蓝屏、黑屏等现象。面对这一突发情况，吴明蕊立即组织考务、网络技术人员进行抢修。直到当天夜里11点半，出现故障电脑终于全部修复成功。

2018年9月22日上午9时，在时任省副省长、公安厅厅长范华平，省司法厅厅长郑学海，省政府副秘书长、省信访局局长戴青云及海口市市委、市政府主要领导的陪同下，司法部副部长刘振宇来到海口考区海南大学考点，对海口考区2018年国家统一法律职业资格考试工作进行现场指导并给予充分肯定。

创新动漫宣传模式，热心为考生提供考前考后服务

“听说报考法律职业资格证很难考，有什么条件吗？”“能提供本人有效身份证件并具有国家承认本科学历的合法公民均可报考。”这是近几年海口考区以制作法律职业考试专题动漫进行宣传模式的创意，通过通俗易懂的动漫形式，可以在公交车、户外LED广告屏上进行滚动播放，为考生报考和考试做好提示工作，她制作了考生报名、反作弊考试内容的漫画，受到省司法厅的多次表扬和肯定。

每次考试前，吴明蕊都多次深入考点学校调查研究，堵塞漏洞。针对海口极容易出现台风、暴雨等极端天气，提前做好应对工作。建立健全突发事件应急处置预案，针对可能发生的任何情况强化应急处置准备。

守护考生“放心赴考、安心应考”

2017年9月16日中午，国家司法考试海口考区78号考场一名考生在考试结束后，不小心扭伤脚。吴明蕊发现后，立即组织考点医务人员进行现场紧急救护和处理伤情，并安排人员打包午餐给受伤考生。在后面考试的开考前和结束后，吴明蕊还安排专人背其进出考场，在安检口开设绿色通道，保证考生按时正常参加考试。这是吴明蕊守护考生“放心赴考、安心应考”的一个缩影。

在同事眼中，吴明蕊有创新力，有魄力，组织领导有力。2018年是“法考”第一之年，她亲自起草精细制订2018年海口考区机考组织实施方案、2018年海口考区笔考组织实施方案、2018年海口考区突发事件应对处置预案等，落实责任到组，责任到人。截至2018年，在吴明蕊的精心组织及实施下，共有16,000多名报名考生顺利参加国家司法考试（“法考”）。

5年来，吴明蕊用实际行动为“法考”筑牢服务保障体系，为考生打造优质安全考试环境，提供舒心便利的贴心服务，真正把司法为民落到实处。

陈健和他的“四心”工作法

陈　健

1965年8月出生，中共党员，现任重庆市司法局法律职业资格管理处一级调研员。2017年7月、12月分别被重庆市司法局记个人三等功1次；2018年8月被司法部评选为国家司法考试工作先进个人。

潜心学，门外汉成为业务骨干

2002年，为迎接首次全国司法考试，陈健从市司法局公证管理处调到司法考试工作临时筹备小组从事司法考试工作。面对首次举行的司法考试，从考区考点设置到考场座位安排，从考试工作流程到防作弊措施，没有多少可供借鉴的经验。为做好考试组织实施工作，陈健潜心学习考试有关业务，从法律法规到政策规定，从工作制度到相关文件，陈健不知逐字逐句通读了多少遍，从业务知识的学习到工作实践的积累，这一学，就是18年。如今的陈健，已从当初的门外汉成为重庆考试工作的业务骨干，每年在全市考试组织实施方案、流程设置、工作手册编印等工作中，他都及时与同事们一起认真研究，提出合理化建议，为考试安全顺利实施承担了应尽之责。18年来，更通过市局向司法部提出多条有关考试工作的建议，为改进和完善考试工作做出了积极的贡献。

细心做，尽职责护航考试 18 年

熟悉陈健的同事们都了解他，这个军人出身，外表看似粗犷的汉子，在工作中却是一个认真细致的“细心人”。每年报名和资格申报阶段，上万名考生的照片、学历、户籍等信息资料都必须反复审查，以确保考试的公平公正。作为复审最后一关的把关者，每份资料，陈健都要逐字反复仔细查看，任何一处细小的错误都逃不过他敏锐的双眼，每年审核中出现的“查漏”和“补缺”，也都被陈健记得清清楚楚。“每年上万名考生的资料就关系着上万个年轻人的未来，容不得我们有半点错漏。”每次审核，陈健都反复提醒参与审核的同事。也正是抱着这种履职必须尽责的理念，18 年来，在陈健的细致工作下，发现了上百名提交学历、户籍信息不齐的考生，并在他的指导下补充完善了资料，成功申报了法律职业资格。在陈健和同事们的共同努力下，重庆上报司法部的资格申报材料多年来保持完整齐全且审核合格。

尽心干，高标准完成“机考”试点

2018 年，按照司法部安排，重庆开始试点主观题计算机化考试，作为业务骨干，陈健承担了北碚考区两个考点的“机考”试点对接工作。开考前两个月，正是重庆最酷热的时间，经常，他都要花上 3 小时往返于单位和考点。每到考点，顾不上片刻休息，从每个考场人数，备用机位数，电脑输入法甚至考试键盘类型，陈健都要事无巨细地与考区司法局的工作人员反复核对落实。“首次用计算机答主观题，每个细节都要逐一落实和把关，确保万无一失”，每次，陈健都反复向考点工作人员强调。为确保首次计算机化考试顺利进行，陈健督促考区司法局在西南大学和西南政法大学等高校就主观题考试输入法开展了多次调研。五笔输入用什么五笔？拼音输入法每行提供几个候选词考生打字最有效率？键盘的敲击声音会不会影响他人？每个细节都被陈健充分考虑到并及时向司法部反馈。计算机化考试，电力、网络保障也很关键，考试如果断电、断网怎么办？所有可能出现的问题，陈健都与处室同事和考区司法局工作人员一一作出详细预案并开展演练，扎实的工作态度得到市局和司法部领导的高度认可。为了协助考试系统开发公司做好考试系统测试，陈健拿出刨根问底的劲头，反复向系统开发公司请教，多次上机实际操作，直到成为机考系统操作的“内行人”。在陈健与处室同事和考区司法局工作人员的尽心工作下，2018年，重庆主观题计算机化考试试点任务圆满完成，并为司法部次年在全国全面推行主观题计算机化考试提供了实践经验。

耐心答，守初心热情服务考生

陈健办公室的座机，是向社会公开的咨询电话，每年都会有上千人通过这个“热线”咨询考试相关的各种问题，从报名条件到资格申报，从学历认证到户籍放宽认定，面对纷纭复杂的问题和形形色色的考生，陈健总是用十足的耐心、过硬的业务知识，给予准确的答复，18年来，接听上万个咨询电话，未受到一起投诉。除了接听咨询电话，陈健也会经常主动给考生拨打电话。按规定，在资格申报阶段，如果考生没有在规定时间内申报，过期无正当理由司法部将不予受理。为了不给考生留下遗憾，陈健宁愿给自己工作添点“包袱”，每次资格申报结束前3天，陈健便开始给成绩合格却尚未资格申报资格的考生拨打电话，了解对方未申报的原因，提醒考生及时进行资格申报。也正是陈健这种耐心细致的工作态度，每年总会帮助几名“马大哈”考生架起通往法律职业资格门槛的桥梁。无论是报名阶段提醒考生上传符合规定的证件照还是资格申报阶段提醒考生及时提交资格申请材料，像这样热情服务考生的事例，在陈健身上还有很多，但在他看来，所做的这一切，不过是守住了一名共产党员服务群众的初心，履行了一名法律职业资格管理工作者为法治建设提供法治人才基础保障工作的使命。

确保考试公平公正输送合格法律人才

唐　莉

1970年12月出生，中共党员，现任四川省内江市司法局法律职业资格管理和司法鉴定管理科科长。多次被内江市司法局评为优秀共产党员和优秀党务工作者；2015~2018年连续4年被评为内江市司法局优秀公务员；2015年被内江市直机关工委评为优秀共产党员；2017年被评为第一届内江市司法行政工作先进个人；2005年、2018年先后2次荣立个人三等功；2018年被司法部评选为首次国家统一法律职业资格考试工作表现突出个人；2019年被四川省委政法委、四川省人力资源和社会保障厅评选为四川省政法系统先进个人。

唐莉同志先后经历了10次司法考试、2次“法考”的组织实施工作，政治坚定、作风严谨。她熟悉掌握并严格执行“法考”的全部法规和程序规范要求，对外加强协调沟通，对内搞好监考培训，始终做到日常管理科学规范，考务组织严谨细致，服务考生热情周到，在局党委的领导和全局干警的共同努力下，圆满完成内江考区的组织实施工作，受到司法部督导组的充分肯定和四川省司法厅厅长刘志诚、中共内江市委书记马波的表扬。12余年来，唐莉同志在内江“司考”“法考”工作岗位上，恪尽职守、默默奉献，用忠诚和担当践行了对司法行政工作的热爱。

学懂弄通重规则，法考端口严把关

唐莉同志认真学习掌握法律职业资格考试规章制度，全身心地投入考试组织工作中，从国家司法考试改革到国家统一法律职业资格考试，始终坚持高标准严要求，作为内江考区法考工作的“操盘手”，认真学习熟练掌握“法考”各项工作流程和规章制度，不断提高业务水平和工作技能，认真研究和创新内江考区的考务工作新方法、新措施，用高质量、高标准、新举措完成了考试前的报名、考场设置、人员安排、考务流程等各阶段的各项工作。

创新工作谋突破，规范操作保安全

唐莉同志执行上级规定要求严格，开拓进取意识强，善于思考，勇于创新。一是厘清“节”点。专门制作培训课件，梳理注意事项清单，有效解决了考试过程中的一些模糊认识，确保考试各个环节、每个岗位上的监考人员及考务工作人员能够明确岗位职责和工作流程，掌握应急处置措施。二是细化方案。抓住考务、考场、考生和舆情等重要环节，研究制定内江考区考试组织实施工作方案、突发事件应急预案、从严从实从细做好法考组织实施的各项工作。三是注重细节。在熟练掌握司法部《考务工作手册》的同时，还制编适合内江考区的《监考工作流程》，并对工作方案进行细分、细化，确保上级规定不折不扣的落地落实。四是协同配合。

建立健全由市司法行政机关牵头，教育、公安、保密、卫生、电力、无线电管理等部门密切协作的联动工作机制，完善协作方案和应急预案。五是实战演练。针对考务安全管理进行反复演练，举一反三，整改完善，确保考试平稳、安全、顺利、有效进行。

正风肃纪严要求，服务考生用真心

唐莉同志坚持原则，作风正派，在规范创新内江考区考试工作的同时，她还进一步增强服务意识、创新服务方式、拓展服务内容、完善服务措施，满腔热情地做好服务考生的各项工作：一是对考点周围的宾馆、招待所进行摸底，制作成简易地图并附宾馆电话，供考生选择使用；二是协调公交公司，为考生增开、加开公交线路，调整发车时间，发车频率；三是联系考点学校学生食堂，方便考生就近就餐；四是在考点入口、要道设置详细的考点考场分布示意图和路线标志，设立由学生志愿者组成的义务引导岗为考生指引考场线路；五是考场外为考生贴心地提供降暑药品、矿泉水等服务。

考试阶段性任务很重，每年的下半年几乎都在连续作战。从报名的审核，考点的落实到考试的安排、考场的布置、外单位协调、考试期间各种考务问题，再到成绩公布后的分数核查、资格申请……唐莉一直处于高速运转的工作状态，她将办公室电话呼叫转移到自己的手机上，24小时为考生答疑解问。对考试过关的考生，她更是关注他们是否在网上提交申请，主动电话通知考生到市司法局申办资格，她和科里同志提前上班，推迟下班，假日放弃休息，极大地方便了本地和外地考生。

她还通过门户网站、微信公众号等形式，及时传递考试动态，提高社会、考生对实施“司考”“法考”制度的知晓度，提升考试的社会影响力，充分展现司法行政服务社会、服务考生的良好社会形象。

法考战线的“老黄牛”

路明琪

1960年2月出生，中共党员，河南扶沟人，现任乌鲁木齐市司法局律师和公证工作管理处一级主任科员。1982年5月、1991年3月两次被陆军第六师炮兵团荣记三等功；2011年8月、2016年8月先后被新疆维吾尔自治区司法厅评为“自治区法考先进个人”；2013年8月、2018年8月两次被司法部授予“国家司法考试工作先进个人”称号；2015年10月作为新疆司法行政系统英模代表参加自治区成立60周年活动；2018年2月荣立新疆司法行政系统个人二等功；2010年1月、2014年2月、2019年2月、2020年1月4次荣立个人三等功。

“组织上安排我干什么，我就一定要干好！”新疆乌鲁木齐市司法局律师公证管理处主任科员路明琪是这样说的，也是这样做的。

守初心　明方向

1997年9月，路明琪从部队转业到乌鲁木齐市司法局工作，迅速从保家卫国的军人转变为一名法考战线的司法行政干警，亲历了从国家司法考试制度实施到法律职业资格考试制度确立的历史变迁。多年来，他不忘司法为民的初心，不失军人本色，精心组织，默默付出，先后为5万余名考生提供优质考试服务保障，得到考生好评和组织的肯定。

2018 年是法律职业资格考试制度改革的第一年，考试方式发生重大变革，考试分为客观题和主观题两个阶段进行，客观题考试全面推行机考。全区共 13,000 余人报名参加客观题考试，3200 余人报名参加主观题考试。考试组织工作面临时间紧、任务重、风险高、难度大的挑战。特别是乌鲁木齐考区承担着全区近一半考生的客观题考试、2/3 考生的主观题考试组织实施任务。作为考试的组织者，他深感责任重大，虽有多年工作经验，但对首次机考也不敢掉以轻心。“坚持干什么学什么、缺什么补什么”是他的一贯作风，为此他认真学习，多次请教，努力把握好法考工作方向，把司法部“从严治考、规范管理、热情服务”的总原则一一落实到考试的组织实施当中。

秉真心　惠考生

乌鲁木齐考区是一个多民族、多语种，报名人数多、考生类型多、政策涉及面广的考区，这对服务考生工作者的耐心和细心是很大的考验。为考生提供细致周到的服务是老路工作的出发点和落脚点，既要确保考试公平公正，也不忘热情服务考生。

2018 年考生网上报名时，他主动放弃节假日休息，严格执行审核标准，竭尽全力缩短报名审核时限，实现了即报即审，当日无待审。一个人、一台电脑，老路完成 10,920 张照片审核工作，单日审核 730 余人次，这对已经戴上老花镜的他来讲无疑是严峻的考验。他主动开通电话专线为考生详细解答网上报名相关问题，累计拨打电话618人次，接听咨询电话5126人次。

用匠心　重细节

面对新制度、新形势、新任务，他不等不靠，在两个月里跑遍了乌鲁木齐的18所大中院校，找到了符合考试条件的12,498台机位。对机考场地、网络安全、电力保障、监控设施、考点周边社情等悉数掌握摸准，优中选优，最终确定6所大中专院校作为考点。

在考点现场，从摆放考场示意图、指示牌、考试纪律、考生须知，到统筹安排社区志愿者为考生存放物品、引导考生入场等，都有他的身影。不仅如此，为每名考生检查配发考试文具及法律法规汇编，协调医务人员随时待命，交通民警做好交通管制，无线电监测车、急救车、安全保卫车到位等工作，他都亲力亲为、严之又严、细之又细。

组织上安排他到硬件条件最薄弱的新疆师范大学考点总监考，在面临近半考场无监控设施，考试当日教学楼不能全封闭的特殊情况，他及时调整考试方案，合理确定岗位分工，协调用电、用网、用机和监控设备多批次排查检测，不留死角、不走过场，确保了考试期间设备正常运转。

正是有了这样周密的安排部署，乌鲁木齐考区2018年国家统一法律职业资格考试圆满收官，取得了“零差错、零事故、零投诉”的好成绩，他对一件件小事的匠心“雕琢”，展现了一名司法行政干警为“法治中国”“法治新疆”“法治首府”建设矢志奉献的使命与担当。

服务为民 用心做有“温度”的法考

从 2002 年至今，长沙考区考试累计报名 87,110 人，取得法律职业资格 15,112 人。近 3 年，长沙考区报名人数均超全省报名人数的 40%，是全省最大考区。考试报名期间，工作人员为更好地为考生提供服务，开通 24 小时服务热线、邮箱，随时解答考生疑问。为视障、腰伤、孕晚期等诸多特殊考生提供后勤保障服务。

在被称为“伟人故里，山水洲城”的长沙有这样一个团队，他们超前谋划、精密组织，筹备国家统一法律职业资格考试（原司法考试）组考工作，树立了职业资格考试“第一考”公正公开权威的良好形象；他们以考生满意、社会满意、党和国家放心为宗旨，用心服务考生，赢得考生和社会各界的赞许好评；他们为培养和储备合格法律人才，助推法治长沙建设谱写了新的华美篇章。他们来自长沙市司法局司法考试处。

制度先行 推行“政府组考”模式

以“从严治考、规范管理、热情服务”为准则，长沙市司法局司法考试处大胆创新，在全国率先推行“政府组考”的模式。为及时有效解决组考工作中的问题和困难，司法考试处组织教育、公安、财政、保密、卫生、经信、电力等部门，建立由副市长担任召集人的联席会议制度，并成立考务工作组、应急工作组和监察工作组。“成员单位分工明确、统筹协调，从而形成‘政府组考，部门联动’的高效运转模式。”司法考试处的工作人员这样介绍。此外，为了完善考试制度，规范运行程序，司法考试处还从报名审核、组织考试、资格申领等工作环节，研究制定《实施方案》《应急处理办法》《舆情应急处理办法》等一系列工作制度，组考期间设安检、保卫后勤等八个具体工作小组，各司其职，责任到人，为考试工作顺利实施提供了有力保障。

长沙考区作为省会特大考区，考生人数不断攀升，服务对象纷繁复杂，却一直走在创新优质服务的前沿，这离不开长沙市司法局司法考试处的精心筹备和组织有力。

“细”字着力　打造法考“零失误”

考务工作细节决定成败。为确保考试平稳顺利进行，司法考试处周密部署，加强考风、考纪和保密巡查监督力度，并选定条件较好的6所高校及5所高考定点中学作为考试考点，组织考务培训会、仿真、模拟测试等，坚决落实司法部“六个百分之百”工作任务，实现法考工作“零失误”。供电保障和网络畅通是司法考试机考组织保障工作的重中之重，为此，司法考试处积极与供电公司和网络运营商沟通衔接，保障司法考试期间的电力供应和网络安全运行。另外，还在硬件设备上下功夫，推进保密库升级改造，配备监控、警报、防火、防盗等设施，实行24小时双岗值班制，试卷保管、交接等环节实现无缝衔接，确保试卷绝对安全。考场内，设有自动身份识别系统，并配备金属探测仪，每台考试电脑安装专用防窥膜，考场安装无死角的视频监控，安排最先进的无线电监控车、手机屏蔽仪，对考点周边的电磁环境实时监测，有效地防止了作弊现象的发生，确保考试公平公正。

以人为本　服务考生细致周到

“‘以人为本，热情服务’不仅仅是一句口号，更要落实到行动上！”长沙市司法局司法考试处一直秉承这样的理念。司法考试处对考生无微不至的服务贯穿考试的各个环节。如特别允许飞蚊症患者佩戴双重墨镜参考；将突发疾病不能继续参考的考生用警车护送至家中；多年为考生统一配备考试文具用品和饮用水；报名和组考期间，24小时接听考生咨询电话，开通专门邮箱，解决考生实际问题等。2018年7月，“法考”报名刚结束，司法考试处接到视弱考生张某的求助电话，称其参加客观题计算机化考试长时间看电脑显示屏存在很大难度，希望能提供语音辅助设备，协助其完成考试。司法考试处立即实地调查，向省司法厅、司法部考试中心请示，批准单独为张某安装语音辅助软件，并特别编排座位，安排其提前适应考场。最终张某顺利通过了考试并取得法律职业资格。

长沙市司法局司法考试处就是这样始终以舍我其谁的担当精神，在司法为民的征程上不忘初心，奋力前行，为每一次法考上交了一份完美的“答卷”。

图书在版编目(CIP)数据

新时代司法为民好榜样 / 司法部法治宣传中心编
. -- 北京:法律出版社, 2021
ISBN 978-7-5197-5355-9

Ⅰ.①新… Ⅱ.①司… Ⅲ.①法律工作者—先进事迹
—中国—现代②司法机关—先进事迹—中国—现代 Ⅳ.
① K825.19;D926.12

中国版本图书馆 CIP 数据核字 (2021) 第 027432 号

新时代司法为民好榜样
XINSHIDAI SIFA WEIMIN HAOBANGYANG

司法部法治宣传中心 编

策划编辑 沈小英
责任编辑 沈小英 毛镜澄
装帧设计 汪奇峰

出版 法律出版社
总发行 中国法律图书有限公司
经销 新华书店
印刷 中煤(北京)印务有限公司
责任校对 杨锦华 王沁陶
责任印制 吕亚莉

编辑统筹 法治与经济出版分社
开本 710 毫米 ×1000 毫米 1/16
印张 41.25
字数 679 千
版本 2021 年 3 月第 1 版
印次 2021 年 3 月第 1 次印刷

法律出版社 / 北京市丰台区莲花池西里 7 号(100073)
网址 /www.lawpress.com.cn
投稿邮箱 /info@lawpress.com.cn
举报维权邮箱 /jbwq@lawpress.com.cn
销售热线 /400-660-8393
咨询电话 /010-63939796

中国法律图书有限公司 / 北京市丰台区莲花池西里 7 号(100073)
全国各地中法图分、子公司销售电话:
统一销售客服 /400-660-8393/6393
第一法律书店 /010-83938432/8433 西安分公司 /029-85330678 重庆分公司 /023-67453036
上海分公司 /021-62071639/1636 深圳分公司 /0755-83072995

书号: ISBN 978-7-5197-5355-9
定价: 260.00 元
(如有缺页或倒装,中国法律图书有限公司负责退换)